문자학으로 익히는 **四字小學**

| | |
|---|---|
| 초 판 발 행 | 2013. 6. 3. |
| 초 판 2 쇄 | 2017. 3. 15. |
| 지 은 이 | 김종혁 |
| 감　　　수 | (사)한자교육진흥회 |
| 펴 낸 곳 | 주식회사 형민사 |
| 인터넷구매 | www.hanja114.co.kr |
| 구 입 문 의 | TEL.02-736-7694, FAX.02-736-7692 |
| 주　　　소 | ㉾04551 서울특별시 중구 수표로 45, 505호 (저동2가, 비즈센터) |
| 등 록 번 호 | 제2016-000003호 |
| 정　　　가 | 25,000원 |
| I S B N | 978-89-91325-77-7　13710 |

- 이 책에 실린 모든 편집 내용에 대한 저작권은 〈주식회사 형민사〉에 있으므로 무단으로 복사, 복제할 수 없습니다.
- 파손된 책은 바꾸어 드립니다.

문자학으로 익히는
# 四字小學

김 종 혁 지음

감수 사단법인 한자교육진흥회

형 민 사

# 머리말

우리나라 사람들이 사용하는 나라[國] 말[語]은 국어(國語)다. 많은 이들이 잘 알고 있듯, 그 국어(國語)의 70% 이상은 한자(漢字)로 이뤄진 한자어(漢字語)다. 요즘 사람들이 한자(漢字)와 한문(漢文)의 구분을 명백히 하고 있지 않지만, 한자(漢字)는 우리나라 말을 하는 사람이라면 누구나 알아 두어야 할 문자(文字)인 것이다. 반면에 한문(漢文)은 영문(英文)이나 불문(佛文)이나 중문(中文)처럼 이를 배우고자 하는 이들이 주로 대학(大學)의 과정을 통해 익히는 학문(學問)이다. 한데 대학(大學)에서 전공(專攻)으로 삼는 한문(漢文)을 하기 위해서는 문자(文字)를 제대로 알아야 한다. 예전에는 바로 그 문자(文字)를 소학교(小學校-오늘날의 초등학교)에서부터 배웠다. 이를 통해 살피면 소학교(小學校)의 소학(小學)은 처음 문자(文字)를 익히는 학교(學校)나 학문(學問)이란 것을 미뤄 짐작할 수 있다. 결국 소학(小學)이란 책은 문자(文字)인 한자(漢字)를 익히기 위한 책인 것이다.

더구나 그 소학(小學)을 좀 더 쉽게 익히기 위해 다시 구성된 사자소학(四字小學)은 좀 더 어린 학습자들이 보기 위한 책이다. 그러나 기존의 사자소학(四字小學)을 살피면, 대학(大學)에서 한문(漢文)을 전공(專攻)하면서 제대로 문장(文章) 공부를 해 알게 되는 내용을 바탕으로 풀이하고 있다. 어린 학습자(學習者)들이 쉽고 재미있게 배울 수 있는 책이 아닌 것이다. 나아가 대부분 한자(漢字)를 파자식(破字式)이나 속독식(速讀式)으로 익히게 해 한자(漢字)가 어떻게 오늘날처럼 쓰이게 되었는지? 어떻게 오늘날처럼 뜻하게 되었는지? 어떻게 오늘날처럼 읽히게 되었는지? 그 자형(字形)

과 자훈(字訓)과 자음(字音)을 분명히 알지 못한 채 '개가 달을 보고 짖듯' 한자(漢字)를 익혀 반복해 읽고 풀이하는 데에만 신경을 쓰고 있다. 마치 개 한 마리가 달을 보고 제대로 그 의미를 모른 채 그냥 짖어대면 동네 여러 개들도 영문을 모르고 따라 짖어대듯 한자(漢字)를 익혀 읽고 풀이하고 있는 것이다. 다산(茶山) 정약용(丁若鏞) 선생(先生)은 '한자(漢字) 공부는 형상이나 뜻 또는 주제별로 분류해서 글의 속뜻을 익혀야 지혜의 구멍이 열린다[文心慧竇]'고 하면서 무조건 읽어서는 안 된다 하였다.

<김득신, 짖는 개>

　필자(筆者)는 오랫동안 문자학(文字學)에 천착(穿鑿)해 온 사람으로 어쩔 수 없이 사자소학(四字小學)을 현장(現場)에서 교육(敎育)하게 되면서 한문(漢文)이 아니라 한자(漢字)의 일환(一環)이 되는 교재(敎材)로서의 사자소학(四字小學)으로 새롭게 자리매김하는 책이 있어야 한다고 여겨 그에 맞추어 본서(本書)를 집필하게 되었다. 따라서 한자(漢字)를 제대로 알기 위한 틀로 구성하여 한자학(漢字學), 곧 문자학(文字學)을 바탕으로 쓰게 되었다. 그야말로 배우는 이들의 시선(視線)에 딱 맞춰 쓰려고 노력한 책이다. 사자소학(四字小學)이 문자(文字)를 익히기 위한 책이니만큼 문자학(文字學)을 바탕으로 쓴 것이다. 아마도 문자학(文字學)을 바탕으로 쓴 최초(最初)의 사자소학(四字小學)이 아닐까 한다. 따라서 구절(句節)의 내용보다는 한자(漢字)의 설명에 치중(置重)하여 책을 구성하다 보니, 내용 풀이에 관심을 갖는 분들에게는 충족(充足)되지 않은 부분이 있을 것이나 책을 쓰는 이의 입장(立場)도 헤아려 넓은 아량(雅量)으로 살펴주길 부탁하며, 이 책을 위해 애써주신 (사)한자교육진흥회 차민경 연구부장과 도서출판 형민사 관계자에게도 감사드린다.

2013년 봄날에 김종혁

# 목 차

- 효행편(孝行篇) / 9

- 학문편(學問篇) / 195

- 인성·도리편(人性·道理篇) / 227

- 형제우애편(兄弟友愛篇) / 275

- 부도편(婦道篇) / 309

- 수신·처세편(修身·處世篇) / 329

- 치국·위민편(治國·爲民篇) / 453

# 孝行篇

(讀本)

父生我身　母鞠吾身001　腹以懷我　乳以哺我002
以衣溫我　以食活我003　恩高如天　德厚似地004
爲人子者　曷不爲孝005　欲報深恩　昊天罔極006
父母呼我　唯而趨之007　父母之命　勿逆勿怠008
侍坐親前　勿踞勿臥009　膝前勿坐　親面勿仰010
父母臥命　俯首聽之011　坐命跪聽　立命立聽012
父母出入　每必起立013　獻物父母　跪而進之014
出必告之　返必拜謁015　出不易方　遊必有方016
若告西適　不復東往017　平生一欺　其罪如山018
飲食雖惡　與之必食019　衣服雖惡　與之必着020
飲食親前　勿出器聲021　衣服帶鞋　勿失勿裂022
父母有病　憂而謀療023　父母唾痰　每必覆之024
父母之年　不可不知025　父母衣服　勿踰勿踐026
侍坐親側　進退必恭027　立則視足　坐則視膝028
昏必定褥　晨必省候029　夏則扇枕　冬則溫被030
父母愛之　喜而勿忘031　父母惡之　懼而無怨032
雪裏求筍　孟宗之孝033　叩氷得鯉　王祥之孝034
對案不食　思得良饌035　事親至孝　養志養體036
身體髮膚　受之父母037　不敢毁傷　孝之始也038
立身行道　揚名後世039　以顯父母　孝之終也040
元是孝者　爲仁之本041　事親如此　可謂人子042

# 父生我身 하시고 母鞠吾身 이로다　001

아버지는 나의 몸을 낳으시고 어머니는 나의 몸을 기르셨다.

【 자원풀이 上 】

## 父 [아비 부]　001-1

| 갑골문 | 금문 | 소전 |
|---|---|---|

돌도끼를 손[又]에 쥐고 있는 모습에서 돌도끼를 손에 쥐고 사냥 등을 해 가족을 부양하는 사람인 아비와 관련해 그 뜻이 '아비'가 되고, 父母(부모)·父親(부친)·嚴父(엄부)·代父(대부)·勝於父(승어부)·父父子子(부부자자)·君師父一體(군사부일체)에서처럼 그 음이 '부'가 된 글자다.

↓ 又 001-11 참고

## 又 [또 우]　001-11

| 갑골문 | 금문 | 소전 |
|---|---|---|

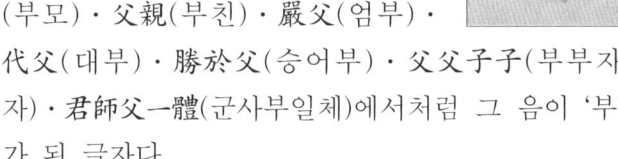

다섯 손가락을 셋으로 줄였지만 오른손을 나타내면서 오른 손이 대체로 많은 활동을 주도하여 쓰이고 또 쓰인다 하여 그 뜻이 '또'가 되고, 日日新又日新(일일신우일신)이나 一杯一杯又一杯(일배일배우일배)에서처럼 그 음이 '우'가 된 글자다.

## 生 [날 생]  001-2

↓ 屮 001-21 / 土 001-22 참고

| 갑골문 | 금문 | 소전 |
|---|---|---|
| ￥ | ￥ | 生 |

屮자와 土자가 합쳐진 生자는 生자의 고자(古字)다. 生(생)자는 초목의 싹[屮]이 땅[土] 위로 움터 나는 모양에서 그 뜻이 '나다'가 되고, 生日(생일)·生死(생사)·人生(인생)·出生(출생)·十長生(십장생)·門下生(문하생)·九死一生(구사일생)·生者必滅(생자필멸)에서처럼 그 음이 '생'인 글자다.

## 屮 [싹 날 철]  001-21

땅 위에 초목(草木)의 싹이 움터 나는 모양을 나타낸 데서 그 뜻이 '싹 나다'고, 艸[풀 초]·芔[풀 훼]·茻[풀 우거질 망]자의 구성에 도움을 주는 그 음이 '철'인 글자다.

## 土 [흙 토]  001-22

| 갑골문 | 금문 | 소전 |
|---|---|---|
| ◯ | ▲ | 土 |

땅 위의 덩어리진 흙을 나타낸 데서 그 뜻이 '흙'이고, 土壤(토양)·土地(토지)·黃土(황토)·動土(동토)·高嶺土(고령토)·西方淨土(서방정토)·身土不二(신토불이)에서 보듯 그 음이 '토'인 글자다.

## 我 [나 아]  001-3

↓ 戈 001-31 참고

| 갑골문 | 금문 | 소전 |
|---|---|---|
|  | | |

자루에 톱 모양의 날이 붙은 창[戈]을 나타냈으나 후대로 내려오면서 일인칭 대명사인 나를 가리키는 데 빌려 쓰이면서 그 뜻이 '나'가 되고, 自我(자아)·小我(소아)·我軍(아군)·我執(아집)·彼我間(피아간)·物我一體(물아일체)·無我之境(무아지경)에서 보듯 그 음이 '아'가 된 글자다.

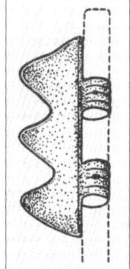

001 父生我身 母鞠吾身

## 戈 [창 과]　001-31

| 갑골문 | 금문 | 소전 |
|---|---|---|

가늘고 긴 날에 자루가 달린 창을 나타낸 데서 그 뜻이 '창'이고, 干戈(간과)·兵戈(병과)·止戈爲武(지과위무)에서 보듯 그 음이 '과'인 글자다.

## 身 [몸 신]　001-4

| 갑골문 | 금문 | 소전 |
|---|---|---|

여자가 잉태(孕胎)하고 있을 때에 배가 부른 몸을 나타낸 데서 그 뜻이 '몸'이고, 身體(신체)·身長(신장)·肉身(육신)·焚身(분신)·不死身(불사신)·孑孑單身(혈혈단신)·身言書判(신언서판)에서 보듯 그 음이 '신'인 글자다.

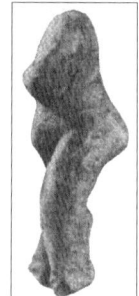

### 【 구절풀이 上 】

- 父의 뜻 '아비'는 아버지의 낮춤말이기도 하지만 아버지의 옛말이면서 아버지가 자식들에게 자기 자신을 이르는 말이기도 하다. '父生我身'에 '我'는 자식을 이르니, 자식 입장에서 '父'는 '아비'가 아니라 '아버지'를 이른다고 해야 할 것이다.

- 生은 生長(생장)에서처럼 '나다'의 뜻 외에 誕生(탄생)에서처럼 '낳다'를 뜻하기도 한다.

- 我는 唯我獨尊(유아독존)에서처럼 '나'를 뜻하고,

- 身은 身體(신체)나 身幹(신간)에서처럼 '몸'을 뜻한다.

- 父生我身은 '아버지는 나의 몸을 낳다'라는 말이다. 씨앗에서 싹이 움터 나듯 오늘날의 내 몸이 세상에 나게 된 것은 아버지가 어머니에게 준 씨앗에서 비롯되었다고 본 것이다.

✎ 唯我獨尊) 이 세상(世上)에 나보다 존귀(尊貴)한 사람은 없다는 말.

【 자원풀이 下 】

## 母 [어미 모]    001-5    ↓ 女 001-51 참고

| 갑골문 | 금문 | 소전 |
|---|---|---|

두 손을 모으고 다소곳이 앉은 여자[女] 모습에 두 점을 덧붙여 젖을 나타내면서 젖으로 아이를 기르는 어미와 관련해 그 뜻이 '어미'가 되고, 母親(모친)·母國(모국)·父母(부모)·丈母(장모)·未婚母(미혼모)·母系社會(모계사회)에서처럼 그 음이 '모'가 된 글자다.

## 女 [계집 녀]    001-51

두 손을 모으고 다소곳이 앉아 있는 여자를 나타낸 데서 그 뜻이 여자를 달리 이르는 '계집'이 되고, 男女(남녀)·美女(미녀)·熊女(웅녀)·魔女(마녀)·有夫女(유부녀)·南男北女(남남북녀)에서 보듯 그 음이 '녀'가 된 글자다. 女史(여사)·女丈夫(여장부)·女必從夫(여필종부)에서처럼 말의 맨 앞이나 男尊女卑(남존여비)·男左女右(남좌여우)에서처럼 두 말이 합쳐질 때 뒤에 오는 말의 앞에서도 그 음이 변해 '여'로 읽힌다.

## 鞠 [기를 국]    001-6    ↓ 革 001-61 / 匊 001-65 참고

革자로 인해 가죽[革]으로 만든 공을 뜻하면서 다시 가죽이 있는 동물을 기른다 하여 그 뜻이 '기르다'가 되고, 匊자로 인해 蹴鞠(축국)·鞠問(국문)에서처럼 그 음이 '국'이 된 글자다.

## 革 [가죽 혁]    001-61

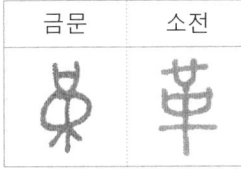

손질한 뒤에 펼쳐 말리는 동물 가죽을 나타낸 데서 그 뜻이 '가죽'이고, 革帶(혁대)·革新(혁신)·改革(개혁)·變革(변혁)·人造革(인조혁)·易姓革命(역성혁명)·馬革裹屍(마혁과시)에서처럼 그 음이 '혁'인 글자다.

勹 [쌀 포]   001-62                  ↑ 又 001-11 참고

| 갑골문 | 금문 | 소전 |
|---|---|---|
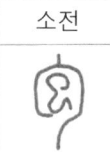

긴 손[又]으로 무언가를 감아 싸는 모습에서 그 뜻이 '싸다'가 되고, 후에 그 뜻을 더욱 분명히 하기 위해 막 태어난 아이를 덧붙인 包[쌀 포]자처럼 그 음이 '포'가 된 글자다.

包 [쌀 포]   001-63                  ↑ 勹 001-62 참고

| 소전 |
|---|

勹자의 뜻 '싸다'를 더욱 분명히 하기 위해 막 태어난 아이 형상에서 비롯된 巳의 형태를 덧붙이면서 包裝(포장)·包袋(포대)·包括(포괄)·包含(포함)·小包(소포)·內包(내포)·梱包(곤포)·包容力(포용력)·包括的(포괄적)에서처럼 음이 '포'가 된 글자다.

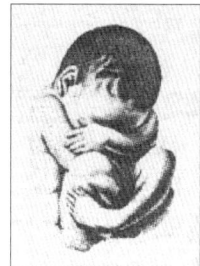

米 [쌀 미]   001-64

| 갑골문 | 금문 | 소전 |
|---|---|---|

벼 이삭에 달린 낱알을 나타내면서 낱알이 쌀과 관련된 데서 그 뜻이 '쌀'이 되고, 白米(백미)·玄米(현미)·米色(미색)·米壽(미수)·供養米(공양미)·節米運動(절미운동)에서 보듯 그 음이 '미'가 된 글자다.

匊 [움킬 국]   001-65              ↑ 勹 001-62 / 米 001-64 참고

| 금문 | 소전 |
|---|---|

무언가 감싸는 손[勹]과 쌀[米]을 나타낸 형태가 어우러져 손으로 쌀을 움키어 쥔다 하여 그 뜻이 '움키다'가 되고, 자신이 덧붙여져 음의 역할을 하는 菊[국화 국]·麴[누룩 국]자처럼 그 음이 '국'이 된 글자다.

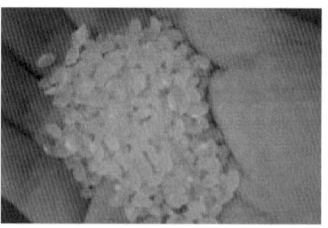

## 吾 [나 오] 001-7

↓ 口 001-71 / 五 001-72 참고

我[나 아]·予[나 여]·余[나 여]자처럼 五자에 口자를 덧붙인 吾자도 나를 가리키는 데 빌려 쓰면서 그 뜻이 '나'가 되고, 五자로 인해 吾人(오인)·吾等(오등)·三省吾身(삼성오신)·吾鼻三尺(오비삼척)·吾心卽汝心(오심즉여심)에서처럼 그 음이 '오'가 된 글자다.

## 口 [입 구] 001-71

| 갑골문 | 금문 | 소전 |
|---|---|---|
| ㅂ | ㅂ | ㅂ |

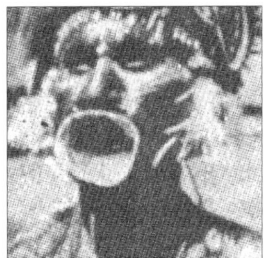

사람의 입을 나타냈기에 그 뜻이 '입'이고, 口味(구미)·口號(구호)·大口(대구)·人口(인구)·緘口令(함구령)·一口二言(일구이언)·有口無言(유구무언)에서 보듯 그 음이 '구'인 글자다.

## 五 [다섯 오] 001-72

| 갑골문 | 금문 | 소전 |
|---|---|---|
| 𠄞 | 𠄟 | 五 |

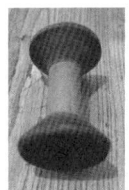

실패처럼 생긴 형태를 나타냈으나 다섯을 가리키는 데 빌려 쓰이면서 그 뜻이 '다섯'이 되고, 五目(오목)·五色(오색)·五感(오감)·五常(오상)·五行說(오행설)·五體投地(오체투지)·三三五五(삼삼오오)에서 보듯 그 음이 '오'가 된 글자다.

## 身 [몸 신] 001-8

↑ 001-4 참고

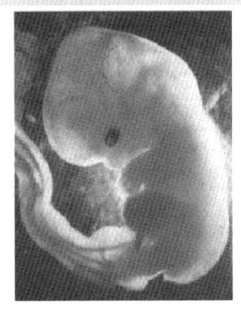 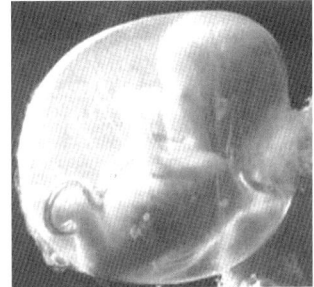 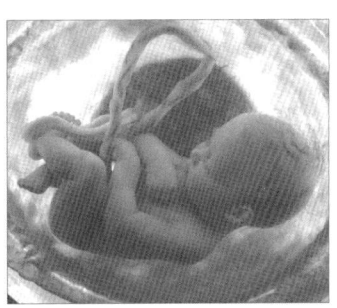

## 【 구절풀이 下 】

- 母의 뜻 '어미'는 어머니의 낮춤말이기도 하지만 어머니가 자식들에게 자신을 이르는 말이기도 하다. 母鞠吾身에 吾는 자식을 이르니, 자식 입장에서 母는 '어미'가 아니라 '어머니'를 이른다.
- 鞠은 '기르다'의 뜻으로, 땅이 씨앗을 품듯이 어머니가 아버지에게 받은 씨앗을 아기집[子宮]에 품어 길렀다는 말이다.
- 吾는 吾不關焉(오불관언)에서처럼 '나'를 뜻하고,
- 身은 八等身(팔등신)·不死身(불사신)에서처럼 '몸'을 뜻한다.

- 母鞠吾身은 '어머니는 나의 몸을 (아기집에 품어) 기르셨다'는 말이다. 어머니가 대개 10개월 동안 아기집에 품어 기를 때에 태아(胎兒)는 마치 왕자(王子)나 공주(公主)와 같은 대접을 받은 것이다. 아기집은 한 자로 子宮(자궁)이고, 子宮의 宮은 宮闕(궁궐)이나 宮殿(궁전)으로 그 속에 품어 길러 주었기 때문이다.

✎ 吾不關焉) 나는 그 일에 상관(相關)하지 아니하겠다는 말.

## 【 쓰 기 】

| 001 | 아버지는 나의 몸을 낳으셨고, 어머니는 나의 몸을 기르셨다. |
|---|---|
| ① | 父 生 我 身 母 鞠 吾 身 |
| ② | |
| ③ | |

# 腹以懷我하시고 乳以哺我로다

**배로써 나를 품으시고 젖으로써 나를 먹이셨다.**

【 자원풀이 上 】

## 腹[배 복]   002-1        ↓ 肉 002-11 / 夏 002-13 참고

肉(月)자로 인해 살[肉]이 붙어있는 인체의 한 부위인 배와 관련해 그 뜻이 '배'가 되고, 复자로 인해 腹部(복부)·腹痛(복통)·割腹(할복)·空腹(공복)·腹膜炎(복막염)·腹式呼吸(복식호흡)·面從腹背(면종복배)에서처럼 그 음이 '복'이 된 글자다.

## 肉[고기 육]·月[육달월]   002-11

| 갑골문 | 금문 | 소전 |
|---|---|---|
|   |   |   |

반듯하게 저민 한 덩어리 고기를 나타낸 데서 그 뜻이 '고기'고, 肉食(육식)·肉膾(육회)·人肉(인육)·豬肉(저육)·精肉店(정육점)·行尸走肉(행시주육)·肉食動物(육식동물)에서처럼 그 음이 '육'인 글자다.

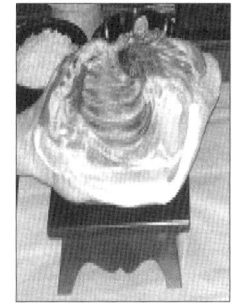

다른 글자에 덧붙여질 때는 肝(간)·肺(폐)·胸(흉)자에서처럼 月의 형태로 간략하게 변화되어 쓰이는데, 이는 月[달 월]자와 구별하기 위해 肉자의 음 '육'을 '달 월'과 합쳐 '육달월'이라 한다. 月[육달월]은 자형(字形) 가운데 짧은 두 선(線)이 양쪽에 모두 붙는 것이 특징인 반면에 月[달 월]자는 왼쪽에만 붙는다.

## 夊[천천히 걸을 쇠]   002-12

| 갑골문 | 금문 | 소전 |
|---|---|---|
|   |   |   |

夊자처럼 발이 아래(뒤)를 향하고 있는 모양에서 다시 아래를 향해 천천히 걷는다 하여 그 뜻이 '천천히 걷다'고, 夋[천천히 갈 준]자나 夌[언덕 릉(陵)]자에서처럼 글자 아래에 덧붙여지면서 부수 역할을 하는 그 음이 '쇠'인 글자다.

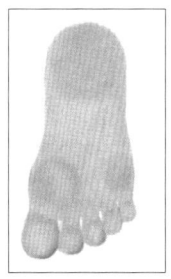

## 夏 [갈 복]    002-13    ↑ 夂 002-12 참고

| 갑골문 | 금문 | 소전 |
|---|---|---|

옛날 주거지의 출입구 두 방향에서 한쪽으로 발[夂]이 나가는 모양을 나타냈다고 하면서 그 뜻이 '가다'가 된 것으로 보이고, 자신이 덧붙여져 음의 역할을 하는 鰒[전복 복]·馥[향기 복]자처럼 그 음이 '복'이 된 글자다.

## 以 [써 이]    002-2    ↓ 人 002-21 / 厶 002-22 참고

人자로 인해 사람[人]이 도구를 써 무언가 한다 하여 그 뜻이 '써'가 되고, 약간 바뀌어 쓰이지만 厶자로 인해 以南(이남)·以上(이상)·以外(이외)·以前(이전)·以此彼(이차피)·以實直告(이실직고)에서처럼 그 음이 '이'가 된 글자다.

## 人 [사람 인]·亻[인변]    002-21

| 갑골문 | 금문 | 소전 |
|---|---|---|

다른 동물과 달리 도구를 잘 사용하는 팔과 똑바로 설 수 있게 한 다리를 분명히 하기 위해 옆으로 본 사람을 나타낸 데서 그 뜻이 '사람'이고, 人間(인간)·人蔘(인삼)·夫人(부인)·盲人(맹인)·宇宙人(우주인)·人山人海(인산인해)·人死留名(인사유명)에서처럼 그 음이 '인'인 글자다. 다른 글자와 어울려 좌측(左側)에 쓰일 때는 仙[신선 선]·俳[광대 배]·僧[중 승]자에서처럼 亻으로 그 형태가 약간 변화되는데, 이는 '인변'이라 한다.

## 厶 [사사 사]    002-22

| 금문 | 소전 |
|---|---|

손이 자신의 몸 안으로 굽어진 모습을 나타낸 데서 자신만 위한다는 의미인 사사롭다와 관련되어 그 뜻이 '사사'가 된 것으로 보이고, 자신의 형태를 바탕으로 후에 만들어진 私[사사 사]자처럼 그 음이 '사'가 된 글자다.

## 懷 [품을 회]  002-3

↓ 心 002-31 / 裹 002-33 참고

心(忄)자로 인해 마음[心]에 항상 품고 생각한다 하여 그 뜻이 '품다'가 되고, 裹자로 인해 懷抱(회포)·懷古(회고)·感懷(감회)·述懷(술회)·懷疑的(회의적)·懷中時計(회중시계)·虛心坦懷(허심탄회)에서처럼 그 음이 '회'가 된 글자다.

## 心 [마음 심]·忄 [심방변]·㣺 [밑 마음심]  002-31

| 갑골문 | 금문 | 소전 |
|---|---|---|
| (image) | (image) | (image) |

심장(心臟)을 나타냈지만 옛날 사람들이 심장에 정신이 있어 마음을 주관(主管)한다고 여겼기에 결국 그 뜻이 '마음'이 되고, 人心(인심)·小心(소심)·心肝(심간)·心腹(심복)·老婆心(노파심)·以心傳心(이심전심)·一切唯心造(일체유심조)에서처럼 그 음이 '심'이 된 글자다.

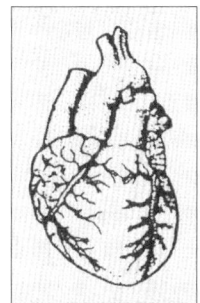

한자에서 왼쪽에 덧붙여질 때는 性(성)자나 情(정)자에 보이는 忄의 형태로 변화시켜 쓰고, 드물게 恭(공)자나 慕(모)자에 보이는 㣺의 형태로 변화시켜 쓰기도 한다. 忄은 '심방변'이라 하고, 㣺은 '밑 마음심'이라 한다.

## 衣 [옷 의]·衤 [옷의변]  002-32

| 갑골문 | 금문 | 소전 |
|---|---|---|
| (image) | (image) | (image) |

목에 둘러대는 깃과 여민 섶 부분의 옷을 나타낸 데서 그 뜻이 '옷'이고, 衣裳(의상)·衣服(의복)·衣冠(의관)·衣鉢(의발)·衣食住(의식주)·白衣民族(백의민족)에서처럼 그 음이 '의'가 된 글자다.

002 腹以懷我 乳以哺我

懷 [품을 회]   002-33          ↑ 衣 002-32 참고

위에 입은 옷[衣]과 품 부분에 눈에서 흐르는 눈물[眾의 형태]을 나타내면서 품에 눈물 흘리는 사람을 위로하기 위해 품는다 하여 그 뜻이 '품다'가 된 것으로 보이고, 자신이 덧붙여져 음의 역할을 하는 懷[품을 회]자처럼 그 음이 '회'가 된 글자다.

我 [나 아]   002-4          ↑ 001-3 참고

## 【 구절풀이 上 】

◦ 腹은 腹痛(복통)이나 割腹(할복)에서처럼 '배'를 뜻하며,

◦ 以는 의미를 지닌 단어 뒤에 붙여 쓰는 후치사(後置詞)로, 도구나 수단을 나타내는 용법으로 사용되면서 흔히 '~으로써'의 뜻으로 풀이한다.

◦ 懷는 懷中時計(회중시계)에서처럼 '품다'를 뜻하고,

◦ 我는 無我之境(무아지경)에서처럼 '나'를 뜻한다.

• 腹以懷我는 '배로써 나를 품다'라는 말이다. 대부분 동물이 태어나 짧은 시간 안에 천적(天敵)의 공격으로부터 자신을 지키기 위해 똑바로 서서 걸을 수 있는 반면 사람은 비교적 오랜 시간 걷지 못한다. 때문에 거친 환경으로부터 보호하기 위해 아버지가 배로 품어 준다는 것이다.

✎ 無我之境) 정신이 한 곳에 흠뻑 빠져서 스스로를 잊어버리고 있는 지경(地境).

## 【 자원풀이 下 】

### 乳 [젖 유]  002-5

↓ 爪 002-51 / 子 002-52 참고

| 금문 | 소전 |

손[爪]으로 아이[子]를 안고 젖[乚의 형태] 먹이는 모습을 나타내면서 그 뜻이 '젖'이 되고, 母乳(모유)·粉乳(분유)·乳母(유모)·乳兒(유아)·離乳食(이유식)·哺乳動物(포유동물)에서처럼 그 음이 '유'가 된 글자다.

### 爪 [손톱 조] · 爫 [손톱조머리]  002-51

| 갑골문 | 금문 | 소전 |

무언가 잡으려는 손을 나타내면서 손으로 무언가 잡으려면 손 끝마디 손톱 부분이 중요한 역할을 하기 때문에 결국 그 뜻이 '손톱'이 되고, 爪毒(조독)·爪痕(조흔)·美爪師(미조사)·五爪龍(오조룡)·爪牙之士(조아지사)에서 보듯 그 음이 '조'가 된 글자다.
 글자의 머리에 덧붙여질 때는 采(채)자나 受(수)자에서처럼 약간 생략된 爫의 형태로 쓰이는데, 이는 '손톱조머리'라 한다.

### 子 [아들 자]  002-52

| 갑골문 | 금문 | 소전 |

큰 머리에 두 팔과 다리가 있는 아이를 나타냈기에 원래 '아이'를 뜻했으나 훗날 그 의미가 축소되어 그 뜻이 남자 아이인 '아들'이 되고, 父子(부자)·娘子(낭자)·子女(자녀)·子正(자정)·五味子(오미자)·亡子計齒(망자계치)·子子孫孫(자자손손)에서처럼 그 음이 '자'가 된 글자다.

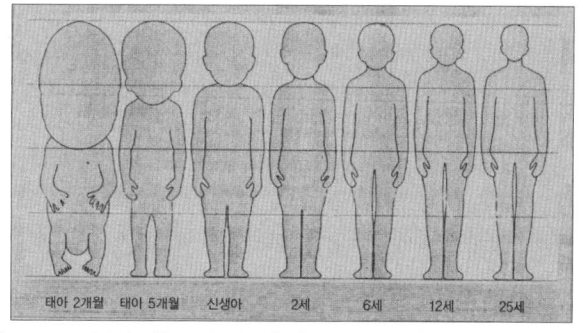

002 腹以懷我 乳以哺我

## 以 [써 이]   002-6     ↑ 002-2 참고

## 哺 [먹일 포]   002-7     ↑ 口 001-71  ↓ 甫 002-72 참고

口자로 인해 입[口]에 먹인다 하여 그 뜻이 '먹이다'가 되고, 甫자로 인해 哺乳(포유)·哺育(포육)·反哺鳥(반포조)·含哺鼓腹(함포고복)·吐哺握發(토포악발)에서처럼 그 음이 '포'가 된 글자다.

## 田 [밭 전]   002-71

| 갑골문 | 금문 | 소전 |
|---|---|---|
| 田 | 田 | 田 |

경계가 분명한 밭을 나타낸 데서 그 뜻이 '밭'이고, 田畓(전답)·田獵(전렵)·火田(화전)·鹽田(염전)·井田法(정전법)·菜麻田(채마전)·我田引水(아전인수)·泥田鬪狗(이전투구)에서 보듯 그 음이 '전'인 글자다.

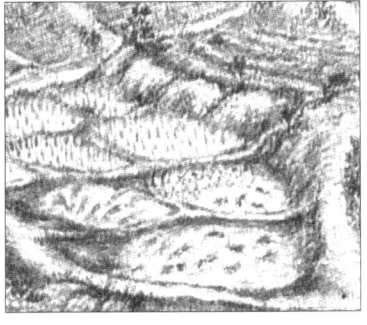

## 甫 [클 보·남새밭 포]   002-72     ↑ 屮 001-21 / 田 002-71 참고

| 갑골문 | 금문 | 소전 |
|---|---|---|
|  | | |

어린 싹[屮]이 밭[田]에서 크는 모양을 나타낸 데서 그 뜻이 '크다'가 된 것으로 보이고, 杜甫(두보)·皇甫氏(황보씨)·甫吉島(보길도)에서 보듯 그 음이 '보'가 된 글자다.

## 我 [나 아]   002-8     ↑ 001-3 참고

## 【 구절풀이 下 】

- 乳는 母乳(모유)나 授乳(수유)에서처럼 어머니의 '젖'을 뜻하며,
- 以는 후치사(後置詞)로, '~으로써'의 뜻으로 풀이한다.
- 哺는 哺乳動物(포유동물)에서처럼 '먹이다'를 뜻하고,
- 我는 我田引水(아전인수)에서처럼 '나'를 뜻한다.
- 乳以哺我는 '젖으로써 나를 먹이다'라는 말이다. 짐승의 새끼는 태어나 스스로 젖을 찾지만 막 태어난 어린 아이는 젖을 먹여야만 하는데, 이를 어머니가 나를 위해 먹였다는 것이다.

✎ 我田引水) 자기 논에만 물을 끌어 들인다는 뜻으로, 자기의 이익(利益)을 먼저 생각하고 행동(行動)한다 함을 이른 말.

## 【 쓰 기 】

**002** 배로써 나를 품으셨고, 젖으로써 나를 먹이셨다.

① 腹 以 懷 我 乳 以 哺 我

②

③

**001** 아버지는 나의 몸을 낳으셨고, 어머니는 나의 몸을 기르셨다.

④

# 以衣溫我하시고 以食活我로다

**옷으로써 나를 따뜻하게 하시고 밥으로써 나를 살게 하셨다.**

【 자원풀이 上 】

| 以 [써 이] | 003-1 | ↑ 002-2 참고 |

| 衣 [옷 의] | 003-2 | ↑ 002-32 참고 |

| 溫 [따뜻할 온] | 003-3 | ↓ 水 003-31 / 皿 003-35 참고 |

水(氵)자로 인해 물[水]이 따뜻하다 하여 그 뜻이 '따뜻하다'가 되고, 皿자로 인해 溫暖(온난)·溫床(온상)·體溫(체온)·冷溫(냉온)·溫堗房(온돌방)·三寒四溫(삼한사온)·溫室效果(온실효과)에서처럼 그 음이 '온'이 된 글자다.

| 水 [물 수]·氵 [삼수변] | 003-31 |

| 갑골문 | 금문 | 소전 |

흐르는 물을 나타냈기에 그 뜻이 '물'이고, 生水(생수)·冷水(냉수)·水平(수평)·水泳(수영)·飮料水(음료수)·水資源(수자원)·上善若水(상선약수)에서 보듯 그 음이 '수'인 글자다.

한자에서 왼쪽에 덧붙여질 때는 沐(목)·浴(욕)·泳(영)·濟(제)자에서처럼 氵의 형태로 쓰이는데, 이는 '삼수변'이라 한다.

## 囗 [에울 위]   003-32

| 갑골문 | 금문 | 소전 |
|---|---|---|

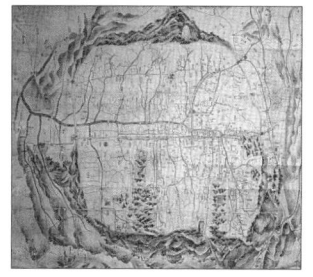

일정한 경계를 가지고 에워 두른 지역을 나타낸 데서 그 뜻이 '에우다'고, 후에 음(音)의 역할을 하는 韋[다룬 가죽 위]자를 덧붙인 圍[에울 위]자처럼 그 음이 '위'인 글자다.

## 囚 [가둘 수]   003-33

| 갑골문 | 소전 |
|---|---|

↑ 囗 003-32 / 人 002-21 참고

사방(四方)을 에워싼 곳[囗]에 사람[人]을 가둔 모양을 나타내면서 그 뜻이 '가두다'가 되고, 囚衣(수의)·罪囚(죄수)·脫獄囚(탈옥수)·良心囚(양심수)·死刑囚(사형수)·無期囚(무기수)·旣決囚(기결수)·少年囚(소년수)·囚人番號(수인번호)에서처럼 그 음이 '수'가 된 글자다.

## 皿 [그릇 명]   003-34

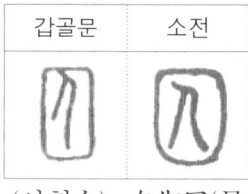

| 갑골문 | 금문 | 소전 |
|---|---|---|

바닥이 낮고 둥근 발이 달려 있는 그릇을 나타낸 데서 그 뜻이 '그릇'이고, 그릇을 달리 이르는 말인 器皿(기명)에서처럼 그 음이 '명'인 글자다.

## 䀌 [어질 온]   003-35

↑ 囚 003-33 / 皿 003-34 참고

| 소전 |
|---|

옥(獄) 안에 사람을 가둔 모습에서 비롯된 囚자와 그릇에서 비롯된 皿자가 합쳐져 가둔[囚] 사람에게 먹을 것을 그릇[皿]에 담아 주는 어진 마음을 나타내면서 그 뜻이 '어질다'가 되고, 자신이 덧붙여져 음의 역할을 하는 慍[성낼 온]·縕[헌솜 온]자처럼 그 음이 '온'이 된 글자다.

## 我 [나 아]  003-4     ↑ 001-3 참고

### 【 구절풀이 上 】

- 以는 전치사(前置詞)로, 후치사(後置詞)로 쓰일 때처럼 '~으로써'의 뜻으로 풀이하고,
- 衣는 衣食住(의식주)에서처럼 '옷'을 뜻한다.
- 溫은 保溫(보온)이나 溫暖(온난)에서처럼 '따뜻하다'를 뜻하며,
- 我는 自我省察(자아성찰)에서처럼 '나'를 뜻한다.

• 以衣溫我는 '옷으로써 나를 따뜻하게 하셨다'는 말이다. 인간에게 옷은 거친 자연을 극복하고 생명을 유지시켜 주는 것으로, 옷감이 귀했던 옛날에 나를 위해 몸소 옷을 지어 입혀 준 고마움을 이른 것이다.

✎ 自我省察) 자기(自己)의 마음을 반성(反省)하여 살핀다는 말.

### 【 자원풀이 下 】

## 以 [써 이]  003-5     ↑ 002-2 참고

## 食 [밥 식]  003-6

| 갑골문 | 금문 | 소전 |
|---|---|---|
|  | | |

亼자가 본자(本字)다. 뚜껑[亼의 형태]이 있는 동그런 그릇에 담긴 밥[皀]을 나타낸 데서 그 뜻이 '밥'이고, 外食(외식)·過食(과식)·食口(식구)·食醢(식혜)·美食家(미식가)·食人種(식인종)·好衣好食(호의호식)·食餌療法(식이요법)에서 보듯 그 음이 '식'인 글자다. 簞食瓢飮(단사표음)에서 보듯 거친 곡식으로 지은 '밥'이나 '먹이다'의 뜻으로 쓰일 때는 그 음을 '사'로도 읽는다.

## 活 [살 활]   003-7

↑ 水 003-31 ↓ 昏 003-72 참고

㖏자가 본자(本字)다. 水(氵)자로 인해 물[水]이 힘차게 흐른다 하면서 다시 힘차게 흐르는 물처럼 생명력을 가지고 산다 하여 그 뜻이 '살다'가 되고, 오늘날 舌의 형태로 변했지만 昏자로 인해 活力(활력)·活潑(활발)·死活(사활)·農活(농활)·活火山(활화산)·活性化(활성화)·活動寫眞(활동사진)에서처럼 그 음이 '활'이 된 글자다.

## 氏 [성씨 씨]   003-71

| 갑골문 | 금문 | 소전 |
|---|---|---|
|  |  |  |

한 씨앗에서 나와 이어진 뿌리를 나타내면서 다시 한 시조(始祖)에서 나와 혈통(血統)으로 이어져 같은 성씨를 쓰는 종족(種族)과 관련되어 그 뜻이 '성씨'가 된 것으로 보이고, 姓氏(성씨)·宗氏(종씨)·氏族(씨족)·氏譜(씨보)·無名氏(무명씨)·和氏之璧(화씨지벽)에서 보듯 그 음이 '씨'가 된 글자다.

그 음이 方相氏(방상시)에서는 '시'로, 大月氏(대월지)에서는 '지'로도 읽힌다.

## 昏 [입 막을 괄]   003-72

↑ 氏 003-71 참고

| 금문 | 소전 |
|---|---|
|  |  |

氏자와 口의 형태가 어우러진 글자로, 설문(說文)에서는 口의 형태를 입으로 보면서 '입 막다'의 뜻으로 풀이했다. 애초에 자신이 덧붙여져 음의 역할을 하는 括[묶을 괄=捪]·刮[깎을 괄=刏]자처럼 그 음은 '괄'이다. 후에 昏자는 혀를 뜻하는 舌[혀 설]자처럼 변화되어 쓰이고 있다.

## 我 [나 아]   003-8

↑ 001-3 참고

## 【 구절풀이 下 】

- **以**는 전치사(前置詞)로, 바로 뒤에 사물이나 동물 등을 이르는 명사(名詞)가 쓰이면서 흔히 '~으로써'의 뜻으로 풀이하고,
- **食**은 離乳食(이유식)이나 營養食(영양식)에서처럼 '밥'을 뜻한다.
- **活**은 活氣(활기)나 活動(활동)에서처럼 '살다'를 뜻하고,
- **我**는 我歌査唱(아가사창)에서처럼 '나'를 뜻한다.

● **以食活我**는 '밥으로써 나를 살게 하셨다'는 말이다. 食은 衣食住(의식주)의 衣와 住와 더불어 인간 생활의 세 가지 기본요소다. 衣食住는 자동적으로 주어지는 것이 아니며, "밥을 짓고, 옷을 짓고, 집을 짓다"란 말에서 보듯 모두 "짓는 것"이다. 어린 아이는 이를 지을 수 없기에 모두 부모의 도움을 받았다고 한 것이다.

✎ 我歌査唱) 내가 부를 노래를 사돈이 부른다는 속담(俗談)의 한역(漢譯)으로, 책망(責望)을 들을 사람이 도리어 큰소리친다 함을 이르는 말.

## 【 쓰 기 】

**003** 옷으로써 나를 따뜻하게 하셨고, 밥으로써 나를 살게 하셨다.

① 以衣溫我 以食活我

②

③

**001** 아버지는 나의 몸을 낳으셨고, 어머니는 나의 몸을 기르셨다.

⑤

**002** 배로써 나를 품으셨고, 젖으로써 나를 먹이셨다.

④

# 恩高如天하시고 德厚似地하시니

**은혜는 하늘과 같이 높고 덕은 땅과 같이 두텁다**

【 자원풀이 上 】

## 恩 [은혜 은]   004-1     ↑ 心 002-31 ↓ 因 004-11 참고

心자로 인해 마음[心] 속으로 고맙게 느끼도록 베풀어준 은혜와 관련해 그 뜻이 '은혜'가 되고, 因자로 인해 恩惠(은혜)·恩寵(은총)·承恩(승은)·聖恩(성은)·謝恩會(사은회)·反哺報恩(반포보은)에서처럼 그 음이 '은'이 된 글자다.

## 因 [인할 인]   004-11

| 갑골문 | 금문 | 소전 |
|---|---|---|

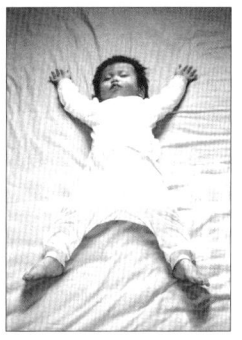

두 팔과 다리를 벌린 사람[大의 형태]이 자리[口의 형태]에 누운 모습을 나타내면서 사람이 편히 쉬는 것은 그 자리로 인해서라 하여 그 뜻이 '인하다'가 되고, 基因(기인)·原因(원인)·因緣(인연)·因習(인습)·因山日(인산일)·水因性(수인성)·因果應報(인과응보)에서 보듯 그 음이 '인'이 된 글자다.

## 高 [높을 고]   004-2

| 갑골문 | 금문 | 소전 |
|---|---|---|

건물이 높은 모양을 나타낸 데서 그 뜻이 '높다'고, 高低(고저)·高堂(고당)·波高(파고)·殘高(잔고)·高血壓(고혈압)·高氣壓(고기압)·高齡社會(고령사회)·山高水長(산고수장)에서 보듯 그 음이 '고'인 글자다.

## 如 [같을 여] 004-3

↑ 口 001-71 / 女 001-51 참고

口자로 인해 남이 입[口]으로 말하는 것을 따라서 행하는 것이 같다 하여 그 뜻이 '같다'고, 女자로 인해 如前(여전)·如實(여실)·如意珠(여의주)·易如反掌(이여반장)·生不如死(생불여사)·一日如三秋(일일여삼추)에서 보듯 그 음이 '여'인 글자다.

## 天 [하늘 천] 004-4

| 갑골문 | 금문 | 소전 |
|---|---|---|
| 关 | 庚 | 天 |

머리가 강조된 사람을 나타냈는데, 사람을 기준으로 세상을 볼 때에 머리는 하늘과 맞닿아 있다. 따라서 머리가 강조된 사람이 하늘과 관련되어 그 뜻이 '하늘'이 되었다. 天地(천지)·天生(천생)·昇天(승천)·曇天(담천)·天動說(천동설)·靑天霹靂(청천벽력)·天方地軸(천방지축)에서처럼 그 음은 '천'인 글자다. 후에 강조된 머리 부분이 一의 형태로 변했다.

### 【 구절풀이 上 】

◦ 恩은 恩德(은덕)이나 恩功(은공)에서처럼 '은혜'를 뜻하고,
◦ 高는 崇高(숭고)나 高貴(고귀)에서처럼 '높다'를 뜻한다.
◦ 如는 如前(여전)이나 如實(여실)에서처럼 '같다'를 뜻하고,
◦ 天은 九天(구천)이나 皇天(황천)에서처럼 '하늘'을 뜻한다.

• 恩高如天은 '은혜는 하늘과 같이 높다'는 말이다. 나게(生) 해주고, 길러(鞠) 주고, 품어(懷) 주고, 먹여(哺) 주고, 따뜻하게(溫) 해주고, 살게(活) 해주며 모든 것을 아낌없이 준 '은혜'가 그지없음을 이른 것이다.

## 【 자원풀이 下 】

### 德 [덕 덕]   004-5     ↓ 彳 004-52 / 直 004-54 ↑ 心 002-31 참고

[금문]

德자는 悳자의 이체자(異體字)다. 悳자가 후에 悳(惠)의 형태로 변화되어 쓰이다가 다시 사람의 행동을 지켜 볼 수 있는 길과 관련된 彳자를 덧붙이면서 비로소 德자가 이뤄지게 되었다. 바른[直] 마음[心]을 가지고 행동[彳]할 수 있는 덕을 갖추었다 하여 그 뜻이 '덕'이 되고, 그 형태가 변했지만 直자로 인해 德性(덕성)·德色(덕색)·美德(미덕)·蔭德(음덕)·德不孤(덕불고)·德勝才(덕승재)·汲水功德(급수공덕)에서처럼 그 음이 '덕'이 된 글자다.

### 行 [다닐 행]   004-51

| 갑골문 | 금문 | 소전 |
|---|---|---|

사방(四方)으로 트인 사거리를 나타냈는데, 사거리는 사람들이 많이 다니는 곳이다. 따라서 그 뜻이 '다니다'가 되고, 行人(행인)·行進(행진)·萬行(만행)·跛行(파행)·通行路(통행로)·行方不明(행방불명)·知行一致(지행일치)·君子大路行(군자대로행)에서 보듯 그 음이 '행'이 된 글자다.

雁行(안항)·行列字(항렬자)에서처럼 그 음을 '항'으로도 읽는다.

### 彳 [자축거릴 척]   004-52     ↑ 行 004-51 참고

| 갑골문 | 금문 | 소전 |
|---|---|---|

사거리에서 비롯된 行자의 반쪽만 나타냈지만 옛날 사람들이 발을 나타냈다고 보면서 발의 힘이 빠져 자축거리며 걷는다 하여 그 뜻이 '자축거리다'가 되고, 徑[지름길 경]·往[갈 왕]·從[좇을 종]자에서처럼 부수의 역할을 하는 그 음이 '척'인 글자다.

## 目 [눈 목]   004-53

| 갑골문 | 금문 | 소전 |
|---|---|---|
|  |  |  |

눈동자가 보이는 눈을 나타낸 데서 그 뜻이 '눈'이고, 注目(주목)·頭目(두목)·目下(목하)·目禮(목례)·目擊者(목격자)·一目瞭然(일목요연)에

서처럼 그 음이 '목'인 글자다.

## 直 [곧을 직]   004-54

| 갑골문 | 금문 | 소전 |
|---|---|---|
|  |  |  |

↑ 目 004-53 참고

곧은 물체를 눈[目] 앞에 두고 살피는 모습을 나타내면서 살피는 물체가 곧다 하여 그 뜻이 '곧다'가 된 것으로 보이고, 直視(직시)·直死(직사)·正直(정직)·率直(솔직)·直喩法(직유법)·當直者(당직자)·是非曲直(시비곡직)에서 보듯 그 음이 '직'이 된 글자다.

## 厚 [두터울 후]   004-6

| 갑골문 | 금문 | 소전 |
|---|---|---|
|  |  |  |

↓ 厂 004-61 참고

언덕[厂]에 기대 놓은 주둥이가 넓고 밑이 뾰족한 도가니처럼 두터운 그릇[旱의 형태]을 나타낸 데서 그 뜻이 '두텁다'가 되고, 厚薄(후박)·厚待(후대)·重厚(중후)·濃厚(농후)·厚生費(후생비)·利用厚生(이용후생)에서처럼 그 음이 '후'가 된 글자다.

## 厂 [언덕 한]   004-61

| 갑골문 | 금문 | 소전 |
|---|---|---|
|  |  |  |

윗부분은 굴 바위 언덕을 본뜨고, 그 아랫부분은 구멍을 본떠서 언덕 아래에 구멍이 있어 사람이 살 수 있음을 나타냈다. 아래에 빈 굴이 있는 비탈진 언덕을 나타낸 데서 그 뜻이 '언덕'이고, 厈[언덕 안]·厓[언덕 애]·原[언덕 원]자에서처럼 부수의 역할을 하는 그 음이 '한'인 글자다.

## 似 [같을 사]   004-7   ↑ 人 002-21 / 以 002-2 참고

人(亻)자로 인해 무언가 하는 것이 다른 사람[人]과 같다 하여 그 뜻이 '같다'가 되고, 以자로 인해 近似(근사)·恰似(흡사)·類似(유사)·似而非(사이비)·非夢似夢(비몽사몽)·春來不似春(춘래불사춘)에서처럼 그 음이 '사'가 된 글자다.

## 地 [땅 지]   004-8   ↑ 土 001-22 ↓ 也 004-82 참고

土자로 인해 바다를 제외하고 흙[土]으로 뒤덮인 땅과 관련해 그 뜻이 '땅'이 되고, 也자로 인해 大地(대지)·心地(심지)·地球(지구)·地龍(지룡)·私有地(사유지)·地動說(지동설)·高水敷地(고수부지)·伏地不動(복지부동)에서처럼 그 음이 '지'가 된 글자다.

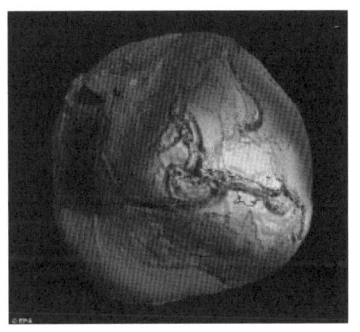

## 它 [뱀 사]   004-81   ↓ 虫 019-31 참고

| 갑골문 | 금문 | 소전 |
|---|---|---|
|  | | |

머리가 뾰족하고 몸체가 짧은 독 있는 뱀을 나타낸 데서 그 뜻이 '뱀'이고, 후에 그 뜻을 더욱 분명히 하기 위해 虫자가 덧붙여진 蛇[뱀 사]자처럼 그 음이 '사'인 글자다.

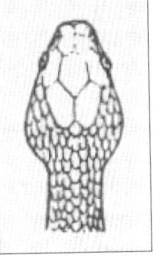

## 也 [어조사 야]   004-82   ↑ 它 004-81 참고

금문

它자와 글자의 형성이 같았으나 후에 어조사의 역할을 하는 데 빌려 쓰이면서 그 뜻이 '어조사'가 되고, 及其也(급기야)·獨也靑靑(독야청청)·言則是也(언즉시야)·焉哉乎也(언재호야)·是日也放聲大哭(시일야방성대곡)에서처럼 그 음이 '야'가 된 글자다.

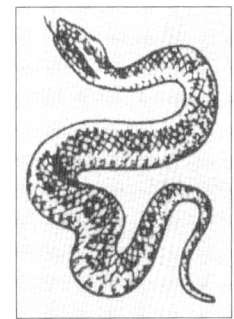

004 恩高如天 德厚似地

### 【 구절풀이 下 】

- 德은 恩高如天의 恩과 비슷한 의미의 은혜로운 덕행인 '은덕'을 뜻하고,
- 厚는 厚德(후덕)이나 厚意(후의)에서처럼 '두텁다'를 뜻한다.
- 似는 如의 뜻과 똑같게 '~과 같다'로 풀이하고,
- 地는 土地(토지)나 土壤(토양)에서처럼 '땅'을 뜻한다.
- 德厚似地는 '은덕은 땅과 같이 두텁다'는 말이다. 사람 사는 세상에서 눈으로 볼 수 있는 가장 큰 세계를 들어 부모의 은덕을 이른 것이다. 그 은덕의 크기가 "하늘만큼, 땅만큼"하다고.

### 【 쓰 기 】

| 004 | 은혜는 하늘과 같이 높고, 은덕은 땅과 같이 두터우니 | | | | | | |
|---|---|---|---|---|---|---|---|
| ① | 恩 | 高 | 如 | 天 | 德 | 厚 | 似 | 地 |
| ② | | | | | | | | |
| ③ | | | | | | | | |

| 001 | 아버지는 나의 몸을 낳으셨고, 어머니는 나의 몸을 기르셨다. |
|---|---|
| ⑥ | |

| 002 | 배로써 나를 품으셨고, 젖으로써 나를 먹이셨다. |
|---|---|
| ⑤ | |

| 003 | 옷으로써 나를 따뜻하게 하셨고, 밥으로써 나를 살게 하셨다. |
|---|---|
| ④ | |

# 爲人子者는 曷不爲孝리오

**사람의 자식이 된 이가 어찌 효도하지 아니 하겠는가**

## 【 자원풀이 上 】

### 爲 [할 위]　　005-1

↑ 爪 002-51　↓ 象 005-11 참고

| 갑골문 | 금문 | 소전 |
|---|---|---|

손[爪]으로 코끼리[象]를 끌고 일하는 모습을 나타내면서 사람의 힘으로 할 수 없는 무겁고 힘든 일을 코끼리로 하여금 하게 한다 하여 그 뜻이 '하다'가 되고, 行爲(행위)·營爲(영위)·爲人(위인)·爲主(위주)·當爲性(당위성)·橘化爲枳(귤화위지)·以民爲天(이민위천)·無爲自然說(무위자연설)에서 보듯 그 음이 '위'가 된 글자다.

### 象 [코끼리 상]　005-11

| 갑골문 | 금문 | 소전 |
|---|---|---|

구부러진 긴 코가 있는 코끼리를 나타낸 데서 그 뜻이 '코끼리'가 되고, 象牙(상아)·象毛(상모)·氣象(기상)·現象(현상)·印象派(인상파)·森羅萬象(삼라만상)·象嵌靑瓷(상감청자)에서처럼 그 음이 '상'이 된 글자다.

### 人 [사람 인]　　005-2　　↑ 002-21 참고

### 子 [아들 자]　　005-3　　↑ 002-52 참고

## 者 [놈 자]  005-4

| 금문 | 소전 |
|---|---|

김이 무럭무럭 나게 삶는 음식이 기물(器物)에 담긴 모양을 나타내면서 원래 삶는다는 뜻을 지녔으나 후에 놈의 의미로 빌려 쓰이면서 그 뜻이 '놈'이 되고, 學者(학자)·行者(행자)·敗者(패자)·霸者(패자)·當選者(당선자)·第一人者(제일인자)·保守主義者(보수주의자)에서 보듯 그 음이 '자'가 된 글자다. 者자에 火[불 화]자의 변형자 灬[연화발]이 덧붙여진 煮[삶을 자]자는 그 본래 뜻을 대신했다.

### 【 구절풀이 上 】

○ 爲는 行爲(행위)나 當爲(당위)에서처럼 '하다'의 뜻 외에 무언가 해서 무언가 된다 하여 爲主(위주)나 爲人(위인)에서처럼 '되다'의 뜻을 지니기도 한다.

○ 人은 人間(인간)이나 人類(인류)에서처럼 '사람'을 뜻하고,

○ 子는 본의(本義)가 '아이'며, 나아가 아들아이와 딸아이를 모두 이르는 '자식(子息)'을 뜻하기도 한다.

○ 者는 사람을 나타낼 때에 '놈'의 뜻으로 쓰이며, '놈'은 사람의 옛말이다. 나아가 다른 말의 뒤에 붙여서 사람을 의미하는 '이'의 뜻을 지니기도 한다.

● 爲人子者는 '사람의 자식이 된 이'란 말이다. 사람은 하늘에서 뚝 떨어진 존재(存在)가 아니다. 누구나 나를 세상에 나게 해 준 부모가 있기 때문이다.

## 【 자원풀이 下 】

### 曷 [어찌 갈]  005-5

↓ 曰 005-51 / 匃 005-53 참고

曰자로 인해 무엇을 어찌 할 것인지 말한다[曰] 하여 '어찌'의 뜻을 지니면서 匃자로 인해 '갈'의 음을 지니게 된 글자다.

### 曰 [가로 왈]  005-51

↑ 口 001-71 참고

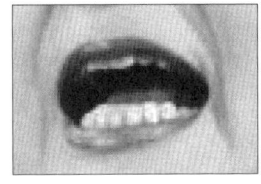

입[口]과 말할 때의 입 속으로부터 나오는 소리의 기운[-의 형태]을 나타낸 데서 그 뜻이 남의 말이나 글을 이용할 때에 사용하는 말인 '가로'가 되고, 曰牌(왈패)·曰字(왈자)·曰可曰否(왈가왈부)·孔子曰孟子曰(공자왈맹자왈)에서 보듯 그 음이 '왈'인 글자다.

### 亡 [잃을 망·없을 무]  005-52

대체로 날이 부러진 칼을 나타냈다 하면서 칼이 쓸모를 잃었다 하여 '잃다'의 뜻을 지니게 된 것으로 보이고, 興亡(흥망)·死亡(사망)·亡身(망신)·亡命(망명)·未亡人(미망인)·讀書亡羊(독서망양)·亡國之歎(망국지탄)에서 보듯 '망'의 음으로 읽히는 글자다. 兦자는 본자(本字)다.

### 匃 [빌 개(갈)]  005-53

↑ 亡 005-52 / 人 002-21 참고

없음의 의미를 지니는 亡[망할 망·없을 무=兦]자와 사람의 형태가 합쳐져 없는[兦] 사람[人(勹의 형태)]이 남에게 무언가 빈다 하여 그 뜻이 '빌다'가 되고, 그 음이 '개'가 된 글자다. 匄자는 동자(同字)다.

## 不 [아닐 불]   005-6

| 갑골문 | 금문 | 소전 |
|---|---|---|

꽃잎과 꽃술이 떨어지고 씨방이 부풀며 꽃받침이 아래를 향한 모양을 나타내면서 꽃받침에 이미 꽃잎과 꽃술이 떨어져 달려있는 것이 아니다 하여 그 뜻이 '아니다'가 된 것으로 보이고, 不和(불화)·不朽(불후)·不實(불실/부실)·不合格(불합격)·不知不識(부지불식)·君子不器(군자불기)에서 보듯 그 음이 '불'이 되면서 不德(부덕)·不正(부정)·不動心(부동심)·不知不識(부지불식)에서처럼 '부'로도 읽히는 글자다.

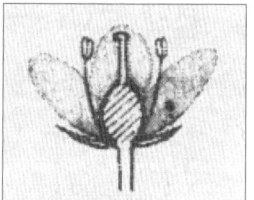

## 爲 [할 위]   005-7

↑ 005-1 참고

## 孝 [효도 효]   005-8

↓ 耂 005-81  ↑ 子 002-52 참고

| 금문 | 소전 |
|---|---|

걸어 다니기 불편한 늙은이[耂]를 지팡이 대신 아이[子]가 부축하면서 몸으로 직접 효도하는 모습에서 그 뜻이 '효도'가 되고, 孝女(효녀)·孝心(효심)·忠孝(충효)·不孝(불효)·孝行賞(효행상)·事親以孝(사친이효)·反哺之孝(반포지효)에서처럼 그 음이 '효'가 된 글자다.

## 老 [늙을 로]·耂 [늙을로엄]   005-81

| 갑골문 | 금문 | 소전 |
|---|---|---|

긴 머리털이 나고 지팡이를 짚은 허리가 구부러진 늙은 사람을 나타낸 데서 그 뜻이 '늙다'고, 年老(연로)·早老(조로)·偕老(해로)·長老(장로)·敬老席(경로석)·生老病死(생로병사)에서처럼 그 음이 '로'인 글자다. 老人(노인)·老獪(노회)·老益壯(노익장)·老少同樂(노소동락)에서처럼 말의 맨 앞이나 男女老少(남녀노소)에서처럼 합쳐진 두 말에서 뒤에 오는 말의 맨 앞에서는 그 음이 변해 '노'로도 읽힌다.

그 글자가 편방으로 쓰일 때는 자형의 일부가 생략되어 耂의 형태로도 쓰이는데, 이는 '늙을로엄'이라 한다.

### 【 구절풀이 下 】

- 曷은 반어형(反語形)으로, '어찌 ~하겠는가'의 뜻으로 풀이하고,
- 不은 부정사(不定詞)로, 어떤 한자나 한자어 앞에 쓰여 '~않다', '~아니하다'의 뜻으로 풀이한다.
- 爲는 人爲的(인위적)이나 作爲的(작위적)에서처럼 '하다'를 뜻하며,
- 孝는 孝行(효행)이나 孝誠(효성)에서처럼 '효도'를 뜻한다.
- 曷不爲孝는 '어찌 효도하지 아니 하겠는가'란 말이다. 효(孝)는 백행지본(百行之本)이라고 했다. 효를 떠나 입신출세(立身出世)한 이는 동서고금(東西古今)을 통해 아무도 없다.

### 【 쓰 기 】

| 005 | 사람의 자식이 된 이가 어찌 효도하지 아니 하겠는가. |
|---|---|
| ① | 爲人子者 曷不爲孝 |
| ② | |
| ③ | |

| 002 | 배로써 나를 품으셨고, 젖으로써 나를 먹이셨다. |
|---|---|
| ⑥ | |

| 003 | 옷으로써 나를 따뜻하게 하셨고, 밥으로써 나를 살게 하셨다. |
|---|---|
| ⑤ | |

| 004 | 은혜는 하늘과 같이 높고, 은덕은 땅과 같이 두터우니, |
|---|---|
| ④ | |

# 欲報深恩인데 昊天罔極이로다

**깊은 은혜를 갚고자 하지만 하늘처럼 다함이 없다**

【 자원풀이 上 】

### 欲 [하고자 할 욕]  006-1

↓ 欠 006-11 / 谷 006-12 참고

欠자로 인해 입을 크게 벌려[欠] 음식 등을 더 먹고자 한다 하여 그 뜻이 '하고자 하다'가 되고, 谷자로 인해 欲求(욕구)·欲望(욕망)·欲速不達(욕속부달)·五欲七情(오욕칠정)·從心所欲(종심소욕)·己所不欲勿施於人(기소불욕물시어인)에서처럼 그 음이 '욕'이 된 글자다.

### 欠 [하품 흠]  006-11

| 갑골문 | 금문 | 소전 |
|---|---|---|

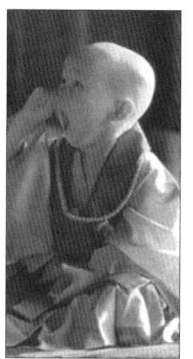

입을 크게 벌리고 사람이 하품하는 모습을 나타낸 데서 그 뜻이 '하품'이고, 欠缺(흠결)·欠談(흠담)·欠點(흠점)·欠縮(흠축)에서처럼 그 음이 '흠'인 글자다.

### 谷 [골 곡]  006-12

| 갑골문 | 금문 | 소전 |
|---|---|---|

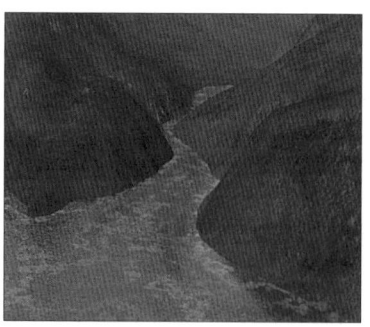

두 산 사이로 물이 흘러나오는 골(골짜기)을 나타낸 데서 그 뜻이 '골'이 되고, 溪谷(계곡)·峽谷(협곡)·谷風(곡풍)·褶曲谷(습곡곡)·深山幽谷(심산유곡)·進退維谷(진퇴유곡)에서 보듯 그 음이 '곡'인 글자다.

## 報 [갚을 보] 006-2

↓ 幸 006-21 / 旻 006-22 참고

| 갑골문 |
|---|
|  |

죄인(罪人)의 손을 묶는 도구에서 비롯된 幸[다행 행]자로 인해 죄인이 도구[幸]에 묶인 벌(罰)로 죄를 갚는다 하여 그 뜻이 '갚다'가 되고, 旻자로 인해 報答(보답)·報復(보복)·通報(통보)·情報(정보)·大字報(대자보)·結草報恩(결초보은)·盡忠報國(진충보국)에서처럼 그 음이 '보'가 된 글자다.

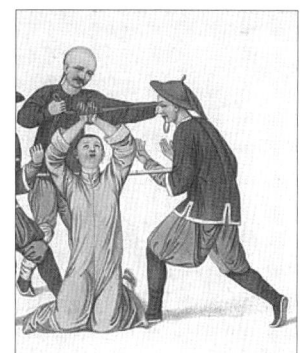

## 幸 [다행 행] 006-21

| 갑골문 | 금문 | 소전 |
|---|---|---|
| ↕ | ↕ | 幸 |

죄인(罪人) 손목에 채우는 수갑을 나타내면서 수갑에 채워지는 형벌을 다행히 면했다 하여 그 뜻이 '다행'이 되고, 幸福(행복)·幸運(행운)·不幸(불행)·天幸(천행)·徼幸數(요행수)·幸州大捷(행주대첩)에서처럼 그 음이 '행'이 된 글자다.

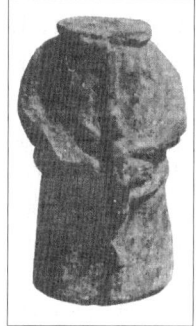

## 旻 [일할 복] 006-22

↑ 又 001-11 참고

| 갑골문 | 금문 | 소전 |
|---|---|---|

손[又]으로 붙잡아 꿇어앉힌 사람을 잘 다스려 일하도록 하는 모습을 나타낸 데서 그 뜻이 '일하다'가 된 것으로 보이고, 자신이 덧붙여져 음의 역할을 하는 服[옷 복]자에서처럼 그 음이 '복'이 된 글자다.

## 深 [깊을 심] 006-3

↑ 水 003-31 ↓ 突 006-32 참고

水(氵)자로 인해 물[水]의 밑바닥이 깊다 하여 그 뜻이 '깊다'가 되고, 후에 변했지만 突자로 인해 深淵(심연)·深奧(심오)·水深(수심)·夜深(야심)·深呼吸(심호흡)·深耕法(심경법)·深深山川(심심산천)에서처럼 그 음이 '심'이 된 글자다.

## 穴 [구멍 혈] 006-31

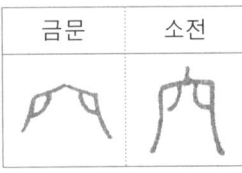

| 금문 | 소전 |

파헤쳐진 굴의 구멍을 나타낸 데서 그 뜻이 '구멍'이고, 虎穴(호혈)·墓穴(묘혈)·經穴(경혈)·百會穴(백회혈)·三姓穴(삼성혈)·偕老同穴(해로동혈)·穴居生活(혈거생활)에서 보듯 그 음이 '혈'인 글자다.

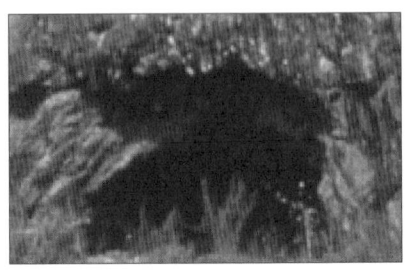

## 窞 [깊을 담] 006-32

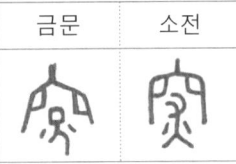

| 금문 | 소전 |

공기가 희박하고 더워서 사람이 입을 벌린 채 땀을 흘릴 수밖에 없는 깊은 굴[穴]을 나타낸 데서 그 뜻이 '깊다'가 되고, 그 음이 '담'인 글자다. 후대에 探(탐)자나 深(심)자의 오른쪽에 덧붙여진 자형처럼 쓰였다.

↑ 穴 006-31 참고

## 恩 [은혜 은] 006-4

↑ 004-1 참고

---

### 【 구절풀이 上 】

- **欲**은 欲求(욕구)나 欲望(욕망)에서처럼 '하고자 하다'를 뜻하고,
- **報**는 報答(보답)이나 報恩(보은)에서처럼 '갚다'를 뜻한다
- **深**은 深奧(심오)나 深重(심중)에서처럼 '깊다'를 뜻하며,
- **恩**은 恩德(은덕)이나 恩功(은공)에서처럼 '은혜'를 뜻한다.

• **欲報深恩**은 '깊은 은혜를 갚고자 하다'란 말이다. 자식을 키워 봐야 부모 마음을 안다고 한다. 자식을 향한 헤아리기 힘든 부모 마음은 한정(限定)할 수 없음을 이른 것이다.

## 【 자원풀이 下 】

### 昊 [하늘 호]  006-5

⬇ 日 006-51 참고

원래 日자와 亣[하늘 호]자가 합쳐진 昦자가 본자(本字)다. 日자로 인해 해[日]가 빛나는 하늘과 관련해 그 뜻이 '하늘'이 되고, 후에 天자로 바뀌었지만 亣자로 인해 그 음이 '호'가 된 글자다.

### 日 [날 일]  006-51

흑점(黑點)이 보이는 둥근 해를 나타내면서 다시 해가 뜨고 지는 하루 동안의 의미인 날과 관련해 결국 그 뜻이 '날'이 되고, 日出(일출)·日蝕(일식)·擇日(택일)·休日(휴일)·日光浴(일광욕)·日射病(일사병)·此日彼日(차일피일)에서처럼 그 음이 '일'인 글자다.

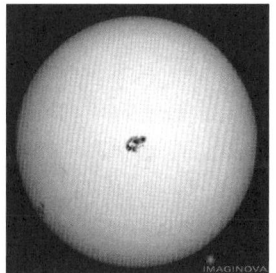

### 天 [하늘 천]  006-6

⬆ 004-4 참고

### 罔 [없을 망]  006-7

⬇ 网 006-71 ⬆ 亡 005-52 참고

소전

罒의 형태로 변화되었지만 그물 모양에서 비롯된 网자에 亡자가 덧붙여진 글자다. 원래 그물을 뜻했으나 후에 網[그물 망]자가 그 뜻을 대신하면서 자신은 부정사(不定詞)인 '없다'의 뜻을 지니게 되고, 亡자로 인해 罔極(망극)·駭怪罔測(해괴망측)에서처럼 '망'의 음으로 읽히게 된 글자다.

006 欲報深恩 昊天罔極

## 网 [그물 망]  006-71

| 갑골문 | 금문 | 소전 |
| --- | --- | --- |

새나 고기를 잡는 그물을 나타낸 데서 그 뜻이 '그물'이고, 나중에 음과 뜻을 더욱 분명히 하기 위해 亡자와 糸자를 덧붙인 網[그물 망]자처럼 그 음이 '망'인 글자다. 다른 글자에 덧붙여질 때는 그 형태가 간략하게 변화되어 주로 罒의 형태로 쓰고, 드물게 罓의 형태로 쓰기도 한다.

## 極 [다할 극]  006-8

↓ 木 006-82 / 亟 006-81 참고

木자로 인해 집에서 가장 맨 위의 끝이 다하는 부분에 놓인 나무[木]인 용마루를 뜻했으나 후에 용마루가 맨 위의 끝이 다하는 부분에 놓인다 하여 그 뜻이 '다하다'가 되고, 亟자로 인해 極東(극동)·極盡(극진)·南極(남극)·登極(등극)·極少數(극소수)·極樂往生(극락왕생)·極限狀況(극한상황)에서처럼 그 음이 '극'이 된 글자다.

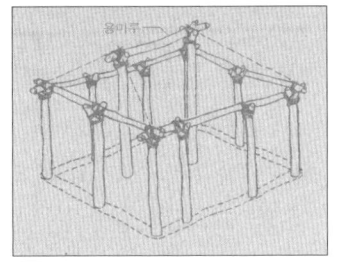

## 亟 [재빠를 극]  006-81

↑ 口 001-71 / 又 001-11 참고

| 금문 | 소전 |
| --- | --- |

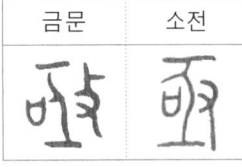

위와 아래가 막힌 공간 사이[二의 형태]에 선 사람[ㄱ의 형태]이 입[口]으로는 말을 하면서 손[又]으로는 무언가 다그쳐 재빠르게 행하고 있음을 나타내면서 그 뜻이 '재빠르다'가 된 것으로 보이고, 자신이 덧붙여져 음의 역할을 하는 極[다할 극]·殛[죽일 극]·悈[경망할 극]자처럼 그 음이 '극'이 된 글자다.

## 木 [나무 목]  006-82

| 갑골문 | 금문 | 소전 |
| --- | --- | --- |

크게 자라기 위해 잠시 잎을 떨어뜨린 나무를 나타낸 데서 그 뜻이 '나무'고, 樹木(수목)·巨木(거목)·木手(목수)·木棉(목면)·植木日(식목일)·緣木求魚(연목구어)·朽木不可彫(후목불가조)에서처럼 그 음이 '목'인 글자다.

## 【 구절풀이 下 】

- 昊는 天자와 똑같게 '하늘'을 뜻하고,
- 天도 靑天(청천)이나 中天(중천)에서처럼 '하늘'을 뜻한다.
- 罔은 罔測(망측)에서처럼 '없다'를 뜻하며,
- 極은 極盡(극진)이나 極限(극한)에서처럼 '다하다'를 뜻한다.
- 昊天罔極은 '하늘처럼 다함이 없다'는 말이다. 어머님의 은혜(양주동 작사)란 노래 가사에 보면 그 "희생은 가이없어라"라고 하고, "사랑은 그지없어라"라고 하였다. 부모님의 은혜에 보답하고자 한다면 끝이 없다는 것이다. 그래서 부모님이 돌아가셨을 때 흔히 "망극하다"고 한다.

## 【 쓰 기 】

**006** 깊은 은혜를 갚고자 하면 하늘처럼 다함이 없도다.

① 欲 報 深 恩 昊 天 罔 極

②

③

**003** 옷으로써 나를 따뜻하게 하셨고, 밥으로써 나를 살게 하셨다.

⑥

**004** 은혜는 하늘과 같이 높고, 은덕은 땅과 같이 두터우니,

⑤

**005** 사람의 자식이 된 이가 어찌 효도하지 아니 하겠는가.

④

# 父母呼我어시든 唯而趨之하고

**아버지와 어머니가 나를 부르시면 "예" 하며 대답하고 달려간다.**

### 【 자원풀이 上 】

| 父[아비 부] | 007-1 | ↑ 001-1 참고 |

| 母[어미 모] | 007-2 | ↑ 001-5 참고 |

| 呼[부를 호] | 007-3 | ↑ 口 001-71 ↓ 乎 007-34 참고 |

口자로 인해 입[口] 밖으로 숨을 내쉰다는 뜻을 지니면서 다시 숨을 내쉬며 큰 소리로 부른다 하여 그 뜻이 '부르다'가 되고, 乎자로 인해 呼吸(호흡)·呼稱(호칭)·歡呼(환호)·點呼(점호)·頓呼法(돈호법)·呼兄呼弟(호형호제)·指呼之間(지호지간)에서처럼 그 음이 '호'가 된 글자다.

| 丂[공교할 교] | 007-31 | ↓ 巧 007-33 참고 |

| 갑골문 | 금문 | 소전 |
|---|---|---|
| 丁 | 丁 | 丂 |

지팡이를 나타낸 것으로 보이나 후에 巧[공교할 교]자의 고자(古字)로 여겨 그 뜻이 巧자와 같게 '공교하다'가 되고, 巧자처럼 그 음이 '교'가 된 글자다.

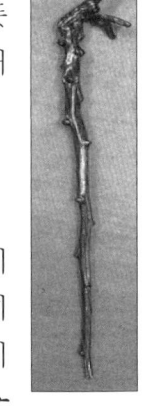

| 工[장인 공] | 007-32 |

| 갑골문 | 금문 | 소전 |
|---|---|---|
| 𠂇 | 工 | 工 |

대체로 선을 긋는 자나 도끼나 절굿공이를 나타냈다고 하면서 그런 도구를 흔히 사용하는 사람인 장인과 관련해 그 뜻이 '장인'이 되고, 工夫(공부)·工場(공장)·女工(여공)·獨工(독공)·工藝品(공예품)·士農工商(사농공상)에서 보듯 그 음이 '공'이 된 글자다.

巧 [공교할 교]   007-33                    ↑ 工 007-32 / 丂 007-31 참고

工자로 인해 장인[工]이 물건을 공교하게 만든다 하여 그 뜻이 '공교하다'가 되고, 다시 丂자로 인해 精巧(정교)·技巧(기교)·奸巧(간교)·巧妙(교묘)·巧言令色(교언영색)에서처럼 그 음이 '교'가 된 글자다.

乎 [어조사 호]   007-34                    ↑ 丂 007-31 참고

갑골문

원래 입에서 소리 낼 때에 나오는 기(氣)를 나타낸 형태와 丂자가 합쳐진 글자로 보인다. 입에서 나오는 기를 나타낸 형태로 인해 입에서 기를 내어 소리쳐 부른다는 뜻을 지녔으나 후에 어조사의 역할을 하는 데 빌려 쓰이면서 결국 그 뜻이 '어조사'가 되고, 나중에 그 모양이 바뀌었지만 丂자로 인해 斷乎(단호)·嗟乎(차호)·焉哉乎也(언재호야)에서처럼 그 음이 '호'가 된 글자다.

我 [나 아]   007-4                        ↑ 001-3 참고

---

### 【 구절풀이 上 】

◦ **父**는 父子(부자)나 父女(부녀)에서처럼 '**아버지**'를 뜻하고,
◦ **母**는 生母(생모)나 親母(친모)에서처럼 '**어머니**'를 뜻한다.
◦ **呼**는 呼出(호출)이나 呼名(호명)에서처럼 '**부르다**'를 뜻하고,
◦ **我**는 我執(아집)이나 我軍(아군)에서처럼 '**나**'를 뜻한다.

• **父母呼我**는 '**아버지와 어머니가 나를 부르다**'라는 말이다. 부모가 나를 부를 때는 분명히 까닭이 있는 것이다. 까닭을 알기 위해서는 부모 곁으로 빨리 나아가 몸소 그 연유(緣由)를 확인함이 자식의 마땅한 도리가 되는 것이다.

## 【 자원풀이 下 】

### 唯 [오직 유]  007-5   ↑ 口 001-71  ↓ 隹 007-51 참고

口자로 인해 입[口]으로 "예"하며 승낙하는 대답의 소리를 낸다 하여 '대답하다'의 뜻을 지니면서 다시 '오직'의 뜻으로 빌려 쓰이기도 하고, 隹자로 인해 唯一(유일)·唯心論(유심론)·唯唯諾諾(유유낙낙)·唯物史觀(유물사관)·唯我獨尊(유아독존)에서처럼 '유'의 음으로 읽히는 글자다.

### 隹 [새 추]  007-51

| 갑골문 | 금문 | 소전 |
|---|---|---|
|  | | |

비교적 간략한 형태로 새를 나타낸 데서 그 뜻이 '새'고, 자신이 덧붙여져 음의 역할을 하는 推[옮을 추]·錐[송곳 추]·椎[몽치 추]자처럼 그 음이 '추'인 글자다.

### 而 [말 이을 이]  007-6

| 금문 | 소전 |
|---|---|
| | |

원래 턱수염을 나타냈으나 후에 말 잇는 접속사(接續詞)로 빌려 쓰면서 그 뜻이 '말 잇다'가 되고, 似而非(사이비)·博而精(박이정)·學而時習(학이시습)·形而上學(형이상학)·敬而遠之(경이원지)에서 보듯 그 음이 '이'가 된 글자다.

### 趨 [달릴 추]  007-7   ↓ 走 007-72 / 芻 007-73 참고

走자로 인해 향하여 갈 곳으로 빨리 달린다[走] 하여 그 뜻이 '달리다'고, 芻자로 인해 趨勢(추세)·歸趨(귀추)에서처럼 그 음이 '추'인 글자다.

## 止 [그칠 지]   007-71

| 갑골문 | 금문 | 소전 |
|---|---|---|

위로 향한 다섯 발가락을 셋으로 줄였지만 발을 나타내면서 다시 발이 움직이지 않고 그친 상태와 관련해 그 뜻이 '그치다'가 되고, 中止(중지)·沮止(저지)·止血(지혈)·止揚(지양)·止瀉劑(지사제)·止於止處(지어지처)·行動擧止(행동거지)에서처럼 그 음이 '지'가 된 글자다.

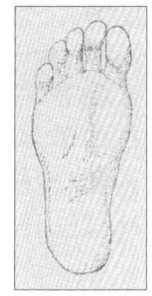

## 走 [달아날 주]   007-72

| 금문 | 소전 |
|---|---|

↑ 止 007-71 참고

두 팔을 휘저으며 달아나는 사람과 달아날 때에 신체(身體)에서 가장 움직임이 많은 발[止]이 어우러진 모습을 나타낸 데서 그 뜻이 '달아나다'가 되고, 走者(주자)·走破(주파)·競走(경주)·敗走(패주)·暴走族(폭주족)·走爲上策(주위상책)·夜半逃走(야반도주)에서처럼 그 음이 '주'인 글자다.

## 芻 [꼴 추]   007-73

↑ 勹 001-62 / 屮 001-21 참고

손으로 감싸서[勹] 가축에게 먹이는 풀[屮]인 꼴을 거두는 모습에서 그 뜻이 '꼴'이고, 反芻動物(반추동물)에서처럼 그 음이 '추'인 글자다. 풀을 나타낸 屮자는 후에 艸의 형태로 바뀌었다.

## 之 [갈 지]   007-8

↑ 止 007-71 참고

| 갑골문 |
|---|

원래 止자와 같은 형태로 쓰였으나 후대에 오늘날처럼 변화되었다. 止자와 반대로 발을 움직여 간다 하여 그 뜻이 '가다'가 되고, 止자와 똑같게 居之半(거지반)·之東之西(지동지서)·感之德之(감지덕지)·一言之下(일언지하)·馬上得之(마상득지)에서처럼 그 음이 '지'가 된 글자다.

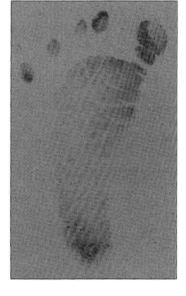

007 父母呼我 唯而趨之

## 【 구절풀이 下 】

- 唯는 唯唯諾諾(유유낙낙)에서처럼 그 본의(本義)와 관련해 공손하게 대답하는 말인 '예'나 '대답하다'를 뜻하고,
- 而는 순접(順接)의 접속사(接續詞)로, 구절에서 '~하고' 또는 '그리고'의 뜻으로 풀이한다.
- 趨는 趨勢(추세)나 歸趨(귀추)에서처럼 '달리다'를 뜻하며,
- 之는 동사의 역할을 하는 한자 뒤에 붙여 쓰이는 지시대명사(指示代名詞)로, 흔히 구절의 풀이에서는 설명하지 않으나 앞 구절의 '父母'를 가리킨다.
- 唯而趨之는 '"예"하며 대답하고 달리다'라는 말이다. 오늘날 정보화 사회가 되면서 많은 의사소통이 각종 전자기기로 행해지고 있다. 하나 부모의 말씀은 가까이에서 부모의 표정이나 심기까지 파악하면서 듣는 것이 마땅한 방법이라는 것이다.

✎ 唯唯諾諾) 대답하며 명령하는 대로 순종함.

## 【 쓰 기 】

| 007 | 아버지와 어머니가 나를 부르시면 "예"하며 대답하고 달려가고, |
| --- | --- |
| ① | 父母呼我唯而趨之 |
| ② | |
| ③ | |

| 004 | 은혜는 하늘과 같이 높고, 은덕은 땅과 같이 두터우니, |
| --- | --- |
| ⑥ | |

| 005 | 사람의 자식이 된 이가 어찌 효도하지 아니 하겠는가. |
| --- | --- |
| ⑤ | |

| 006 | 깊은 은혜를 갚고자 하면 하늘처럼 다함이 없도다. |
| --- | --- |
| ④ | |

# 父母之命은 勿逆勿怠하라

**아버지와 어머니의 말은 거스르지 말고 게을리 말라**

### 【 자원풀이 上 】

| 父[아비 부] | 008-1 | ↑ 001-1 참고 |

| 母[어미 모] | 008-2 | ↑ 001-5 참고 |

| 之[갈 지] | 008-3 | ↑ 007-8 참고 |

| 命[명령할 명] | 008-4 | ↑ 口 001-71 ↓ 令 008-42 참고 |

令자에 입[口]으로 명령한다고 함을 더욱 분명히 하기 위해 口자가 덧붙여져 그 뜻이 '명령하다'가 되고, 다시 令자에 의해 命令(명령)·命脈(명맥)·生命(생명)·殞命(운명)·致命傷(치명상)·十誡命(십계명)·見危授命(견위수명)·盡人事待天命(진인사대천명)에서처럼 그 음이 '명'이 된 글자다.

| 卩[병부 절] | 008-41 |

| 갑골문 | 금문 | 소전 |
|---|---|---|
| | | |

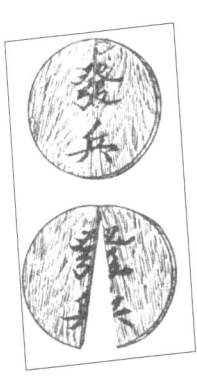

꿇어앉자 명령 받는 사람을 나타내면서 명령을 내릴 때에 필요한 물건인 병부와 관련해 그 뜻이 '병부'가 되고, 자신이 덧붙여져 음의 역할을 하는 節[마디 절]자처럼 그 음이 '절'이 된 글자다. 다른 글자에 덧붙여질 때는 㔾의 형태로도 바뀌어 쓰인다.

## 令 [영 령]  008-42

| 갑골문 | 금문 | 소전 |
|---|---|---|

지붕[스의 형태] 아래에 꿇어앉은 사람[卩]에게 신(神)이나 높은 사람이 영을 내리는 모습을 나타낸 데서 그 뜻이 '영(명령)'이 된 것으로 보이고, 命令(명령)·號令(호령)·令息(영식)·令愛(영애)·令夫人(영부인)·朝令暮改(조령모개)에서처럼 그 음이 '령'이 된 글자다.

↑ 卩 008-41 참고

### 【 구절풀이 上 】

- 父는 家父長(가부장)이나 父性愛(부성애)에서처럼 '아버지'를 뜻하고,
- 母는 未婚母(미혼모)나 思母曲(사모곡)에서처럼 '어머니'를 뜻한다.
- 之는 명사 뒤에 놓여 앞뒤의 말을 연결하는 관형격 어조사(語助辭)로, '~의' 또는 '~하는'의 뜻으로 풀이한다.
- 命은 嚴命(엄명)이나 下命(하명)에서처럼 '명령하다'를 뜻을 지니면서 다시 말로 명령한다 하여 '말'의 뜻을 지니기도 한다.

• 父母之命은 '아버지와 어머니의 말'이란 말이다.

### 【 자원풀이 下 】

## 勿 [말 물]  008-5

| 갑골문 | 금문 | 소전 |
|---|---|---|

칼[刀]로 무언가 자르는 모양을 나타낸 것으로 보이나 후에 말다의 의미를 가리키는 데 빌려 쓰이면서 결국 그 뜻이 '말다'가 되고, 勿驚(물경)·勿論(물론)·四勿(사물)·勿忘草(물망초)·勿失好機(물실호기)·己所不欲勿施於人(기소불욕물시어인)에서 보듯 그 음이 '물'이 된 글자다.

↓ 刀 008-51 참고

## 刀 [칼 도] · 刂 [선칼도]    008-51

| 갑골문 | 금문 | 소전 |
|---|---|---|
|  |  |  |

간략하게 칼을 나타낸 데서 그 뜻이 '칼'이고, 刀劍(도검) · 果刀(과도) · 斫刀(작도) · 寶刀(보도) · 銀粧刀(은장도) · 明刀錢(명도전) · 單刀直入(단도직입)에서 보듯 그 음이 '도'인 글자다. 다른 글자에 덧붙여질 때는 劍[칼 검] · 判[가를 판] · 列[벌일 렬] · 刻[새길 각] · 削[깎을 삭]자에서처럼 刂의 형태로도 쓰이는데, 이는 '선칼도'라 한다.

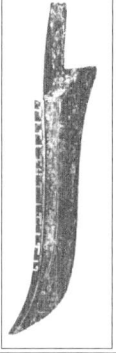

## 逆 [거스를 역]    008-6

↓ 辵 008-61 / 屰 008-62 참고

屰자의 뜻 '거스르다'를 더욱 분명히 하기 위해 길과 관련이 있는 辵(辶)자를 덧붙이고, 逆風(역풍) · 逆鱗(역린) · 拒逆(거역) · 叛逆(반역) · 五逆罪(오역죄) · 莫逆之友(막역지우) · 忠言逆耳(충언역이)에서처럼 그 음이 '역'이 된 글자다.

## 辵 [쉬엄쉬엄 갈 착] · 辶 [책받침]    008-61

↑ 彳 004-52 / 止 007-71 참고

| 갑골문 | 금문 | 소전 |
|---|---|---|
|  |  |  |

길[彳]과 발[止]이 합쳐져 사람이 길에서 발을 움직여 쉬엄쉬엄 간다 하여 그 뜻이 '쉬엄쉬엄 가다'고, 부수의 역할을 하는 그 음이 '착'인 글자다.

오늘날 그 본래의 자형은 사용되지 않고, 道[길 도] · 速[빠를 속] · 通[통할 통]자에서처럼 변화된 형태인 辶이 부수로 자주 사용되고 있다. 辶은 본래의 자형인 辵자의 음 '착'과 그 형태가 글자 구성에서 쓰일 때의 명칭인 '받침'을 덧붙인 '착받침'이 변해서 이뤄진 '책받침'으로 불리고 있다.

## 屰 [거스를 역]    008-62

| 갑골문 | 금문 | 소전 |
|---|---|---|
|  |  |  |

사람이 거꾸로 된 모습을 나타내면서 다시 거꾸로 거스른다 하여 그 뜻이 '거스르다'가 되고, 후에 자신의 뜻을 대신한 逆[거스를 역]자처럼 그 음이 '역'이 된 글자다.

008 父母之命 勿逆勿怠

## 勿 [말 물]   008-7            ↑ 008-5 참고

## 怠 [게으를 태]   008-8      ↑ 心 002-31 ↓ 台 008-81 참고

心자로 인해 마음[心]이 게으르다 하여 그 뜻이 '게으르다'가 되고, 台자로 인해 怠慢(태만)·怠業(태업)·懶怠(나태)·懈怠(해태)·倦怠期(권태기)·過怠料(과태료)에서처럼 그 음이 '태'가 된 글자다.

## 台 [기뻐할 이]   008-81      ↑ 口 001-71 / 厶 002-22 참고

口자로 인해 입[口]을 방실거리며 기뻐한다 하여 '기뻐하다'의 뜻을 지니면서 厶자로 인해 '이'의 음을 지니게 된 글자다. '별이름'의 뜻과 관련될 때는 그 음을 '태'로 읽는다.

### 【 구절풀이 下 】

- 勿은 금지사(禁止詞)로, '~하지 말라'는 뜻으로 풀이하고,
- 逆은 拒逆(거역)이나 逆行(역행)에서처럼 '거스르다'를 뜻한다.
- 勿은 勿驚(물경)이나 勿忘草(물망초)에서처럼 '말다'를 뜻하며,
- 怠는 怠慢(태만)이나 懶怠(나태)에서처럼 '게으르다'를 뜻한다.

• **勿逆勿怠**는 '거스르지 말고 게을리 말라'란 말이다. 세상의 어떤 부모도 자식 나쁘게 되라는 부모는 없다. 부모가 내린 명(命)이 엄할수록 더 분명히 해야 할 일로 여겨야 할 것이다. 자식이 잘 되면 안 먹어도 배가 부른 법이다.

【 쓰 기 】

| 008 | 아버지와 어머니의 말은 거스르지 말고 게을리 말라 |
|---|---|
| ① | 父 母 之 命 勿 逆 勿 怠 |
| ② | |
| ③ | |

| 005 | 사람의 자식이 된 이가 어찌 효도하지 아니 하겠는가. |
|---|---|
| ⑥ | |

| 006 | 깊은 은혜를 갚고자 하면 하늘처럼 다함이 없도다. |
|---|---|
| ⑤ | |

| 007 | 아버지와 어머니가 나를 부르시면 "예"하며 대답하고 달려가고 |
|---|---|
| ④ | |

# 侍坐親前커든 勿踞勿臥하며

### 모시고 어버이의 앞에 앉거든 웅크리지도 말고 눕지도 말라

【 자원풀이 上 】

**侍**[모실 시]  009-1    ↑ 人 002-21  ↓ 寺 009-12 참고

人(亻)자로 인해 높은 사람[人]을 모신다 하여 그 뜻이 '모시다'가 되고, 寺자로 인해 **侍女**(시녀)·**侍從**(시종)·**侍生**(시생)·**侍童**(시동)·**內侍**(내시)·**層層侍下**(층층시하)에서 처럼 그 음이 '시'가 된 글자다.

**寸**[마디 촌]  009-11    ↑ 又 001-11 참고

오른손[又]에서 팔 쪽으로 한 마디 부위에 점(點)을 표시하면서 그 뜻이 '마디'가 되고, **寸志**(촌지)·**寸數**(촌수)·**寸刻**(촌각)·**寸蟲**(촌충)·**寸鐵殺人**(촌철살인)·**一寸光陰**(일촌광음)에서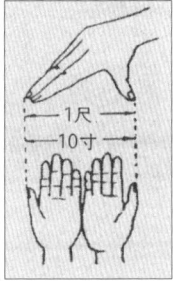
보듯 그 음이 '촌'이 된 글자다.

**寺**[절 사]  009-12    ↑ 止 007-71 / 又 001-11 참고

원래 止자와 又자가 합쳐진 글자였다. 오른 손에서 비롯된 又자는 후에 점이 덧붙여져 寸자로 쓰였지만 법도에 따라 손수[又] 일을 행하는 관청과 관련되면
서 다시 옛날 관청에서 서역(西域) 승려들을 모신 데서 결국 그 뜻이 '절'이 되고, 土의 형태로 변했지 만 止자로 인해 **寺刹**(사찰)·**寺址**(사지)·**山寺**(산사)·**末寺**(말사)·**男寺黨**(남사당)에서처럼 그 음이 '사'가 된 글자다. '관청'의 뜻으로 쓰일 때는 **司僕寺**(사복시)·**奉常寺**(봉상시)에서처럼 '시'의 음으로 읽힌다.

56 효행편

## 坐 [앉을 좌]　009-2　↑ 人 002-21 / 土 001-22 참고

소전

두 사람[人]이 丌형태의 단(壇)을 사이에 두고 땅[土]에 앉는 모양을 나타 낸 데서 그 뜻이 '앉다'가 되고, 對坐(대좌)·正坐(정좌)·坐視(좌시)·坐定 (좌정)·跏趺坐(가부좌)·坐不安席(좌불안석)·坐井觀天(좌정관천)에서 보듯 그 음이 '좌'가 된 글자다.

## 親 [친할 친]　009-3　↓ 見 009-32 / 亲 009-34 참고

소전

원래 亲자와 見자가 합쳐진 親자가 본자(本字)다. 見자로 인해 늘 곁에서 볼[見] 정도로 친하다 하여 그 뜻이 '친하다'가 되고, 후에 亲의 형태로 간 략하게 쓰였지만 亲자로 인해 親族(친족)·親切(친절)·嚴親(엄친)·覲親 (근친)·親日派(친일파)·大義滅親(대의멸친)·父子有親(부자유친)에서 보듯 그 음이 '친'이 된 글자다.

## 儿 [어진 사람 인]　009-31　↑ 人 002-21 참고

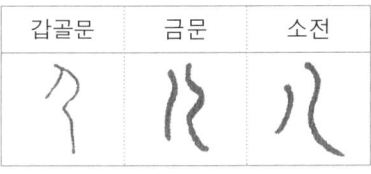

| 갑골문 | 금문 | 소전 |
|---|---|---|

人자에서 변형된 글자로, 兒[아이 아]· 兄[맏 형]자에서처럼 항상 자형(字形)에서 아랫부분에 사용되기 때문에 그 형태가 변화 되었다. 人자와 구별해 '어진 사람 인'이라 한다.

## 見 [볼 견·나타날 현]　009-32　↑ 目 004-53 / 儿 009-31 참고

| 갑골문 | 금문 | 소전 |
|---|---|---|

사람[儿]의 형상 위에 강조된 눈[目] 을 덧붙여 사람이 무언가 본다 하여 그 뜻이 '보다'가 되고, 見學(견학)·見 聞(견문)·發見(발견)·異見(이견)·一 家見(일가견)·先見之明(선견지명)·東方見聞錄(동방견문록)에서 보듯 그 음이 '견'이 된 글자다.
見身(현신)·謁見(알현)·見舅姑禮(현구고례)에서처럼 그 음을 '현'으로도 읽는다.

009 侍坐親前 勿踞勿臥

## 辛 [매울 신]  009-33

| 갑골문 | 금문 | 소전 |
|---|---|---|

옛날에 죄인이나 포로의 얼굴에 검은 먹을 새겼던 도구를 나타냈다. 먹으로 문신(文身)이 새겨진 자는 견디기 힘든 고통을 받았는데, 맛 가운데에서도 견디기 힘든 맛이 매운맛이다. 따라서 문신을 새기는 도구와 관련해 그 뜻이 '맵다'가 되고, 辛辣(신랄)·辛勝(신승)·辛酸(신산)·艱辛(간신)·香辛料(향신료)·五辛菜(오신채)·千辛萬苦(천신만고)·辛未洋擾(신미양요)에서 보듯 그 음이 '신'이 된 글자다.

## 榛 [개암나무 진]  009-34

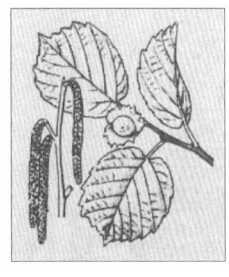

↑ 木 006-82 / 辛 009-33 참고

木자로 인해 산야(山野)에서 자라는 개암나무과에 딸린 갈잎 떨기나무[木]와 관련해 그 뜻이 '개암나무'가 되고, 辛자로 인해 그 음이 '진'이 된 글자다.

## 前 [앞 전]  009-4

↑ 止 007-71 / 刀 008-51 참고

| 금문 | 소전 |
|---|---|

신발을 신지 않았던 옛날에 발[止]을 용기[舟의 형태]에 넣어 씻는 일을 신성한 곳에 들어가기 앞에 한다 하여 앞의 뜻을 지니면서 歬자로 썼으나 후에 刀(刂)자가 덧붙여진 글자[前]가 다시 그 뜻 '앞'을 대신하고, 前後(전후)·前轍(전철)·目前(목전)·生前(생전)·前奏曲(전주곡)·前哨戰(전초전)·前衛部隊(전위부대)·前官禮遇(전관예우)에서처럼 그 음이 '전'이 된 글자다.

【 구절풀이 上 】

- 侍는 侍從(시종)이나 侍女(시녀)에서처럼 '모시다'를 뜻하고,
- 坐는 坐定(좌정)이나 正坐(정좌)에서처럼 '앉다'를 뜻한다.
- 親은 親近(친근)이나 親密(친밀)에서처럼 '친하다'의 뜻 외에 세상 누구나 가장 친히 여기는 父親(부친)이나 母親(모친)에서처럼 '어버이'를 뜻하기도 하며,
- 前은 前方(전방)이나 前面(전면)에서처럼 '앞'을 뜻한다.
- 侍坐親前은 '모시고 어버이의 앞에 앉다'란 말이다.

【 자원풀이 下 】

勿[말 물]  009-5                    ↑ 008-5 참고

踞[웅크릴 거]  009-6              ↓ 足 009-61 / 居 009-63 참고

足(⻊)자로 인해 발[足]을 안으로 모아 무릎을 세우고 웅크려 앉는다 하여 그 뜻이 '웅크리다'가 되고, 居자로 인해 그 음이 '거'가 된 글자다.

足[발 족] · ⻊[발족변]   009-61          ↑ 止 007-71 참고

| 갑골문 | 금문 | 소전 |
|---|---|---|

종아리[口의 형태]와 그 아래 발[止]을 나타낸 데서 그 뜻이 '발'이고, 手足(수족)·四足(사족)·駿足(준족)·纏足(전족)·禁足令(금족령)·足脫不及(족탈불급)에서처럼 그 음이 '족'인 글자다.

글자에서 왼쪽에 덧붙여질 때는 路(로)·跡(적)·踏(답)자에서처럼 ⻊의 형태로 변하는데, 이는 '발족변'이라 한다.

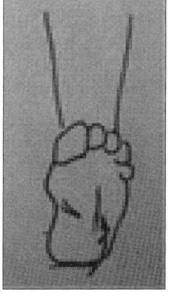

## 古 [예 고]  009-62

| 갑골문 | 금문 | 소전 |
|---|---|---|

↑ 口 001-71 참고

제사에 신주나 방패[十의 형태]를 놓고 입[口]으로 옛날(예) 일을 말하는 데서 그 뜻이 '예(옛날)'가 된 것으로 보이고, 古代(고대)·古典(고전)·最古(최고)·太古(태고)·中古品(중고품)·古朝鮮(고조선)·東西古今(동서고금)에서 보듯 그 음이 '고'가 된 글자다.

## 居 [살 거]  009-63

↑ 古 009-62 참고

사람을 나타낸 尸의 형태로 인해 사람이 한 곳에 오래 동안 머물러 산다 하여 그 뜻이 '살다'가 되고, 古자로 인해 居住(거주)·居處(거처)·同居(동거)·蟄居(칩거)·居之半(거지반)·居安思危(거안사위)에서처럼 그 음이 '거'가 된 글자다.

## 勿 [말 물]  009-7

↑ 008-5 참고

## 臥 [누울 와]  009-8

↓ 臣 009-81  ↑ 人 002-21 참고

| 소전 |
|---|

눈[臣]으로 사람[人]이 내려 본다 함을 나타내면서 눈으로 누운 이를 내려 본다 하여 그 뜻이 '눕다'가 된 것으로 보이고, 臥病(와병)·臥牀(와상)·臥佛(와불)·臥薪嘗膽(와신상담)·臥龍鳳雛(와룡봉추)에서처럼 그 음이 '와'가 된 글자다.

## 臣 [신하 신]  009-81

| 갑골문 | 금문 | 소전 |
|---|---|---|

머리를 들어 위를 바라볼 때의 한 눈을 나타내면서 머리를 들어 높은 곳의 임금을 바라보는 신하와 관련해 그 뜻이 '신하'가 되고, 君臣(군신)·忠臣(충신)·奸臣(간신)·死六臣(사육신)·股肱之臣(고굉지신)·市井之臣(시정지신)에서처럼 그 음이 '신'이 된 글자다.

【 구절풀이 下 】

- 勿은 금지사(禁止詞)로, '~하지 말라'는 뜻으로 풀이하고,
- 踞는 '걸터앉다'의 뜻 외에 蹲踞(준거)에서처럼 '웅크리다'를 뜻한다.
- 勿은 금지사로, 非禮勿視(비례물시)에서처럼 '말다'를 뜻하며,
- 臥는 臥床(와상)이나 臥病(와병)에서처럼 '눕다'를 뜻한다.
- **勿踞勿臥**는 '웅크리지도 말고 눕지도 말라'란 말이다. 어려서부터 부모님을 모시고 앉을 때에 자세를 바로 해야 커서도 어디에서든지 바른 자세를 취할 수 있는 것이다. 세 살 버릇 여든까지 간다고 했다.

✎ 非禮勿視) 예가 아니면 보지도 말라는 말.

【 쓰 기 】

| 009 | 모시고 어버이의 앞에 앉거든 웅크리지도 말고 눕지도 말며 |
|---|---|
| ① | 侍 坐 親 前 勿 踞 勿 臥 |
| ② | |
| ③ | |

| 006 | 깊은 은혜를 갚고자 하면 하늘처럼 다함이 없도다. |
|---|---|
| ⑥ | |

| 007 | 아버지와 어머니가 나를 부르시면 "예"하며 대답하고 달려가고 |
|---|---|
| ⑤ | |

| 008 | 아버지와 어머니의 말씀은 거스르지 말고 게을리 말라 |
|---|---|
| ④ | |

# 膝前勿坐하고 親面勿仰하라

**무릎 앞에 앉지 말고 어버이의 낯을 우러르지 말라**

【 자원풀이 上 】

**膝**[무릎 슬]　　010-1　　↑ 肉 002-11　↓ 泰 010-11 참고

肉(月)자로 인해 살[肉]이 붙어있는 인체의 한 부위인 무릎과 관련해 그 뜻이 '무릎'이 되고, 泰자로 인해 膝下(슬하)·膝蓋腱(슬개건)·壓膝刑(압슬형)·膝甲盜賊(슬갑도적)에서처럼 그 음이 '슬'이 된 글자다.

**泰**[옻나무 칠]　　010-11　　↑ 木 006-82 참고

옻나무[木]에 칼자국을 내 수액(樹液)이 흐르는 모양을 나타내면서 그 뜻이 '옻나무'가 되고, 자신이 덧붙여져 음의 역할을 하는 漆[옻 칠]자처럼 그 음이 '칠'이 된 글자다.

**前**[앞 전]　　010-2　　↑ 009-4 참고

**勿**[말 물]　　010-3　　↑ 008-5 참고

**坐**[앉을 좌]　　010-4　　↑ 009-2 참고

【 구절풀이 上 】

○ 膝은 膝下(슬하)나 膝甲(슬갑)에서처럼 '무릎'을 뜻하고,
○ 前은 目前(목전)이나 面前(면전)에서처럼 '앞'을 뜻한다.
○ 勿은 금지사(禁止詞)로, 非禮勿聽(비례물청)에서처럼 '말다'를 뜻하며,
○ 坐는 對坐(대좌)나 獨坐(독좌)에서처럼 '앉다'를 뜻한다.

● 膝前勿坐는 '무릎 앞에 앉지 말라'란 말이다.

　　✎ 非禮勿聽) 예가 아니면 듣지도 말라는 말.

## 【 자원풀이 下 】

### 親[친할 친]　010-5　　↑ 009-3 참고

### 面[낯 면]　010-6　　↑ 目 004-53 참고

| 갑골문 | 소전 |
|---|---|
|  |  |

머리의 여러 기관을 대표한 눈[目]을 중심으로 낯의 윤곽을 나타낸 데서 그 뜻이 '낯'이 되고, 顔面(안면)·假面(가면)·面目(면목)·面刀(면도)·鐵面皮(철면피)·白面書生(백면서생)·得意滿面(득의만면)에서 보듯 그 음이 '면'이 된 글자다.

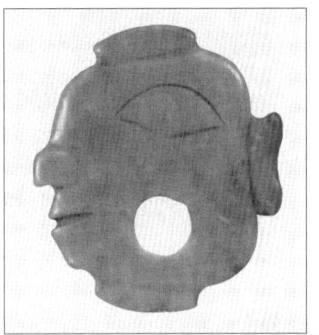

### 勿[말 물]　010-7　　↑ 008-5 참고

### 仰[우러를 앙]　010-8　　↑ 人 002-21　↓ 卬 010-81 참고

卬자를 대신해 人(亻)자를 덧붙여 그 뜻이 '우러르다'가 되고, 卬자처럼 推仰(추앙)·崇仰(숭앙)·仰祝(앙축)·仰望(앙망)·信仰心(신앙심)·仰天大笑(앙천대소)·仰釜日影(앙부일영)에서 보듯 그 음이 '앙'이 된 글자다.

### 卬[나 앙·우러를 앙]　010-81

서 있는 사람을 꿇어앉은 사람이 우러러 보는 모습을 나타내면서 원래 '우러르다'의 뜻을 지녔으나 후대에 다시 우러르는 이가 나라고 하여 그 뜻이 '나'가 되고, 자신의 원래 뜻을 대신하는 仰[우러를 앙]자처럼 그 음이 '앙'이 된 글자다.

## 【 구절풀이 下 】

- 親은 兩親(양친)이나 肉親(육친)에서처럼 '어버이'를 뜻하기도 하며,
- 面은 顔面(안면)이나 面相(면상)에서처럼 '낯'을 뜻한다.
- 勿은 금지사(禁止詞)로, 非禮勿言(비례물언)에서처럼 '말다'를 뜻하며,
- 仰은 仰望(앙망)이나 推仰(추앙)에서처럼 '우러르다'를 뜻한다.

- 親面勿仰은 '어버이의 낯을 우러르지 말라'란 말이다. 무릎 앞에 앉는다는 것은 부모님의 행동에 방해(妨害)가 되는 것이며, 얼굴을 우러러 물끄러미 쳐다보는 행동 또한 결례(缺禮)가 된다는 것이다.

✎ 非禮勿言) 예가 아니면 말하지 말라는 말.

## 【 쓰 기 】

**010** 무릎 앞에 앉지 말고 어버이의 낯을 우러르지 말라

① 膝 前 勿 坐 親 面 勿 仰

②

③

**007** 아버지와 어머니가 나를 부르시면 "예"하며 대답하고 달려가고

⑥

**008** 아버지와 어머니의 말은 거스르지 말고 게을리 말라

⑤

**009** 모시고 어버이의 앞에 앉거든 웅크리지도 말고 눕지도 말며

④

64 효행편

# 父母臥命 이어시든 俯首聽之 하고 　011

### 아버지와 어머니가 누워 말하시거든 머리를 구부려 듣고

【 자원풀이 上 】

| 父 [아비 부] | 011-1 | ↑ 001-1 참고 |
| 母 [어미 모] | 011-2 | ↑ 001-5 참고 |
| 臥 [누울 와] | 011-3 | ↑ 009-8 참고 |
| 命 [명령할 명] | 011-4 | ↑ 008-4 참고 |

【 구절풀이 上 】

- 父는 父性(부성)이나 父權(부권)에서처럼 '아버지'를 뜻하고,
- 母는 母系社會(모계사회)에서처럼 '어머니'를 뜻한다.
- 臥는 臥薪嘗膽(와신상담)에서처럼 '눕다'를 뜻하고,
- 命은 特命(특명)이나 抗命(항명)에서처럼 '명령하다'의 뜻을 지니면서 다시 말로 명령한다 하여 '말'의 뜻을 지니기도 한다.

- **父母臥命**은 '아버지와 어머니가 누워 말하다'란 말이다. 혹 부모가 몸이 불편하여 누워서 말하는 경우를 이른 것이다.

  ✎ 臥薪嘗膽) 섶에 누워 쓸개를 씹는다는 뜻으로, 원수(怨讐)를 갚으려고 온갖 괴로움을 참고 견딤을 이르는 말.

## 【 자원풀이 下 】

### 俯[구부릴 부]  011-5     ↑ 人 002-21  ↓ 府 011-53 참고

人(亻)자로 인해 사람이 몸을 앞으로 구부린다 하여 그 뜻이 '구부리다'가 되고, 府자로 인해 俯伏(부복)·俯瞰圖(부감도)에서처럼 그 음이 '부'가 된 글자다.

### 付[줄 부]  011-51     ↑ 人 002-21 / 又 001-11 참고

앞 사람[人]에게 뒤에서 손[又]으로 무언가 준다함을 나타낸 데서 그 뜻이 '주다'가 되고, 付與(부여)·付託(부탁)·貸付(대부)·送付(송부)·納付金(납부금)·到付商(도부상)·反對給付(반대급부)에서 보듯 그 음이 '부'가 된 글자다. 손을 표현한 형태는 후에 寸자로 변화되었다.

### 广[집 엄]  011-52

한 쪽만 기둥이 있는 집을 나타낸 데서 그 뜻이 '집'이고, 庫[곳집 고]·店[가게 점]·廚[부엌 주]자에서처럼 부수의 역할을 하는 그 음이 '엄'인 글자다.

### 府[곳집 부]  011-53     ↑ 广 011-52 / 付 011-51 참고

广자로 인해 재물이나 문서를 간직해 두는 곳집[广]과 관련해 그 뜻이 '곳집'이 되고, 付자로 인해 政府(정부)·軍府(군부)·幕府(막부)·學府(학부)·第四府(제사부)·議政府(의정부)·三府要人(삼부요인)·安東都護府(안동도호부)에서처럼 그 음이 '부'가 된 글자다.

## 首 [머리 수]  011-6

↑ 目 004-53 참고

| 갑골문 | 금문 | 소전 |
|---|---|---|

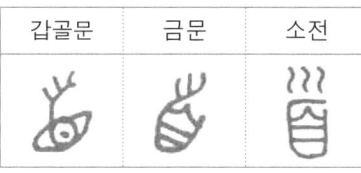

머리털과 눈[目]을 중심으로 옆에서 본 머리를 나타낸 데서 그 뜻이 '머리'고, 首級(수급)·首肯(수긍)·梟首(효수)·魁首(괴수)·絞首刑(교수형)·鳩首會議(구수회의)·首邱初心(수구초심)에서 보듯 그 음이 '수'인 글자다.

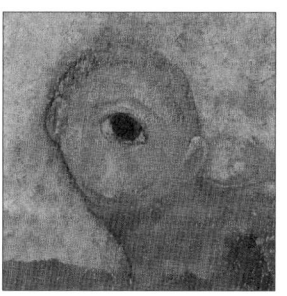

## 聽 [들을 청]  011-7

↑ 直 004-54 / 心 002-31 ↓ 耳 011-71 / 壬 011-72 참고

| 소전 |
|---|

원래는 귀[耳]와 입[口]만으로 표현되었으나 후에 그 자형이 복잡하게 변화되어 耳자와 直자의 변화된 형태와 心자, 그리고 壬자로 쓰이게 되었다. 그 뜻은 입[口]으로 말하면 곧은[直] 마음[心]을 가지고 귀[耳]로 듣는다 하여 '듣다'가 되고, 그 음은 壬자로 인해 聽覺(청각)·聽衆(청중)·視聽(시청)·盜聽(도청)·聽診器(청진기)·非禮勿聽(비례물청)에서처럼 '청'이 된 글자다.

## 耳 [귀 이]  011-71

| 갑골문 | 금문 | 소전 |
|---|---|---|

귀를 나타낸 데서 그 뜻이 '귀'고, 耳順(이순)·耳塚(이총)·耳目(이목)·耳明酒(이명주)·中耳炎(중이염)·馬耳東風(마이동풍)에서 보듯 그 음이 '이'인 글자다.

## 壬 [줄기 정·착할 청]  011-72

↑ 人 002-21 / 土 001-22 참고

| 갑골문 | 소전 |
|---|---|

사람[人]이 흙[土] 위에 선 모습을 나타냈으나 후인(後人)들이 흙을 뚫고 나오는 나무의 줄기를 나타냈다 잘못 여기면서 그 뜻이 '줄기'가 되고, 자신이 덧붙여진 呈[드릴 정]·廷[조정 정]자처럼 그 음이 '정'인 글자다.

## 之 [갈 지]  011-8

↑ 007-8 참고

011 父母臥命 俯首聽之

## 【 구절풀이 下 】

- **俯**는 俯瞰(부감)이나 俯伏(부복)에서처럼 '**구부리다**'를 뜻하고,
- **首**는 鶴首苦待(학수고대)에서처럼 '머리'를 뜻한다.
- **聽**은 聽取(청취)나 傾聽(경청)에서처럼 '듣다'를 뜻하고,
- **之**는 지시대명사(指示代名詞)로, 흔히 구절의 풀이에서는 설명하지 않는다.

- **俯首聽之**는 '머리를 구부려 듣다'라는 말이다. 하나를 보면 열을 안다고 한다. 공손한 태도 하나로 자식이 부모를 대하는 마음을 알 수 있는 것이다.

✎ 鶴首苦待) 학처럼 목을 길게 빼고 기다린다는 뜻으로, 몹시 기다림을 이르는 말.

## 【 쓰기 】

| 011 | 아버지와 어머니가 누워 말하시거든 머리를 구부려 듣고 |
|---|---|
| ① | 父 母 臥 命 俯 首 聽 之 |
| ② | |
| ③ | |

| 008 | 아버지와 어머니의 말은 거스르지 말고 게을리 말라 |
|---|---|
| ⑥ | |

| 009 | 모시고 어버이의 앞에 앉거든 웅크리지도 말고 눕지도 말며 |
|---|---|
| ⑤ | |

| 010 | 무릎 앞에 앉지 말고 어버이의 낯을 우러르지 말라 |
|---|---|
| ④ | |

# 坐命跪聽하고 立命立聽하라  012

**앉아 말하면 꿇어앉아 듣고 서서 말하면 서서 들어라**

【 자원풀이 上 】

**坐**[앉을 좌]   012-1   ↑ 009-2 참고

**命**[명령할 명]   012-2   ↑ 008-4 참고

**跪**[꿇어앉을 궤]   012-3   ↑ 足 009-61 ↓ 危 012-31 참고

足(𠃉)자로 인해 발[足]을 뒤로 하여 무릎을 꿇고 앉는다 하여 그 뜻이 '꿇어앉다'가 되고, 危자로 인해 詭[속일 궤]·垝[헐 궤]·佹[괴이할 궤]자처럼 그 음이 '궤'가 된 글자다.

**危**[위태할 위]   012-31   ↑ 厂 004-6 참고

소전 ᗡ

언덕[厂]의 위와 아래에 사람[⺈과 㔾의 형태]이 있는 모습을 나타내면서 사람이 언덕 주변의 위태한 곳에 있다 하여 그 뜻이 '위태하다'가 된 것으로 보이고, 危險(위험)·危急(위급)·危重(위중)·安危(안위)·危害物(위해물)·累卵之危(누란지위)에서처럼 그 음이 '위'가 된 글자다.

**聽**[들을 청]   012-4   ↑ 011-7 참고

## 【 구절풀이 上 】

- **坐**는 坐視(좌시)나 坐禪(좌선)에서처럼 '앉다'를 뜻하고,
- **命**은 王命(왕명)이나 御命(어명)에서처럼 '명령하다'를 뜻하면서 말로 명령한다 하여 '**말**'의 뜻을 지니기도 한다.
- **跪**는 跪像(궤상)에서처럼 '꿇어앉다'를 뜻하고,
- **聽**은 視聽(시청)이나 傍聽(방청)에서처럼 '듣다'를 뜻한다.

● **坐命跪聽**은 '앉아 말하면 꿇어앉아 듣다'라는 말이다.

## 【 자원풀이 下 】

### 立 [설 립]   012-5

| 갑골문 | 금문 | 소전 |

사람이 두 다리를 땅 위에 딛고 서 있는 모습을 나타낸 데서 그 뜻이 '서다'고, 竝立(병립)·自立(자립)·而立(이립)·竪立(수립)·直立人(직립인)·不立文字(불립문자)에서 보듯 그 음이 '립'인 글자다. 立志(입지)·立錐(입추)·立候補(입후보)·立春大吉(입춘대길)에서처럼 낱말의 맨 앞에 놓이면 그 음이 변해 '입'으로 읽힌다.

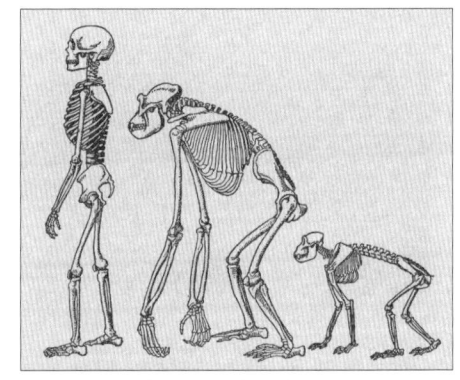

### 命 [명령할 명]   012-6   ↑ 008-4 참고

### 立 [설 립]   012-7   ↑ 012-5 참고

### 聽 [들을 청]   012-8   ↑ 011-7 참고

【 구절풀이 下 】

◦ 立은 起立(기립)이나 直立(직립)에서처럼 '서다'를 뜻하고,
◦ 命은 特命(특명)이나 勅命(칙명)에서처럼 '명령하다'를 뜻하면서 말로 명령한다 하여 '말'의 뜻을 지니기도 한다.
◦ 立은 自立(자립)이나 獨立(독립)에서처럼 '서다'를 뜻하고,
◦ 聽은 聽聞(청문)이나 聽講(청강)에서처럼 '듣다'를 뜻한다.
• 立命立聽은 '서서 말하면 서서 듣다'라는 말이다. 부모가 말하는 눈높이에서 부모의 기색(氣色)을 살피면서 공손히 들으라는 것이다.

【 쓰 기 】

| 012 | 앉아 말하면 꿇어앉아 듣고 서서 말하면 서서 들어라 |
|---|---|
| ① | 坐命跪聽 立命立聽 |
| ② | |
| ③ | |

| 009 | 모시고 어버이의 앞에 앉거든 웅크리지도 말고 눕지도 말며 |
|---|---|
| ⑥ | |

| 010 | 무릎 앞에 앉지 말고 어버이의 낯을 우러르지 말라 |
|---|---|
| ⑤ | |

| 011 | 아버지와 어머니가 누워 말하시거든 머리를 구부려 듣고 |
|---|---|
| ④ | |

012 坐命跪聽 立命立聽

# 父母出入이어시든 每必起立하며

**아버지와 어머니가 나가고 들어오시거든 매양 반드시 일어서며**

### 【 자원풀이 上 】

**父**[아비 부]　013-1　　　　　　　　　　↑ 001-1 참고

**母**[어미 모]　013-2　　　　　　　　　　↑ 001-5 참고

**出**[날 출]　013-3　　　　　　　　↑ 止 007-71 참고

| 갑골문 | 금문 | 소전 |
|---|---|---|

옛날 사람들이 살았던 주거지(住居地)의 경계(境界)로부터 발[止]이 나가는 모습을 나타낸 데서 그 뜻 '나다'가 되고, 出口(출구)·出斂(→추렴)·醵出(갹출/거출)·捻出(염출)·不世出(불세출)·出埃及記(출애급기)에서 보듯 그 음이 '출'이 된 글자다.

**入**[들 입]　013-4

| 갑골문 | 금문 | 소전 |
|---|---|---|

움집의 입구를 나타내면서 그 입구로 들어간다 하여 그 뜻이 '들다'고, 入口(입구)·入場(입장)·出入(출입)·輸入(수입)·新入生(신입생)·先入觀(선입관)·入山禁止(입산금지)·本家入納(본가입납)에서 보듯 그 음이 '입'인 글자다.

## 【 구절풀이 上 】

- 父는 生父(생부)나 親父(친부)에서처럼 '아버지'를 뜻하며,
- 母는 生母(생모)나 親母(친모)에서처럼 '어머니'를 뜻한다.
- 出은 出生(출생)에서처럼 '나다'의 뜻 외에 出口(출구)에서처럼 '나가다'의 뜻을 지니기도 한다.
- 入은 入學(입학)이나 入國(입국)에서처럼 '들다'나 '들어오다'의 뜻을 지닌다.
- 父母出入은 '아버지와 어머니가 나가고 들어오다'라는 말이다.

## 【 자원풀이 下 】

### 每 [매양 매]   013-5

↑ 女 001-51 참고

| 갑골문 | 금문 | 소전 |
|---|---|---|

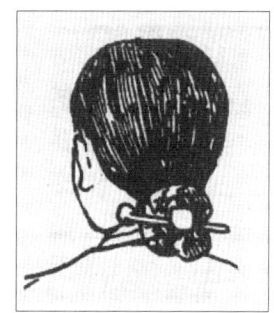

머리를 길렀던 옛날에 여자[女]가 잠자리에서 일어나 하루 일을 시작할 때마다 흐트러진 머리부터 비녀 등으로 매양(매번) 손질한 모습을 나타낸 데서 그 뜻이 '매양'이 되고, 每樣(매양)·每常(매상)·每番(매번)·每事(매사)·每年(매년)·每週(매주)·每日(매일)에서 보듯 그 음이 '매'가 된 글자다.

### 必 [반드시 필]   013-6

↑ 戈 001-31 참고

| 금문 | 소전 |
|---|---|

날이 창[戈] 자루 부분에 꼭 묶인 모양[八의 형태]을 나타내면서 원래 '창 자루'를 뜻했으나 후에 柲[창 자루 비(필)]자가 그 뜻을 대신하자, 날을 창 자루에 반드시 잘 묶는다 하여 그 뜻이 '반드시'가 된 글자로 보인다.

그 음은 必是(필시)·必要(필요)·必勝(필승)·必需(필수)·必讀書(필독서)·必死的(필사적)·生者必滅(생자필멸)·未必的故意(미필적고의)에서 보듯 '필'로 읽힌다.

## 起 [일어날 기]  013-7    ↑ 走 007-72  ↓ 己 013-71 참고

走자로 인해 달리기[走] 위해 몸을 세워 일어난다 하여 그 뜻이 '일어나다'가 되고, 己자로 인해 起立(기립)·起伏(기복)·蜂起(봉기)·蹶起(궐기)·起重機(기중기)·起工式(기공식)·起死回生(기사회생)·七顚八起(칠전팔기)에서처럼 그 음이 '기'가 된 글자다.

## 己 [몸 기]  013-71

| 갑골문 | 금문 | 소전 |
|---|---|---|
| 己 | 己 | 己 |

실이나 줄을 나타냈다 여겨지지만 옛날 사람들이 공손히 몸을 굽히고 있는 사람을 나타냈다고 잘못 본 데서 그 뜻이 '몸'이 되고, 自己(자기)·克己(극기)·妲己(달기)·己未年(기미년)·十年知己(십년지기)·知彼知己(지피지기)·利己主義者(이기주의자)에서 보듯 그 음이 '기'가 된 글자다.

## 立 [설 립]  013-8    ↑ 012-5 참고

### 【 구절풀이 下 】

- 每는 每番(매번)이나 每事(매사)에서처럼 '매양'을 뜻하며,
- 必은 期必(기필)이나 必是(필시)에서처럼 '반드시'를 뜻한다,
- 起는 起動(기동)이나 興起(흥기)에서처럼 '일어나다'를 뜻하고,
- 立은 竝立(병립)이나 兩立(양립)에서처럼 '서다'를 뜻한다.

• 每必起立은 '매양 반드시 일어서다'란 말이다. 부모가 출입을 할 때는 반드시 일어서서 부모를 지켜보거나 마중해 자식의 도리를 다하라는 것이다.

## 【 쓰 기 】

| 013 | 아버지와 어머니가 나가고 들어오시거든 매양 반드시 일어나 서며 |
|---|---|
| ① | 父 母 出 入　每 必 起 立 |
| ② | |
| ③ | |

| 010 | 무릎 앞에 앉지 말고 어버이의 낯을 우러르지 말라 |
|---|---|
| ⑥ | |

| 011 | 아버지와 어머니가 누워 말하시거든 머리를 구부려 듣고 |
|---|---|
| ⑤ | |

| 012 | 앉아 말하면 꿇어앉아 듣고 서서 말하면 서서 들어라 |
|---|---|
| ④ | |

# 獻物父母어든 跪而進之하라

**아버지와 어머니에게 물건을 바치거든 꿇어앉고 올리어라**

【 자원풀이 上 】

## 獻[바칠 헌]   014-1

↓ 犬 014-11 / 虍 014-14 참고

犬자로 인해 개[犬]를 제물로 바친다 하여 그 뜻이 '바치다'가 되고, 虍자로 인해 獻身(헌신)·獻呈(헌정)·獻納(헌납)·獻金(헌금)·貢獻(공헌)·獻花歌(헌화가)에서처럼 그 음이 '헌'이 된 글자다.

## 犬[개 견]· 犭[개사슴록변]   014-11

| 갑골문 | 금문 | 소전 |
|---|---|---|
|  |  |  |

개를 나타낸 데서 그 뜻이 '개'고, 犬公(견공)·獵犬(충견)·鬪犬(투견)·便犬(변견)·愛玩犬(애완견)·珍島犬(진도견)·狂犬病(광견병)·犬猿之間(견원지간)·黃犬契約(황견계약)에서 보듯 그 음이 '견'인 글자다.

狗[개 구]· 狂[미칠 광]자에서처럼 글자의 왼쪽에 덧붙여질 때는 犭의 형태로 바뀌는데, 이는 '개사슴록변'이라 한다.

## 虍[범의 문채 호]   014-12

| 갑골문 | 금문 | 소전 |
|---|---|---|
|  |  |  |

범을 나타낸 虎[범 호]자에서 일부분이 생략된 글자이나 후세 사람들이 글자의 형태를 달리 분석하면서 그 뜻이 '범의 문채'가 되었고, 자신의 형태와 관련이 있는 虎자처럼 그 음이 '호'가 되었다.

## 鬲 [오지병 격]   014-13

| 갑골문 | 금문 | 소전 |
|---|---|---|

잿물인 오짓물을 입혀 구워 만든 오지병을 나타낸 데서 그 뜻이 '오지병'이고, 자신이 덧붙여져 음의 역할을 하는 隔[막을 격]·膈[흉격 격]자처럼 그 음이 '격'인 글자다.

## 鬳 [시루 권]   014-14

| 갑골문 | 금문 | 소전 |
|---|---|---|

↑ 虍 014-12 / 鬲 014-13 참고

음식 탐하는 것을 경계하기 위해 사나운 짐승[虍]이 곁에 새겨진 그릇[鬲]인 시루를 나타낸 데서 그 뜻이 '시루'가 되고, 그 음이 '권'이 된 글자다.

## 物 [만물 물]   014-2

↓ 牛 014-21  ↑ 勿 008-5 참고

牛자로 인해 원래 얼룩소[牛]를 뜻했으나 얼룩소의 몸이 많은 문양(文樣)으로 이뤄진 데서 많다의 의미를 지니면서 다시 세상에 존재하는 많은 만물과 관련해 그 뜻이 '만물'이 되고, 勿자로 인해 物件(물건)·物色(물색)·退物(퇴물)·膳物(선물)·特産物(특산물)·物物交換(물물교환)·無用之物(무용지물)에서처럼 그 음이 '물'이 된 글자다.

## 牛 [소 우]   014-21

| 갑골문 | 금문 | 소전 |
|---|---|---|

가장 특징적인 부분인 뿔과 귀가 있는 머리만으로 소를 나타낸 데서 그 뜻이 '소'고, 牛乳(우유)·牛黃(우황)·韓牛(한우)·鬪牛(투우)·碧昌牛(벽창우)·牛步戰術(우보전술)에서 보듯 그 음이 '우'인 글자다.

014 獻物父母 跪而進之

父[아비 부]　014-3　　↑ 001-1 참고

母[어미 모]　014-4　　↑ 001-5 참고

### 【 구절풀이 上 】

○ 獻은 獻納(헌납)이나 奉獻(봉헌)에서처럼 '바치다'를 뜻하고,
○ 物은 '만물'의 뜻 외에 古物(고물)이나 退物(퇴물)에서처럼 '물건'의 뜻을 지니기 도 한다.
○ 父는 老父(노부)나 亡父(망부)에서처럼 '아버지'를 뜻하며,
○ 母는 生母(생모)나 親母(친모)에서처럼 '어머니'를 뜻한다,
● 獻物父母는 '아버지와 어머니에게 물건을 바치다'라는 말이다.

### 【 자원풀이 下 】

跪[꿇어앉을 궤]　014-5　　↑ 012-3 참고

而[말 이을 이]　014-6　　↑ 007-6 참고

## 進 [나아갈 진]  014-7

↑ 隹 007-51 / 止 007-71 / 彳 004-52 참고

| 갑골문 | 금문 | 소전 |
|---|---|---|

새[隹]가 발[止]로 걸어서 길[彳]을 따라 앞으로 나아간다 하여 그 뜻이 '나아가다'가 되고, 前進(전진)·驀進(맥진)·進化(진화)·進陟(진척)·進一步(진일보)·先進國(선진국)·一進一退(일진일퇴)에서처럼 그 음이 '진'이 된 글자다.

## 之 [갈 지]  014-8

↑ 007-8 참고

---

### 【 구절풀이 下 】

- 跪는 跪像(궤상)에서처럼 '꿇어앉다'를 뜻하고,
- 而는 순접(順接)의 접속사(接續詞)로, 구절(句節)에서 '~하고' 또는 '그리고'의 뜻으로 풀이한다.
- 進은 前進(전진)이나 進行(진행)에서처럼 '나아가다'를 뜻하면서 물건 등이 나아가는 상황에서 다시 進上(진상)이나 進獻(진헌)에서처럼 '바치다'나 '올리다'의 뜻을 지니기도 한다.
- 之는 동사의 역할을 하는 한자 뒤에 붙어 쓰이는 지시대명사(指示代名詞)로, 흔히 구절의 풀이에서는 설명하지 않으나 바로 앞에 쓰인 '父母'를 가리킨다.
- 跪而進之는 '꿇어앉고 올리다'라는 말이다. 윗사람에게 물건을 드릴 때에도 방법이 있다. 위험하지 않거나 잡기 쉬운 쪽을 향하게 하면서 받기 쉽게 자세를 낮춰야 한다는 것이다.

## 【 쓰 기 】

**014** 아버지와 어머니에게 물건을 바치거든 꿇어앉고 올리어라

① 獻 物 父 母 跪 而 進 之

②

③

**011** 아버지와 어머니가 누워 말하시거든 머리를 구부려 듣고

⑥

**012** 앉아 말하면 꿇어앉아 듣고 서서 말하면 서서 들어라

⑤

**013** 아버지와 어머니가 나가고 들어오시거든 매양 반드시 일어서며

④

# 出必告之하고 返必拜謁하라

**나가면 반드시 뵙고 청하고 돌아오면 반드시 절하고 아뢰어라**

### 【 자원풀이 上 】

**出**[날 출]　015-1　↑ 013-3 참고

**必**[반드시 필]　015-2　↑ 013-6 참고

**告**[알릴 고/뵙고 청할 곡]　015-3

| 갑골문 | 금문 | 소전 |

표지(標識)를 구덩이에 꽂아 놓아 무언가 알리는 모양을 나타낸 데서 그 뜻이 '알리다'가 된 것으로 보이고, 告白(고백)·告祀(고사)·申告(신고)·廣告(광고)·誣告罪(무고죄)·告解聖事(고해성사)·宣戰佈告(선전포고)에서 보듯 그 음이 '고'가 된 글자다.

**之**[갈 지]　015-4　↑ 007-8 참고

### 【 구절풀이 上 】

○ 出은 出生(출생)에서처럼 '나다'의 뜻 외에 出他(출타)에서처럼 '나가다'의 뜻을 지니기도 한다.

○ 必은 必須的(필수적)이나 必然的(필연적)에서처럼 '반드시'를 뜻하고,

○ 告는 '알리다'나 '아뢰다'의 뜻을 지니는데, 아랫사람이 윗사람을 뵙고 무언가 할 수 있게 청한다 하여 '뵙고 청하다'할 때는 그 음을 '곡'으로 읽는다.

○ 之는 지시대명사(指示代名詞)로, 흔히 구절(句節)에서 풀이하지 않는다.

● 出必告之는 '나가면 반드시 뵙고 청하다'라는 말이다.

## 【 자원풀이 下 】

### 返[돌아올 반]  015-5
↑ 辵 008-61 ↓ 反 015-51 참고

辵(辶)자로 인해 가던 길[辵]을 돌이켜 돌아온다 하여 그 뜻이 '돌아오다'가 되고, 反자로 인해 返送(반송)·返品(반품)·返戾(반려)·返納(반납)·返還點(반환점)·去者必返(거자필반)에서처럼 그 음이 '반'이 된 글자다.

### 反[돌이킬 반]  015-51
↑ 厂 004-6 / 又 001-11 참고

| 갑골문 | 금문 | 소전 |
|---|---|---|

언덕[厂] 위로 손[又]을 이용해 돌이키어 거슬러 오르는 모습을 나타내면서 그 뜻이 '돌이키다'가 된 것으로 보이고, 反對(반대)·反正(반정)·相反(상반)·違反(위반)·如反掌(여반장)·反面敎師(반면교사)·反芻動物(반추동물)에서 보듯 그 음이 '반'이 된 글자다.

### 必[반드시 필]  015-6
↑ 013-6 참고

### 拜[절 배]  015-7
↓ 手 015-71 참고

| 금문 | 소전 |
|---|---|

손[手]과 무성한 풀의 형상을 나타내면서 손으로 풀을 뽑듯이 몸을 숙여 절을 한다 하여 그 뜻이 '절'이 되고, 歲拜(세배)·再拜(재배)·拜禮(배례)·拜上(배상)·團拜式(단배식)·百八拜(백팔배)·三步一拜(삼보일배)·百拜謝禮(백배사례)·三拜九叩頭(삼배구고두)에서처럼 그 음이 '배'가 된 글자다.

## 手[손 수]·扌[재방변]  015-71

| 금문 | 소전 |
|---|---|

간략하게 다섯 손가락의 손을 나타낸 모습에서 그 뜻이 '손'이고, 洗手(세수)·握手(악수)·手話(수화)·手匣(수갑)·喇叭手(나팔수)·纖纖玉手(섬섬옥수)·空手來空手去(공수래공수거)에서 보듯 그 음이 '수'인 글자다.
한자에서 왼쪽에 덧붙여질 때는 拉[끌 랍]·捉[잡을 착]·投[던질 투]·拍[칠 박]·拇[엄지손가락 무]자에서처럼 扌의 형태로 변화시켜 쓰기도 한다. 이는 '재방변'이라 한다.

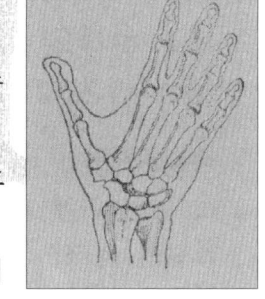

## 謁[아뢸 알]  015-8

↓ 言 015-81  ↑ 曷 005-5 참고

言자로 인해 윗사람에게 사실대로 말씀[言]을 아뢴다 하여 그 뜻이 '아뢰다'가 되고, 曷자로 인해 謁見(알현)·拜謁(배알)·朝謁(조알)·謁聖試(알성시)·謁聖及第(알성급제)에서처럼 그 음이 '알'이 된 글자다.

## 言[말씀 언]  015-81

| 갑골문 | 금문 | 소전 |
|---|---|---|

말을 하는 입과 그 위에 말을 할 때 중요한 역할을 하는 혀를 나타내면서 그 뜻이 말을 높이어 이르는 '말씀'이 되고,

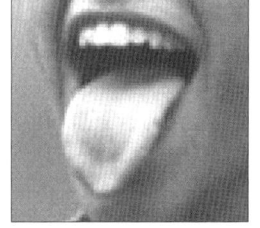

言語(언어)·言爭(언쟁)·名言(명언)·箴言(잠언)·言必稱(언필칭)·重言復言(중언부언)·言飛千里(언비천리)·男兒一言重千金(남아일언중천금)에서처럼 그 음이 '언'이 된 글자다.

## 【 구절풀이 下 】

- 返은 去者必返(거자필반)에서처럼 '돌아오다'를 뜻하고,
- 必은 生必品(생필품)이나 必讀書(필독서)에서처럼 '반드시'를 뜻한다.
- 拜는 敬拜(경배)나 參拜(참배)에서처럼 '절'을 뜻하고,
- 謁은 謁見(알현)이나 謁聖(알성)에서처럼 '아뢰다'를 뜻한다.

• 返必拜謁은 '돌아오면 반드시 절하고 아뢰다'란 말이다. 부모에게 자식은 늘 물가에 내어 놓은 존재다. 자식이 밖에 나가 있으면 걱정하며 그 행방에 대해 궁금해 하지 않을 수 없으니, 들고 날 때에 반드시 부모님을 뵙고 이야기하라는 것이다.

✎ 去者必返) 헤어진 사람은 언젠가 반드시 돌아오게 된다는 말.

## 【 쓰 기 】

| 015 | 나가면 반드시 뵙고 청하고 돌아오면 반드시 절하고 아뢰어라 |
|---|---|
| ① | 出 必 告 之 返 必 拜 謁 |
| ② | |
| ③ | |

| 012 | 앉아 말하면 꿇어앉아 듣고 서서 말하면 서서 들어라 |
|---|---|
| ⑥ | |

| 013 | 아버지와 어머니가 나가고 들어오시거든 매양 반드시 일어서며 |
|---|---|
| ⑤ | |

| 014 | 아버지와 어머니에게 물건을 바치거든 꿇어앉고 올리어라 |
|---|---|
| ④ | |

# 出不易方하고 遊必有方하라 016

**나가면 방향을 바꾸지 아니하고 노니면 반드시 방향을 알게 하라**

### 【 자원풀이 上 】

| 出[날 출] | 016-1 | ↑ 013-3 참고 |

| 不[아닐 불] | 016-2 | ↑ 005-6 참고 |

| 易[바꿀 역] | 016-3 |

| 갑골문 | 금문 | 소전 |
|---|---|---|

술을 잔에 바꾸어 담는 모양의 일부를 나타내면서 술을 바꾸어 담는다 하여 그 뜻이 '바꾸다'가 되고, 交易(교역)·貿易(무역)·易地思之(역지사지)·易子敎之(역자교지)에서 보듯 그 음이 '역'인 글자다. 容易(용이)·安易(안이)·便易(편이)·平易(평이)·簡易驛(간이역)·難易度(난이도)에서처럼 '쉽다'의 뜻으로 쓰일 때는 그 음을 '이'로 읽는다.

| 方[모 방] | 016-4 |

| 갑골문 | 금문 | 소전 |
|---|---|---|

쟁기를 나타내면서 쟁기의 생명력이 땅을 파는 모난 부분에 있기 때문에 결국 그 뜻이 '모'가 되고, 方席(방석)·方舟(방주)·百方(백방)·南方(남방)·方外人(방외인)·四方八方(사방팔방)·品行方正(품행방정)·死後藥方文(사후약방문)에서 보듯 그 음이 '방'이 된 글자다.

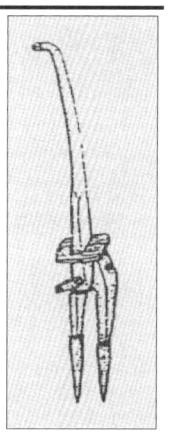

## 【 구절풀이 上 】

- 出은 '나다'의 뜻 외에 出發(출발)이나 進出(진출)에서처럼 '나가다'를 뜻하며,
- 不은 부정사(不定詞)로, 어떤 한자나 한자어 앞에 쓰여 '~않다', '~아니하다'의 뜻으로 풀이하고,
- 易은 易地思之(역지사지)에서처럼 '바꾸다'를 뜻하며,
- 方은 方席(방석)이나 方舟(방주)에서처럼 사각으로 모난 것을 이르면서 '모'의 뜻을 지니고, 天圓地方(천원지방)에서처럼 옛날 사람들이 땅이 네 개의 모난 부분으로 이뤄졌다고 본 데서 생겨난 네 개의 방향과 관련해 東方(동방)·西方(서방)·南方(남방)·北方(북방)에서처럼 '방향'의 뜻을 지니기도 한다.

• 出不易方은 '나가면 방향을 바꾸지 아니하다'라는 말이다.

✎ 易地思之) 처지(處地)를 서로 바꾸어 생각한다는 말.
✎ 天圓地方) 하늘은 둥글고 땅은 네모지다고 여긴 말.

## 【 자원풀이 下 】

### 遊[놀 유]　016-5　　↑ 辵 008-61　↓ 斿 016-52 참고

辵(辶)자로 인해 길[辵]을 따라 노닐며 즐겁게 논다 하여 그 뜻이 '놀다'가 되고, 斿자로 인해 遊戲(유희)·遊說(유세)·交遊(교유)·外遊(외유)·遊興街(유흥가)·遊學生(유학생)·周遊天下(주유천하)·遊必有方(유필유방)에서처럼 그 음이 '유'가 된 글자다.

### 㫃[깃발 언]　016-51

| 갑골문 | 금문 | 소전 |
|---|---|---|
| | | |

깃대에 깃발을 나타낸 데서 그 뜻이 '깃발'이 되고, 그 음이 '언'인 글자다.

## 斿 [깃발 유]   016-52   ↑ 㫃 016-51 / 子 002-52 참고

| 갑골문 | 금문 | 소전 |
|---|---|---|
|  |  |  |

깃발[㫃]을 전투력이 떨어지는 아이[子]가 들고 있는 모습을 나타내면서 그 뜻이 '깃발'이 되고, 자신이 덧붙여진 遊[놀 유]·蝣[하루살이 유]자처럼 그 음이 '유'인 글자다.

## 必 [반드시 필]   016-6   ↑ 013-6 참고

## 有 [있을 유]   016-7   ↑ 又 001-11 / 肉 002-11 참고

又자의 변화된 형태와 肉(月)자가 합쳐진 글자다. 옛날 사람들이 자주 먹을 수 없었던 고기[肉]를 오른 손[又]에 가지고 있다 하여 그 뜻이 '있다'가 되면서 아울러 又자로 인해 有無(유무)·有能(유능)·初有(초유)·所有(소유)·有機的(유기적)·言中有骨(언중유골)·別有天地(별유천지)에서처럼 그 음이 '유'가 된 글자다.

## 方 [모 방]   016-8   ↑ 016-4 참고

---

### 【 구절풀이 下 】

- 遊는 遊興(유흥)이나 遊戱(유희)에서처럼 '놀다'를 뜻하면서 노닐며 논다 하여 遊覽(유람)이나 外遊(외유)에서처럼 '노닐다'를 뜻하기도 한다.
- 必은 必死的(필사적)이나 必需品(필수품)에서처럼 '반드시'를 뜻한다.
- 有는 有備無患(유비무환)에서처럼 無자와 상대가 되는 '있다'의 뜻을 지니면서 다시 무언가 알고 있다 하여 '알다'의 뜻을 지니기도 한다.
- 方은 '모'의 뜻 외에 옛날 사람들이 땅이 네 개의 모난 부분으로 이뤄졌다 본 데서 생겨난 네 개의 방향과 관련해 四方八方(사방팔방)에서처럼 '방향'의 뜻을 지니기도 한다.

- 遊必有方은 '노니면 반드시 방향을 알게 하다'라는 말이다. 자식(子息)은 부모(父母)가 생존해 계실 때는 멀리 떠나 있지 말아야 하고, 비록 공부(工夫)를 위해 떠나 있을지라도 반드시 일정한 곳에 머물러야 함을 이른 것이다.

✎ 有備無患) 준비가 있으면 근심이 없다는 뜻으로, 미리 준비(準備)가 되어있으면 뒷걱정이 없다는 말.

【 쓰 기 】

| 016 | 나가면 방향을 바꾸지 아니하고 노니면 반드시 방향을 알게 하라 |||||||||
|---|---|---|---|---|---|---|---|---|
| ① | 出 | 不 | 易 | 方 | 遊 | 必 | 有 | 方 |
| ② | | | | | | | | |
| ③ | | | | | | | | |

| 013 | 아버지와 어머니가 나가고 들어오시거든 매양 반드시 일어서며 |||||||||
|---|---|---|---|---|---|---|---|---|
| ⑥ | | | | | | | | |

| 014 | 아버지와 어머니에게 물건을 바치거든 꿇어앉고 올리어라 |||||||||
|---|---|---|---|---|---|---|---|---|
| ⑤ | | | | | | | | |

| 015 | 나가면 반드시 뵙고 청하고 돌아오면 반드시 절하고 아뢰어라 |||||||||
|---|---|---|---|---|---|---|---|---|
| ④ | | | | | | | | |

# 若告西適하고 不復東往하라

**만약 서녘으로 간다 아뢰고 다시 동녘으로 가지 아니하라**

【 자원풀이 上 】

## 若[같을 약]　017-1

| 갑골문 | 금문 | 소전 |
|---|---|---|

여자가 무릎을 꿇고 앉아 두 손으로 풀어 헤친 머리털을 매만지는 모습을 나타냈으나 후에 '같다'란 의미를 가리키는 데 빌려 쓰면서 결국 그 뜻이 '같다'가 되고, 萬若(만약)·若干(약간)·傍若無人(방약무인)·泰然自若(태연자약)에서 보듯 그 음이 '약'이 된 글자다. 般若心經(반야심경)에서처럼 불가(佛家)에서는 그 음을 '야'로도 읽는다.

## 告[알릴 고]　017-2

↑ 015-3 참고

## 西[서녘 서]　017-3

| 갑골문 | 금문 | 소전 |
|---|---|---|

새둥지를 나타냈으나 후에 서녘을 가리키는 데 빌려 쓰면서 그 뜻이 '서녘'이 되고, 東西(동서)·湖西(호서)·西方(서방)·西歐(서구)·西便制(서편제)·日落西山(일락서산)·紅東白西(홍동백서)에서처럼 그 음이 '서'가 된 글자다.

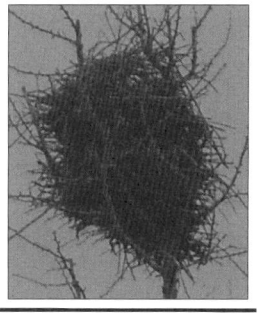

## 適[갈 적]　017-4

↑ 辵 008-61　↓ 啇 017-42 참고

辵(辶)자로 인해 길[辵]을 간다 하여 그 뜻이 '가다'가 되고, 啇자로 인해 適切(적절)·適期(적기)·快適(쾌적)·最適(최적)·適任者(적임자)·適者生存(적자생존)에서처럼 그 음이 '적'이 된 글자다.

# 帝 [임금 제]   017-41

| 갑골문 | 금문 | 소전 |
|---|---|---|

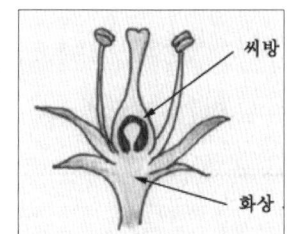

꽃이 진 뒤의 씨방을 보호하는 꽃받침과 꽃대를 나타내면서 열매가 되는 씨방을 옛날 사람들이 중요하게 여긴 데서 다시 중요하게 여긴 사람인 임금과 관련되어 그 뜻이 '임금'이 된 것으로 보이고, 帝王(제왕)·帝國(제국)·天帝(천제)·黃帝(황제)·始皇帝(시황제)·三皇五帝(삼황오제)·日帝時代(일제시대)에서 보듯 그 음이 '제'가 된 글자다.

# 啇 [밑동 적]   017-42

↑ 帝 017-41 참고

| 금문 |
|---|
|  |

원래 帝자와 씨방의 아래 부분인 밑동이 부풀은 모양을 나타낸 口의 형태가 어우러진 글자다. 口의 형태로 인해 부풀은 씨방의 밑동[口의 형태]과 관련해 그 뜻이 '밑동'이 되고, 오늘날 변화되어 쓰이고 있지만 다시 帝자로 인해 그 음이 '적'이 된 글자로 보인다.

---

## 【 구절풀이 上 】

- 若은 明若觀火(명약관화)에서처럼 '같다'의 뜻을 지니면서 다시 만[萬]의 하나[一]와 같다[若]는 말인 '만약(萬若)'의 뜻을 지니기도 한다.
- 告는 警告文(경고문)에서처럼 '알리다'나 告天文(고천문)에서처럼 '아뢰다'의 뜻을 지닌다.
- 西는 西便(서편)이나 西部(서부)에서처럼 '서녘'을 뜻하고,
- 適은 悠悠自適(유유자적)에서처럼 '가다'를 뜻한다.
- **若告西適**은 '만약 서녘으로 간다 아뢰다'라는 말이다.

✎ 明若觀火) 불을 보는 것 같이 밝게 보인다는 뜻으로, 더 말할 나위 없이 명백하다는 말.
✎ 悠悠自適) 여유가 있어 자기가 하고 싶은 대로 마음 편히 지냄을 이르는 말.

## 【 자원풀이 下 】

### 不 [아닐 불]   017-5            ↑ 005-6 참고

### 復 [돌아올 복/다시 부]   017-6     ↑ 彳 004-52 / 复 002-13 참고

彳자로 인해 가던 길[彳]을 돌이켜 다시 돌아온다 하여 그 뜻이 '돌아오다'가 되고, 复자로 인해 往復(왕복)·回復(회복)·復讐(복수)·復習(복습)·光復節(광복절)·疲勞恢復(피로회복)에서처럼 그 음이 '복'이 된 글자다. 復活(부활)·復興(부흥)·重言復言(중언부언)에서처럼 그 뜻이 '다시'와 관련될 때는 그 음이 '부'로 읽힌다.

### 東 [동녘 동]   017-7

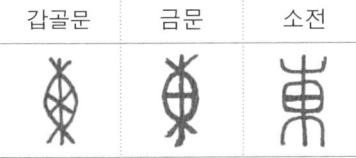

| 갑골문 | 금문 | 소전 |
|---|---|---|

물건을 담아 위와 아래를 묶어 놓은 자루를 나타냈으나 후에 동녘을 가리키는 데 빌려 쓰이면서 결국 그 뜻이 '동녘'이 되고, 東海(동해)·東學(동학)·大東(대동)·關東(관동)·正東津(정동진)·海東孔子(해동공자)·聲東擊西(성동격서)에서 보듯 그 음이 '동'이 된 글자다.

### 往 [갈 왕]   017-8    ↑ 彳 004-52 / 止 007-71  ↓ 王 017-81 참고

| 소전 |
|---|

원래 彳자와 止자와 王자가 어우러진 글자이나 후에 止자와 王자가 합쳐져 主의 형태로 바뀌었다. 彳자와 止자로 인해 길[彳]을 발[止]로 걸어서 간다 하여 그 뜻이 '가다'가 되고, 王자로 인해 往來(왕래)·往復(왕복)·已往(이왕)·旣往(기왕)·往十里(왕십리)·右往左往(우왕좌왕)·往五天竺國傳(왕오천축국전)에서처럼 그 음이 '왕'이 된 글자다.

### 王 [임금 왕]   017-81

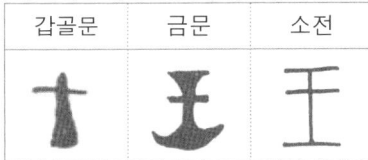

| 갑골문 | 금문 | 소전 |
|---|---|---|

도끼를 나타내면서 도끼가 문명이 발달되지 않았던 옛날에 권위(權威)의 상징물이었던 데서 최고의 권위를 지닌 사람인 왕과 관련되어 그 뜻이 '왕'이 되고, 君王(군왕)·龍王(용왕)·王子(왕자)·王后(왕후)·長壽王(장수왕)·瀋陽王(심양왕)·閻羅大王(염라대왕)에서 보듯 그 음이 '왕'이 된 글자다.

## 【 구절풀이 下 】

- **不**은 어떤 한자나 한자어 앞에 쓰여 '~않다', '~아니하다'의 뜻을 나타내는 접두사(接頭辭) 역할을 한다.
- **復**는 復歸(복귀)나 回復(회복)에서처럼 '돌아오다'를 뜻하면서, 돌이켜 다시 돌아온다 하여 復活(부활)이나 復興(부흥)에서처럼 '**다시**'의 뜻을 지니기도 한다.
- **東**은 東便(동편)이나 東部(동부)에서처럼 '**동녘**'을 뜻하고,
- **往**은 右往左往(우왕좌왕)에서처럼 '가다'를 뜻한다.
- **不復東往**은 '다시 동녘으로 가지 아니하다'라는 말이다. 부모님께 말씀드린 바와 같이 행동하지 않는다는 것은 부모를 속이는 일이 되기 때문이다.

## 【 쓰 기 】

**017** 만약 서녘으로 간다 아뢰고 다시 동녘으로 가지 아니하라

① 若 告 西 適 不 復 東 往

②

③

**014** 아버지와 어머니에게 물건을 바치거든 꿇어앉고 올리어라

⑥

**015** 나가면 반드시 뵙고 청하고 돌아오면 반드시 절하고 아뢰어라

⑤

**016** 나가면 방향을 바꾸지 아니하고 노니면 반드시 방향을 알게 하라

④

# 平生一欺라도 其罪如山이니라

### 평생 한 번 속일지라도 그 허물이 산과 같으니라

【 자원풀이 上 】

## 平[평평할 평]　018-1

| 금문 | 소전 |
|---|---|
| 平 | 䒑 |

양 끝에 각기 물건을 올려놓고 무게를 재는 저울대를 나타내면서 물건의 무게를 달 때에 양 끝을 평평하게 한다 하여 그 뜻이 '평평하다'가 된 것으로 보이고, 平衡(평형)·平野(평야)·水平(수평)·泰平(태평)·天平秤(천평칭)·平地風波(평지풍파)에서 보듯 그 음이 '평'이 된 글자다.

## 生[날 생]　018-2　　↑ 001-2 참고

## 一[한 일]　018-3

| 갑골문 | 금문 | 소전 |
|---|---|---|
| 一 | 一 | 一 |

반듯하게 그어진 선(線) 하나를 나타낸 데서 그 뜻이 '하나'가 되고, 一家(일가)·一等(일등)·一同(일동)·一助(일조)·一等兵(일등병)·一刀兩斷(일도양단)에서처럼 그 음이 '일'이 된 글자다.

## 欺[속일 기]　018-4　　↑ 欠 006-11　↓ 其 018-41 참고

欠자로 인해 입을 크게 벌리는[欠] 과장된 동작을 취해 남을 속인다 하여 그 뜻이 '속이다'가 되고, 其자로 인해 詐欺(사기)·欺瞞(기만)·欺弄(기롱)·欺罔(기망)·毋自欺(무자기)에서처럼 그 음이 '기'가 된 글자다.

## 其 [그 기]   018-41

| 갑골문 | 금문 | 소전 |
|---|---|---|

곡식 따위를 까부르는 도구인 키를 나타냈으나 그 뜻이 '그'로 빌려 쓰이고, 나중에 음의 역할을 하는 丌[책상 기]자가 덧붙여지기도 하면서 其他(기타)·其中(기중)·各其(각기)·及其也(급기야)·不知其數(부지기수)에서 보듯 그 음이 '기'가 된 글자다. 자신의 본래 뜻은 그 재질(材質)과 관계있는 竹(⺮)자를 덧붙여 箕[키 기]자로 대신했다.

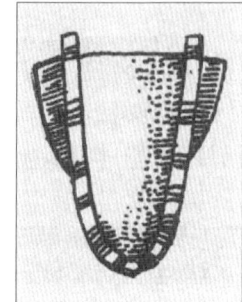

## 【 구절풀이 上 】

○ 平은 平地(평지)나 水平(수평)에서처럼 '평평하다'를 뜻하면서 평평하게 정리되었다 하여 '정리되다'나 '정하다'의 뜻을 지니기도 한다.

○ 生은 生日(생일)이나 誕生(탄생)에서처럼 '나다'를 뜻하면서 다시 나서 산다 하여 '살다'나 '삶'을 뜻하기도 한다.

○ 一은 '하나'의 뜻 외에 一刀兩斷(일도양단)이나 一網打盡(일망타진)에서처럼 '한 번'의 뜻을 지니기도 한다.

○ 欺는 欺瞞(기만)이나 欺罔(기망)에서처럼 '속이다'를 뜻한다.

● 平生一欺는 '평생(平生) 한 번 속이다'라는 말이다.

✎ 一刀兩斷) 한 번 칼로 쳐서 두 동강이를 낸다는 뜻으로, 머뭇거리지 않고 일이나 행동을 선뜻 결정(決定)함의 비유(比喩)한 말.

✎ 一網打盡) 한 번 그물을 쳐서 물고기를 모조리 잡는다는 뜻으로, 한꺼번에 죄다 잡는다는 말.

## 【 자원풀이 下 】

### 其 [그 기]  018-5     ↑ 018-41 참고

---

### 罪 [허물 죄]  018-6     ↑ 网 006-71  ↓ 非 018-61 참고

| 소전 |
|---|
| 罪 |

그물[网(罒)]로 물고기가 빠져 나오지 않게[非] 잡는다 함을 나타냈으나 후에 허물의 뜻을 지닌 辠[허물 죄]자를 대신하면서 결국 그 뜻이 '허물'이 되고, 罪惡(죄악)·罪悚(죄송)·贖罪(속죄)·斷罪(단죄)·賄賂罪(회뢰죄)·橫領罪(횡령죄)·不告知罪(불고지죄)에서처럼 그 음이 '죄'가 된 글자다. 辠자는 코[自→018-62참고] 주위에 문신의 도구[辛→009-33참고]로 허물이 있는 자에게 벌을 준다 함을 나타냈으나 황제(皇帝)란 말을 처음 사용한 진시황(秦始皇)이 예전에 쓰인 그 글자의 형태가 皇[임금 황]자와 비슷하다 하여 사용하지 못하게 했다.

### 非 [아닐 비]  018-61

| 갑골문 | 금문 | 소전 |
|---|---|---|
| 兆 | 兆 | 非 |

새의 두 날개가 펼쳐진 모양을 나타내면서 새가 날 때는 펼쳐진 두 날개가 반드시 같은 방향이 아니다 하여 그 뜻이 '아니다'가 된 것으로 보이며, 是非(시비)·屈非(굴비)·非情(비정)·非難(비난)·非常口(비상구)·兩非論(양비론)·非行少年(비행소년)·是是非非(시시비비)에서 보듯 그 음이 '비'가 된 글자다.

### 自 [스스로 자]  018-62

| 갑골문 | 금문 | 소전 |
|---|---|---|
| 自 | 自 | 自 |

코를 나타냈으나 대부분 얼굴 가운데 코 부분을 향해 자기 스스로를 가리킨다 하여 그 뜻이 '스스로'가 되고, 自己(자기)·自身(자신)·自我(자아)·自炊(자취)·自矜心(자긍심)·自繩自縛(자승자박)·自重自愛(자중자애)에서 보듯 그 음이 '자'가 된 글자다.

## 如 [같을 여]  018-7    ↑ 004-3 참고

## 山 [뫼 산]  018-8

| 갑골문 | 금문 | 소전 |
|---|---|---|

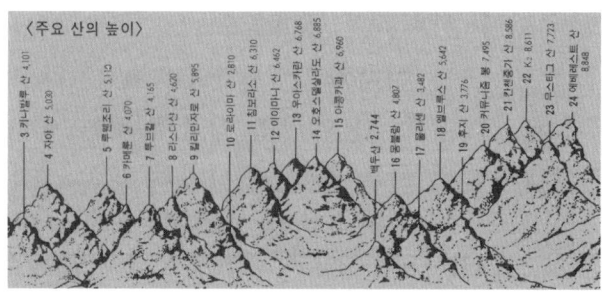

산봉우리가 늘어서 있는 산을 나타낸 데서 그 뜻이 산을 이르는 고유어인 '뫼'가 되고, 泰山(태산)·雪山(설산)·山嶽(산악)·山行(산행)·北邙山(북망산)·白頭山(백두산)·三水甲山(삼수갑산)에서 보듯 그 음이 '산'이 된 글자다.

---

### 【 구절풀이 下 】

◦ 其는 其他(기타)나 其中(기중)에서처럼 '그'를 뜻한다.
◦ 罪는 罪惡(죄악)이나 犯罪(범죄)에서처럼 '허물'을 뜻한다.
◦ 如는 如意珠(여의주)나 如反掌(여반장)에서처럼 '같다'를 뜻한다.
◦ 山은 山嶽(산악)이나 山脈(산맥)에서처럼 '뫼'를 뜻한다. '뫼'는 '산'을 이르는 고유어다.

• 其罪如山은 '그 허물이 산과 같다'는 말이다. 자신을 가장 잘 알고 있는 부모를 속인다면 남 또한 쉽게 속이는 사람이 될 것이니 종국(終局)에는 그 죄가 어디까지 이를지 자명(自明)한 것이다.

# 【 쓰기 】

**018** 평생 한 번 속일지라도 그 허물이 산과 같으니라

① 平生一欺 其罪如山

②

③

**015** 나가면 반드시 뵙고 청하고 돌아오면 반드시 절하고 아뢰어라

⑥

**016** 나가면 방향을 바꾸지 아니하고 노니면 반드시 방향을 알게 하라

⑤

**017** 만약 서녘으로 간다 아뢰고 다시 동녘으로 가지 아니하라

④

# 飮食雖惡이라도 與之必食하고　019

### 마시고 먹는 것이 비록 나쁠지라도 주면 반드시 먹고

---

【 자원풀이 上 】

## 飮[마실 음]　019-1　↑ 欠 006-11 ↓ 今 019-11 / 酉 019-12 참고

원래 猷[마실 음]자로 쓰면서 사람이 입을 크게 벌리고[欠] 술[酉] 마시는 모양을 나타내었던 데서 그 뜻이 '마시다'가 되고, 덧붙여진 今자로 인해 그 음이 '음'이 된 글자다. 후에 今자와 酉자가 합쳐진 酓[마실 음]자가 食의 형태로 바뀌고, 飮酒(음주)·飮福(음복)·過飮(과음)·米飮(미음)·飮用水(음용수)·牛飮馬食(우음마식)·飮盡大笑(음진대소)에서처럼 그 음에 영향을 준 今자는 보이지 않게 되었다.

## 今[이제 금]　019-11　↑ 口 001-71 참고

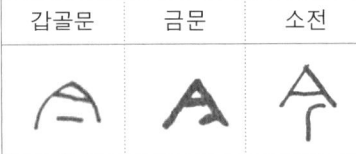

대개 거꾸로 표현된 입[口]과 음식이 이제 막 입 속에 들어가는 모습을 나타냈다고 하는 글자다. 음식을 이제 막 입에 머금으려는 데서 '이제'의 뜻을 지니게 된 것으로 보이며, 只今(지금)·古今(고금)·今方(금방)·今年(금년)·今明間(금명간)·今世紀(금세기)·今昔之感(금석지감)에서 보듯 '금'의 음을 지니게 되었다.

## 酉[닭 유]　019-12

술 담는 용기를 나타낸 데서 원래 술과 관련된 뜻을 지녔으나 후대에 간지(干支) 가운데 열째 지지(地支)로 빌려 쓰이면서 열째 지지가 상징하는 동물인 닭과 관련해 그 뜻이 '닭'이 되고, 丁酉再亂(정유재란)·癸酉靖難(계유정난)에서 보듯 그 음이 '유'가 된 글자다.

## 食 [밥 식]  019-2    ↑ 003-6 참고

## 雖 [비록 수]  019-3    ↓ 虫 019-31 ↑ 隹 007-51 / 唯 007-5 참고

虫자로 인해 원래 도마뱀과 비슷한 벌레[虫]를 나타냈으나 후에 '비록'의 뜻으로 빌려 쓰이고, 隹자가 음의 역할을 하는 唯자로 인해 '수'의 음으로 읽히게 된 글자다.

## 虫 [벌레 훼]  019-31

| 갑골문 | 금문 | 소전 |
|---|---|---|
|  |  |  |

가늘고 긴 몸체에 꼬리를 구부린 뱀을 나타냈는데, 옛날 사람들은 뱀을 벌레 가운데 대표가 되는 동물로 생각했다. 따라서 그 뜻이 '벌레'가 되고, 서사(書寫)의 편의를 위해 蟲[벌레 충]자의 약자(略字)로도 사용되지만 그 음이 '훼'인 글자다.

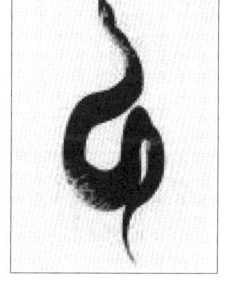

## 惡 [악할 악]  019-4    ↑ 心 002-31 ↓ 亞 019-41 참고

心자로 인해 마음[心]이 악하다 하여 그 뜻이 '악하다'가 되고, 亞자로 인해 善惡(선악)·改惡(개악)·惡女(악녀)·惡水(악수)·必要惡(필요악)·社會惡(사회악)·惡德地主(악덕지주)에서처럼 그 음이 '악'이 된 글자다. 마음[心] 속으로 누군가 미워한다 하여 그 뜻이 '미워하다'와 관련될 때는 憎惡(증오)·嫌惡(혐오)·惡寒(오한)·惡鬼(오귀/악귀)·羞惡之心(수오지심)에서처럼 그 음을 '오'로 읽는다.

## 亞 [버금 아]  019-41

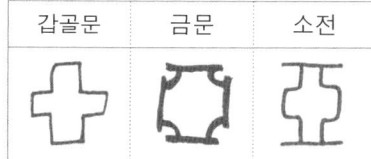

위에서 본 무덤의 터를 나타낸 것으로 보이나 후대에 버금을 가리키는 데 빌려 쓰면서 그 뜻이 '버금'이 되고, 亞流(아류)·亞聖(아성)·亞熱帶(아열대)·亞字窓(아자창)·亞細亞(아세아)·亞米利加(아미리가)에서 보듯 그 음이 '아'가 된 글자다.

### 【 구절풀이 上 】

- 飮은 飮料(음료)나 飮酒(음주)에서처럼 '마시다'를 뜻하며,
- 食은 給食(급식)이나 間食(간식)에서처럼 '밥'을 뜻하면서 飽食(포식)이나 獨食(독식)에서처럼 '먹다'를 뜻하기도 한다.
- 雖는 연사(連詞)로서 양보를 나타내고, '비록 ~일지라도'의 뜻으로 풀이하며,
- 惡은 惡黨(악당)이나 惡漢(악한)에서처럼 '악하다'의 뜻을 지니면서 악한 것은 나쁘다 하여 惡習(악습)이나 惡夢(악몽)에서처럼 '나쁘다'의 뜻을 지니기도 한다.
- 飮食雖惡은 '마시고 먹는 것이 비록 나쁠지라도'라는 말이다.

### 【 자원풀이 下 】

## 與 [줄 여]  019-5

↓ 舁 019-53 / 牙 019-54 참고

| 금문 |
|---|
|  |

舁자로 인해 네 손으로 마주 들어[舁] 준다 하여 그 뜻이 '주다'가 되고, 舁자의 음인 '여'를 더욱 분명히 해주기 위해 牙자가 변화된 것으로 보이는 与의 형태가 덧붙여진 글자다. 授與(수여)·付與(부여)·與否(여부)·與黨(여당)·賞與金(상여금)·與民同樂(여민동락)에 쓰인다.

## 臼 [깍지 낄 국]  019-51

↑ 爪 002-51 참고

위에서 아래로 두 손[爪]을 마주해 깍지를 끼려는 모습을 나타낸 데서 그 뜻이 '깍지 끼다'고, 그 음이 '국'인 글자다.

## 廾 [손 맞잡을 공]  019-52

↓ 屮 124-11 ↑ 又 001-11 참고

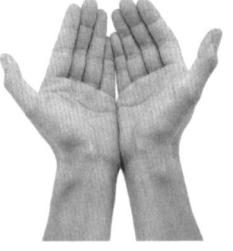

두 손[屮와 又]을 맞잡고 있는 모습을 나타낸 데서 그 뜻이 '손 맞잡다'이고, 자신이 덧붙여져 음의 역할을 하는 共[함께 공]자처럼 그 음이 '공'인 글자다.

## 舁 [마주 들 여]  019-53

↑ 臼 019-51 / 廾 019-52 참고

| 갑골문 | 금문 | 소전 |
|---|---|---|

위에 두 손[臼]과 아래 두 손[廾]을 모아 무언가 마주 들고 있음을 나타낸 데서 그 뜻이 '마주 들다'가 되고, 자신이 덧붙여져 음의 역할을 하는 輿[수레 여]·與[줄 여]자처럼 그 음이 '여'가 된 글자다.

## 牙 [어금니 아]  019-54

| 금문 | 소전 |
|---|---|

입 안쪽에 있는 어금니를 나타낸 데서 그 뜻이 '어금니'고, 齒牙(치아)·牙城(아성)·牙音(아음)·牙箏(아쟁)·象牙塔(상아탑)·爪牙之士(조아지사)에서처럼 그 음이 '아'인 글자다.

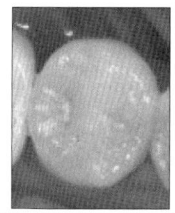

### 之 [갈 지]  019-6   ↑ 007-8 참고

### 必 [반드시 필]  019-7   ↑ 013-6 참고

### 食 [밥 식]  019-8   ↑ 003-6 참고

---

### 【 구절풀이 下 】

◦ 與는 贈與(증여)나 供與(공여)에서처럼 '주다'를 뜻하며,

◦ 之는 동사의 역할을 하는 한자 뒤에 붙어 쓰이는 지시대명사(指示代名詞)로, 흔히 구절의 풀이에서는 설명하지 않으나 앞 구절의 '飮食'을 가리킨다.

◦ 必은 必是(필시)나 期必(기필)에서처럼 '반드시'의 뜻을 지니며,

◦ 食은 韓食(한식)이나 洋食(양식)에서처럼 '밥'을 뜻하면서 生食(생식)이나 肉食(육식)에서처럼 '먹다'를 뜻하기도 한다.

- 與之必食은 '주면 반드시 먹다'라는 말이다. 부모는 자식의 입에 음식이 들어가는 모습을 볼 때 가장 행복하다고 한다. 비록 맛이 없을지라도 나를 위해 만든 음식인 만큼 투정을 부리지 말고 맛있게 먹어야 할 것이다.

【 쓰 기 】

| 019 | 마시고 먹는 것이 비록 나쁠지라도 주면 반드시 먹고 |
|---|---|
| ① | 飮食雖惡與之必食 |
| ② | |
| ③ | |

| 016 | 나가면 방향을 바꾸지 아니하고 노니면 반드시 방향을 알게 하라 |
|---|---|
| ⑥ | |

| 017 | 만약 서녘으로 간다 아뢰고 다시 동녘으로 가지 아니하라 |
|---|---|
| ⑤ | |

| 018 | 평생 한 번 속일지라도 그 허물이 산과 같으니라 |
|---|---|
| ④ | |

# 衣服雖惡이라도 與之必着하라    020

**옷이 비록 나쁠지라도 주면 반드시 입어라**

【 자원풀이 上 】

## 衣[옷 의]    020-1    ↑ 002-32 참고

## 服[옷 복]    020-2    ↓ 舟 020-21  ↑ 艮 006-22 참고

| 금문 |
|---|

배를 나타낸 것으로 여겨지는 月의 형태로 인해 배[舟]를 저어 앞으로 나가도록 다스린다 하여 '다스리다'의 뜻을 지니면서 나중에 몸을 잘 다스리기 위해 입는 옷과도 관련되어 그 뜻이 '옷'이 되고, 艮자로 인해 衣服(의복)·韓服(한복)·服從(복종)·服用(복용)·水泳服(수영복)·上命下服(상명하복)에서처럼 그 음이 '복'이 된 글자다.

## 舟[배 주]    020-21

| 갑골문 | 금문 | 소전 |
|---|---|---|

여러 조각의 나무판자를 붙인 배를 나타낸 데서 그 뜻이 '배'고,
方舟(방주)·一葉片舟(일엽편주)·刻舟求劍(각주구검)·吞舟之魚(탄주지어)·吳越同舟(오월동주)에서 보듯 그 음이 '주'인 글자다.

## 雖[비록 수]    020-3    ↑ 019-3 참고

## 惡[악할 악]    020-4    ↑ 019-4 참고

## 【 구절풀이 上 】

- 衣는 衣裳(의상)이나 衣類(의류)에서처럼 '옷'을 뜻하며,
- 服은 屈服(굴복)이나 服從(복종)에서처럼 '다스리다'의 뜻을 지니면서 다시 몸을 잘 다스리기 위해 입는 옷과 관련해 服裝(복장)이나 服飾(복식)에서처럼 '옷'의 뜻을 지니기도 한다.
- 雖는 연사(連詞)로서 양보를 나타내고, '비록 ~일지라도'의 뜻으로 풀이하며,
- 惡은 惡人(악인)이나 惡魔(악마)에서처럼 '악하다'의 뜻을 지니면서 악한 것은 나쁘다 하여 惡行(악행)이나 惡談(악담)에서처럼 '나쁘다'의 뜻을 지니기도 한다.

• 衣服雖惡은 '옷이 비록 나쁠지라도'라는 말이다.

## 【 자원풀이 下 】

與[줄 여]　　020-5　　↑ 019-5 참고

之[갈 지]　　020-6　　↑ 007-8 참고

必[반드시 필]　　020-7　　↑ 013-6 참고

着[붙을 착]　　020-8　　↓ 著 020-82 참고

著자를 간략하게 쓴 글자다. 그 뜻이 '붙다'로 쓰일 때만 著자와 통용(通用)되고, 愛着(애착)·主着(주착)·着手(착수)·着陸(착륙)·不時着(불시착)·膠着狀態(교착상태)·自家撞着(자가당착)에서처럼 그 음이 '착'이 된다.

## 艸[풀 초]·⺾[초두] 020-81

| 갑골문 | 금문 | 소전 |
|---|---|---|
| ψψ | ψψ | ψψ |

나란히 자라고 있는 풀을 나타낸 데서 그 뜻이 '풀'이고, 茶山艸堂(다산초당)에서 보듯 그 음이 '초'인 글자다.

다른 자형과 합쳐질 때는 ⺾의 형태로 간략하게 변화시켜 쓰는데, 이는 '초두'라 한다.

## 著[드러날 저·붙을 착] 020-82    ↑ 艸 020-81 / 者 005-4 참고

艸(⺾)자로 인해 풀[艸]이 땅 위로 잘 드러나 보인다 하여 그 뜻이 '드러나다'가 되고, 者자로 인해 著書(저서)·著者(저자)·顯著(현저)·拙著(졸저)·著作權(저작권)·著名人士(저명인사)에서처럼 그 음이 '저'가 된 글자다.

---

### 【 구절풀이 下 】

○ 與는 贈與(증여)나 供與(공여)에서처럼 '**주다**'를 뜻하며,

○ 之는 동사의 역할을 하는 한자 뒤에 붙어 쓰이는 지시대명사(指示代名詞)로, 흔히 구절의 풀이에서는 설명하지 않으나 앞 구절의 '衣服'을 가리킨다.

○ 必은 必有曲折(필유곡절)에서처럼 '**반드시**'를 뜻하며,

○ 着은 附着(부착)이나 固着(고착)에서처럼 '붙다'를 뜻하면서 몸에 붙여 옷을 입는다 하여 着服(착복)이나 着衣(착의)에서처럼 '**(옷을)입다**'를 뜻하기도 한다.

● 與之必着은 '**주면 반드시 입다**'라는 말이다. 옷도 전략(戰略)이라며, 유명 메이커의 옷을 선호(選好)하는 세상이다. 그러나 어려서는 성장이 빠르고 활동이 많으니 부모님이 이를 고려하여 주신 실용적인 옷을 입음이 좋을 것이다.

✎ 必有曲折) 반드시 무슨 까닭이 있다는 말.

【 쓰 기 】

| 020 | 옷이 비록 나쁠지라도 주면 반드시 입어라 |
|---|---|
| ① | 衣服雖惡 與之必着 |
| ② | |
| ③ | |

| 017 | 만약 서녘으로 간다 아뢰고 다시 동녘으로 가지 아니하라 |
|---|---|
| ⑥ | |

| 018 | 평생 한 번 속일지라도 그 허물이 산과 같으니라 |
|---|---|
| ⑤ | |

| 019 | 마시고 먹는 것이 비록 나쁠지라도 주면 반드시 먹고 |
|---|---|
| ④ | |

# 飮食親前커든 勿出器聲하고　021

**어버이 앞에서 마시고 먹거든 그릇 소리를 내지 말고**

## 【 자원풀이 上 】

| 飮[마실 음] | 021-1 | ↑ 019-1 참고 |

| 食[밥 식] | 021-2 | ↑ 003-6 참고 |

| 親[친할 친] | 021-3 | ↑ 009-3 참고 |

| 前[앞 전] | 021-4 | ↑ 009-4 참고 |

## 【 구절풀이 上 】

- 飮은 過飮(과음)이나 暴飮(폭음)에서처럼 '마시다'를 뜻한다.
- 食은 乞食(걸식)이나 缺食(결식)에서처럼 '밥'을 뜻하면서 食慾(식욕)이나 食福(식복)에서처럼 '먹다'를 뜻하기도 한다.
- 親은 親近(친근)이나 親密(친밀)에서처럼 '친하다'의 뜻을 지니면서 嚴親(엄친)이나 慈親(자친)에서처럼 '어버이'의 뜻을 지니기도 한다.
- 前은 面前(면전)이나 門前(문전)에서처럼 '앞'을 뜻한다.
- 飮食親前은 '어버이 앞에서 마시고 먹다'라는 말이다.

## 【 자원풀이 下 】

**勿**[말 물]  021-5  ↑ 008-5 참고

**出**[날 출]  021-6  ↑ 013-3 참고

**器**[그릇 기]  021-7  ↑ 犬 014-11 참고

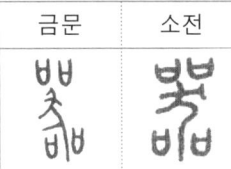

사람이 가까이 두고 기르는 짐승인 개[犬] 주변에 놓인 여러 그릇[㗊]을 나타내면서 그 뜻이 '그릇'이 되고, 食器(식기)·什器(집기)·鍮器(유기)·便器(변기)·陶瓷器(도자기)·消火器(소화기)·櫛文土器(즐문토기)·大器晚成(대기만성)에서처럼 그 음이 '기'가 된 글자다.

**聲**[소리 성]  021-8  ↑ 耳 011-71 ↓ 聲 021-83 참고

耳자로 인해 귀[耳]로 악기의 소리를 듣는다 하여 그 뜻이 '소리'가 되고, 石자가 생략된 磬자로 인해 音聲(음성)·喊聲(함성)·聲樂(성악)·聲紋(성문)·三喜聲(삼희성)·歡呼聲(환호성)·呱呱之聲(고고지성)·大喝一聲(대갈일성)에서처럼 그 음이 '성'이 된 글자다.

**殳**[칠 수]  021-81  ↑ 又 001-11 참고

손[又]에 몽둥이 같은 물건[几의 형태]을 들고 무언가 치는 모양을 나타낸 데서 그 뜻이 '치다'가 되고, 殺[죽일 살]·毁[헐 훼]·毆[때릴 구]자에서 보듯 주로 부수의 역할을 하는 그 음이 '수'인 글자다.

## 石 [돌 석]  021-82

| 갑골문 | 금문 | 소전 |
|---|---|---|

예리하게 만든 모난 돌과 뭉뚝하게 생긴 네모난 돌에서 비롯된 것으로 보이는 厂의 형태와 口의 형태가 합쳐져 그 뜻이 '돌'이 되고,

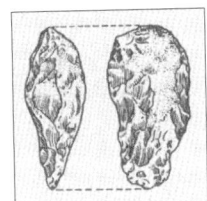

隕石(운석)·磐石(반석)·石工(석공)·石塔(석탑)·大理石(대리석)·黑曜石(흑요석)·石硫黃(→성냥)·他山之石(타산지석)에서 보듯 그 음이 '석'이 된 글자다.

## 磬 [경쇠 경]  021-83

| 갑골문 | 소전 |
|---|---|

↑ 石 021-82 / 殳 021-81 참고

옥돌[石]로 만들어진 매달린 경쇠[声의 형태]를 손에 도구를 들고 치는[殳] 모습殸을 나타내면서 그 뜻이 '경쇠'가 되고, 風磬(풍경)·編磬

(편경)·石磬(석경)에서처럼 그 음이 '경'이 된 글자다. 후에 경쇠의 재료를 의미하는 石자가 덧붙여졌다.

---

### 【 구절풀이 下 】

- 勿은 '~하지 말라'는 뜻의 금지사(禁止詞)며,
- 出은 出帆(출범)이나 出征(출정)에서처럼 '나가다'를 뜻하면서 出品(출품)이나 出題(출제)에서처럼 '내다'의 뜻을 지니기도 한다.
- 器는 食器(식기)나 陶器(도기)에서처럼 '그릇'을 뜻하며,
- 聲은 發聲(발성)이나 歎聲(탄성)에서처럼 '소리'를 뜻한다.

- **勿出器聲**은 '그릇 소리를 내지 말라'는 말이다. 소리를 내지 않음은 삼간다는 것이다. 먹는 기본적인 일에서부터 삼가는 행동을 체득(體得)해야 함을 이른 것이다.

## 【 쓰 기 】

**021** 어버이 앞에서 마시고 먹거든 그릇 소리를 내지 말고

① 飮 食 親 前 勿 出 器 聲

②

③

**018** 평생 한 번 속일지라도 그 허물이 산과 같으니라

⑥

**019** 마시고 먹는 것이 비록 나쁠지라도 주면 반드시 먹고

⑤

**020** 옷이 비록 나쁠지라도 주면 반드시 입어라

④

# 衣服帶鞋를 勿失勿裂하라

**옷이나 띠나 신을 잃지 말고 찢지 말라**

【 자원풀이 上 】

| 衣[옷 의] | 022-1 | ↑ 002-32 참고 |

| 服[옷 복] | 022-2 | ↑ 020-2 참고 |

| 帶[띠 대] | 022-3 | |

소전

옷을 여미기 위해 허리에 차는 띠를 나타낸 데서 그 뜻이 '띠'가 되고, 革帶(혁대)·靭帶(인대)·纏帶(전대)·紐帶(유대)·帶妻僧(대처승)·臍帶血(제대혈)·携帶電話(휴대전화)에서처럼 그 음이 '대'가 된 글자다.

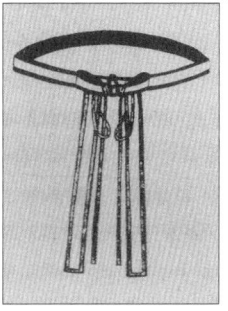

| 鞋[신 혜] | 022-4 | ↑ 革 001-61 ↓ 圭 022-41 참고 |

革자로 인해 가죽[革]으로 만든 목이 짧은 신과 관련해 그 뜻이 '신'이 되고, 圭자로 인해 唐鞋(당혜)·竹杖芒鞋(죽장망혜)·隔鞋搔癢(격혜소양)에서처럼 그 음이 '혜'가 된 글자다.

### 圭[홀 규]   022-41                        ↑ 土 001-22 참고

금문 / 소전

해 그림자를 재는 물건인 '홀' 모양의 토규(土圭)를 나타낸 자형[土자나 士자]과 토규를 꽂는 땅을 나타낸 자형[土자]이 위아래에 합쳐진 글자이다. 토규의 형태가 기다란 도끼를 닮았으므로 도끼에서 비롯된 士자나 쓰기 편하게 아래와 같은 土자를 윗부분에 덧붙이며, 閨[안방 규]·奎[별 이름 규]·硅[규소 규]자처럼 그 음이 '규'가 된 글자다.

## 【 구절풀이 上 】

- 衣는 白衣民族(백의민족)에서처럼 '옷'을 뜻하며,
- 服은 承服(승복)이나 征服(정복)에서처럼 '다스리다'의 뜻을 지니면서 다시 몸을 잘 다스리기 위해 입는 옷과 관련해 韓服(한복)이나 洋服(양복) 에서처럼 '옷'의 뜻을 지니기도 한다.
- 帶는 革帶(혁대)나 腰帶(요대)에서처럼 '띠'를 뜻하며,
- 鞋는 唐鞋(당혜)나 竹杖芒鞋(죽장망혜)에서처럼 '신'을 뜻한다.

• 衣服帶鞋는 '옷이나 띠나 신'이라는 말이다.

✎ 竹杖芒鞋) 대지팡이와 짚신이라는 뜻으로, 먼 길을 떠날 때의 간편한 차림을 이르는 말.

## 【 자원풀이 下 】

**勿** [말 물]  022-5    ↑ 008-5 참고

**失** [잃을 실]  022-6    ↑ 手 015-71 참고

소전

손[手]에서 무언가 떨어져 나가는 모양을 나타내면서 떨어져 나가 잃었다 하여 그 뜻이 '잃다'가 되고, 紛失(분실)·得失(득실)·失手(실수)·失敗(실패)·遺失物(유실물)·啞然失色(아연실색)·早失父母(조실부모)에서 보듯 그 음이 '실'이 된 글자다.

**勿** [말 물]  022-7    ↑ 008-5 참고

## 裂 [찢을 렬]   022-8

↑ 衣 002-32 ↓ 列 022-82 참고

衣자로 인해 옷[衣]이 찢어졌다 하여 그 뜻이 '찢다'가 되고, 列자로 인해 決裂(결렬)·炸裂(작렬)·支離滅裂(지리멸렬)에서처럼 그 음이 '렬'이 된 글자다. 龜裂(균열)·破裂(파열)·分裂(분열)·裂傷(열상)·車裂刑(거열형)·四分五裂(사분오열)에서처럼 '열'로도 읽힌다.

## 歹 [뼈 앙상할 알]   022-81

| 갑골문 | 금문 | 소전 |
|---|---|---|

살이 없어지고 뼈가 앙상하게 남은 모양을 나타낸 데서 그 뜻이 '뼈 앙상하다'이고, 殞[죽을 운]·殁[죽을 몰] 자에서처럼 부수로 사용되는 그 음이 '알'인 글자다. 歺자로 쓰기도 한다.

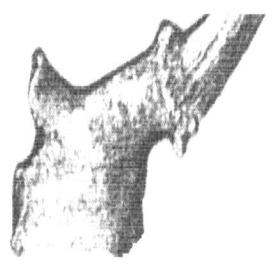

## 列 [벌일 렬]   022-82

↑ 刀 008-51 / 歹 022-81 참고

刀(刂)자로 인해 칼[刀]로 잘라서 쭉 벌여 놓는다 하여 그 뜻이 '벌이다'가 되고, 소전(小篆)을 살피면 물로 여겨지는 형상이 歹자 위에 더 덧붙여져 있지만 竝列(병렬)·整列(정렬)·行列(행렬/항렬)·橫列(횡렬)·行列字(항렬자)·一列縱隊(일렬종대)·年功序列(연공서열)에서처럼 그 음이 '렬'이 된 글자다. 羅列(나열)·隊列(대열)·列車(열차)·列島(열도)·第五列(제오열)·齒列矯正(치열교정)·辰宿列張(진수열장)에서처럼 그 음이 '열'로도 읽힌다.

022 衣服帶鞋 勿失勿裂

## 【 구절풀이 下 】

- 勿은 '~하지 말라'는 뜻으로 풀이하는 금지사(禁止詞)이며,
- 失은 紛失(분실)이나 遺失(유실)에서처럼 '잃다'를 뜻한다.
- 勿은 勿忘草(물망초)에서처럼 '말다'의 뜻을 지니고,
- 裂은 炸裂(작렬)이나 決裂(결렬)에서처럼 '찢다'의 뜻을 지닌다.
- 勿失勿裂은 '잃지 말고 찢지 말라'는 말이다. 요즘은 잃거나 망가지면 새로 사면된다는 생각을 가진 이들이 많다. 그러나 내 물건을 아끼지 않고 함부로 하게 되면 결국에는 남의 물건도 아낄 줄 모르는 사람이 되는 것이다.

## 【 쓰 기 】

| 022 | 옷이나 띠나 신을 잃지 말고 찢지 말라 |
|---|---|
| ① | 衣 服 帶 鞋 勿 失 勿 裂 |
| ② | |
| ③ | |

| 019 | 마시고 먹는 것이 비록 나쁠지라도 주면 반드시 먹고 |
|---|---|
| ⑥ | |

| 020 | 옷이 비록 나쁠지라도 주면 반드시 입어라 |
|---|---|
| ⑤ | |

| 021 | 어버이 앞에서 마시고 먹거든 그릇 소리를 내지 말고 |
|---|---|
| ④ | |

# 父母有病이어시든 憂而謀療하라   023

**아버지와 어머니가 병이 있거든 근심하고 병 고칠 것을 꾀하라**

【 자원풀이 上 】

| 父[아비 부] | 023-1 | ↑ 001-1 참고 |
| 母[어미 모] | 023-2 | ↑ 001-5 참고 |
| 有[있을 유] | 023-3 | ↑ 016-7 참고 |
| 病[병 병] | 023-4 | ↓ 疒 023-41 / 丙 023-42 참고 |

疒자로 인해 사람의 몸이 정상적인 활동을 못하도록 심하게 병들은[疒] 상태와 관련해 그 뜻이 '병'이 되고, 丙자로 인해 疾病(질병)·癩病(나병)·病院(병원)·病身(병신)·成人病(성인병)·病入膏肓(병입고황)에서처럼 그 음이 '병'이 된 글자다.

## 疒[병들 녁]   023-41

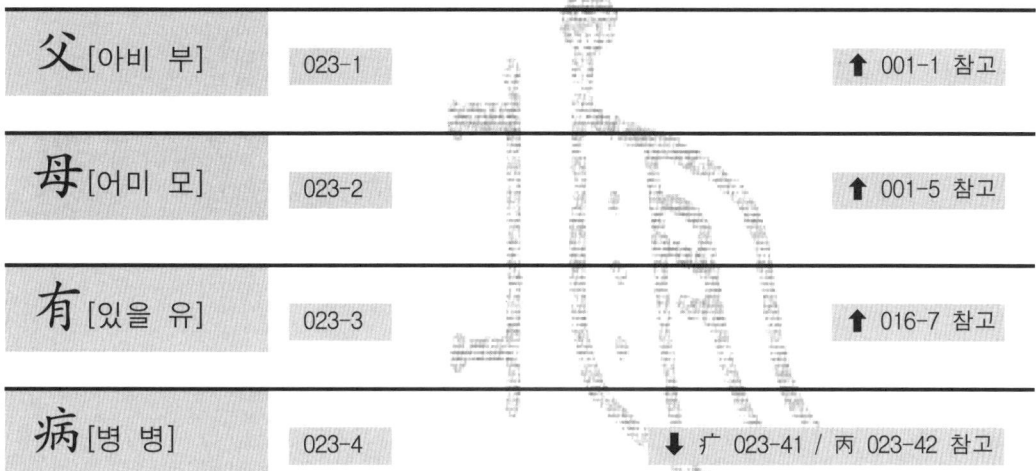

| 갑골문 | 금문 | 소전 |

침상 위에 사람이 병들어 누워 있는 모습을 나타낸 데서 그 뜻이 '병들다'고, 癌[암 암]·疫[염병 역]·痘[천연두 두]·癩[문둥병 라]·癡[어리석을 치]자에서처럼 부수의 역할을 하는 그 음이 '녁'인 글자다.

## 丙[셋째 천간 병]   023-42

| 갑골문 | 금문 | 소전 |

어떤 물건의 받침대를 나타냈다고 하나 후에 셋째 천간을 가리키는 데 빌려 쓰면서 '셋째 천간'의 뜻을 지니고, 丙夜(병야)·丙子胡亂(병자호란)·丙寅洋擾(병인양요)에서처럼 '병'의 음으로 읽히게 되었다.

## 【 구절풀이 上 】

- 父는 자신의 아버지를 이르는 말인 嚴父(엄부)에서처럼 '아비(아버지)'를 뜻하며,
- 母는 자신의 낳아준 어머니를 이르는 말인 親母(친모)에서처럼 '어미(어머니)'를 뜻한다.
- 有는 없다는 뜻을 지닌 無[없을 무]자의 상대가 되는 '있다'의 뜻을 지니며,
- 病은 疾病(질병)이나 病患(병환)에서처럼 '병'을 뜻한다.

• 父母有病은 '아버지와 어머니가 병이 있다'는 말이다.

## 【 자원풀이 下 】

### 憂 [근심 우]    023-5    ↑ 心 002-31 참고

사람이 두 팔을 축 늘어뜨리고 머뭇거리는 모습을 나타냈다. 마치 근심이 있는 모습인데, 후에 心자를 덧붙여 마음[心] 속으로 근심한다 하여 그 뜻이 '근심'이 되고, 憂患(우환)·憂愁(우수)·憂慮(우려)·杞憂(기우)·忘憂物(망우물)·憂鬱症(우울증)·憂國衷情(우국충정)에서처럼 그 음이 '우'가 된 글자다.

### 而 [말 이을 이]    023-6    ↑ 007-6 참고

### 謀 [꾀할 모]    023-7    ↑ 言 015-81 ↓ 某 023-71 참고

言자로 인해 서로 말[言]을 나누어 무언가 이루거나 해결하려고 일을 꾀한다 하여 그 뜻이 '꾀하다'가 되고, 某자로 인해 圖謀(도모)·無謀(무모)·謀議(모의)·謀陷(모함)·主謀者(주모자)·權謀術數(권모술수)에서처럼 그 음이 '모'가 된 글자다.

## 某 [아무 모]　023-71

↑ 木 006-82 참고

| 금문 | 소전 |
|---|---|

나무[木] 위에 열매가 달린 모양을 나타내면서 원래 매화나무를 뜻했으나 후에 '아무'의 뜻으로 빌려 쓰이고, 某氏(모씨)·某年(모년)·某月(모월)·某日(모일)·某處(모처)·某種(모종)에서 보듯 '모'의 음으로 읽히게 된 글자다.

## 療 [병 고칠 료]　023-8

↑ 疒 023-41　↓ 尞 023-82 참고

疒자로 인해 사람의 전신(全身)이나 일부분이 정상적인 활동을 못하도록 심하게 병들은[疒] 상태를 고친다 하여 그 뜻이 '병 고치다'가 되고, 尞자로 인해 治療(치료)·加療(가료)·診療(진료)·療飢(요기)·療養院(요양원)·對症療法(대증요법)·醫療保險(의료보험)에서처럼 그 음이 '료'가 된 글자다.

## 火 [불 화] · 灬 [연화발]　023-81

| 갑골문 | 금문 | 소전 |
|---|---|---|

타오르는 불을 나타낸 데서 그 뜻이 '불'이고, 火焰(화염)·火病(화병)·心火(심화)·成火(성화)·拜火敎(배화교)·明若觀火(명약관화)·燈火可親(등화가친)에서 보듯 그 음이 '화'인 글자다.

다른 글자에 합쳐져 아래에 사용될 때는 灬의 형태로 쓰이는데, 이는 '연화발'이라 한다.

## 尞 [밝을 료]　023-82

↑ 火 023-81 참고

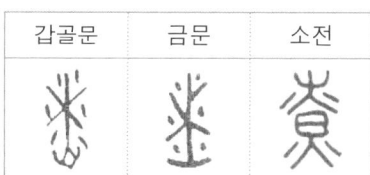

| 갑골문 | 금문 | 소전 |
|---|---|---|

나무에 불[火]이 타오르는 모양에 다시 가운데에 불송이를 덧붙여 나타내면서 피워 놓은 불이 주위를 밝게 비춘다 하여 그 뜻이 '밝다'가 되고, 후에 자신의 뜻을 대신한 燎[밝을 료]자처럼 그 음이 '료'가 된 글자다.

## 【 구절풀이 下 】

- 憂는 憂慮(우려)나 憂患(우환)에서처럼 '근심'을 뜻하며,
- 而는 순접(順接)의 접속사(接續詞)로, 구절에서 '~하고' 또는 '그리고'의 뜻으로 풀이한다.
- 謀는 圖謀(도모)나 謀議(모의)에서처럼 '꾀하다'를 뜻하며,
- 療는 治療(치료)나 診療(진료)에서처럼 '병 고치다'를 뜻한다.

• 憂而謀療는 '근심하고 병 고칠 것을 꾀하다'라는 말이다. 옛날에는 부모가 아프면 자식은 머리도 빗지 않고 근심하며 치료에 지성(至誠)을 다했다고 한다. 자식으로서 당연히 해야 할 도리를 다 한 것이다. 지성이면 감천(感天)한다고 했다.

## 【 쓰 기 】

| 023 | 아버지와 어머니가 병이 있거든 근심하고 병 고칠 것을 꾀하라 |
|---|---|
| ① | 父 母 有 病 憂 而 謀 療 |
| ② | |
| ③ | |

| 020 | 옷이 비록 나쁠지라도 주면 반드시 입어라 |
|---|---|
| ⑥ | |

| 021 | 어버이 앞에서 마시고 먹거든 그릇 소리를 내지 말고 |
|---|---|
| ⑤ | |

| 022 | 옷이나 띠나 신을 잃지 말고 찢지 말라 |
|---|---|
| ④ | |

# 父母唾痰는 每必覆之하라

### 아버지와 어머니의 침과 가래는 매양 반드시 덮어라

【 자원풀이 上 】

## 父[아비 부]   024-1                            ↑ 001-1 참고

## 母[어미 모]   024-2                            ↑ 001-5 참고

## 唾[침 타]   024-3              ↑ 口 001-71  ↓ 垂 024-31 참고

口자로 인해 입[口]에 고인 침과 관련해 그 뜻이 '침'이고, 垂자로 인해 唾液(타액)·唾具(타구)에서 보듯 그 음이 '타'인 글자다.

## 垂[드리울 수]   024-31        ↑ 土 001-22 참고

소전

땅[土] 위로 자란 초목(草木)의 가지가 아래로 드리워진 모양을 나타낸 데서 그 뜻이 '드리우다'가 되고, 垂楊(수양)·垂直線(수직선)·懸垂幕(현수막)·垂簾聽政(수렴청정)·率先垂範(솔선수범)에서처럼 그 음이 '수'가 된 글자다.

## 痰[가래 담]   024-4           ↑ 疒 023-41  ↓ 炎 024-41 참고

疒자로 인해 사람의 기관지(氣管支)가 병들어[疒] 생기는 가래와 관련해 그 뜻이 '가래'가 되고, 炎자로 인해 喀痰(객담)·鎭咳祛痰劑(진해거담제)에서처럼 그 음이 '담'이 된 글자다.

炎[불탈 염]　024-41　　　↑ 火 023-81 참고

| 갑골문 | 금문 | 소전 |
|---|---|---|

불[火]을 위아래에 겹쳐 쓰면서 활활 불타는 모양을 나타낸 데서 그 뜻이 '불타다'가 되고, 炎天(염천)·暴炎(폭염)·狂炎(광염)·肺炎(→폐렴)·蟲垂炎(충수염)·腎盂炎(신우염)·氣管支炎(기관지염)에서 보듯 그 음이 '염'이 된 글자다.

## 【 구절풀이 上 】

- 父는 代父(대부)나 繼父(계부)에서처럼 '아버지'를 뜻하며,
- 母는 代母(대모)나 繼母(계모)에서처럼 '어머니'를 뜻한다,
- 唾는 唾液(타액)에서처럼 '침'을 뜻하며,
- 痰은 喀痰(객담)에서처럼 '가래'를 뜻한다.

- 父母唾痰은 '아버지와 어머니의 침과 가래'라는 말이다.

## 【 자원풀이 下 】

毎[매양 매]　024-5　　　↑ 013-5 참고

必[반드시 필]　024-6　　　↑ 013-6 참고

## 覆 [덮을 부]  024-7    ↓ 襾 024-71  ↑ 復 017-6 참고

襾자로 인해 무언가 뒤집어 덮는대[襾] 하여 그 뜻이 '뒤집히다'가 되고, 復자로 인해 顚覆(전복)·覆面(→복면)·覆盆子(복분자)·覆蓋工事(→복개공사)·覆水不返盆(복수불반분)에서처럼 그 음이 '복'이 된 글자다. 그 뜻이 '덮다'와 관련될 때는 그 음을 '부'로 읽는다.

## 襾 [덮을 아]  024-71

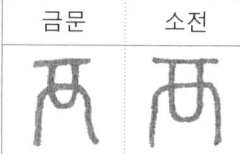

| 금문 | 소전 |
|---|---|

무언가 덮을 수 있는 물건의 형태를 나타낸 데서 그 뜻이 '덮다'고, 覆[뒤집힐 복, 덮을 부]자에서 부수의 역할을 하는 그 음이 '아'인 글자다.

## 之 [갈 지]  024-8    ↑ 007-8 참고

---

### 【 구절풀이 下 】

- **每**는 每番(매번)이나 每事(매사)에서처럼 '매양'을 뜻하며,
- **必**은 必是(필시)나 必然的(필연적)에서처럼 '반드시'를 뜻한다,
- **覆**는 覆面(부면→복면)이나 覆蓋(부개→복개)에서처럼 '덮다'를 뜻하며,
- **之**는 지시대명사(指示代名詞)로, 흔히 구절의 풀이에서는 설명하지 않으나 앞 구절의 '唾痰'을 가리킨다.
- **每必覆之**는 '매양 반드시 덮다'라는 말이다. 사람은 누구나 나이가 들면 신체 여러 부위의 기능이 떨어지게 마련이다. 기관지(氣管支)도 그 중 하나인데, 그 부위가 좋지 않아 생기는 객담(喀痰)이 담길 타구(唾具)를 준비해 부모님이 이를 사용하시고 나면 뚜껑을 덮으라는 것이다.

## 【 쓰 기 】

**024** 아버지와 어머니의 침과 가래는 매양 반드시 덮어라

① 父 母 唾 痰 每 必 覆 之

②

③

**021** 어버이 앞에서 마시고 먹거든 그릇 소리를 내지 말고

⑥

**022** 옷이나 띠나 신을 잃지 말고 찢지 말라

⑤

**023** 아버지와 어머니가 병이 있거든 근심하고 병 고칠 것을 꾀하라

④

# 父母之年은 不可不知니라

### 아버지와 어머니의 나이는 알지 아니하면 아니 되니라

【 자원풀이 上 】

**父[아비 부]** 025-1 ↑ 001-1 참고

**母[어미 모]** 025-2 ↑ 001-5 참고

**之[갈 지]** 025-3 ↑ 007-8 참고

**年[해 년]** 025-4   ↓ 禾 025-41 ↑ 人 002-21 ↓ 千 025-42 참고

갑골문

원래 禾자와 千(또는 人)자가 합쳐진 秊자가 본자(本字)다. 禾자로 인해 벼[禾]를 심어 수확하는 일은 한 해의 과정을 통해 이뤄진다 하여 그 뜻이 '해'가 되고, 千(또는 人)자로 인해 明年(명년)·豊年(풍년)·編年體(편년체)·設立年度(설립년도)에서처럼 그 음이 '년'이 된 글자다. 年歲(연세)·年長者(연장자)·世世年年(세세연년)·會計年度(회계연도)에서처럼 '연'으로도 읽힌다. 秊자는 후에 年자로 그 형태가 바뀌었다.

**禾[벼 화]** 025-41

| 갑골문 | 금문 | 소전 |
|---|---|---|

드리운 이삭과 줄기와 가지와 뿌리가 있는 벼를 나타낸 데서 그 뜻이 '벼'고, 嘉禾(가화)나 禾本科(화본과)에서처럼 그 음이 '화'인 글자다.

**千[일천 천]** 025-42   ↑ 一 018-3 / 人 002-21 참고

갑골문

一자로 인해 천(千) 단위(單位) 가운데 하나[一]의 숫자와 관련해 그 뜻이 '일천'이 되고, 人자로 인해 千萬(천만)·千葉(→처녑)·千秋(천추)·千古(천고)·千里馬(천리마)·千乘之國(천승지국)·一騎當千(일기당천)에서 보듯 그 음이 '천'이 된 글자다. 人자는 후에 그 형태가 약간 변화되었다.

## 【 구절풀이 上 】

- 父는 父兄(부형)이나 父王(부왕)에서처럼 '아버지'를 뜻하며,
- 母는 母女(모녀)나 老母(노모)에서처럼 '어머니'를 뜻한다,
- 之는 명사(名詞) 뒤에 놓여 앞뒤의 말을 연결하는 관형격(冠形格) 어조사(語助辭)로, '~의' 또는 '~하는'의 뜻으로 풀이한다.
- 年은 新年(신년)이나 明年(명년)에서처럼 '해'의 뜻을 지니면서 해가 지나면 나이를 먹기 때문에 少年(소년)이나 壯年(장년)에서처럼 '나이'의 뜻을 지니기도 한다.

• 父母之年은 '아버지와 어머니의 나이'라는 말이다.

## 【 자원풀이 下 】

**不** [아닐 불]    025-5    ↑ 005-6 참고

**可** [옳을 가]    025-6    ↑ 口 001-71  ↓ 斤 025-61 참고

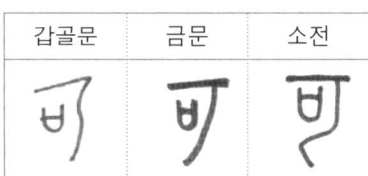

口자와 도끼[斤]의 자루[丁]의 형태가 합쳐진 글자다. 口자로 인해 입[口]으로 옳다 여기는 말을 한다 하여 그 뜻이 '옳다'고, 후에 도끼의 자루를 나타내기 위해 만들어진 柯[자루 가]자처럼 可否(가부)·可望(가망)·許可(허가)·制可(제가)·可及的(가급적)·可口可樂(가구가락)에서 보듯 그 음이 '가'인 글자다.

**斤** [도끼 근]    025-61

굽은 자루에 날이 강조된 도끼를 나타낸 데서 그 뜻이 '도끼'고, 斤數(근수)·斤重(근중)·千斤萬斤(천근만근)에서처럼 그 음이 '근'인 글자다.

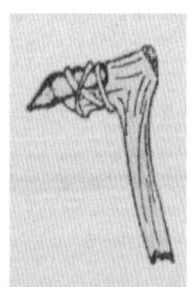

**不** [아닐 불(부)]    025-7    ↑ 005-6 참고

知[알 지]  025-8  ↑ 口 001-71 ↓ 矢 025-81 참고

口자로 인해 입[口]에서 나오는 말은 마음 안에서 알고 있는 사실을 드러내는 것이므로 그 뜻이 '알다'가 되고, 矢자로 인해 知識(지식)·知音(지음)·無知(무지)·四知(사지)·知天命(지천명)·知能指數(지능지수)·無所不知(무소부지)·知的財産權(지적재산권)에서 보듯 그 음이 '지'가 된 글자다.

矢[화살 시]  025-81

| 갑골문 | 금문 | 소전 |
|---|---|---|

뾰족하거나 뭉툭한 화살촉이 있는 화살을 나타낸 데서 그 뜻이 '화살'이고, 嚆矢(효시)·弓矢(궁시)·毒矢(독시)·刀折矢盡(도절시진)에서 보듯 그 음이 '시'인 글자다.

## 【 구절풀이 下 】

- 不은 다른 한자 앞에 쓰여 '~않다', '~아니하다'의 뜻을 나타내는 접두사(接頭辭) 역할을 하며,
- 可는 可否間(가부간)에서처럼 '옳다'의 뜻을 지니면서 옳아서 ~할 수 있다 하여 可視的(가시적)에서처럼 '~할 수 있다'의 뜻을 지니기도 한다.
- 不은 不凍液(부동액)이나 不注意(부주의)에서처럼 '아니다'의 뜻을 지니는데, 바로 뒤에 오는 한자의 자음이 'ㄷ'이나 'ㅈ'이 오면 그 음을 '부'로 읽는다.
- 知는 認知(인지)나 感知(감지)에서처럼 '알다'를 뜻한다.
- 不可不知는 '알지 아니하면 아니 된다'는 말이다. 부모 섬기는 일은 언제까지나 할 수 있는 것이 아니다. 돌아가시면 할 수 없고 생전에만 할 수 있는 일이니, 항상 부모 나이에 대해 의식하면서 자식의 도리를 다하라는 것이다.

## 【 쓰 기 】

**025** 아버지와 어머니의 나이는 알지 아니하면 아니 되니라

① 父 母 之 年 不 可 不 知

②

③

**022** 옷이나 띠나 신을 잃지 말고 찢지 말라

⑥

**023** 아버지와 어머니가 병이 있거든 근심하고 병 고칠 것을 꾀하라

⑤

**024** 아버지와 어머니의 침과 가래는 매양 반드시 덮어라

④

# 父母衣服는 勿踰勿踐하라

**아버지와 어머니의 옷은 넘지 말고 밟지 말라**

【 자원풀이 上 】

| 父[아비 부] | 026-1 | ↑ 001-1 참고 |

| 母[어미 모] | 026-2 | ↑ 001-5 참고 |

| 衣[옷 의] | 026-3 | ↑ 002-32 참고 |

| 服[옷 복] | 026-4 | ↑ 020-2 참고 |

【 구절풀이 上 】

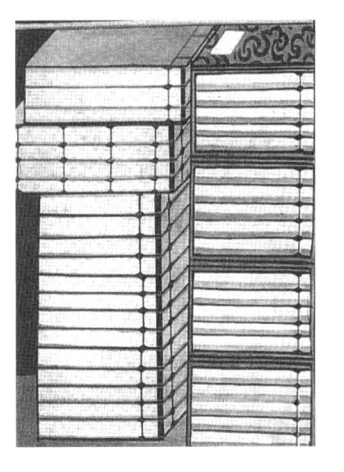

- 父는 父親(부친)인 '아버지'를 뜻하고,
- 母는 母親(모친)인 '어머니'를 뜻한다.
- 衣는 衣類(의류)에서처럼 '옷'을 뜻하고,
- 服은 服從(복종)에서처럼 '다스리다'를 뜻하면서 몸을 다스리는 데 도움을 주는 옷과 관련해 服飾(복식)에서처럼 '옷'을 뜻하기도 한다.
- 父母衣服은 '아버지와 어머니의 옷'이라는 말이다.

## 【 자원풀이 下 】

**勿** [말 물]　026-5　　　⬆ 008-5 참고

**踰** [넘을 유]　026-6　　　⬆ 足 009-61 ⬇ 俞 026-61 참고

足(⻊)자로 인해 발[足]을 들어 무언가 건너질러 넘는다 하여 그 뜻이 '넘다'가 되고, 俞자로 인해 踰月(유월)에서처럼 그 음이 '유'가 된 글자다.

**俞** [점점 유]　026-61

치료할 때에 사용하는 배 모양의 그릇과 돌로 된 침(鍼)을 나타내면서 침으로 치료한 후에 아픈 곳이 점점 낫는다 하여 그 뜻이 '점점'이 된 것으로 보이고, 자신이 덧붙여져 음의 역할을 하는 愈[나을 유]·癒[병 나을 유]자처럼 그 음이 '유'가 된 글자다.

**勿** [말 물]　026-7　　　⬆ 008-5 참고

**踐** [밟을 천]　026-8　　　⬆ 足 009-61 ⬇ 戔 026-81 참고

足(⻊)자로 인해 발[足]로 밟는다 하여 그 뜻이 '밟다'가 되고, 戔자로 인해 實踐(실천)에서처럼 그 음이 '천'이 된 글자다.

**戔** [해칠 잔]　026-81　　　⬆ 戈 001-31 참고

서로 창[戈]을 겨누며 다투는 모양을 나타내면서 다투어 상대방을 해친다 하여 그 뜻이 '해치다'가 되고, 자신이 덧붙여져 음의 역할을 하는 盞[잔 잔]·殘[쇠잔할 잔]자처럼 그 음이 '잔'이 된 글자다.

### 【 구절풀이 下 】

- **勿**은 '~하지 말라'는 뜻으로 풀이하는 금지사(禁止詞)며,
- **踰**는 달을 넘긴다는 의미인 **踰月**(유월)에서처럼 '**넘다**'를 뜻한다.
- **勿**은 **勿失好機**(물실호기)에서처럼 '**말다**'의 뜻을 지니며,
- **踐**은 **實踐**(실천)에서처럼 '**밟다**'의 뜻을 지닌다.
- **勿踰勿踐**은 '넘지 말고 밟지 말다'라는 말이다. 부모의 의복(衣服)을 함부로 한다는 것은 부모를 함부로 대하는 것과 같다. 나아가 부모의 모든 물건은 함부로 대하지 말라는 것이다.

### 【 쓰 기 】

| 026 | 아버지와 어머니의 옷은 넘지 말고 밟지 말라 | | | | | | |
|---|---|---|---|---|---|---|---|
| ① | 父 | 母 | 衣 | 服 | 勿 | 踰 | 勿 | 踐 |
| ② | | | | | | | | |
| ③ | | | | | | | | |

| 023 | 아버지와 어머니가 병이 있거든 근심하고 병 고칠 것을 꾀하라 |
|---|---|
| ⑥ | |

| 024 | 아버지와 어머니의 침과 가래는 매양 반드시 덮어라 |
|---|---|
| ⑤ | |

| 025 | 아버지와 어머니의 나이는 알지 아니하면 아니 되니라 |
|---|---|
| ④ | |

026 父母衣服 勿踰勿踐

# 侍坐親側에는 進退必恭하고

**어버이 곁에 모시고 앉으면 나아가고 물러남이 반드시 공손하고**

### 【 자원풀이 上 】

| 侍[모실 시] | 027-1 | ↑ 009-1 참고 |

| 坐[앉을 좌] | 027-2 | ↑ 009-2 참고 |

| 親[친할 친] | 027-3 | ↑ 009-3 참고 |

| 側[곁 측] | 027-4 | ↑ 人 002-21 ↓ 則 027-42 참고 |

人(亻)자로 인해 사람[人]이 몸을 곁으로 기울인다 하여 그 뜻이 '곁'이 되고, 則자로 인해 側近(측근)·側室(측실)·左側(좌측)·兩側(양측)·相對側(상대측)·輾轉反側(전전반측)·右側通行(우측통행)에서처럼 그 음이 '측'이 된 글자다.

| 鼎[솥 정] | 027-41 |

| 갑골문 | 금문 | 소전 |
|---|---|---|
| 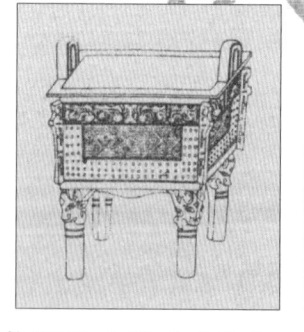 | | |

제사 지낼 때에 소나 양을 요리하는 솥을 나타낸 데서 그 뜻이 '솥'이고, 九鼎(구정)·鼎立(정립)·鼎談(정담)·鼎廚(정주)·鐘鼎文(종정문)·鼎足之勢(정족지세)에서처럼 그 음이 '정'인 글자다.

## 則 [법칙 칙·곧 즉]   027-42

| 갑골문 | 금문 | 소전 |
|---|---|---|

↑ 鼎 027-41 / 刀 008-51 참고

　옛날 나라에서 제사를 지낼 때에 사용된 요리 기구인 솥[鼎→貝의 형태]의 안에 약속의 글을 칼[刀→刂]로 새긴다 함을 나타내면서 솥에 칼로 새긴 글이 나라의 법칙이라 하여 그 뜻이 '법칙'이 되고, 法則(법칙)·規則(규칙)·反則(반칙)·鐵則(철칙)·生活守則(생활수칙)에서 보듯 그 음이 '칙'이 된 글자다. '곧'의 뜻으로 쓰일 때는 窮則通(궁즉통)·壽則多辱(수즉다욕)·死則同穴(사즉동혈)에서 보듯 '즉'의 음으로 읽힌다.

### 【 구절풀이 上 】

○ 侍는 侍從(시종)이나 侍女(시녀)에서처럼 '모시다'를 뜻하며,

○ 坐는 正坐(정좌)나 對坐(대좌)에서처럼 '앉다'를 뜻한다.

○ 親은 '친하다'의 뜻 외에 자신에게 가장 친한 사람과 관련해 家親(가친)이나 老親(노친)에서처럼 '어버이'의 뜻을 지니며,

○ 側은 側近(측근)이나 側面(측면)에서처럼 '곁'을 뜻한다.

● 侍坐親側은 '어버이 곁에 모시고 앉다'라는 말이다.

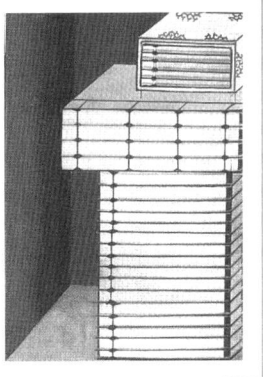

### 【 자원풀이 下 】

## 進 [나아갈 진]   027-5

↑ 014-7 참고

## 退 [물러날 퇴]  027-6    ↑ 彳 004-52 / 日 006-51 / 夊 002-12 참고

[소전]
원래 길[彳]을 따라 해[日]을 등지고 발[夊]이 물러나는 모습을 나타낸 데서 그 뜻이 '물러나다'가 되고, 進退(진퇴)·減退(감퇴)·退化(퇴화)·退染(→토렴)·退嬰的(퇴영적)·臨戰無退(임전무퇴)·一手不退(일수불퇴)에서처럼 그 음이 '퇴'가 된 글자다. 후에 彳자는 辶로 바뀌었고, 日자와 夊자는 서로 합쳐져 艮의 형태로 바뀌었다.

## 必 [반드시 필]  027-7    ↑ 013-6 참고

## 恭 [공손할 공]  027-8    ↑ 心 002-31 ↓ 共 027-81 참고

心(忄)자로 인해 마음[心]이 공손하다 하여 그 뜻이 '공손하다'가 되고, 共자로 인해 恭遜(공손)·恭敬(공경)·恭待(공대)·不恭(불공)·過恭非禮(과공비례)·兄友弟恭(형우제공)에서 보듯 그 음이 '공'이 된 글자다.

## 共 [함께 공]  027-81    ↑ 廾 019-52 참고

[갑골문]
하나의 물건을 두 손[廾]을 함께 모아들고 있는 모습에서 그 뜻이 '함께'가 되고, 廾자로 인해 共同(공동)·共生(공생)·共用(공용)·共學(공학)·共産黨(공산당)·共感覺(공감각)·天人共怒(천인공노)·民主共和國(민주공화국)에서 보듯 그 음이 '공'이 된 글자다.

---

### 【 구절풀이 下 】

- 進은 前進(전진)이나 進出(진출)에서처럼 '나아가다'를 뜻하고,
- 退는 進자와 반대로 後退(후퇴)나 退陣(퇴진)에서처럼 '물러나다'를 뜻한다.
- 必은 必需品(필수품)이나 必讀書(필독서)에서처럼 '반드시'를 뜻하고,
- 恭은 恭敬(공경)이나 恭順(공순)에서처럼 '공손하다'를 뜻한다.

- 進退必恭은 '나아가고 물러남이 반드시 공손하다'는 말이다. 부모를 모시고 있을 때는 행동을 조심해야 한다는 것이다. 자식의 불공(不恭)한 모습을 보면 부모가 불편(不便)하고 불안(不安)해 하기 때문이다.

【 쓰 기 】

| 027 | 어버이 곁에 모시고 앉으면 나아가고 물러남이 반드시 공손하고 |
| --- | --- |
| ① | 侍坐親側 進退必恭 |
| ② | |
| ③ | |

| 024 | 아버지와 어머니의 침과 가래는 매양 반드시 덮어라 |
| --- | --- |
| ⑥ | |

| 025 | 아버지와 어머니의 나이는 알지 아니하면 아니 되니라 |
| --- | --- |
| ⑤ | |

| 026 | 아버지와 어머니의 옷은 넘지 말고 밟지 말라 |
| --- | --- |
| ④ | |

# 立則視足하고 坐則視膝하라

**설 때에는 발을 보고 앉을 때에는 무릎을 보라**

【 자원풀이 上 】

| 立[설 립] | 028-1 | ↑ 012-5 참고 |

| 則[법칙 칙·곧 즉] | 028-2 | ↑ 027-42 참고 |

| 視[볼 시] | 028-3 | ↑ 見 009-32 ↓ 示 028-31 참고 |

見자로 인해 눈으로 자세히 본다[見] 하여 그 뜻이 '보다'가 되고, 示자로 인해 視力(시력)·視線(시선)·監視(감시)·恝視(괄시)·白眼視(백안시)·可視光線(가시광선)·虎視眈眈(호시탐탐)에서 보듯 그 음이 '시'가 된 글자다.

示[보일 시]  028-31

| 갑골문 | 금문 | 소전 |
|---|---|---|
| T | 木 | 示 |

제단(祭壇)을 나타냈는데, 옛날 사람들은 제단에 제물(祭物)을 올려 빌면 신이나 하늘에서 영험함을 드러내 보인다고 여겼다. 따라서 그 뜻이 '보이다'가 되고, 示威(시위)·示唆(시사)·訓示(훈시)·梟示(효시)·揭示板(게시판)·示方書(시방서)·展示效果(전시효과)·拈華示衆(염화시중)에서 보듯 그 음이 '시'가 된 글자다.

| 足[발 족] | 028-4 | ↑ 009-61 참고 |

## 【 구절풀이 上 】

- 立은 起立(기립)이나 直立(직립)에서처럼 '서다'를 뜻하며,
- 則은 規則(규칙)이나 準則(준칙)에서처럼 '법도'의 뜻을 지니나 앞과 뒤의 글을 이어주는 일종의 접속사(接續詞)로 쓰일 때는 窮則通(궁즉통)에서처럼 '~하면'이나 '~할 때에는'의 뜻으로 풀이한다.
- 視는 視線(시선)이나 注視(주시)에서처럼 '보다'를 뜻하며,
- 足은 手足(수족)이나 四足(사족)에서처럼 '발'을 뜻한다.
- 立則視足은 '설 때에는 발을 보다'라는 말이다.

## 【 자원풀이 下 】

| 坐[앉을 좌] | 028-5 | ↑ 009-2 참고 |
|---|---|---|
| 則[법칙 칙·곧 즉] | 028-6 | ↑ 027-42 참고 |
| 視[볼 시] | 028-7 | ↑ 028-3 참고 |
| 膝[무릎 슬] | 028-8 | ↑ 010-1 참고 |

## 【 구절풀이 下 】

- 坐는 正坐(정좌)나 坐定(좌정)에서처럼 '앉다'를 뜻하며,
- 則은 두 문장을 이어주는 일종의 접속사(接續詞)로, 앞 문장을 가정(假定)으로 해석하면서 '~하면'이나 '~할 때에는'의 뜻으로 풀이하고,

- 視는 重視(중시)나 無視(무시)에서처럼 '보다'의 뜻을 지니며,
- 膝은 膝下(슬하)나 膝蓋腱(슬개건)에서처럼 '무릎'을 뜻한다.
- 坐則視膝은 '앉을 때에는 무릎을 보다'라는 말이다. 인간은 사회적 동물이다. 내 부모에게 조심하지 않는 사람은 이 세상 어디에 가서도 조심히 대할 사람이 없이 여기며 살 사람이다. 그런 사람이 떳떳이 존재할 사회는 없다.

【 쓰 기 】

| 028 | 설 때에는 발을 보고 앉을 때에는 무릎을 보라 | | | | | | | |
|---|---|---|---|---|---|---|---|---|
| ① | 立 | 則 | 視 | 足 | 坐 | 則 | 視 | 膝 |
| ② | | | | | | | | |
| ③ | | | | | | | | |

| 025 | 아버지와 어머니의 나이는 알지 아니하면 아니 되니라 | | | | | | | |
|---|---|---|---|---|---|---|---|---|
| ⑥ | | | | | | | | |
| 026 | 아버지와 어머니의 옷은 넘지 말고 밟지 말라 | | | | | | | |
| ⑤ | | | | | | | | |
| 027 | 어버이 곁에 모시고 앉으면 나아가고 물러남이 반드시 공손하고 | | | | | | | |
| ④ | | | | | | | | |

# 昏必定褥하고 晨必省候하라 029

**어두워지면 반드시 요를 준비하고 새벽에는 반드시 상태를 살펴라**

## 【 자원풀이 上 】

### 昏[어두울 혼]  029-1     ↑ 氏 003-71 / 日 006-51 참고

| 갑골문 | 소전 |
|---|---|

식물의 뿌리[氏]와 해[日]를 나타내면서 뿌리가 자라는 땅인 지평선(地平線) 아래로 해가 저물어 어둡다 하여 그 뜻이 '어둡다'가 된 것으로 보이고, 黃昏(황혼)·昏迷(혼미)·昏絶(혼절)·昏懜(혼몽)·昏睡病(혼수병)·昏定晨省(혼정신성)에서 보듯 그 음이 '혼'이 된 글자다.

### 必[반드시 필]  029-2     ↑ 013-6 참고

### 定[정할 정]  029-3     ↓ 宀 029-31 / 正 029-32 참고

| 갑골문 |
|---|

宀자로 인해 편안히 살 수 있도록 집[宀]의 기틀을 정한다 하여 그 뜻이 '정하다'가 되고, 오늘날 약간 변화되어 쓰이지만 正자로 인해 定礎(정초)·定石(정석)·坐定(좌정)·不定(부정)·肯定的(긍정적)·定期國會(정기국회)·罪刑法定主義(죄형법정주의)에서처럼 그 음이 '정'이 된 글자다.

### 宀[집 면]  029-31

| 갑골문 | 금문 | 소전 |
|---|---|---|

집을 나타냈기에 그 뜻이 '집'이고, 家[집 가]·室[집 실]·宮[집 궁]·宅[집 택]·宇[집 우]·宙[집 주]자에서 보듯 주로 부수의 역할을 하는 그 음이 '면'인 글자다.

## 正 [바를 정]   029-32

↑ 止 007-71 참고

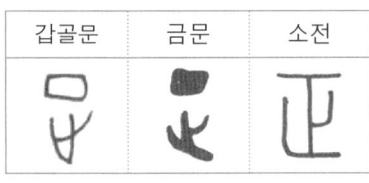

발[止]이 어떤 목적지[一의 형태]에 있는 상대를 치러 가기 위해 향하는 모양을 나타내면서 상대를 치러 간다 하여 원래 '치다'의 뜻을 지녔던 글자다. 나중에 상대를 치러 가는 자의 입장에서 보면 그 행위가 바르다 하여 그 뜻이 '바르다'가 되었고, 正當(정당)·正鵠(정곡)·端正(단정)·匡正(광정)·正攻法(정공법)·正札制(정찰제)·正正堂堂(정정당당)·不正行爲(부정행위)에서처럼 그 음이 '정'이 되었다.

## 褥 [요 욕]   029-4

↑ 衣 002-32 ↓ 辱 029-42 참고

衣(衤)자로 인해 옷감[衣]으로 만든 까는 침구(寢具)인 요와 관련해 그 뜻이 '요'가 되고, 辱자로 인해 毯褥(→담요)나 産褥(산욕)에서처럼 그 음이 '욕'이 된 글자다.

## 辰 [별 진·때 신]   029-41

옛날에는 조개가 가볍고 다루기 편할 뿐 아니라 껍데기가 깨어진 부분이 예리해 풀이나 이삭을 자르는 농사 도구로 사용되었다. 때문에 농사 도구로 사용된 조개를 나타내면서 다시 농사지을 때는 별자리 운행(運行)을 참고한 데서 결국 그 뜻이 '별'이 되고, 日辰(일진)·辰宿(진수)·辰砂(진사)·壬辰倭亂(임진왜란)에서처럼 그 음이 '진'이 된 글자다.

아울러 옛날 사람들이 별을 보고 일정한 때를 짐작했기 때문에 '때'의 뜻을 지니기도 하는데, 그 때는 生辰(생신)·誕辰(탄신)에서 보듯 '신'의 음으로 읽힌다.

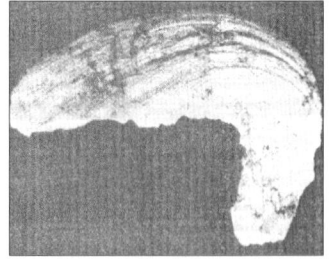

辱[욕되게 할 욕]　029-42　　　↑ 辰 029-41 / 寸 009-11 참고

소전

조개로 된 원시적인 농사 도구[辰]를 손[寸]에 잡고 일하고 있음을 나타내면서 농사의 일이 몹시 고생스러워 사람을 욕되게 한다 하여 그 뜻이 '욕되게 하다'가 된 것으로 보이고, 恥辱(치욕)·屈辱(굴욕)·凌辱(능욕)·侮辱(모욕)·辱沙鉢(욕사발)·壽則多辱(수즉다욕)에서처럼 그 음이 '욕'이 된 글자다.

## 【 구절풀이 上 】

○ 昏은 黃昏(황혼)에서처럼 '어둡다'를 뜻하며,

○ 必은 必是(필시)나 期必(기필)에서처럼 '반드시'를 뜻하고,

○ 定은 確定(확정)이나 未定(미정)에서처럼 '정하다'의 뜻을 지니면서 다시 정하여 준비한다 하여 '준비하다'의 뜻을 지니고,

○ 褥은 毯褥(담욕→담요)에서처럼 '요'를 뜻한다.

● 昏必定褥은 '어두워지면 반드시 요(褥)를 준비하다'라는 말이다.

## 【 자원풀이 下 】

晨[새벽 신]　029-5　　　↑ 日 006-51 / 辰 029-41 참고

必[반드시 필]　029-6　　　↑ 013-6 참고

省[살필 성]　029-7　　　↑ 生 001-2 / 目 004-53 참고

소전

원래 生자와 目자가 합쳐진 글자(眚)였다. 目자로 인해 눈[目]으로 잘 살핀다 하여 그 뜻이 '살피다'가 되고, 오늘날 少의 형태로 변했지만 生자로 인해 反省(반성)·自省(자성)·省墓(성묘)·省察(성찰)·一日三省(일일삼성)에서처럼 그 음이 '성'이 된 글자다

## 候 [기후 후]  029-8   ↑ 人 002-21  ↓ 侯 029-81 참고

人(亻)자로 인해 사람[人]이 활 쏘는 것을 잘 지켜본다는 뜻을 지녔던 데서 다시 기후의 변화를 잘 살펴본다는 데까지 그 의미가 확대되어 결국 '기후'의 뜻을 지니게 되고, 그 형태가 약간 변화되었지만 侯자로 인해 氣候(기후)·徵候(징후)·候鳥(후조)·候補(후보)·測候所(측후소)·惡天候(악천후)·氣體候(기체후)에서처럼 '후'의 음으로 읽히게 된 글자다.

## 侯 [제후 후]  029-81   ↑ 矢 025-81 참고

| 갑골문 | 금문 | 소전 |
|---|---|---|

화살[矢]이 과녁[厂의 형태]에 꽂힌 모양을 나타내면서 원래 '과녁'을 뜻했으나 옛날 화살을 쏘아 과녁에 적중시키는 사람처럼 능력이 있는 사람을 제후로 뽑은 데서 그 뜻이 '제후'가 되기도 하고, 諸侯(제후)·侯爵(후작)·王侯將相(왕후장상)에서처럼 그 음이 '후'가 된 글자다. 후에 화살의 적중(的中)을 살피는 사람[亻의 형태]이 글자 윗부분에 덧붙여져 矦자로 쓰다가 오늘날처럼 쓰이게 되었다.

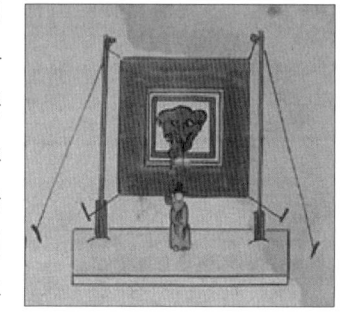

### 【 구절풀이 下 】

- 晨은 昏定晨省(혼정신성)에서처럼 '새벽'을 뜻하며,
- 必은 出必告之(출필곡지)에서처럼 '반드시'를 뜻하고,
- 省은 人事不省(인사불성)에서처럼 '살피다'를 뜻하며,
- 候는 斥候兵(척후병)에서처럼 '살피다'를 뜻하면서 다시 기후를 잘 살핀다 하여 惡天候(악천후)에서처럼 '기후'를 뜻하기도 하고 기후를 잘 살피듯 어떤 상태를 잘 살핀다 하여 氣體候(기체후)에서처럼 '상태'를 뜻하기도 한다.

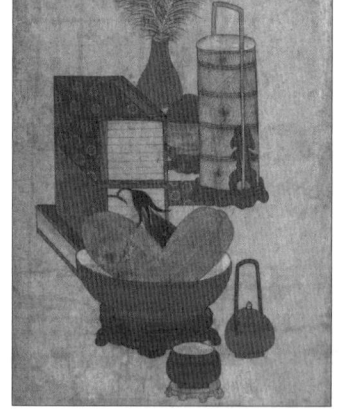

- 晨必省候는 '새벽에는 반드시 상태를 살피다'라는 말이다. 어두워지면 잠자리를 준비해 깔아 드리고, 새벽에는 부모님의 기력(氣力)이나 체력(體力)의 상태를 살피라는 것이다.

  ✎ 昏定晨省) 어두워지면 잠자리를 정해 드리고, 아침에는 기체후(氣體候)를 살핀다는 뜻으로, 자식(子息)이 아침저녁으로 부모의 안부(安否)를 살핌을 이르는 말.

  ✎ 人事不省) 사람으로서의 예절(禮節)을 차릴 줄 모르거나 의식(意識)을 잃어서 사람의 일을 알아차리지 못한다는 말.

【 쓰 기 】

| 029 | 어두워지면 반드시 요를 준비하고 새벽에는 반드시 상태를 살펴라 |
|---|---|
| ① | 昏 必 定 褥 晨 必 省 候 |
| ② | |
| ③ | |

| 026 | 아버지와 어머니의 옷은 넘지 말고 밟지 말라 |
|---|---|
| ⑥ | |

| 027 | 어버이 곁에 모시고 앉으면 나아가고 물러남이 반드시 공손하고 |
|---|---|
| ⑤ | |

| 028 | 설 때에는 발을 보고 앉을 때에는 무릎을 보라 |
|---|---|
| ④ | |

# 夏則扇枕하고 冬則溫被하라

**여름이면 베개를 부채질 하고 겨울이면 이불을 따뜻하게 하라**

【 자원풀이 上 】

## 夏[여름 하]  030-1

원래 인체에서 많은 동작이 이뤄지는 손과 발을 비교적 자세하게 드러낸 채 기우제(祈雨祭)에서 춤추는 사람을 나타내면서 기우제를 지내는 때가 여름이기에 그 뜻이 '여름'이 된 것으로 보이고, 夏至(하지)·夏服(하복)·立夏(입하)·常夏(상하)·夏安居(하안거)·夏期放學(하기방학)에서처럼 그 음이 '하'가 된 글자다.

## 則[법칙 칙·곧 즉]  030-2        ↑ 027-42 참고

## 扇[문짝 선]  030-3        ↓ 戶 030-31 / 羽 030-32 참고

외짝 문을 나타낸 戶자와 새의 깃을 나타낸 羽자가 합쳐져 새가 깃을 펄럭거리며 움직이는 것처럼 여닫을 수 있도록 움직이는 하나의 문짝을 나타낸 데서 그 뜻이 '문짝'이고, 扇風機(선풍기)·扇狀地(선상지)·秋風扇(추풍선)·合竹扇(합죽선)·虛風扇(허풍선)·夏爐冬扇(하로동선)·夏扇冬曆(하선동력)에서 보듯 그 음이 '선'인 글자다.

## 戶[지게 호]  030-31

마루에서 방으로 드나드는 외짝문인 지게문을 나타낸 데서 그 뜻이 '지게'가 되고, 門戶(문호)·家戶(가호)·戶主(호주)·戶籍(호적)·窓戶紙(창호지)·家家戶戶(가가호호)·千門萬戶(천문만호)에서 보듯 그 음이 '호'가 된 글자다.

## 羽 [깃 우]   030-32

| 갑골문 | 금문 | 소전 |
|---|---|---|

두 날개의 깃을 나타낸 데서 그 뜻이 '깃'이고, 羽翼(우익)·羽緞(우단)·羽角(우각)·鳥羽冠(조우관)·羽化登仙(우화등선)·項羽壯士(항우장사)에서 보듯 그 음이 '우'인 글자다.

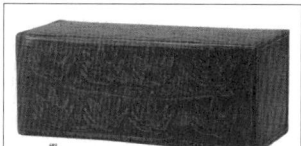

## 枕 [베개 침]   030-4

↑ 木 006-82 ↓ 尤 030-41 참고

木자로 인해 나무[木]로 만든 베개와 관련해 그 뜻이 '베개'가 되고, 尤자로 인해 木枕(목침)·衾枕(금침)·枕上(침상)·枕木(침목)·鴛鴦枕(원앙침)·高枕短命(고침단명)·漱石枕流(수석침류)에서처럼 그 음이 '침'이 된 글자다.

## 尤 [게으를 임]   030-41

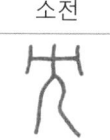

사람이 목 가운데 무언가 메고 머뭇거리는 모습을 나타내면서 다시 머뭇거리며 게으르게 행동한다하여 그 뜻이 '게으르다'가 된 것으로 보이고, 그 음이 '임'이 된 글자다.

---

### 【 구절풀이 上 】

∘ 夏는 盛夏(성하)나 孟夏(맹하)에서처럼 '여름'을 뜻하고,

∘ 則은 두 문장을 이어주는 일종의 접속사(接續詞)로, 앞 문장을 가정(假定)으로 해석하면서 '~일 때에는'이나 '~이면'의 뜻으로 풀이하고,

∘ 扇은 太極扇(태극선)이나 合竹扇(합죽선)에서처럼 '부채'를 뜻하며,

∘ 枕은 木枕(목침)이나 退枕(퇴침)에서처럼 '베개'를 뜻한다.

• 夏則扇枕은 '여름이면 베개를 부채질 하다'라는 말이다.

030 夏則扇枕 冬則溫被

# 【 자원풀이 下 】

## 冬 [겨울 동]   030-5

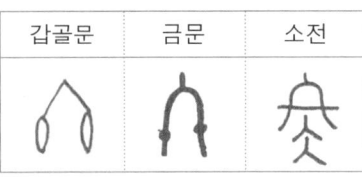

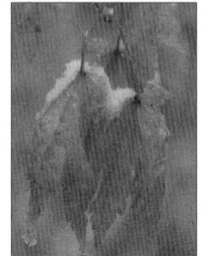

나뭇가지의 양쪽으로 나뭇잎이 시든 모양을 나타내면서 잎이 시드는 계절인 겨울과 관련해 그 뜻이 '겨울'이 된 것으로 보이고, 三冬(삼동)·越冬(월동)·冬至(동지)·冬眠(동면)·冬將軍(동장군)·嚴冬雪寒(엄동설한)에서처럼 그 음이 '동'이 된 글자다. 후에 그 뜻을 더욱 분명히 해주기 위해 冫(仌)자가 덧붙여졌다.

## 冫 [얼음 빙]   030-51

얼음이 얼 때에 보이는 서로 각진 무늬[仌]를 나타낸 데서 그 뜻이 '얼음'이 되고, 자신의 형태를 바탕으로 후에 만들어진 冰[얼음 빙]자나 氷[얼음 빙]자처럼 그 음이 '빙'이 된 글자다. 나중에 부수로 사용되면서 오늘날처럼 그 형태가 좀 더 간단하게 쓰이게 되었다.

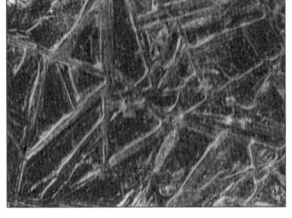
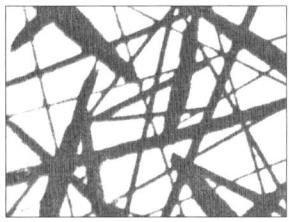

## 氷 [얼음 빙]   030-52

↑ 水 003-31 참고

그 뜻인 '얼음'의 의미를 더욱 분명히 하기 위해 원래 형태에 水자가 덧붙여진 冰자가 본자(本字)다. 후에 冰자에서 한 획(劃)을 생략하고, 冫자나 冰자와 똑같게 氷山(빙산)·氷水(빙수)·氷菓(빙과)·氷板(빙판)·氷河期(빙하기)·氷肌玉骨(빙기옥골)·月下氷人(월하빙인)·氷炭不相容(빙탄불상용)에서처럼 그 음이 '빙'이 된 글자다.

## 則 [법칙 칙·곧 즉]   030-6   ↑ 027-42 참고

## 溫 [따뜻할 온]   030-7                     ↑ 003-3 참고

## 被 [입을 피]   030-8            ↑ 衣 002-32 ↓ 皮 030-81 참고

衣(衤)자로 인해 원래 이불을 덮는다는 뜻을 지녔으나 후에 이불을 덮듯 옷[衣]을 입는다 하여 그 뜻이 '입다'가 되고, 皮자로 인해 被服(피복)·被害(피해)·被殺(피살)·被曝(피폭)·被疑者(피의자)·被選擧權(피선거권)에서처럼 그 음이 '피'가 된 글자다.

## 皮 [가죽 피]   030-81

| 금문 | 소전 |
|------|------|

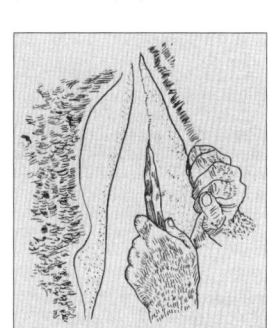

손으로 짐승 몸 한쪽의 가죽을 벗기는 모양을 나타낸 데서 그 뜻이 '가죽'이고, 皮革(피혁)·皮膚(피부)·毛皮(모피)·鹿皮(→녹비)·皮相的(피상적)·虎死留皮(호사유피)·棘皮動物(극피동물)에서 보듯 그 음이 '피'인 글자다.

---

### 【 구절풀이 下 】

◦ 冬은 立冬(입동)이나 冬至(동지)에서처럼 '겨울'을 뜻하고,

◦ 則은 原則(원칙)이나 反則(반칙)에서처럼 '법칙'의 뜻을 지니나 앞과 뒤의 글을 이어주는 일종의 접속사(接續詞)로 쓰일 때는 先則制人(선즉제인)에서처럼 '~일 때에는'이나 '~이면'의 뜻으로 풀이한다.

◦ 溫은 溫氣(온기)나 溫暖(온난)에서처럼 '따뜻하다'를 뜻하며,

◦ 被는 被服(피복)에서처럼 '입다'의 뜻을 지니기도 하지만, 원래 옷을 입을 천으로 만든 '이불'을 뜻하기도 한다.

• 冬則溫被는 '겨울이면 이불을 따뜻하게 하다'라는 말이다. 부모님이 편안히 주무실 수 있도록 여름에는 시원하게 겨울에는 따뜻하게 해드리라는 것이다.

✎ 先則制人) 남보다 앞서 일을 도모(圖謀)하면 능히 남을 누를 수 있다는 뜻으로, 아무도 하지 않는 일을 남보다 앞서 하면 유리(有利)함을 이르는 말.

**【 쓰 기 】**

| 030 | 여름이면 베개를 부채질 하고 겨울이면 이불을 따뜻하게 하라 |
|---|---|
| ① | 夏 則 扇 枕 冬 則 溫 被 |
| ② | |
| ③ | |

| 027 | 어버이 곁에 모시고 앉으면 나아가고 물러남이 반드시 공손하고 |
|---|---|
| ⑥ | |

| 028 | 설 때에는 발을 보고 앉을 때에는 무릎을 보라 |
|---|---|
| ⑤ | |

| 029 | 어두워지면 반드시 요를 준비하고 새벽에는 반드시 상태를 살펴라 |
|---|---|
| ④ | |

# 父母愛之어시든 喜而勿忘하며

**아버지와 어머니가 사랑하시거든 기뻐하고 잊지 말며**

## 【 자원풀이 上 】

**父**[아비 부]　031-1　　↑ 001-1 참고

**母**[어미 모]　031-2　　↑ 001-5 참고

**愛**[사랑 애]　031-3　　↓ 旡 031-31 ↑ 心 002-31 / 夊 002-12 참고

금문

원래 旡자와 心자가 합쳐져 㤅[사랑 애]자로 쓰던 글자다. 心자로 인해 마음[心] 속으로 사랑한다 하여 그 뜻이 '사랑'이 되었고, 旡자로 인해 그 음이 '애'가 되었다. 후에 발에서 비롯된 夊자를 아래에 덧붙인 愛자로 쓰다가 다시 그 형태가 변화되어 오늘날처럼 쓰게 되고, 愛嬌(애교)·愛人(애인)·寵愛(총애)·求愛(구애)·母性愛(모성애)·人類愛(인류애)·愛之重之(애지중지)란 말에 사용된다.

**旡**[숨 막힐 기]　031-31

금문 | 소전

사람이 머리를 돌리고 입을 닫고 있는 모습을 나타내면서 입을 닫고 있으면 숨 막힌다 하여 그 뜻이 '숨 막히다'가 되고, 자신이 덧붙여져 음의 역할을 하는 旣[이미 기]자처럼 그 음이 '기'가 된 글자다.

**之**[갈 지]　031-4　　↑ 007-8 참고

【 구절풀이 上 】

- 父는 君師父一體(군사부일체)에서처럼 '**아버지**'를 뜻하고,
- 母는 孟母三遷之敎(맹모삼천지교)에서처럼 '**어머니**'를 뜻한다.
- 愛는 慈愛(자애)나 親愛(친애)에서처럼 '**사랑**'을 뜻하며,
- 之는 동사의 역할을 하는 한자 뒤에 붙어 쓰이는 지시대명사(指示代名詞)로, 흔히 구절의 풀이에서는 설명하지 않는다.

• 父母愛之는 '아버지와 어머니가 사랑하다'라는 말이다.

✎ 君師父一體) 임금과 스승과 아버지의 은혜(恩惠)는 똑같다는 말.
✎ 孟母三遷之敎) 맹자의 어머니가 교육을 위해 세 번 이사(移徙)를 해 가르쳤다는 말.

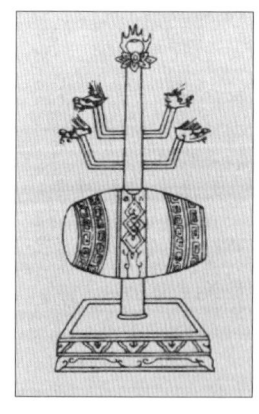

【 자원풀이 下 】

## 喜[기쁠 희]  031-5

↓ 壴 031-51 참고

| 갑골문 | 금문 | 소전 |
|---|---|---|

윗부분이 장식된 북[壴]을 받침대[口의 형태] 위에 세워 놓은 모양을 나타내면서 세워놓은 북을 치며 기뻐한다 하여 그 뜻이 '기쁘다'가 되고, 喜悲(희비)·喜悅(희열)·喜劇(희극)·喜壽(희수)·喜消息(희소식)·喜色滿面(희색만면)에서처럼 그 음이 '희'가 된 글자다.

## 壴[세워 놓은 악기 주]  031-51

| 갑골문 | 금문 | 소전 |
|---|---|---|

연주할 때에 북처럼 세워 놓은 악기와 관련해 그 뜻이 '세워 놓은 악기'가 되고, 자신이 덧붙여져 음의 역할을 하는 尌[세울 주]자나 尌자가 다시 덧붙여져 음의 역할을 하는 廚[부엌 주]자처럼 그 음이 '주'인 글자다.

| 而 [말 이을 이] | 031-6 | ↑ 007-6 참고 |

| 勿 [말 물] | 031-7 | ↑ 008-5 참고 |

| 忘 [잊을 망] | 031-8 | ↑ 心 002-31 / 亡 005-52 참고 |

心자로 인해 주의하는 마음[心]이 없어서 기억(記憶)하지 못하고 잊었다 하여 그 뜻이 '잊다'가 되고, 亡자로 인해 忘却(망각)·備忘錄(비망록)·忘年會(망년회)·寤寐不忘(오매불망)·白骨難忘(백골난망)에서처럼 그 음이 '망'이 된 글자다.

【 구절풀이 下 】

◦ 喜는 喜色(희색)이나 喜悅(희열)에서처럼 '기쁘다'를 뜻하고,
◦ 而는 순접(順接)의 접속사(接續詞)로, 구절에서 '~하고' 또는 '그리고'의 뜻으로 풀이한다.
◦ 勿은 勿論(물론)이나 勿施(물시)에서처럼 '말다'의 뜻을 지니며,
◦ 忘은 忘却(망각)이나 忘失(망실)에서처럼 '잊다'를 뜻한다.

• 喜而勿忘은 '기뻐하고 잊지 말라'는 말이다. 부모님의 사랑을 당연한 것으로만 여기지 말고, 자식에 대한 사랑이 지고(至高)·지선(至善)한 만큼 이를 잊지 말라는 것이다.

031 父母愛之 喜而勿忘

**【 쓰 기 】**

| 031 | 아버지와 어머니가 사랑하시거든 기뻐하고 잊지 말며 |
| --- | --- |
| ① | 父 母 愛 之  喜 而 勿 忘 |
| ② | |
| ③ | |

| 028 | 설 때에는 발을 보고 앉을 때에는 무릎을 보라 |
| --- | --- |
| ⑥ | |

| 029 | 어두워지면 반드시 요를 준비하고 새벽에는 반드시 상태를 살펴라 |
| --- | --- |
| ⑤ | |

| 030 | 여름이면 베개를 부채질 하고 겨울이면 이불을 따뜻하게 하라 |
| --- | --- |
| ④ | |

# 父母惡之어시든 懼而無怨하라

아버지와 어머니가 미워하시거든 두려워하고 원망하지 말라

## 【 자원풀이 上 】

| 父[아비 부] | 032-1 | ↑ 001-1 참고 |
|---|---|---|
| 母[어미 모] | 032-2 | ↑ 001-5 참고 |
| 惡[미워할 오] | 032-3 | ↑ 019-4 참고 |
| 之[갈 지] | 032-4 | ↑ 007-8 참고 |

## 【 구절풀이 上 】

- 父는 農父(농부)나 漁父(어부)에서처럼 '아버지'를 뜻하고,
- 母는 乳母(유모)나 繼母(계모)에서처럼 '어머니'를 뜻한다.
- 惡는 惡魔(악마)나 惡鬼(악귀)에서처럼 '악하다'의 뜻을 지니면서 악한 것을 미워한다 하여 憎惡(증오)나 嫌惡(혐오)에서처럼 '미워하다'의 뜻을 지니기도 하고,
- 之는 동사의 역할을 하는 한자 뒤에 붙어 쓰이는 지시대명사(指示代名詞)로, 흔히 구절의 풀이에서는 설명하지 않는다.
- 父母惡之는 '아버지와 어머니가 미워하다'라는 말이다.

## 【 자원풀이 下 】

### 懼 [두려워할 구]　032-5　　↑ 心 002-31　↓ 瞿 032-52 참고

心(忄)자로 인해 마음[心] 속으로 두려워한다 하여 그 뜻이 '두려워하다'가 되고, 悚懼(송구)·疑懼心(의구심)에서처럼 그 음이 '구'가 된 글자다.

### 朋 [두리번거릴 구]　032-51　　↑ 目 004-53 참고

놀라서 두 눈[朋]을 크게 뜨고 주위를 두리번거린다 하여 그 뜻이 '두리번거리다'가 되고, 자신이 덧붙여져 음의 역할을 하는 瞿[볼 구]자처럼 그 음이 '구'가 된 글자다.

### 瞿 [볼 구]　032-52　　↑ 朋 032-51 / 隹 007-51 참고

두 눈[朋]과 새[隹]를 나타내면서 두 눈[朋]으로 매나 부엉이와 같은 새[隹]가 먹이를 노려본다 하여 그 뜻이 '보다'가 되고, 자신이 덧붙여져 음의 역할을 하는 懼[두려워할 구]·衢[네거리 구]자처럼 그 음이 '구'가 된 글자다.

### 而 [말 이을 이]　032-6　　↑ 007-6 참고

### 無 [없을 무]　032-7

사람이 손에 새의 깃털을 들고 춤추는 모습을 나타냈으나 후에 없다의 뜻으로 빌려 쓰이면서 결국 그 뜻이 '없다'가 되고, 有無(유무)·虛無(허무)·無辜(무고)·無頉(무탈)·無子息(무자식)·無窮無盡(무궁무진)·前無後無(전무후무)에서처럼 그 음이 '무'가 된 글자다.

## 怨 [원망할 원]  032-8

↑ 心 002-31 ↓ 夗 032-82 참고

心자로 인해 마음[心] 속으로 원망한다 하여 그 뜻이 '원망하다'가 되고, 夗자로 인해 怨讐(원수)·怨聲(원성)·宿怨(숙원)·舊怨(구원)·閨怨歌(규원가)·怨入骨髓(원입골수)·舍憤蓄怨(함분축원)에서처럼 그 음이 '원'이 된 글자다.

## 夕 [저녁 석]  032-81

| 갑골문 | 금문 | 소전 |
|---|---|---|

이지러진 달을 나타내면서 다시 달이 뜨는 때가 저녁이라 하여 그 뜻이 '저녁'이 되고, 夕陽(석양)·夕刊(석간)·秋夕(추석)·朝夕(조석)·七月七夕(칠월칠석)·朝變夕改(조변석개)·朝聞夕死(조문석사)에서 보듯 그 음이 '석'이 된 글자다.

## 夗 [누워 뒹굴 원]  032-82

↑ 夕 032-81 참고

| 갑골문 | 소전 |
|---|---|

이지러진 달을 나타낸 夕자와 사람이 몸을 구부린 㔾의 형태가 합쳐져 이지러진 달처럼 사람이 몸을 구부리고 누워 뒹군다 하여 그 뜻이 '누워 뒹굴다'가 된 것으로 보이고, 자신이 덧붙여져 음의 역할을 하는 怨[원망할 원]·苑[나라 동산 원]·鴛[원앙새 원]자처럼 그 음이 '원'이 된 글자다.

---

### 【 구절풀이 下 】

- 懼는 悚懼(송구)나 疑懼心(의구심)에서처럼 '**두려워하다**'를 뜻하고,
- 而는 순접(順接)의 접속사(接續詞)로, 구절에서 '**~하고**' 또는 '**그리고**'의 뜻으로 앞뒤 말을 이어주는 역할을 한다.
- 無는 無關(무관)이나 無能(무능)에서처럼 '없다'의 뜻을 지니면서 다시 금지사(禁止詞)로도 쓰이면서 勿·不·毋처럼 '말라'의 뜻을 지니기도 하며,
- 怨은 怨聲(원성)이나 怨恨(원한)에서처럼 '**원망하다**'를 뜻한다.

032 父母惡之 懼而無怨

- 懼而無怨은 '두려워하고 원망하지 말라'는 말이다. 부모님이 미워한다는 것은 내가 무언가 잘못하며 고쳐야 할 점이 있다는 것이다. 이를 바로 잡아 올바른 사람이 되라고 함이니 부모에 대해 달리 생각하지 말라는 것이다.

【 쓰 기 】

| 032 | 아버지와 어머니가 미워하시거든 두려워하고 원망하지 말라 |
|---|---|
| ① | 父 母 惡 之 懼 而 無 怨 |
| ② | |
| ③ | |

| 029 | 어두워지면 반드시 요를 준비하고 새벽에는 반드시 상태를 살펴라 |
|---|---|
| ⑥ | |

| 030 | 여름이면 베개를 부채질 하고 겨울이면 이불을 따뜻하게 하라 |
|---|---|
| ⑤ | |

| 031 | 아버지와 어머니가 사랑하시거든 기뻐하고 잊지 말며 |
|---|---|
| ④ | |

# 雪裏求筍은 孟宗之孝요

눈 속에서 죽순을 구함은 맹종의 효도요

【 자원풀이 上 】

## 雪[눈 설]  033-1    ↓ 雨 033-11 / 彗 033-12 참고

원래 雨자와 彗자가 어우러진 䨮자가 본자(本字)다. 雨자로 인해 비[雨]가 얼어서 내리는 눈과 관련해 그 뜻이 '눈'이 되고, 후에 일부가 생략되었지만 彗자로 인해 瑞雪(서설)·暴雪(폭설)·雪盲(설맹)·雪馬(→썰매)·萬年雪(만년설)·雪辱戰(설욕전)·北風寒雪(북풍한설)에서처럼 그 음이 '설'이 된 글자다.

## 雨[비 우]  033-11

| 갑골문 | 금문 | 소전 |
|---|---|---|
|  |  |  |

하늘에서 내리는 비를 나타낸 데서 그 뜻이 '비'고, 暴雨(폭우)·穀雨(곡우)·雨傘(우산)·雨衣(우의)·測雨器(측우기)·雨後竹筍(우후죽순)·櫛風沐雨(즐풍목우)에서 보듯 그 음이 '우'인 글자다.

## 彗[비 혜]  033-12    ↑ 又 001-11 참고

| 소전 |
|---|
|  |

손[又] 위에 청소하는 데 사용되는 비(빗자루)를 나타내면서 그 뜻이 '비'가 되고, 彗星(혜성)에서처럼 그 음이 '혜'가 글자다.

## 裏[속 리]  033-2    ↑ 衣 002-32 ↓ 里 033-21 참고

衣자로 인해 옷[衣] 속을 나타낸 데서 그 뜻이 '속'이 되고, 里자에 의해 腦裏(뇌리)·暗暗裏(암암리)·極秘裏(극비리)·盛況裏(성황리)·絶讚裏(절찬리)·秘密裏(비밀리)·表裏不同(표리부동)에서 보듯 그 음이 '리'가 된 글자다. 裡자는 속자(俗字)다.

## 里 [마을 리]  033-21

↑ 田 002-71 / 土 001-22 참고

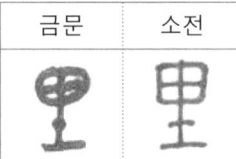

| 금문 | 소전 |
|---|---|

사람이 농사지을 수 있는 곳과 관련된 田자와 집지어 살 수 있는 곳과 관련된 土자가 합쳐져 사람이 농사지으면서 집지어 사는 마을을 나타낸 데서 그 뜻이 '마을'이 되고, 洞里(동리)·鄕里(향리)·擇里志(택리지)·一瀉千里(일사천리)·志在千里(지재천리)에서 보듯 그 음이 '리'인 글자다. 里長(이장)·里程標(이정표)에서처럼 말의 맨 앞에 쓰일 때는 '이'로 읽는다.

## 求 [구할 구]  033-3

| 금문 | 소전 |
|---|---|

갖옷을 만들기 위해 펼쳐진 여우 등의 가죽을 나타냈으나 훗날 衣자를 덧붙인 裘[갖옷 구]자가 여우 등의 가죽으로 만든 갖옷을 뜻하면서 자신은 많은 이들이 그 갖옷을 만들기 위해 가죽을 구한다 하여 '구하다'의 뜻을 지니게 되고, 求入(구입)·求乞(구걸)·渴求(갈구)·要求(요구)·求償權(구상권)·苛斂誅求(가렴주구)·求人廣告(구인광고)에서 보듯 '구'의 음으로 읽히게 된 글자다.

## 筍 [죽순 순]  033-4

↓ 竹 033-41 / 旬 033-43 참고

竹(⺮)자로 인해 대[竹]의 땅속줄기에서 돋아나는 어린 싹인 죽순과 관련해 그 뜻이 '죽순'이 되고, 旬자로 인해 石筍(석순)·雨後竹筍(우후죽순)에서처럼 그 음이 '순'이 된 글자다.

## 竹 [대 죽]·⺮ [대죽머리]  033-41

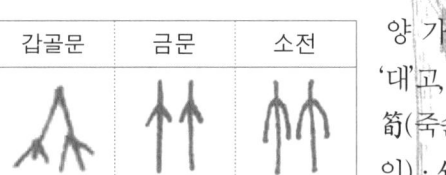

| 갑골문 | 금문 | 소전 |
|---|---|---|

양 가지를 아래로 늘어뜨린 대를 나타낸데서 그 뜻이 '대'고, 烏竹(오죽)·爆竹(폭죽)·竹筍(죽순)·竹瀝(죽력)·竹夫人(죽부인)·竹防簾(죽방렴)·竹林七賢(죽림칠현)·竹杖芒鞋(죽장망혜)에서 보듯 그 음이 '죽'인 글자다. 다른 글자에 덧붙여질 때는 ⺮의 형태로 쓰는데, 이는 '대죽머리'라 한다.

## 勻 [적을 균]　033-42　　↑ 勹 001-62 참고

| 금문 | 소전 |

작은 두 점으로 대체(代替)된 무언가를 손으로 감싸는[勹] 모습을 나타내면서 작은 두 점으로 대체된 무언가의 양이 많지 않고 적다 하여 그 뜻이 '적다'가 된 것으로 보이고, 자신이 덧붙여져 음의 역할을 하는 畇[밭 일굴 균]·鈞[서른 근 균]자처럼 그 음이 '균'이 된 글자다. 窮則通(궁즉통)·壽則多辱(수즉다욕)·死則同穴(사즉동혈)에서 보듯 '즉'의 음으로 읽힌다.

## 旬 [열흘 순]　033-43　　↑ 日 006-51 / 勻 033-42 참고

| 금문 |

원래 勻자와 日자가 합쳐진 글자였다. 日자로 인해 한 달의 시일[日]을 셋으로 나눠 생긴 열흘과 관련해 그 뜻이 '열흘'이 되고, 일부가 생략되었지만 勻자로 인해 上旬(상순)·初旬(초순)·七旬(칠순)·旬刊(순간)·四旬節(사순절)·三旬九食(삼순구식)·漢城旬報(한성순보)에서처럼 그 음 '순'이 된 글자다.

---

### 【 구절풀이 上 】

- 雪은 大雪(대설)이나 暴雪(폭설)에서처럼 '눈'을 뜻하고,
- 裏는 暗暗裏(암암리)나 秘密裏(비밀리)에서처럼 '속'을 뜻한다.
- 求는 渴求(갈구)나 希求(희구)에서처럼 '구하다'를 뜻하며,
- 筍은 石筍(석순)에서처럼 '죽순'을 뜻한다.
- 雪裏求筍은 '눈 속에서 죽순을 구하다'라는 말이다.

---

### 【 자원풀이 下 】

## 孟 [맏 맹]　033-5　　↑ 子 002-52 / 皿 003-34 참고

子자로 인해 여러 아이[子] 가운데 가장 손위인 맏이와 관련해 그 뜻이 '맏'이 되고, 皿자로 인해 孟春(맹춘)·孟子(맹자)·孟浪(맹랑)·孟仲季(맹중계)·孟宗竹(맹종죽)·孟母斷機(맹모단기)·孔孟之敎(공맹지교)에서처럼 그 음이 '맹'이 된 글자다.

## 宗 [마루 종] 033-6

↑ 宀 029-31 / 示 028-31 참고

| 갑골문 | 금문 | 소전 |
|---|---|---|

집[宀]에 제사 지내는 제단[示]이 모셔져 있음을 나타내면서 조상에게 제사 지내는 집은 산의 제일 높은 곳인 마루처럼 한 집안에서 마루가 된다 하여 그 뜻이 '마루'가 되고, 宗家(종가)·宗婦(종부)·宗敎(종교)·宗正(종정)·宗主國(종주국)·宗親會(종친회)·宗廟社稷(종묘사직)·世宗大王(세종대왕)에서 보듯 그 음이 '종'이 된 글자다.

## 之 [갈 지] 033-7

↑ 007-8 참고

## 孝 [효도 효] 033-8

↑ 005-8 참고

### 【 구절풀이 下 】

- 孟은 '맏'의 뜻 외에 孟軻(맹가=孟子)나 孟思誠(맹사성)에서처럼 사람의 '성(姓)'으로도 흔히 쓰이며,
- 宗은 '지붕 꼭대기'를 '지붕마루', '산꼭대기'를 '산마루', '고개 꼭대기'를 '고갯마루'라고 할 때에 높이가 있는 사물의 맨 위쪽인 '마루'를 뜻하는데, 다시 마루와 관련해 어떤 일의 근원이나 어떤 사물의 첫째를 뜻하기도 한다.
- 之는 명사 뒤에 놓여 앞뒤의 말을 연결하는 관형격 어조사로, '~의' 또는 '~하는'의 뜻으로 풀이하고,
- 孝는 孝誠(효성)이나 孝行(효행)에서처럼 '효도'를 뜻한다.

- 孟宗之孝는 '맹종(孟宗)의 효도다'라는 말이다.

孟宗-중국 삼국시대 오(吳)나라 사람으로, 자(字)는 공무(恭武)이며 효자로서 이름이 널리 알려져 있다. 오랫동안 병상에 누워 있던 그의 모친이 추운 겨울임에도 불구하고 죽순을 먹고 싶다고 하여 눈이 가득 쌓인 대밭으로 갔지만 죽순이 있을 리가 없었다. 어머니에게 효행을 할 수가 없어서 눈물을 흘리자 그 눈물이 떨어진 자리에 대나무 순이 돋았다. 맹종은 기뻐하며 이것을 따서 어머니에게 잡수시게 했다고 한다. 이것이 맹종죽의 기원이라 전해지고 있다.

【 쓰 기 】

| 033 | 눈 속에서 죽순을 구함은 맹종의 효도요 |
|---|---|
| ① | 雪 裏 求 筍 孟 宗 之 孝 |
| ② | |
| ③ | |

| 030 | 여름이면 베개를 부채질 하고 겨울이면 이불을 따뜻하게 하라 |
|---|---|
| ⑥ | |

| 031 | 아버지와 어머니가 사랑하시거든 기뻐하고 잊지 말며 |
|---|---|
| ⑤ | |

| 032 | 아버지와 어머니가 미워하시거든 두려워하고 원망하지 말라 |
|---|---|
| ④ | |

# 叩氷得鯉는　王祥之孝로다

### 얼음을 두드려 잉어를 얻음은 왕상의 효도로다

【 자원풀이 上 】

**叩** [두드릴 고]　034-1　　　　↑ 口 001-71 참고

몸을 구부린 사람을 나타낸 卩의 형태로 인해 사람[卩의 형태]이 몸을 구부려 무언가 잇달아 두드린다 하여 그 뜻이 '두드리다'가 되고, 口자로 인해 叩盆之痛(고분지통)이나 三拜九叩頭(삼배구고두)에서처럼 그 음이 '고'가 된 글자다.

**氷** [얼음 빙]　034-2　　　　↑ 030-52 참고

**得** [얻을 득]　034-3　　↑ 彳 004-52　↓ 貝 034-31　↑ 又 001-11 참고

| 갑골문 | 금문 | 소전 |
|---|---|---|
|  | | |

원래 길[彳]에서 옛날 사람들이 사용했던 화폐[貝]를 손[又]으로 줍는 모습을 나타내면서 주워 얻은 것이라 그 뜻이 '얻다'가 되고, 拾得(습득)·攄得(터득)·得失(득실)·得音(득음)·旣得權(기득권)·自業自得(자업자득)·千慮一得(천려일득)에서처럼 그 음이 '득'이 된 글자다. 후에 화폐(貝)와 손(又)이 합쳐지면서 㝵[잡을 애]자로 바뀌었다.

**貝** [조개 패]　034-31

| 갑골문 | 금문 | 소전 |
|---|---|---|
| 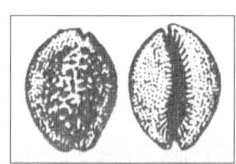 | | |

옛날에 돈으로 사용되었던 조개를 나타냈기 때문에 그 뜻이 '조개'고, 紫貝(자패)·種貝(종패)·寶貝(→보배)·貝物(패물)·貝玉(패옥)·貝塚(패총)·魚貝類(어패류)에서처럼 그 음이 '패'인 글자다.

鯉[잉어 리]   034-4            ↓ 魚 034-41  ↑ 里 033-21 참고

魚자로 인해 물고기[魚]의 한 종류인 잉어와 관련해 그 뜻이 '잉어'고, 里자로 인해 그 음이 '리'인 글자다. 잉어는 鯉魚의 음인 '리어'가 변한 '이어'가 다시 변한 말이다.

魚[물고기 어]   034-41

| 갑골문 | 금문 | 소전 |
|---|---|---|
|  |  |  |

머리와 꼬리 및 몸체가 완전하게 갖춰진 물고기를 나타낸 데서 그 뜻이 '물고기'고,

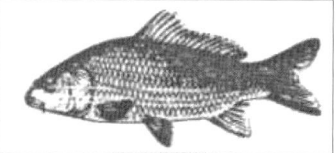

銀魚(은어)·穉魚(치어)·魚缸(어항)·魚雷(어뢰)·黃石魚(황석어)·熱目魚(열목어)·林延壽魚(임연수어)에서 보듯 그 음이 '어'인 글자다.

---

### 【 구절풀이 上 】

- 叩는 叩盆之痛(고분지통)에서처럼 '두드리다'를 뜻하고,
- 氷은 氷板(빙판)이나 氷河(빙하)에서처럼 '얼음'을 뜻한다.
- 得은 拾得(습득)이나 獲得(획득)에서처럼 '얻다'를 뜻하며,
- 鯉는 鯉魚(리어→이어→잉어)가 변해서 이뤄진 말인 '잉어'를 뜻한다.

• 叩氷得鯉는 '얼음을 두드려 잉어를 얻다'라는 말이다.

✎ 叩盆之痛) 술그릇을 두드리는 아픔이라는 뜻으로, 아내 상(喪)을 당했을 때의 슬픔을 이른 말.

### 【 자원풀이 下 】

王[임금 왕]   034-5            ↑ 017-81 참고

## 祥 [상서로울 상]  034-6
↑ 示 028-31  ↓ 羊 034-61 참고

示자로 인해 제물을 제단[示]에 올리고 행하는 일이 상서롭기를 빈다 하여 그 뜻이 '상서롭다'가 되고, 羊자로 인해 祥瑞(상서)·吉祥(길상)·大祥(대상)·發祥地(발상지)·不祥事(불상사)에서처럼 그 음이 '상'이 된 글자다.

## 羊 [양 양]  034-61

| 갑골문 | 금문 | 소전 |
|---|---|---|

뿔이 아래로 굽은 양 머리를 본뜬 모양에서 그 뜻이 '양'이고, 山羊(산양)·緬羊(면양)·羊毛(양모)·羊水(양수)·犧牲羊(희생양)·羊膜類(양막류)·羊頭狗肉(양두구육)·亡羊之歎(망양지탄)에서 보듯 그 음이 '양'인 글자다.

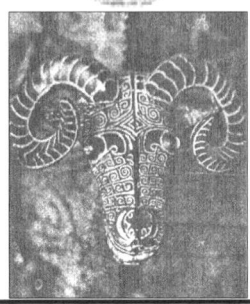

## 之 [갈 지]  034-7
↑ 007-8 참고

## 孝 [효도 효]  034-8
↑ 005-8 참고

### 【 구절풀이 下 】

◦ 王은 '임금'의 뜻 외에 王仁(왕인)이나 王山岳(왕산악)에서처럼 사람의 '성(姓)'으로도 흔히 쓰이며,

◦ 祥은 吉祥(길상)이나 不祥事(불상사)에서처럼 '상서롭다'를 뜻한다.

◦ 之는 명사 뒤에 놓여 앞뒤의 말을 연결하는 관형격 어조사로, '~의' 또는 '~하는'의 뜻으로 풀이하고,

◦ 孝는 孝心(효심)이나 孝子(효자)에서처럼 '효도'를 뜻한다.

• 王祥之孝는 '왕상(王祥)의 효도다'라는 말이다.

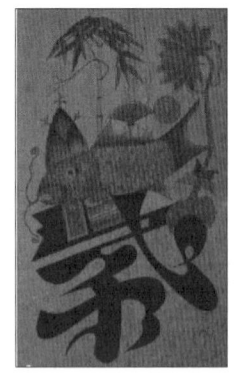

王祥-중국 삼국시대 서진(西晉)의 관리로, 자(字)는 휴징(休徵)이며 효자로서 이름이 널리 알려져 있다. 효성이 지극하여 부모가 우환(憂患)이 있으면 잠자리에서도 옷을 벗지 않았다. 어머니를 여의고 계모(繼母)를 맞이하였으나 그의 효성은 변함이 없었다. 어느 날 겨울에 병석에 누운 계모가 잉어를 먹고 싶다고 하여 얼음을 두드려 깨고 잉어를 잡으려 물속에 들어가려고 할 즈음에 갑자기 얼음 속에서 한 쌍의 잉어가 튀어 나왔다. 이것은 그의 지극한 효성의 결과라고 주변의 사람들이 여겼다.

### 【 쓰 기 】

**034** 얼음을 두드려 잉어를 얻음은 왕상의 효도로다

① 叩 氷 得 鯉 王 祥 之 孝

②

③

**031** 아버지와 어머니가 사랑하시거든 기뻐하고 잊지 말며

⑥

**032** 아버지와 어머니가 미워하시거든 두려워하고 원망하지 말라

⑤

**033** 눈 속에서 죽순을 구함은 맹종의 효도요

④

# 對案不食 이어시든 思得良饌 하라    035

밥상을 대하고 드시지 아니하시거든 좋은 반찬 얻음을 생각하라

【 자원풀이 上 】

### 對[대답할 대]    035-1    ↑ 又 001-11 참고

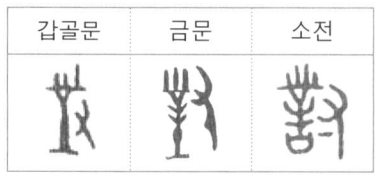
갑골문 / 금문 / 소전

사신(使臣)임을 증명하는 신표(信標)인 부절(符節)을 손[又]에 들고 있음을 나타내면서 다시 부절을 손에 들고 대답한다하여 그 뜻이 '대답하다'가 된 것으로 보이고, 對話(대화)·對流(대류)·反對(반대)·相對(상대)·對蹠點(대척점)·對人關係(대인관계)에서처럼 그 음이 '대'가 된 글자다. 부절을 든 손[又]은 후에 점이 덧붙여져 寸자로 바뀌었다.

### 案[책상 안]    035-2    ↑ 木 006-82 ↓ 安 035-21 참고

木자로 인해 주로 글을 읽거나 쓰는 데 사용하기 위해 나무[木]로 만든 책상과 관련해 그 뜻이 '책상'이 되고, 安자로 인해 案前(안전)·案內(안내)·敎案(교안)·勘案(감안)·酒案床(주안상)·擧案齊眉(거안제미)·螢窓雪案(형창설안)에서처럼 그 음이 '안'이 된 글자다.

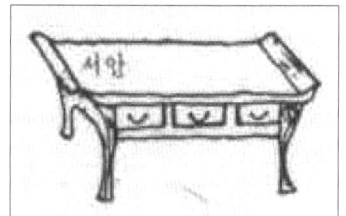

### 安[편안할 안]    035-21    ↑ 宀 029-31 / 女 001-51 참고

갑골문 / 금문 / 소전

집[宀] 안에 여자[女]가 있는 모습을 나타내면서 집에는 살림하는 여자가 있어야 편안하다 하여 그 뜻이 '편안하다'가 되고, 便安(편안)·問安(문안)·安心(안심)·安堵(안도)·安樂死(안락사)·無事安逸(무사안일)·坐不安席(좌불안석)에서 보듯 그 음이 '안'이 된 글자다.

### 不[아닐 불]    035-3    ↑ 005-6 참고

164  효행편

## 食 [밥 식]  035-4   ↑ 003-6 참고

### 【 구절풀이 上 】

- 對는 '대답하다'의 뜻 외에 대하여 대답한다 하여 相對(상대)나 對應(대응)에서처럼 '대하다'의 뜻을 지니기도 하고,
- 案은 螢窓雪案(형창설안)에서처럼 공부하는 '책상'을 뜻하는데, 예부터 책상을 밥상으로 사용하기도 했기에 擧案齊眉(거안제미)에서처럼 '밥상'을 뜻하기도 한다.

- 不은 '~않다', '~아니하다'의 뜻을 나타내는 접두사(接頭辭)이고,
- 食은 離乳食(이유식)이나 營養食(영양식)에서처럼 '밥'을 뜻하며 밥을 먹는다 하여 大食家(대식가)나 拒食症(거식증)에서처럼 '먹다'를 뜻하기도 한다.

• 對案不食은 '밥상을 대하고 먹지(드시지) 아니하다'라는 말이다.

✎ 螢窓雪案) 반딧불이 비치는 창과 눈이 비치는 책상이라는 뜻으로, 어려운 가운데서도 학문(學問)에 힘쓴다는 말.

✎ 擧案齊眉) 밥상을 눈썹 높이로 들어 공손(恭遜)히 남편 앞에 가지고 간다는 뜻으로, 남편을 깍듯이 공경(恭敬)함을 일컫는 말.

### 【 자원풀이 下 】

## 思 [생각 사]  035-5   ↑ 心 002-31 ↓ 囟 035-51 참고

소 전

息자가 본자(本字)다. 心자로 인해 마음[心]에 품은 생각과 관련해 그 뜻이 '생각'이 되고, 오늘날 田의 형태로 쓰지만 囟자로 인해 思想(사상)·思念(사념)·思慮(사려)·思惟(사유)·相思病(상사병)·勞心焦思(노심초사)에서처럼 그 음이 '사'가 된 글자다.

## 囟 [정수리 신]  035-51

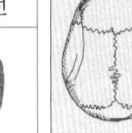

숫구멍이 있는 머리 위의 정수리 부분을 나타낸 데서 그 뜻이 '정수리'가 되고, 囟門(신문)·囟陷(신함)에서처럼 그 음이 '신'이 된 글자다.

## 得 [얻을 득]  035-6

↑ 034-3 참고

## 良 [어질 량]  035-7

| 갑골문 | 금문 | 소전 |
|---|---|---|

가운데에 건물을 두고 양쪽으로 이어진 회랑(回廊)을 나타냈으나 회랑이 비나 햇볕을 가려 사람의 이동을 좋게 한다 하여 '좋다'의 뜻을 지니면서 다시 좋은 것은 어진 것이라 하여 '어질다'의 뜻을 지니기도 하고, 不良(불량)·改良(개량)·良好(양호)·良書(양서)·優良兒(우량아)·良性腫瘍(양성종양)에서처럼 '량'의 음으로 읽히는 글자다.

## 饌 [반찬 찬]  035-8

↑ 食 003-6 ↓ 巽 035-81 참고

食자로 인해 밥[食]에 갖추어 먹는 여러 가지 음식인 반찬과 관련해 그 뜻이 '반찬'이 되고, 巽자로 인해 饌母(찬모)·饌欌(찬장)·饌房(찬방)·饌盒(찬합)·歲饌(세찬)·珍羞盛饌(진수성찬)에서처럼 그 음이 '찬'이 된 글자다.

## 巽 [유순할 손]  035-81

두 사람[巳의 형태]이 무릎을 꿇고 대[丌의 형태] 위에 유순하게 앉아 있는 모습[巽]을 나타내면서 그 뜻이 '유순하다'가 되고, 巽卦(손괘)·巽方(손방)·巽時(손시)에서처럼 그 음이 '손'이 된 글자다. 후에 두 사람이 앉아 있는 곳인 丌의 형태는 共의 형태로 바뀌었다.

【 구절풀이 下 】

- 思는 勞心焦思(노심초사)에서처럼 무언가 '생각하다'라는 뜻이고,
- 得은 拾得(습득)이나 獲得(획득)에서처럼 '얻다'를 뜻한다.
- 良은 善良(선량)이나 溫良(온량)에서처럼 '어질다'를 뜻하면서 좋은 것이 어진 것이라 하여 改良(개량)이나 不良(불량)에서처럼 '좋다'의 뜻을 지니고,
- 饌은 歲饌(세찬)이나 珍羞盛饌(진수성찬)에서처럼 '반찬'을 뜻한다.
- 思得良饌은 '좋은 반찬 얻음을 생각하다'라는 말이다. 나이가 들면 입맛도 늙는다. 입 속의 미각세포(味覺細胞) 기능이 떨어지기 때문인데, 특히 단맛과 짠맛을 느끼는 기능이 떨어지기 때문에 입맛에 맞춰 반찬을 마련해 대접하는 데에 신경을 써야 한다는 것이다.

【 쓰 기 】

| 035 | 밥상을 대하고 드시지 아니하시거든 좋은 반찬 얻음을 생각하라 |
|---|---|
| ① | 對 案 不 食 思 得 良 饌 |
| ② | |
| ③ | |

| 032 | 아버지와 어머니가 미워하시거든 두려워하고 원망하지 말라 |
|---|---|
| ⑥ | |

| 033 | 눈 속에서 죽순을 구함은 맹종의 효도요 |
|---|---|
| ⑤ | |

| 034 | 얼음을 두드려 잉어를 얻음은 왕상의 효도로다 |
|---|---|
| ④ | |

# 事親至孝는 養志養體니라

**어버이를 섬기는 지극한 효도는 뜻을 봉양하고 몸을 봉양함이니라**

## 【 자원풀이 上 】

### 事[일 사]   036-1

↑ 又 001-11 참고

| 갑골문 | 금문 | 소전 |
|---|---|---|

사냥도구를 손[又]에 들고 있는 모습을 나타낸 것으로 보인다. 사냥은 먹는 것을 해결하는 것이 삶의 전부였던 옛날 사람에게 중요한 일이였기에 그 뜻이 '일'이 되고, 人事(인사)·知事(지사)·事端(사단)·事故(사고)·好事家(호사가)·茶飯事(다반사)·當然之事(당연지사)에서처럼 그 음이 '사'가 된 글자다.

### 親[친할 친]   036-2

↑ 009-3 참고

### 至[이를 지]   036-3

↑ 矢 025-81 참고

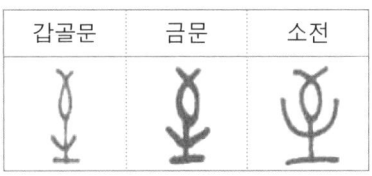

| 갑골문 | 금문 | 소전 |
|---|---|---|

화살[矢]이 먼 곳으로부터 어떤 지점[땅 또는 과녁]에 이르러 꽂힌 모양을 나타낸 데서 그 뜻이 '이르다'고,

至毒(지독)·至極(지극)·遝至(답지)·冬至(동지)·自初至終(자초지종)·至高至善(지고지선)에서 보듯 그 음이 '지'인 글자다.

### 孝[효도 효]   036-4

↑ 005-8 참고

## 【 구절풀이 上 】

◦ 事는 奉事(봉사)나 事大主義(사대주의)에서처럼 섬기는 일과 관련되어 '섬기다'의 뜻을 지니며,

◦ 親은 親近(친근)이나 親密(친밀)에서처럼 '친하다'를 뜻하면서 父親(부친)이나 母親(모친)에서처럼 나에게 가장 친한 '어버이'를 뜻하기도 한다.

효행편

- 至는 至毒(지독)이나 至誠感天(지성감천)에서처럼 지극함에 이른다 하여 '지극하다'의 뜻을 지니고,
- 孝는 孝子(효자)나 孝女(효녀)에서처럼 '효도'를 뜻한다.
- 事親至孝는 '어버이를 섬기는 지극한 효도'란 말이다.

✎ 事大主義) 자주성이 없어, 세력이 강대(强大)한 자에게 붙어서 자기의 존립(存立)을 유지하는 경향.
✎ 至誠感天) 지극(至極)한 정성에는 하늘도 감동한다는 말.

【 자원풀이 下 】

## 養[기를 양]    036-5    ↑ 食 003-6 / 羊 034-61 참고

食자로 인해 밥[食]을 먹여 기른다 하여 그 뜻이 '기르다'가 되고, 羊자로 인해 養育(양육)·養志(양지)·奉養(봉양)·涵養(함양)·養鷄場(양계장)·養老院(양로원)·三牲之養(삼생지양)에서처럼 그 음이 '양'이 된 글자다.

## 志[뜻 지]    036-6    ↑ 止 007-71 / 心 002-31 참고

금 문

원래 止자와 心자가 합쳐진 글자였으나 후에 止자가 士의 형태로 바뀌었다. 心자로 인해 마음[心] 속에 품고 있는 뜻과 관련해 그 뜻이 '뜻'이 되고, 士의 형태로 바뀌었지만 止자로 인해 意志(의지)·同志(동지)·志學(지학)·志願(지원)·三國志(삼국지)·靑雲之志(청운지지)·初志一貫(초지일관)에서처럼 그 음이 '지'가 된 글자다.

## 養[기를 양]    036-7    ↑ 036-5 참고

## 體[몸 체]    036-8    ↓ 骨 036-81 / 豊 036-83 참고

骨자로 인해 머리에서 발까지 뼈[骨]대로 이뤄진 몸과 관련해 그 뜻이 '몸'이 되고, 豊자로 인해 裸體(나체)·主體(주체)·體軀(체구)·體得(체득)·體脂肪(체지방)·蔓衍體(만연체)·絕體絕命(절체절명)·一心同體(일심동체)에서처럼 그 음이 '체'가 된 글자다.

## 骨 [뼈 골]  036-81

| 갑골문 | 소전 |
|---|---|

원래 금이 간 뼈를 나타내면서 그 뜻이 '뼈'가 되고, 骨子(골자)·骨折(골절)·骸骨(해골)·叛骨(반골)·骨董品(골동품)·骨生員(골생원)·刻骨難忘(각골난망)·鷄卵有骨(계란유골)에서 보듯 그 음이 '골'이 된 글자다. 후에 살을 나타내는 肉(月)자를 덧붙이면서 그 뜻을 더욱 분명히 했다.

↑ 肉 002-11 참고

## 豆 [콩 두]  036-82

| 갑골문 | 금문 | 소전 |
|---|---|---|

제사 때 음식을 담는 데 쓰던 굽 높은 그릇을 나타낸 데서 원래 제기(祭器)와 관련된 뜻을 지녔으나 훗날 콩의 뜻으로 빌려 사용되면서 결국 그 뜻이 '콩'이 되고, 豆乳(두유)·豆腐(두부)·綠豆(녹두)·豌豆(완두)·軟豆色(연두색)·種豆得豆(종두득두)에서 보듯 그 음이 '두'가 된 글자다.

## 豊 [굽 높은 그릇 례]  036-83

| 갑골문 | 금문 | 소전 |
|---|---|---|

↑ 豆 036-82 참고

제물을 담는 굽 높은 그릇을 나타낸 데서 그 뜻이 '굽 높은 그릇'이 되고, 자신이 덧붙여져 음의 역할을 하는 禮[예도 례]·醴[단술 례]자처럼 그 음이 '례'가 된 글자다. 豐[풍성할 풍]자의 약자(略字)로도 사용된다.

---

### 【 구절풀이 下 】

- **養**은 養育(양육)에서처럼 부모가 자식을 먹여 '기르다'는 뜻 외에 반대로 자식이 부모를 위해 먹을 양식을 구해 봉양한다 하여 '**봉양하다**'의 뜻을 지니고,

- **志**는 意志(의지)나 心志(심지)에서처럼 마음속에 담겨있는 '뜻'을 뜻한다.

- 養은 子欲養而親不待(자식은 봉양하고자 하나 어버이는 기다려 주지 않는다)의 풀이에서처럼 '**봉양하다**'의 뜻을 지니고,
- 體는 身體(신체)나 肉體(육체)에서처럼 '**몸**'을 뜻한다.
- 養志養體는 '뜻을 봉양하고 몸을 봉양하다'라는 말이다. 어버이를 봉양하는 데 좋은 옷과 좋은 음식뿐만 아니라 마음(뜻)을 잘 헤아려 편안히 해드리고, 몸을 잘 살펴 건강하게 해드리라는 것이다.

【 쓰기 】

| 036 | 어버이를 섬기는 지극한 효도는 뜻을 봉양하고 몸을 봉양함이니라 |
|---|---|
| ① | 事 親 至 孝 養 志 養 體 |
| ② | |
| ③ | |

| 033 | 눈 속에서 죽순을 구함은 맹종의 효도요 |
|---|---|
| ⑥ | |

| 034 | 얼음을 두드려 잉어를 얻음은 왕상의 효도로다 |
|---|---|
| ⑤ | |

| 035 | 밥상을 대하고 드시지 아니하시거든 좋은 반찬 얻음을 생각하라 |
|---|---|
| ④ | |

# 身體髮膚는 受之父母니

**몸과 터럭과 살갗은 아버지와 어머니에게 받았으니**

【 자원풀이 上 】

| 身[몸 신] | 037-1 | ↑ 001-4 참고 |

| 體[몸 체] | 037-2 | ↑ 036-8 참고 |

| 髮[터럭 발] | 037-3 | ↓ 髟 037-33 / 犮 037-34 참고 |

髟자로 인해 머리에서 늘어진[髟] 터럭과 관련해 그 뜻이 '터럭'이 되고, 犮자로 인해 頭髮(두발)·毛髮(모발)·辮髮(변발)·間髮(간발)·斷髮令(단발령)·危機一髮(위기일발)·蓬頭亂髮(봉두난발)에서처럼 그 음이 '발'이 된 글자다.

長[긴 장]  037-31

| 갑골문 | 금문 | 소전 |
|---|---|---|
| 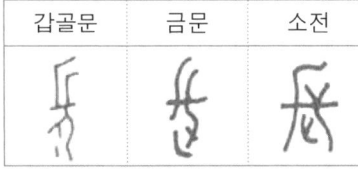 | | |

머리털을 자르지 않고 길렀던 옛날 사람의 산발(散髮)한 긴 머리털 모습에서 그 뜻이 '길다'고, 長安(장안)·長魚(장어)·助長(조장)·什長(십장)·家父長(가부장)·長蛇陣(장사진)·長衫袈裟(장삼가사)에서 보듯 그 음이 '장'인 글자다. 한자에서 왼쪽이나 아래에 덧붙여질 때는 肆[방자할 사]자나 套[덮개 투]자에서처럼 镸의 형태로도 쓰인다.

## 彡 [터럭 삼]   037-32

| 갑골문 | 금문 | 소전 |
|---|---|---|
| 彡 | 彡 | 彡 |

가지런히 나 있는 터럭을 나타낸 데서 그 뜻이 '터럭'이고, 자신이 음의 역할을 하는 衫[적삼 삼]자나 杉[삼나무 삼]자에서 보듯 그 음이 '삼'인 글자다.

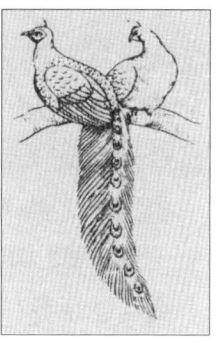

## 髟 [머리 늘어질 표]   037-33

↑ 長 037-31 / 彡 037-32 참고

소전

긴 머리의 사람을 표현한 長자에서 변화된 镸의 형태와 그 의미를 분명히 하기 위해 털을 표현한 彡자가 합쳐진 글자로, 길게 머리털이 늘어진 모습을 나타냈다. 따라서 그 뜻이 '머리 늘어지다'가 되고, 髮[터럭 발]·鬚[수염 수]·髥[구레나룻 염]자에서처럼 주로 부수의 역할을 하는 그 음이 '표'인 글자다.

## 犮 [달릴 발]   037-34

↑ 犬 014-11 참고

소전

개[犬]의 몸에 채찍을 나타낸 것으로 보이는 한 획(劃)을 더해 채찍을 가해 개가 빨리 달린다 하여 그 뜻이 '달리다'가 되고, 자신이 덧붙여져 음의 역할을 하는 魃[가물귀신 발]·跋[밟을 발]자처럼 그 음이 '발'이 된 글자다.

---

## 膚 [살갗 부]   037-4

↑ 肉 002-11   ↓ 盧 037-41 참고

인체와 관련된 한자에 흔히 덧붙여지는 肉(月)자로 인해 육신(肉身)의 겉을 싸고 있는 살갗과 관련해 그 뜻이 '살갗'이 되고, 虍자가 음의 역할을 하는 盧자로 인해 皮膚(피부)·雪膚花容(설부화용)·身體髮膚(신체발부)에서처럼 그 음이 '부'가 된 글자다.

## 盧 [단지 로]   037-41

↑ 虍 014-12 참고

단지와 같은 그릇을 나타낸 田의 형태로 인해 '단지'의 뜻을 지니면서 虍자로 인해 '로'의 음을 지니게 된 글자다.

037 身體髮膚 受之父母

## 【 구절풀이 上 】

- 身은 身柄(신병)이나 身長(신장)에서처럼 '몸'을 뜻하고,
- 體도 體軀(체구)나 體格(체격)에서처럼 '몸'을 뜻한다.
- 髮은 頭髮(두발)이나 毛髮(모발)에서처럼 '터럭'을 뜻하고,
- 膚는 皮膚(피부)나 雪膚花容(설부화용)에서처럼 '살갗'을 뜻한다.
- 身體髮膚는 '몸과 터럭과 살갗'을 말한다. 부모님이 물려준 몸과 몸의 터럭과 살갗을 이른 것이다.

## 【 자원풀이 下 】

### 受[받을 수]  037-5    ↑ 爪 002-51 / 又 001-11 참고

| 갑골문 | 금문 | 소전 |
|---|---|---|

손[爪]과 손[又]으로 배처럼 생긴 그릇[冖]의 형태을 주고받는 모양을 나타낸 데서 그 뜻이 '받다'가 되고, 受容(수용)·受苦(수고)·甘受(감수)·傳受(전수)·受話器(수화기)·同門受學(동문수학)·願書接受(원서접수)에서 보듯 그 음이 '수'가 된 글자다.

### 之[갈 지]  037-6    ↑ 007-8 참고

### 父[아비 부]  037-7    ↑ 001-1 참고

### 母[어미 모]  037-8    ↑ 001-5 참고

### 【 구절풀이 下 】

- 受는 引受(인수)나 傳受(전수)에서처럼 '받다'를 뜻한다.
- 之는 지시대명사(指示代名詞)로, 앞 구절의 '身體髮膚'를 나타낸다.
- 父는 父親(부친)인 '아버지'를 뜻하고,
- 母는 母親(모친)인 '어머니'를 뜻한다.
- 受之父母는 '아버지와 어머니에게 받았다'란 말이다. 내 몸은 갑자기 하늘에서 뚝 떨어진 것이 아니다. 身體髮膚(신체발부)인 몸과 몸의 터럭과 살갗은 부모로부터 물려받았다는 것이다.

### 【 쓰기 】

| 037 | 몸과 터럭과 살갗은 아버지와 어머니에게 받았으니 |
|---|---|
| ① | 身體髮膚 受之父母 |
| ② | |
| ③ | |

| 034 | 얼음을 두드려 잉어를 얻음은 왕상의 효도로다 |
|---|---|
| ⑥ | |

| 035 | 밥상을 대하고 드시지 아니하시거든 좋은 반찬 얻음을 생각하라 |
|---|---|
| ⑤ | |

| 036 | 어버이를 섬기는 지극한 효도는 뜻을 봉양하고 몸을 봉양함이니라 |
|---|---|
| ④ | |

# 不敢毀傷이 孝之始也요

감히 헐거나 다치지 아니함이 효도의 처음이요

【 자원풀이 上 】

### 不[아닐 불]    038-1                    ↑ 005-6 참고

### 敢[감히 감]   038-2                    ↓ 攴(攵) 038-21 참고

| 갑골문 | 금문 | 소전 |
|---|---|---|

손[又]에 사냥의 도구를 들고 쳐서[攴] 사나운 동물을 잡으려는 모습을 나타내면서 맹수를 사냥하는 일은 용감(勇敢)한 사람만 감히 할 수 있다 하여 그 뜻이 '감히'가 되고, 敢行(감행)·敢然(감연)·勇敢(용감)·果敢(과감)·敢鬪賞(감투상)·焉敢生心(언감생심)·不敢請固所願(불감청고소원)에서 보듯 그 음이 '감'이 된 글자다.

### 攴[칠 복]·攵[등글월문]   038-21    ↑ 又 001-11 참고

| 갑골문 | 금문 | 소전 |
|---|---|---|

손[又]에 잡은 나무 가지로 무언가 치는 모습을 나타낸 데서 그 뜻이 '치다'고, 敲[두드릴 고]·敍[베풀 서]자에서 보듯 부수의 역할을 하는 그 음이 '복'인 글자다.
다른 자형과 어울릴 때는 放[놓을 방]·改[고칠 개]·敎[가르칠 교]자에서처럼 攵의 형태로 약간 변화되어 쓰이는데, 이는 '등글월문'이라 한다.

### 毀[헐 훼]   038-3    ↑ 土 001-22 / 殳 021-81 ↓ 臼 038-31 참고

土자와 殳자로 인해 흙[土]을 쳐서[殳] 헐어 낸다 하여 그 뜻이 '헐다'가 되고, 臼자로 인해 毀損(훼손)·毀謗(훼방)·毀傷(훼상)·貶毀(폄훼)에서처럼 그 음이 '훼'가 된 글자다.

## 臼 [절구 구]  038-31

| 금문 | 소전 |
|---|---|

안이 거칠게 보이는 단순한 형태의 절구를 나타낸 데서 그 뜻이 '절구'이고, 脫臼(탈구)·臼齒(구치)에서 보듯 그 음이 '구'인 글자다.

---

## 傷 [상할 상]  038-4

↑ 人 002-21 / 矢 025-81  ↓ 昜 038-41 참고

人(亻)자와 무기의 일종인 矢자의 생략된 형태로 인해 사람[人]이 화살[矢]과 같은 무기로 몸이 상하였다 하여 그 뜻이 '상하다'가 되고, 昜자로 인해 傷處(상처)·傷心(상심)·火傷(화상)·食傷(식상)·擦過傷(찰과상)·致命傷(치명상)·傷弓之鳥(상궁지조)·傷痍軍人(상이군인)에서처럼 그 음이 '상'이 된 글자다.

## 昜 [볕 양]  038-41

↑ 日 006-51 / 彡 037-32 참고

| 갑골문 | 금문 | 소전 |
|---|---|---|

陽[볕 양]자의 원래 글자다. 해[日]가 제단(祭壇)처럼 높은 곳 위로 떠오르는 모양에서 다시 아래에 햇볕을 나타낸 형태[彡]가 덧붙여져 그 뜻이 '볕'이 되고, 陽[볕 양]자처럼 그 음이 '양'이 된 글자다.

## 陽 [볕 양]  038-42

↑ 昜 038-41  ↓ 阜 108-41 참고

昜자의 뜻 '볕'을 더욱 분명히 하기 위해 햇볕이 내리쬐는 남쪽의 언덕[阜]과 관련된 阜(阝)자를 덧붙이고, 陽地(양지)·陽傘(양산)·陰陽(음양)·漢陽(한양)·重陽節(중양절)·陽性反應(양성반응)·陽動作戰(양동작전)에서처럼 그 음이 '양'이 된 글자다.

038 不敢毁傷 孝之始也

## 【 구절풀이 上 】

- 不은 접두사(接頭辭)로, 어떤 한자나 한자어 앞에 쓰여 '~아니하다'의 뜻을 나타내고,
- 敢은 焉敢生心(언감생심)에서처럼 '감히'를 뜻한다.
- 毁는 毁損(훼손)에서처럼 '헐다'를 뜻하고,
- 傷은 傷處(상처)에서처럼 '다치다'를 뜻한다.
- 不敢毁傷은 '감히 헐거나 다치지 아니하다'라는 말이다. 부모로부터 물려받은 몸을 소중히 해야 한다는 것이다.

✎ 焉敢生心) 어찌 감히 그런 마음을 먹을 수 있는가라는 말.

## 【 자원풀이 下 】

| 孝[효도 효] | 038-5 | ↑ 005-8 참고 |

| 之[갈 지] | 038-6 | ↑ 007-8 참고 |

| 始[처음 시] | 038-7 | ↑ 女 001-51 / 台 008-81 참고 |

女자로 인해 사람은 누구나 여자[女]인 어머니에게서 태어나는 것이 세상을 사는 데 처음이 된다 하여 그 뜻이 '처음'이 되고, 台자로 인해 始作(시작)·始初(시초)·開始(개시)·創始(창시)·始務式(시무식)·始終如一(시종여일)에서처럼 그 음이 '시'가 된 글자다.

| 也[어조사 야] | 038-8 | ↑ 004-82 참고 |

## 【 구절풀이 下 】

- **孝**는 *孝心*(효심)이나 *孝行*(효행)에서처럼 '효도'를 뜻한다.
- **之**는 명사(名詞) 뒤에 놓여 앞뒤의 말을 연결하는 어조사(語助辭)로, '~의'의 뜻으로 풀이한다.
- **始**는 *始作*(시작)이나 *始初*(시초)에서처럼 '처음'을 뜻한다.
- **也**는 종결형(終結形) 어조사(語助辭)로, '~이다'의 뜻으로 풀이한다.
- **孝之始也**는 '효도의 처음이다'라는 말이다. 세상 모든 부모는 자식이 건강하고 튼튼하게 자라기를 바란다. 때문에 아프지 않고 다치지 않는 것이 부모에 대해 효를 행하는 데 맨 처음이 된다고 한 것이다.

## 【 쓰 기 】

**038** 감히 헐거나 다치지 아니함이 효도의 처음이요

① 不敢毁傷 孝之始也

②

③

**035** 밥상을 대하고 드시지 아니하시거든 좋은 반찬 얻음을 생각하라

⑥

**036** 어버이를 섬기는 지극한 효도는 뜻을 봉양하고 몸을 봉양함이니라

⑤

**037** 몸과 터럭과 살갗은 아버지와 어머니에게 받았으니

④

038 不敢毁傷 孝之始也

# 立身行道하고 揚名後世하여

**몸을 세워서 도를 행하고 이름을 뒷세상에 드날려**

【 자원풀이 上 】

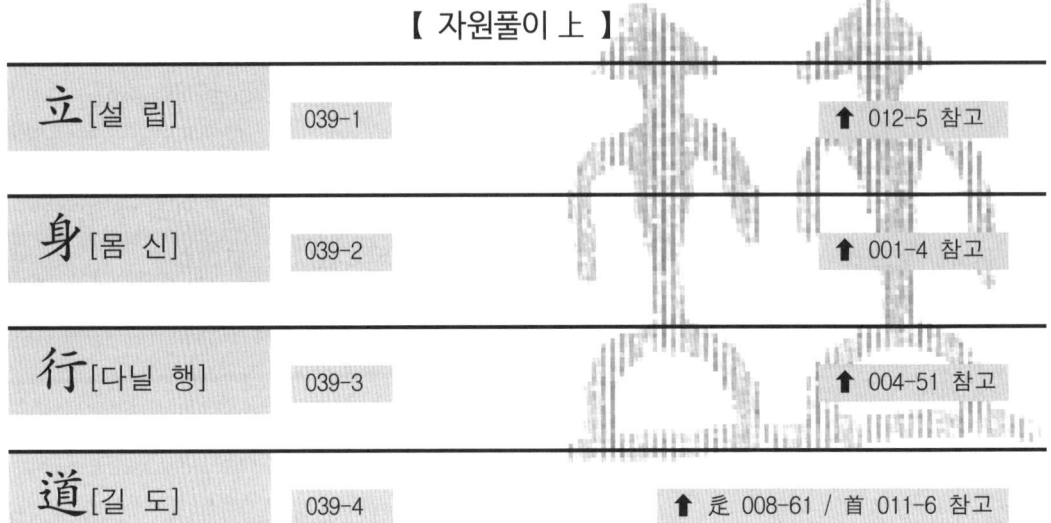

| 立[설 립] | 039-1 | ↑ 012-5 참고 |
| 身[몸 신] | 039-2 | ↑ 001-4 참고 |
| 行[다닐 행] | 039-3 | ↑ 004-51 참고 |
| 道[길 도] | 039-4 | ↑ 辵 008-61 / 首 011-6 참고 |

辵(辶)자로 인해 사람이나 수레가 다니는 길[辵]과 관련해 그 뜻이 '길'이 되고, 首자로 인해 道路(도로)·道通(도통)·人道(인도)·車道(차도)·地下道(지하도)·高速國道(고속국도)·大道無門(대도무문)·道可道非常道(도가도비상도)에서처럼 그 음이 '도'가 된 글자다.

【 구절풀이 上 】

◦ 立은 起立(기립)이나 自立(자립)에서처럼 '서다'의 뜻 외에 立志(입지)나 立法府(입법부)에서처럼 타동사(他動詞)로 쓰이면서 '세우다'를 뜻하고,

◦ 身은 亡身(망신)이나 獻身(헌신)에서처럼 '몸'을 뜻한다.

◦ 行은 行人(행인)이나 通行(통행)에서처럼 '다니다'의 뜻 외에 遂行(수행)이나 實行(실행)에서처럼 '행하다'를 뜻하기도 하며,

◦ 道는 사람이 세상을 살아가면서 반드시 지켜야할 法道(법도)나 正道(정도), 道學(도학)이나 道德(도덕) 등의 '도'를 뜻한다.

● 立身行道는 '몸을 세워서 도를 행하다'라는 말이다. '몸을 세우다'라는 의미의 立身은 세상에 나아가 벼슬을 해 자신의 존재를 드러내는 것으로, 출세한다는 말이다.

## 【 자원풀이 下 】

### 揚[오를 양]   039-5   ↑ 手 015-71 / 昜 038-41 참고

手(扌)자로 인해 손[手]으로 높이 날려 오르게 한다 하여 그 뜻이 '오르다'가 되고, 昜자로 인해 高揚(고양)·揭揚(게양)·止揚(지양)·揚力(양력)·揚水機(양수기)·意氣揚揚(의기양양)·士氣昂揚(사기앙양)에서처럼 그 음이 '양'이 된 글자다.

### 名[이름 명]   039-6   ↑ 夕 032-81 / 口 001-71 참고

| 갑골문 | 금문 | 소전 |
|---|---|---|

문화가 발달되지 않았던 옛날의 컴컴한 저녁[夕]에는 잘 볼 수 없기 때문에 입[口]으로 이름을 불러 서로 구분한 데서 그 뜻이 '이름'이 되고, 姓名(성명)·汚名(오명)·名銜(명함)·名札(명찰)·美名下(미명하)·有名無實(유명무실)에서처럼 그 음이 '명'이 된 글자다.

### 後[뒤 후]   039-7   ↑ 彳 004-52 ↓ 幺 039-71 ↑ 夂 002-12 참고

| 금문 | 소전 |
|---|---|

길[彳]을 줄[幺]에 묶인 발[夂]로 남보다 뒤쳐져 뒤에 걷는다 하여 그 뜻이 '뒤'가 되고, 前後(전후)·老後(노후)·後裔(후예)·後嗣(후사)·後見人(후견인)·後進國(후진국)·後光效果(후광효과)에서처럼 그 음이 '후'가 된 글자다.

### 幺[작을 요]   039-71

| 갑골문 | 금문 | 소전 |
|---|---|---|

작게 말아 놓은 실타래를 나타내면서 말아 놓은 실타래가 작다 하여 그 뜻이 '작다'고, 자신이 음의 역할을 하는 幼[어릴 유(요)]자가 다시 음의 역할을 하는 抝[꺾을 요]자나 窈[그윽할 요]자처럼 그 음이 '요'인 글자다.

039 立身行道 揚名後世

# 世 [세상 세]  039-8

| 금문 | 소전 |

나무의 벌어진 가지를 나타냈으나 후에 가지를 十자로 본 데서 삼십(三十)의 의미를 지니면서 삼십년이 한 세대를 이루면서 세상을 이룬다 하여 그 뜻이 '세상'이 되고, 世代(세대)·世子(세자)·亂世(난세)·出世(출세)·不世出(불세출)·世帶主(세대주)·父子世襲(부자세습)·裟婆世界(사바세계)에서처럼 그 음이 '세'가 된 글자다.

## 【 구절풀이 下 】

◦ 揚은 浮揚(부양)이나 宣揚(선양)에서처럼 손으로 높이 날려 오르게 한다 하여 '날리다'나 '오르다'를 뜻하면서 세력이나 이름이 크게 떨쳐 올라 드날린다 하여 '드날리다'의 뜻을 지니기도 한다.
◦ 名은 有名(유명)이나 名聲(명성)에서처럼 '이름'을 뜻한다.
◦ 後는 後代(후대)나 後日(후일)에서처럼 '뒤'를 뜻하며,
◦ 世는 近世(근세)나 處世(처세)에서처럼 '세상'을 뜻한다.

• 揚名後世는 '이름을 뒷세상에 드날리다'라는 말이다. 호랑이는 죽어서 가죽을 남기고, 사람은 죽어서 이름을 남긴다고 했다.(虎死留皮 人死留名) 세상에 나아가 훌륭한 일을 행하고 이름을 날리는 것이 부모가 나를 낳아준 데 대한 도리임을 이른 것이다.

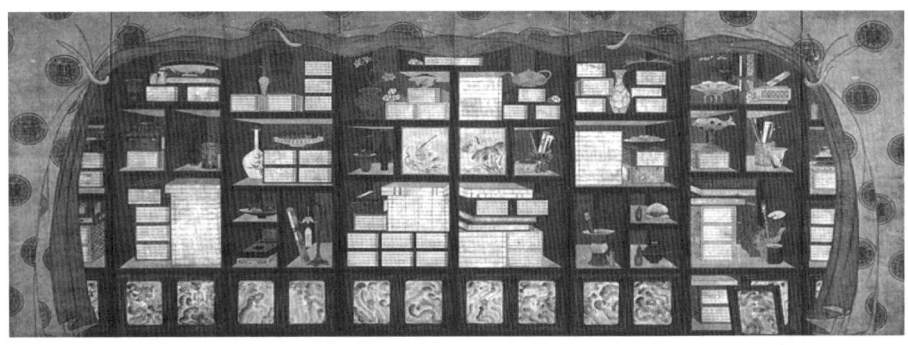

182 효행편

【 쓰 기 】

| 039 | 몸을 세워서 도를 행하고 이름을 뒷세상에 드날려 | | | | | | | |
|---|---|---|---|---|---|---|---|---|
| ① | 立 | 身 | 行 | 道 | 揚 | 名 | 後 | 世 |
| ② | | | | | | | | |
| ③ | | | | | | | | |

| 036 | 어버이를 섬기는 지극한 효도는 뜻을 봉양하고 몸을 봉양함이니라 | | | | | | | |
|---|---|---|---|---|---|---|---|---|
| ⑥ | | | | | | | | |

| 037 | 몸과 터럭과 살갗은 아버지와 어머니에게 받았으니 | | | | | | | |
|---|---|---|---|---|---|---|---|---|
| ⑤ | | | | | | | | |

| 038 | 감히 헐거나 다치지 아니함이 효도의 처음이요 | | | | | | | |
|---|---|---|---|---|---|---|---|---|
| ④ | | | | | | | | |

# 以顯父母가 孝之終也니라 040

**아버지와 어머니를 드러냄으로써가 효도의 마침이니라**

【 자원풀이 上 】

## 以[써 이] 040-1           ↑ 002-2 참고

## 顯[나타날 현] 040-2           ↓ 頁 040-21 / 㬎 040-24 참고

頁자로 인해 머리[頁]에 밝은 장식물을 달아 겉으로 나타나게 한다 하여 그 뜻이 '나타나다'가 되고, 㬎자로 인해 그 음이 '현'이 된 글자다.

## 頁[머리 혈] 040-21           ↑ 目 004-53 참고

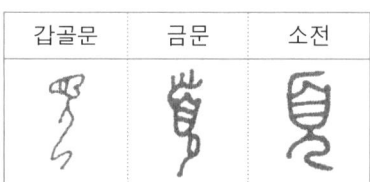

| 갑골문 | 금문 | 소전 |

꿇어앉은 사람 모습에 눈[目]을 중심으로 과장된 머리를 나타낸 데서 그 뜻이 '머리'고, 頭[머리 두]·頂[정수리 정]·題[이마 제] 자에서 보듯 주로 부수의 역할을 하는 그 음이 '혈'인 글자다.

## 糸[실 사] 040-22

| 갑골문 | 금문 | 소전 |

가는 실이 한 타래 묶인 모양에서 원래 '가는 실'을 뜻하면서 '멱'의 음을 지니나 오늘날에는 絲[실 사]자의 약자(略字)로 흔히 사용되기 때문에 그 뜻과 음을 합쳐 '실 사'로 더 자주 불리는 글자다.

## 絲[실 사] 040-23           ↑ 糸 040-22 참고

타래지은 실에서 비롯된 糸자를 중복해 써서 그 뜻이 '실'이 되고, 生絲(생사)·絹絲(견사)·鐵絲(철사)·螺絲(나사)·蠶絲業(잠사업)·一絲不亂(일사불란)·絲毬體腎炎(사구체신염)에서처럼 그 음이 '사'가 된 글자다.

㬎[고치 현]　040-24　　　　↑ 日 006-51 / 絲 040-23 참고

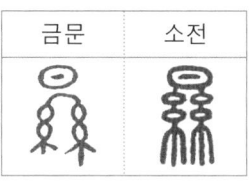

해[日] 아래에 실[絲←絲]을 놓고 말리는 모양을 나타내면서 말리는 실이 고치에서 뽑은 것이라 하여 그 뜻이

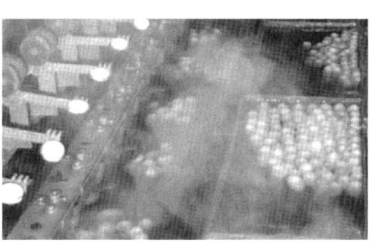

'고치'가 되고, 자신이 덧붙여져 음의 역할을 하는 韅[말뱃대끈 현]·鑗[깎을 현]자처럼 그 음이 '현'이 된 글자다.

父[아비 부]　040-3　　　　↑ 001-1 참고

母[어미 모]　040-4　　　　↑ 001-5 참고

### 【 구절풀이 上 】

◦ 以는 전치사(前置詞)로, '~으로써'의 뜻으로 풀이하고,
◦ 顯은 顯著(현저)나 顯揚(현양)에서처럼 무언가 꾸민 것이 나타난다 하여 '나타나다'를 뜻하면서 무언가 드러나도록 나타낸다 하여 '드러내다'의 뜻을 지니기도 한다.
◦ 父는 父親(부친)·嚴親(엄친)인 '아버지'를,
◦ 母는 母親(모친)·慈親(자친)인 '어머니'를 뜻한다.

• 以顯父母는 '아버지와 어머니를 드러냄으로써'란 말이다.

040 以顯父母 孝之終也

## 【 자원풀이 下 】

**孝**[효도 효]　040-5　　　↑ 005-8 참고

**之**[갈 지]　040-6　　　↑ 007-8 참고

**終**[마칠 종]　040-7　　　↑ ※ 040-22 / 冬 030-5 참고

糸자로 인해 실[糸]로 매듭짓고 하던 일을 마친다 하여 그 뜻이 '마치다'가 되고, 冬자로 인해　終了(종료)·終熄(종식)·始終(시종)·臨終(임종)·終止符(종지부)·有終之美(유종지미)에서처럼 그 음이 '종'이 된 글자다.

**也**[어조사 야]　040-8　　　↑ 004-82 참고

## 【 구절풀이 下 】

- 孝는 不孝(불효)나 忠孝(충효)에서처럼 '효도'의 뜻으로 쓰이고,
- 之는 명사 뒤에 놓여 앞뒤의 말을 연결하는 어조사(語助辭)로, '~의' 또는 '~하는'의 뜻으로 풀이한다.
- 終은 終結(종결)이나 終末(종말)에서처럼 '마치다'를 뜻하고,
- 也는 주로 평서문(平敍文)의 끝에 쓰이는 어조사(語助辭)로, '~이다'의 뜻으로 풀이한다.
- **孝之終也**는 '효도의 마침이다'란 말이다. 입신(立身)을 하여 세상에 이름을 드러내는 것이 부모의 공덕을 기리는 일임을 이른 것이다.

【 쓰 기 】

| 040 | 아버지와 어머니를 드러냄으로써가 효도의 마침이니라 |
| --- | --- |
| ① | 以 顯 父 母 孝 之 終 也 |
| ② | |
| ③ | |

| 037 | 몸과 터럭과 살갗은 아버지와 어머니에게 받았으니 |
| --- | --- |
| ⑥ | |

| 038 | 감히 헐거나 다치지 아니함이 효도의 처음이요 |
| --- | --- |
| ⑤ | |

| 039 | 몸을 세워서 도를 행하고 이름을 뒷세상에 드날려 |
| --- | --- |
| ④ | |

# 元是孝者란 爲仁之本이니

### 원래 효도라는 것은 인의 근본이 되니

【 자원풀이 上 】

## 元[으뜸 원]  041-1    ↑ 儿 004-31 참고

| 갑골문 | 금문 | 소전 |
|---|---|---|

머리 부분[二의 형태]이 강조된 사람[儿]을 나타내면서 원래 머리를 뜻했다. 후에 머리가 신체 가운데 가장 높은 곳에 위치하여 정신을 관장(管掌)하는 으뜸이 되는 부분이라 하여 그 뜻이 '으뜸'이 되고, 元首(원수)·元祖(원조)·壯元(장원)·天元(천원)·元嗔煞(원진살)·國家元老(국가원로)·元山爆擊(원산폭격)에서 보듯 그 음이 '원'이 된 글자다.

## 是[옳을 시]  041-2    ↑ 日 006-51 / 屮 001-21 / 止 007-71 참고

| 금문 |
|---|

원래 해[日]가 싹[屮] 위로 떠오른 모양과 발[止]이 합쳐졌다 여겨진 글자다. 그러나 후인들은 日자와 약간 변화된 正자가 합쳐져 언제나 변함이 없이 볼 수 있는 해에서 비롯된 日자와 바르다의 뜻을 지닌 正자로 인해 그 뜻이 '옳다'가 되었다고 여겼다. 그 음은 그 형태가 약간 변했지만 止자로 인해 是非(시비)·是正(시정)·國是(국시)·本是(본시)·實事求是(실사구시)·言則是也(언즉시야)·是日也放聲大哭(시일야방성대곡)에서처럼 '시'가 된 것으로 보인다.

## 孝[효도 효]  041-3    ↑ 005-8 참고

## 者[놈 자]  041-4    ↑ 005-4 참고

## 【 구절풀이 上 】

- 元은 元祖(원조)나 元年(원년)에서처럼 처음이나 첫째란 의미와 관련해 '으뜸'의 뜻을 지니고,
- 是는 是正(시정)이나 是非(시비)에서처럼 '옳다'나 '바르다'의 뜻 외에 是日也放聲大哭(시일야방성대곡)에서처럼 지시대명사 '이'의 뜻을 지니나 두 글자가 합쳐진 元是는 '본디' 또는 '원래'를 뜻한다.
- 孝는 孝心(효심)이나 孝行(효행)에서처럼 '효도'를 뜻하고,
- 者는 자신의 본래 뜻과 관련이 없이 사람을 나타낼 때는 '놈'의 뜻으로, 일이나 물건을 나타낼 때는 '것'의 뜻으로 쓰인다.

• 元是孝者는 '원래(본디) 효도라는 것'이란 말이다.

✎ 是日也放聲大哭) 이 날에 소리 내어 크게 통곡한다는 뜻으로, 1905년에 일본에 의해 을사늑약(乙巳勒約)이 체결된 것을 슬퍼하여 장지연(張志淵)이 민족적 울분을 담아 표현한 논설.

## 【 자원풀이 下 】

**爲**[할 위]　041-5　↑ 005-1 참고

**仁**[어질 인]　041-6　↑ 人 002-21　↓ 二 041-61 참고

　二자로 인해 두[二] 사람[人]이 서로 친밀히 하는 마음이 어질다 하여 그 뜻이 '어질다'가 되고, 人(亻)자로 인해 仁慈(인자)·仁術(인술)·寬仁(관인)·杏仁(행인)·酸棗仁(산조인)·宋襄之仁(송양지인)·殺身成仁(살신성인)에서처럼 그 음이 '인'이 된 글자다.

**二**[두 이]　041-61

| 갑골문 | 금문 | 소전 |
|---|---|---|
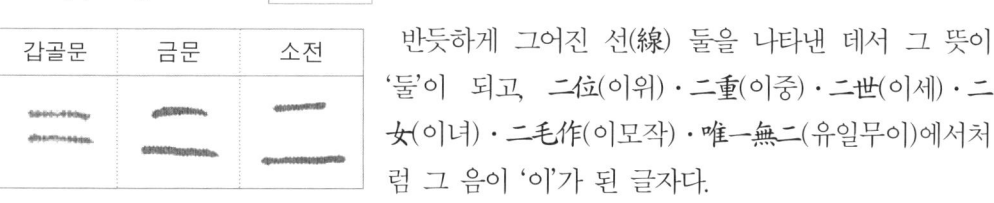

반듯하게 그어진 선(線) 둘을 나타낸 데서 그 뜻이 '둘'이 되고, 二位(이위)·二重(이중)·二世(이세)·二女(이녀)·二毛作(이모작)·唯一無二(유일무이)에서처럼 그 음이 '이'가 된 글자다.

**之**[갈 지]   041-7                    ↑ 007-8 참고

---

**本**[근본 본]   041-8                   ↑ 木 006-82 참고

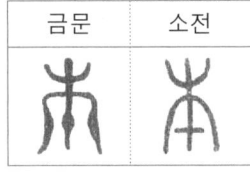

나무[木]의 뿌리 부분을 강조하여 굵게 나타내면서 뿌리가 나무의 근본이 되는 부분이라 하여 그 뜻이 '근본'이 되고, 本末(본말)·本貫(본관)·原本(원본)·底本(저본)·本因坊(본인방)·人本主義(인본주의)·同姓同本(동성동본)에서처럼 그 음이 '본'이 된 글자다.

### 【 구절풀이 下 】

- **爲**는 行爲(행위)나 當爲(당위)에서처럼 '하다'의 뜻 외에 무언가 해서 무언가 된다 하여 爲主(위주)나 爲人(위인)에서처럼 '되다'의 뜻을 지니고,
- **仁**은 仁情(인정)이나 仁慈(인자)에서처럼 '어질다'를 뜻하면서 공자(孔子)가 주장한 유교(儒敎)의 도덕(道德) 이념(理念)인 '인(仁)'을 뜻하기도 한다.
- **之**는 명사 뒤에 놓여 앞뒤의 말을 연결하는 어조사(語助辭)로, '~의'의 뜻으로 풀이하고,
- **本**은 基本(기본)이나 本質(본질)에서처럼 '근본'을 뜻한다.
- **爲仁之本**은 '인(仁)의 근본이 되다'란 말이다. 仁은 人(亻)과 二가 합쳐져 두[二] 사람[人]이 친밀히 한 마음에서 비롯된 것으로, 세상에서 한 사람인 나에게 가장 친밀(親密)한 또 다른 한 사람은 親密(친밀)의 親[친할 친·어버이 친]에서 보듯 부모이다. 그 부모에게 효(孝)를 다하는 것은 자식으로서 당연한 도리이며, 그 효(孝)는 백행지본(百行之本)이 된다.

## 【 쓰 기 】

**041** 원래 효도라는 것은 인의 근본이 되니

① 元是孝者 爲仁之本

②

③

**038** 감히 헐거나 다치지 아니함이 효도의 처음이요

⑥

**039** 몸을 세워서 도를 행하고 이름을 뒷세상에 드날려

⑤

**040** 아버지와 어머니를 드러냄으로써가 효도의 마침이니라

④

# 事親如此하면 可謂人子리라

**어버이 섬기기가 이와 같다면 사람의 자식이라 이를 수 있으리라**

【 자원풀이 上 】

| 事[일 사] | 042-1 | ↑ 036-1 참고 |
|---|---|---|
| 親[친할 친] | 042-2 | ↑ 009-3 참고 |
| 如[같을 여] | 042-3 | ↑ 004-3 참고 |
| 此[이 차] | 042-4 | ↑ 止 007-71 참고 |

| 갑골문 | 금문 | 소전 |
|---|---|---|

발[止]이 사람[匕의 형태] 곁에 있는 모습을 나타내면서 사람 곁에 발이 멈춰 선 가까운 곳과 관련해 그 뜻이 가까운 '이 곳'의 '이'가 되고, 彼此(피차)·如此(여차)·此後(차후)·此際(차제)·於此彼(어차피)·此日彼日(차일피일)·彼此一般(피차일반)에서 보듯 그 음이 '차'가 된 글자다.

【 구절풀이 上 】

◦ 事는 事件(사건)이나 事故(사고)에서처럼 '일'을 뜻하는 외에 섬기는 일과 관련해 事大(사대)나 師事(사사)에서처럼 '섬기다'의 뜻을 지니기도 하고,

◦ 親은 親密(친밀)이나 親熟(친숙)에서처럼 '친하다'의 뜻 외에 자신에게 가장 친한 사람과 관련해 養親(양친)이나 肉親(육친)에서처럼 '어버이'의 뜻을 지니기도 한다.

◦ 如는 如實(여실)이나 如前(여전)에서처럼 '같다'의 뜻을 지니고,

◦ 此는 지시대명사(指示代名詞)로, 此後(차후)나 此際(차제)에서처럼 '이'의 뜻을 지닌다.

• **事親如此**는 '어버이 섬기기가 이와 같다'란 말이다.

### 【 자원풀이 下 】

**可**[옳을 가]　042-5　　↑ 025-6 참고

**謂**[이를 위]　042-6　　↑ 言 015-81 ↓ 胃 042-61 참고

言자로 인해 남이 알아듣게 말[言]로 이른다 하여 그 뜻이 '이르다'가 되고, 胃자로 인해 云謂(운위)·所謂(소위)·可謂(가위)·稱謂(칭위)에서처럼 그 음이 '위'가 된 글자다.

**胃**[밥통 위]　042-61　　↑ 肉 002-11 참고

| 금문 | 소전 |
|---|---|

인체의 일부를 의미하는 한자에 흔히 덧붙여지는 肉(月)자가 음식이 들어차는 부위인 밥통[田의 형태]을 나타낸 모양과 합쳐져 그 뜻이 '밥통'이 되고, 胃臟(위장)·胃癌(위암)·脾胃(비위)·反胃(→번위)·胃潰瘍(위궤양)·反芻胃(반추위)·胃痙攣(위경련)에서처럼 그 음이 '위'가 된 글자다.

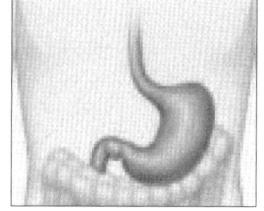

**人**[사람 인]　042-7　　↑ 002-21 참고

**子**[아들 자]　042-8　　↑ 002-52 참고

### 【 구절풀이 下 】

◦ **可**는 '옳다'나 '좋다'의 뜻 외에 **可變**(가변)이나 **可動**(가동)에서처럼 '~할 수 있다'의 뜻을 지니며,

042 事親如此 可謂人子　193

- 謂는 所謂(소위)나 云謂(운위)에서처럼 '이르다'를 뜻한다. 可謂는 옳거나 좋다고 이를 만하다는 말로, '~이라 이를 만하다'의 뜻으로 풀이한다.
- 人은 成人(성인)이나 美人(미인)에서처럼 '사람'을 뜻하고,
- 子는 子孫(자손)이나 孝子(효자)에서처럼 그 본래의 뜻인 '아이'와 관련해 '자식'의 뜻을 지니기도 한다.
- 可謂人子는 '사람의 자식이라 이를 수 있다'란 말이다. 사람다운 사람이란 자식의 도리를 다한 사람이란 것이다. 예부터 자식의 도리를 다하고 훌륭하게 되지 않은 이는 없다.

【 쓰 기 】

**042** 어버이 섬기기가 이와 같다면 사람의 자식이라 이를 수 있으리라

① 事親如此可謂人子

②

③

**039** 몸을 세워서 도를 행하고 이름을 뒷세상에 드날려

⑥

**040** 아버지와 어머니를 드러냄으로써가 효도의 마침이니라

⑤

**041** 원래 효도라는 것은 인의 근본이 되니

④

# 學問篇

(讀本)

始習文字　字劃楷正 043
晝耕夜讀　夏禮春詩 044
紙筆硯墨　文房四友 045
書机書硯　自正其面 046
裹糧以送　勿懶讀書 047
借人典籍　勿毀必完 048
飽食暖衣　逸居無敎 049
卽近禽獸　聖人憂之 050

# 始習文字어든 字劃楷正하라

### 처음 글자를 익히거든 글자를 바르게 그어라

**【 자원풀이 上 】**

## 始[처음 시]    043-1    ↑ 038-7 참고

## 習[익힐 습]    043-2    ↑ 羽 030-32 / 日 006-51 참고

| 갑골문 | 소전 |
|---|---|
|  |  |

원래 날개의 깃[羽]과 해[日]를 나타내면서 새가 깃을 펼쳐 해가 떠있는 하늘로 나는 법을 익힌다 하여 그 뜻이 '익히다'가 되고, 練習(연습)·自習(자습)·習慣(습관)·習得(습득)·常習犯(상습범)·補習學院(보습학원)에서처럼 그 음이 '습'이 된 글자다. 후에 해는 白자로 바뀌었다.

## 文[글월 문]    043-3    ↑ 007-8 참고

| 갑골문 | 금문 | 소전 |
|---|---|---|
|  |  |  |

오늘날 세상 사람이 사용하는 글(글자)은 대부분 그림에서 출발했다. 마찬가지로 사람 가슴에 그림이 그려진 모습에서 그 뜻이 글을 의미하는 옛말인 '글월'이 되고, 文身(문신)·文字(문자)·漢文(한문)·呪文(주문)·白首文(백수문)·文房四友(문방사우)·沙鉢通文(사발통문)에서 보듯 그 음이 '문'이 된 글자다.

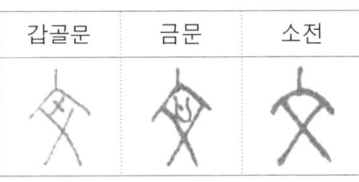

## 字[글자 자]    043-4    ↑ 宀 029-31 / 子 002-52 참고

宀자로 인해 집[宀]에 자식이 생겨나는 것처럼 파생되어 만들어지는 것이 글자라 하여 그 뜻이 '글자'가 되고, 子자로 인해 文字(문자)·銜字(함자)·退字(퇴자)·漢字(한자)·簡體字(간체자)·入聲字(입성자)·一字無識(일자무식)·識字憂患(식자우환)에서 보듯 그 음이 '자'가 된 글자다.

## 【 구절풀이 上 】

- 始는 始初(시초)나 始作(시작)에서처럼 '**처음**'을 뜻하고,
- 習은 練習(연습)이나 習得(습득)에서처럼 '**익히다**'를 뜻한다.
- 文은 漢文(한문)이나 千字文(천자문)에서처럼 '**글월**'을 뜻하는데, 글월은 오늘날 글이나 문장을 이르지만 예전에는 '**글자**'를 이르던 말이었다.
- 字는 點字(점자)나 活字(활자)에서처럼 '**글자**'를 뜻한다.
- 始習文字는 '처음 글자를 익히다'라는 말이다.

## 【 자원풀이 下 】

**字**[글자 자]　043-5　　↑ 043-4 참고

**劃**[그을 획]　043-6　　↑ 刀 008-51　↓ 畫 043-62 참고

刀(刂)자로 인해 칼[刀]로 선(線) 등을 긋는다 하여 그 뜻이 '긋다'가 되고, 畫자로 인해 劃定(획정)·劃順(획순)·區劃(구획)·計劃(계획)·劃期的(획기적)·劃一敎育(획일교육)에서처럼 그 음이 '획'이 된 글자다.

**聿**[붓 율]　043-61　　↑ 又 001-11 참고

한 손[又]에 잡고 있는 털이 달린 붓을 나타낸 데서 그 뜻이 '붓'이고, 주로 부수로 역할을 하는 그 음이 '율'인 글자다.

**畫**[그림 화]　043-62　　↑ 聿 043-61 참고

손에 붓[聿]을 들고 교차(交叉)된 도형(圖形)을 그리는 모양에서 그 뜻이 '그림'이 되고, 畫家(화가)·畫像(화상)·繪畫(회화)·幀畫(탱화)·美人畫(미인화)·畫中之餅(화중지병)·眞景山水畫(진경산수화)에서 보듯 그 음이 '화'가 된 글자다. 畵자는 속자(俗字)다.

## 楷[바를 해]  043-7  ↑ 木 006-82 ↓ 皆 043-72 참고

木자로 인해 공자(孔子) 무덤에서 자생(自生)하면서 밑동이나 가지가 곧고 목질이 강해 공자 후손(後孫)들이 바르게 사는데 상징이 되는 나무[木]라 하여 그 뜻이 '바르다'가 되고, 皆자로 인해 楷書(해서)에서처럼 그 음이 '해'인 글자다.

## 比[견줄 비]  043-71

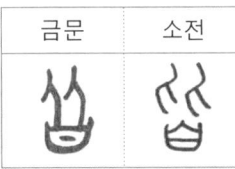

| 갑골문 | 금문 | 소전 |
|---|---|---|

두 사람이 나란히 서서 서로 견주는 모습을 나타낸 데서 그 뜻이 '견주다'가 되고, 比肩(비견)·比較(비교)·櫛比(즐비)·性比(성비)·比喩法(비유법)·比翼鳥(비익조)·黃金比率(황금비율)에서처럼 그 음이 '비'가 된 글자다.

## 皆[다 개]  043-72  ↑ 比 043-71 / 曰 005-51 참고

| 금문 | 소전 |
|---|---|

두 사람[比]과 말한다[曰/白]함을 의미하는 형태가 합쳐져 두 사람 다 말한다함을 나타내면서 그 뜻이 '다'가 된 것으로 보이고, 皆勤(개근)·擧皆(거개)·皆骨山(개골산)·皆旣日蝕(개기일식)·擧世皆濁(거세개탁)·國民皆兵制(국민개병제)에서 보듯 그 음이 '개'가 된 글자다.

## 正[바를 정]  043-8  ↑ 029-32 참고

【 구절풀이 下 】

◦ 字는 一字無識(일자무식)이나 識字憂患(식자우환)에서처럼 '글자'를 뜻하며,

◦ 劃은 加劃(가획)이나 筆劃(필획)에서처럼 붓 등으로 글자의 획이나 줄을 긋는 행위와 관련해 '긋다'를 뜻한다.

◦ 楷는 공자(孔子) 무덤에서 자생한 나무를 이른다. 밑동이나 가지가 곧고 목질이 강해 공자의 정신을 대행(代行)한 나무로 여기는데, 그 특징으로 인해 楷는 '곧다'나 '강직하다', 나아가 '바르다'의 뜻을 지닌다.

◦ 正은 端正(단정)이나 正直(정직)에서처럼 '바르다'를 뜻한다.

- **字劃楷正**은 '글자를 바르게 긋다'란 말이다. 글자가 바르지 않다는 것은 자세가 바르지 않다는 것이고, 자세가 바르지 않다는 것은 마음이 바르지 않다는 것이다. 마음이 바르지 않은데, 세상에 제대로 이뤄지는 일은 없다. 바른 마음을 가지고 바른 자세로 바르게 써야 한다는 것이다.

- 一字無識) 글자를 한 자도 모를 정도로 무식함. 또는 그런 사람.
- 識字憂患) 글자를 아는 것이 오히려 근심이 된다는 뜻으로, 알기는 알아도 똑바로 잘 알고 있지 못하기 때문에 그 지식(知識)이 오히려 걱정거리가 된다는 말.

【 쓰 기 】

| 043 | 처음 글자를 익히거든 글자를 바르게 그어라 |
| --- | --- |
| ① | 始 習 文 字 字 劃 楷 正 |
| ② | |
| ③ | |

| 040 | 아버지와 어머니를 드러냄으로써가 효도의 마침이니라 |
| --- | --- |
| ⑥ | |

| 041 | 원래 효도라는 것은 인의 근본이 되니 |
| --- | --- |
| ⑤ | |

| 042 | 어버이 섬기기가 이와 같다면 사람의 자식이라 이를 수 있으리라 |
| --- | --- |
| ④ | |

# 晝耕夜讀하고 夏禮春詩하나니라

낮에는 밭 갈고 밤에는 글 읽고 여름에는 예를 봄에는 시를 읽느니라

### 【 자원풀이 上 】

**晝**[낮 주]　044-1　　↑ 聿 043-61 / 日 006-51 참고

| 금문 | 소전 |
|---|---|

붓[聿]으로 해[日]를 그리고 있음을 나타내면서 해가 떠있는 낮과 관련해 그 뜻이 '낮'이 되고, 晝間(주간)·晝夜(주야)·晝勤(주근)·白晝(백주)·晝耕夜讀(주경야독)에서처럼 그 음이 '주'가 된 글자다. 후에 日자 주변에 그림의 바탕을 나타낸 형태가 덧붙여졌다가 아래 一의 형태만 남았다.

**耕**[밭 갈 경]　044-2　　↓ 耒 044-21 / 井 044-22 참고

耒자로 인해 쟁기[耒]로 밭을 간다 하여 그 뜻이 '밭 갈다'가 되고, 井자로 인해 耕作(경작)·耕地(경지)·親耕(친경)·水耕(수경)·耕耘機(경운기)·深耕法(심경법)·耕者有田(경자유전)·農耕時代(농경시대)에서처럼 그 음이 '경'이 된 글자다.

**耒**[쟁기 뢰]　044-21

| 갑골문 | 금문 | 소전 |
|---|---|---|

원래 손에 잡고 있는 구부러진 쟁기를 나타낸 데서 그 뜻이 '쟁기'고, 耕[밭갈 경]·耤[적전 적]·耘[밭갈 운]자에서 보듯 주로 부수의 역할을 하는 그 음이 '뢰'인 글자다.

## 井 [우물 정]   044-22

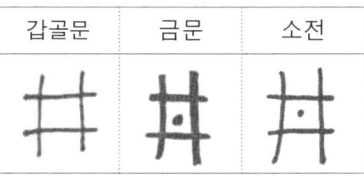

| 갑골문 | 금문 | 소전 |
|---|---|---|

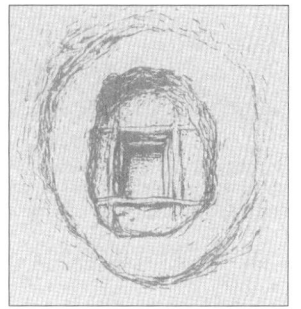

흙이 무너지지 않도록 나무 등으로 사방(四方)을 두른 우물을 나타낸 데서 그 뜻이 '우물'이 되고, 灌井(관정)·油井(유정)·井華水(정화수)·集水井(집수정)·市井雜輩(시정잡배)·天井不知(천정부지)에서 보듯 그 음이 '정'이 된 글자다. 丼자는 본자(本字)다.

## 夜 [밤 야]   044-3

↑ 夕 032-81  ↓ 亦 044-31 참고

| 금문 |
|---|

원래 亦자와 夕자가 합쳐진 글자다. 夕자로 인해 달[月]이 뜨는 밤과 관련해 그 뜻이 '밤'이 되었고, 亦자로 인해 白夜(백야)·初夜(초야)·夜學(야학)·夜食(야식)·十五夜(십오야)·熱帶夜(열대야)·晝耕夜讀(주경야독)에서처럼 그 음이 '야'가 되었다.

## 亦 [또 역]   044-31

| 갑골문 | 금문 | 소전 |
|---|---|---|

사람의 겨드랑이 부분에 작은 두 점(點)을 나타내면서 원래 겨드랑이를 뜻했으나 후에 또를 가리키는 데 빌려 쓰면서 그 뜻이 '또'가 되고, 亦是(역시)·馬行處牛亦去(마행처우역거)에서 보듯 그 음이 '역'이 된 글자다.

## 讀 [읽을 독]   044-4

↑ 言 015-81  ↓ 賣 044-42 참고

言자로 인해 말[言]소리를 내어 글을 읽는다 하여 그 뜻이 '읽다'가 되고, 賣자로 인해 讀書(독서)·讀破(독파)·速讀(속독)·輪讀(윤독)·讀圖法(독도법)·牛耳讀經(우이독경)·晝耕夜讀(주경야독)·讀書百遍義自見(독서백편의자현)에서처럼 그 음이 '독'이 된 글자다. 吏讀(이두)나 句讀點(구두점)에서처럼 그 뜻이 '구두'와 관련될 때는 그 음이 '두'로 읽힌다.

六[여섯 륙]  044-41

| 갑골문 | 금문 | 소전 |
|---|---|---|

땅 위에 세워진 집을 나타냈으나 후대에 숫자 여섯을 가리키는 데 빌려 쓰면서 결국 그 뜻이 '여섯'이 되고, 雙六(쌍륙)·望六(망륙)·六書(육서)·六月(→유월)·五六月(→오뉴월)·五六島(오륙도)·六曹判書(육조판서)·六何原則(육하원칙)에서처럼 그 음이 '륙'이 된 글자다.

賣[행상할 육]  044-42     ↑ 六 044-41 / 貝 034-31 참고

소전

䭾자가 본자(本字)다. 貝자로 인해 돌아다니면서 귀한 물건[貝]을 팔고 사며 '행상하다'는 뜻을 지니게 되고, 이미 간략하게 쓰이고 있지만 六자를 위와 아래에 겹쳐 쓴 형태와 囧[빛날 경]자로 인해 '육'의 음을 지니게 된 글자다.

### 【 구절풀이 上 】

- **晝**는 晝間(주간)이나 白晝(백주)에서처럼 '낮'을 뜻하고,
- **耕**은 耕作(경작)이나 牛耕(우경)에서처럼 '밭 갈다'를 뜻한다.
- **夜**는 夜間(야간)이나 深夜(심야)에서처럼 '밤'을 뜻하고,
- **讀**은 讀書(독서)나 讀者(독자)에서처럼 '읽다'를 뜻한다.
- **晝耕夜讀**은 '낮에는 밭 갈고 밤에는 글 읽다'란 말이다.

### 【 자원풀이 下 】

夏[여름 하]  044-5     ↑ 030-1 참고

## 禮 [예도 례]  044-6
↑ 示 028-31 / 豊 036-83 참고

示자로 인해 제단[示]을 차려 신(神)을 섬기는 일이 사람이 행해야 할 중요한 예도가 된다 하여 그 뜻이 '예도'가 되고, 豊자로 인해 禮節(예절)·禮緞(예단)·無禮(무례)·儺禮(나례)·相見禮(상견례)·克己復禮(극기복례)에서처럼 그 음이 '례'가 된 글자다.

## 春 [봄 춘]  044-7
↑ 艸 020-81 / 日 006-51 ↓ 屯 044-71 참고

소전

초목[艸]과 해[日], 그리고 屯자가 어우러진 글자다. 햇볕이 있어 초목이 무성하게 자라는 때인 봄과 관련해 그 뜻이 '봄'이 되고, 屯자로 인해 春秋(춘추)·春風(춘풍)·靑春(청춘)·賣春(매춘)·春三月(춘삼월)·九十春光(구십춘광)·春夏秋冬(춘하추동)에서처럼 그 음이 '춘'이 된 글자다.

## 屯 [진칠 둔·어려울 준]  044-71

| 갑골문 | 금문 | 소전 |
|---|---|---|
| ↓ | ★ | 屯 |

겨울을 보내고 새싹이 어렵게 돋아나는 모양을 나타낸 데서 원래 '어렵다'의 뜻을 지녔으나 후에 '진치다'의 뜻으로 빌려 쓰이고, 駐屯(주둔)·屯田制(둔전제)에서처럼 '둔'의 음으로 읽히게 된 글자다.

## 詩 [시 시]  044-8
↑ 言 015-81 / 寺 009-12 참고

言자로 인해 말[言]을 일정한 흐름을 지닌 운율(韻律)로 표현한 시와 관련해 그 뜻이 '시'가 되고, 寺자로 인해 詩人(시인)·詩聖(시성)·童詩(동시)·序詩(서시)·新體詩(신체시)·杜詩諺解(두시언해)에서처럼 그 음이 '시'가 된 글자다.

---

### 【 구절풀이 下 】

- 夏는 夏至(하지)나 盛夏(성하)에서처럼 '**여름**'을 뜻하고,
- 禮는 禮法(예법)이나 禮儀(예의)에서처럼 '**예도**'를 뜻하며, 예(禮)의 근본정신에 대해 다방면으로 서술한 책인 '**예기(禮記)**'를 이르기도 한다.
- 春은 立春(입춘)이나 春三月(춘삼월)에서처럼 '**봄**'을 뜻하고,

- 詩는 詩人(시인)이나 詩集(시집)에서처럼 '시'를 뜻하며, 중국에서 가장 오래된 시집인 '시경(詩經)'을 이르기도 한다.
- 夏禮春詩는 '여름에는 예(禮→예기)를, 봄에는 시(詩→시경)를 읽다'란 말이다. 유교(儒敎)의 기본 경전(經典)은 사서삼경(四書三經)이다. 사서(四書)는 대학(大學)·논어(論語)·맹자(孟子)·중용(中庸)이며, 삼경(三經)은 시경(詩經)·서경(書經)·역경(易經=周易)이다. 그 가운데 사서의 대학은 본래 예기(禮記)》의 제42편이었던 것을 따로 떼어서 만든 경전이다. 결국 夏禮春詩는 유교의 기본 경전인 사서삼경을 두고, 맨 처음인 예기(대학)와 시경을 대표로 일러 이를 읽는다함을 나타낸 것으로 보인다.

【 쓰 기 】

**044** 낮에는 밭 갈고 밤에는 글 읽고 여름에는 예를 봄에는 시를 읽느니라

① 晝耕夜讀夏禮春詩

②

③

**041** 원래 효도라는 것은 인의 근본이 되니

⑥

**042** 어버이 섬기기가 이와 같다면 사람의 자식이라 이를 수 있으리라

⑤

**043** 처음 글자를 익히거든 글자를 바르게 그어라

④

# 紙筆硯墨은 文房四友라 하고

### 종이와 붓과 벼루와 먹은 글방의 네 벗이라 하고

【 자원풀이 上 】

### 紙[종이 지]   045-1   ↑ 糸 040-22 / 氏 003-71 참고

糸자로 인해 실[糸]을 만들지 못할 삼 부스러기나 고치 지스러기를 물에 불려 녹여서 만든 종이와 관련해 그 뜻이 '종이'가 되고, 氏자로 인해 紙幣(지폐)·紙榜(지방)·片紙(편지)·休紙(휴지)·馬糞紙(마분지)·紙粘土(지점토)·洛陽紙價(낙양지가)에서 보듯 그 음이 '지'가 된 글자다.

### 筆[붓 필]   045-2   ↑ 竹 033-41 / 聿 043-61 참고

聿자의 뜻 '붓'을 더욱 분명히 하기 위해 붓의 중요한 소재가 되는 대에서 비롯된 竹자를 덧붙이면서 名筆(명필)·擱筆(각필)·筆筒(필통)·筆鋒(필봉)·萬年筆(만년필)·大書特筆(대서특필)·春秋筆法(춘추필법)·能書不擇筆(능서불택필)에서처럼 음이 '필'이 된 글자다.

### 硯[벼루 연]   045-3   ↑ 石 021-82 / 見 009-32 참고

石자로 인해 돌[石]로 만들어 먹을 가는 데 쓰는 물건인 벼루와 관련해 그 뜻이 '벼루'가 되고, 見자로 인해 硯滴(연적)·硯石(연석)·硯匣(연갑)·硯箱(연상)·紙筆硯墨(지필연묵)에서처럼 그 음이 '연'이 된 글자다.

### 墨[먹 묵]   045-4   ↑ 土 001-22 ↓ 黑 045-41 참고

土자로 인해 아교를 녹인 물에 그을음을 반죽하여 흙[土]덩이처럼 굳혀 만든 먹과 관련해 그 뜻이 '먹'이 되고, 黑자로 인해 墨客(묵객)·墨桶(묵통)·墨刑(묵형)·墨守(묵수)·水墨畵(수묵화)·紙筆硯墨(지필연묵)에서처럼 그 음이 '묵'이 된 글자다.

## 黑 [검을 흑]   045-41

|금문|소전|
|---|---|

옛날 흔히 죄인의 죄과(罪科)를 드러내 보이려 할 때에 그 얼굴에 검은 먹물을 들인 모습을 나타낸 데서 그 뜻이 '검다'가 되고, 黑人(흑인)·黑海(흑해)·漆黑(칠흑)·暗黑(암흑)·黑死病(흑사병)·黑白論理(흑백논리)·黑猫白猫(흑묘백묘)에서 보듯 그 음이 '흑'인 글자다.

### 【 구절풀이 上 】

- 紙는 韓紙(한지)나 畫宣紙(화선지)에서처럼 '종이'를 뜻하고,
- 筆은 刀筆(도필)이나 筆記具(필기구)에서처럼 '붓'을 뜻하고,
- 硯은 硯滴(연적)이나 硯箱(연상)에서처럼 '벼루'를 뜻하고,
- 墨은 筆墨(필묵)이나 水墨畫(수묵화)에서처럼 '먹'을 뜻한다.

- 紙筆硯墨은 '종이와 붓과 벼루와 먹'을 말한다.

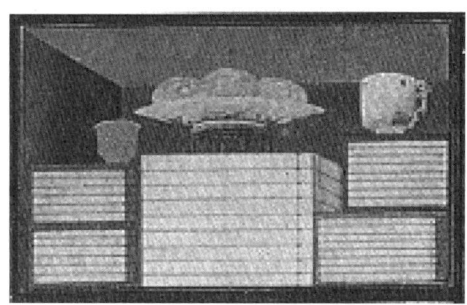

### 【 자원풀이 下 】

## 文 [글월 문]   045-5         ↑ 043-3 참고

## 房 [방 방]   045-6         ↑ 戶 030-31 / 方 016-4 참고

戶자로 인해 지게문[戶]을 통해 드나드는 방과 관련해 그 뜻이 '방'이 되고, 方자로 인해 閨房(규방)·冊房(책방)·書房(서방)·廚房(주방)·福德房(복덕방)·獨守空房(독수공방)·內房歌辭(내방가사)에서처럼 그 음이 '방'이 된 글자다.

## 四 [넉 사]  045-7

| 갑골문 | 금문 | 소전 |
|---|---|---|
| 三 | 三 | 四 |

넉 줄의 선(線)으로 원래 숫자 넷을 나타냈던 三의 형태가 다섯줄의 선으로 다섯을 나타냈던 형태와 구분하기 어렵게 되자 소나 돼지 같은 짐승의 주둥이 부분을 나타낸 자형을 빌려 쓰면서 결국 그 뜻이 '넉(넷)'이 되고, 四寸(사촌)·四肢(사지)·四物(사물)·四卦(사괘)·四大門(사대문)·四人幇(사인방)·四象醫學(사상의학)·四十九齋(사십구재)에서처럼 그 음이 '사'가 된 글자다.

## 友 [벗 우]  045-8

↑ 又 001-11 참고

한 사람의 오른 손에 다른 사람의 오른 손을 더해 서로 사귀며 손을 맞잡는 벗을 나타낸 데서 그 뜻이 '벗'이 되면서 아울러 又자로 인해 朋友(붕우)·學友(학우)·友情(우정)·友誼(우의)·五友歌(오우가)·益者三友(익자삼우)·歲寒三友(세한삼우)에서처럼 그 음이 '우'가 된 글자다.

### 【 구절풀이 下 】

- 文은 漢文(한문)이나 千字文(천자문)에서처럼 '글월'을 뜻하는데, 글월은 '글'이나 '문장'을 이르는 말이다.
- 房은 冊房(책방)이나 舍廊房(사랑방)에서처럼 '방'을 뜻한다.
- 四는 四書(사서)나 四字小學(사자소학)에서처럼 '넷'을 뜻하며,
- 友는 學友(학우)나 親友(친우)에서처럼 '벗'을 뜻한다.

- 文房四友는 '글방의 네 벗'이란 말이다. 옛날에 선비들이 가까이 하던 공부 도구를 이르고, 이를 글방에서 가까이 해야 할 네 가지의 물건이라고 한 것이다.

## 【 쓰 기 】

**045** 종이와 붓과 벼루와 먹은 글방의 네 벗이라 하고

① 紙 筆 硯 墨 文 房 四 友

②

③

**042** 어버이 섬기기가 이와 같다면 사람의 자식이라 이를 수 있으리라

⑥

**043** 처음 글자를 익히거든 글자를 바르게 그어라

⑤

**044** 낮에는 밭 갈고 밤에는 글 읽고 여름에는 예를 봄에는 시를 읽느니라

④

# 書机書硯은 自正其面하느니라  046

## 글 읽는 책상과 글 쓰는 벼루는 저절로 그 방향이 바르게 하느니라

### 【 자원풀이 上 】

**書**[글 서]  046-1    ↑ 聿 043-61 / 者 005-4 참고

원래 聿자와 者자가 어우러진 글자다. 聿자로 인해 손에 붓[聿]을 들고 글을 쓴다 하여 그 뜻이 '글'이 되었고, 그 형태가 많이 변했지만 者자로 인해 白書(백서)·楷書(해서)·書齋(서재)·書堂(서당)·口上書(구상서)·始末書(시말서)·年頭敎書(연두교서)에서처럼 그 음이 '서'가 되었다.

**机**[책상 궤]  046-2    ↑ 木 006-82  ↓ 几 046-21 참고

木자로 인해 나무[木]로 만든 책상과 관련해 그 뜻이 '책상'이 되고, 几자로 인해 机下(궤하)·机上空論(궤상공론)에서처럼 그 음이 '궤'인 글자다.

**几**[안석 궤]  046-21

사람이 앉아서 책 읽을 때에 몸을 기대는 방석인 안석(案席)을 나타낸 데

서 그 뜻이 '안석'이고, 几席(궤석)·几案(궤안)·几杖(궤장)에서처럼 그 음이 '궤'인 글자다.

**書**[글 서]  046-3    ↑ 046-1 참고

**硯**[벼루 연]  046-4    ↑ 045-3 참고

### 【 구절풀이 上 】

- 書는 書堂(서당)이나 書齋(서재)에서처럼 '글'을 뜻하고,
- 机는 机下(궤하)나 机上空論(궤상공론)에서처럼 '**책상**'을 뜻한다.
- 書는 앞에서처럼 '글'을 뜻하고,
- 硯은 硯滴(연적)이나 硯匣(연갑)에서처럼 '**벼루**'를 뜻한다.
- 書机書硯은 '글 읽는 책상과 글 쓰는 벼루'란 말이다.

### 【 자원풀이 下 】

| 自 [스스로 자] | 046-5 | ↑ 018-62 참고 |

| 正 [바를 정] | 046-6 | ↑ 029-32 참고 |

| 其 [그 기] | 046-7 | ↑ 018-41 참고 |

| 面 [낯 면] | 046-8 | ↑ 010-6 참고 |

### 【 구절풀이 下 】

- 自는 自生(자생)이나 自鳴鐘(자명종)에서처럼 '스스로'에서 비롯된 '**저절로**'를 뜻한다.
- 正은 正坐(정좌)나 正視(정시)에서처럼 '**바르다**'를 뜻한다. 自正은 오랫동안 몸에 익어 저절로 바르게 됨을 이른 것이다.
- 其는 지시대명사(指示代名詞)다. '그'의 뜻으로 쓰이며, 書机(서궤)와 書硯(서연)을 이른다.

- 面은 洗面(세면)이나 假面(가면)에서처럼 '낯'을 뜻하는 외에 낯이 어느 방향으로도 향할 수 있기에 面壁(면벽)이나 面墻(면장)에서처럼 '향하다'를 뜻하기도 한다. 아울러 향하는 방향과 관련해 方面(방면)이나 前面(전면)에서처럼 '**방향**'의 뜻을 지니기도 한다.

- 自正其面은 '저절로 그 방향이 바르다'란 말이다. 글을 읽거나 쓰는 데 가까이 하는 두 물건을 몸에 익혀 저절로 바르게 둔다 함을 이른 것이다.

【 쓰 기 】

| 046 | 글 읽는 책상과 글 쓰는 벼루는 저절로 그 방향이 바르게 하느니라 |
| --- | --- |
| ① | 書机書硯 自正其面 |
| ② | |
| ③ | |

| 043 | 처음 글자를 익히거든 글자를 바르게 그어라 |
| --- | --- |
| ⑥ | |

| 044 | 낮에는 밭 갈고 밤에는 글 읽고 여름에는 예를 봄에는 시를 읽느니라 |
| --- | --- |
| ⑤ | |

| 045 | 종이와 붓과 벼루와 먹은 글방의 네 벗이라 하고 |
| --- | --- |
| ④ | |

# 裹糧以送이면 勿懶讀書하라

### 양식을 싸서 보내면 글 읽기를 게을리 말라

【 자원풀이 上 】

## 裹 [쌀 과]   047-1        ↑ 衣 002-32  ↓ 果 047-11 참고

衣자로 인해 옷감[衣]으로 만든 보자기 같은 것으로 무언가 싼다 하여 그 뜻이 '싸다'가 되고, 果자로 인해 馬革裹屍(마혁과시)에서 보듯 그 음이 '과'가 된 글자다.

## 果 [열매 과]   047-11      ↑ 木 006-82 참고

| 갑골문 | 금문 | 소전 |
|---|---|---|

나무[木]에 열매가 달려 있는 모양을 나타낸 데서 그 뜻이 '열매'가 되고, 果實(과실)·果樹(과수)·沙果(사과)·藥果(약과)·無花果(무화과)·善惡果(선악과)·五穀百果(오곡백과)에서 보듯 그 음이 '과'가 된 글자다.

## 糧 [양식 량]   047-2        ↑ 米 001-64  ↓ 量 047-21 참고

米자로 인해 살림살이에 드는 쌀[米]과 같은 양식과 관련해 그 뜻이 '양식'이 되고, 量자로 인해 食糧(식량)·糧食(양식)·軍糧米(군량미)·救護糧穀(구호양곡)에서처럼 그 음이 '량'이 된 글자다. 粮자는 동자(同字)다.

## 量 [헤아릴 량]   047-21     ↑ 東 017-7 참고

| 갑골문 | 금문 | 소전 |
|---|---|---|

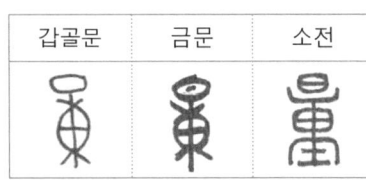

위에 주둥이가 있는 자루[東]를 나타내면서 자루에 곡물(穀物) 등을 넣어 그 양(量)을 헤아린다 하여 그 뜻이 '헤아리다'가 되고, 容量(용량)·料量(요량)·測量(측량)·酒量(주량)·肺活量(폐활량)·計體量(계체량)·無量大數(무량대수)에서 보듯 그 음이 '량'이 된 글자다.

## 以 [써 이]   047-3   ↑ 002-2 참고

## 送 [보낼 송]   047-4   ↑ 廾 019-52 / 火 023-81 / 彳 004-52 / 止 007-71 참고

| 금문 | 소전 |

두 손[廾]에 불[火]을 들고 있는 모습과 발[止]이 노니는 길[彳]을 나타내면서 불을 두 손에 들고 길을 따라 보낸다 하여 그 뜻이 '보내다'가 되고, 送迎(송영)·送別(송별)·移送(이송)·放送(방송)·葬送曲(장송곡)·虛送歲月(허송세월)에서처럼 그 음이 '송'이 된 글자다.

### 【 구절풀이 上 】

○ 裹는 馬革裹屍(마혁과시)에서처럼 '싸다'를 뜻하고,

○ 糧은 食糧(식량)이나 軍糧米(군량미)에서처럼 '양식'을 뜻한다.

○ 以는 후치사(後置詞)로, '~으로써' 또는 '~을 가지고'의 뜻으로 풀이한다.

○ 送은 運送(운송)이나 輸送(수송)에서처럼 '보내다'를 뜻한다.

• 裹糧以送은 '양식을 싸서 보내다'란 말이다.

✎ 馬革裹屍) 말의 가죽으로 시체(屍體)를 싼다는 뜻으로, 옛날에는 전사(戰死)한 장수(將帥)의 시체는 말가죽으로 쌌으므로 전쟁(戰爭)에 나가 살아 돌아오지 않겠다는 뜻을 말함.

### 【 자원풀이 下 】

## 勿 [말 물]   047-5   ↑ 008-5 참고

## 懶 [게으를 라]  047-6   ↑ 心 002-31 ↓ 賴 047-63 참고

心(忄)자로 인해 마음[心]이 게으르다 하여 그 뜻이 '게으르다'가 되고, 賴자로 인해 懶怠(라태→나태)에서처럼 그 음이 '라'가 된 글자다.

## 束 [묶을 속]  047-61

| 갑골문 | 금문 | 소전 |
|---|---|---|

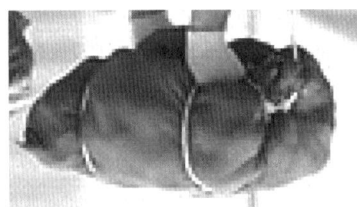

자루의 위아래를 묶은 모양을 나타낸 데서 그 뜻이 '묶다'가 되고, 結束(결속)·約束(약속)·團束(단속)·束縛(속박)·束伍軍(속오군)·束手無策(속수무책)·拘束令狀(구속영장)에서 보듯 그 음이 '속'이 된 글자다.

## 剌 [어그러질 랄]  047-62   ↑ 束 047-61 / 刀 008-51 참고

| 갑골문 | 금문 | 소전 |
|---|---|---|

물건을 담아 묶어 놓은 자루[束]를 칼[刂]로 잘라 어그러지게 했다 하여 그 뜻이 '어그러지다'가 되고, 才氣潑剌(재기발랄)에서처럼 그 음이 '랄'이 된 글자다.

## 賴 [힘입을 뢰]  047-63   ↑ 貝 034-31 / 剌 047-62 참고

貝자로 인해 화폐[貝]와 같은 귀한 재물의 도움에 힘입었다 하여 그 뜻이 '힘입다'가 되고, 剌자로 인해 依賴(의뢰)·信賴(신뢰)·無賴漢(무뢰한)에서처럼 그 음이 '뢰'가 된 글자다. 剌자에 刂는 賴자에서 刀자로 바뀌었다.

## 讀 [읽을 독]  047-7   ↑ 044-4 참고

## 書 [글 서]  047-8   ↑ 046-1 참고

【 구절풀이 下 】

- 勿은 금지사(禁止詞)로, 勿驚(물경)이나 勿忘草(물망초)에서처럼 '~하지 말라'는 뜻으로 쓰이며,
- 懶는 懶怠(라태→나태)에서처럼 '게으르다'를 뜻한다.
- 讀은 讀經(독경)이나 讀圖法(독도법)에서처럼 '읽다'의 뜻을 지니고,
- 書는 經書(경서)나 圖書(도서)에서처럼 '글'을 뜻한다.
- 勿懶讀書는 '글 읽기를 게을리 말라'라는 말이다. 가르침에 대한 대가(代價)로 글방에 보내는 양식은 부모가 애써 마련한 것이니, 그에 상응(相應)하여 열심히 공부하라는 것이다.

【 쓰 기 】

| 047 | 양식을 싸서 보내면 글 읽기를 게을리 말라 |
| --- | --- |
| ① | 裹 糧 以 送 勿 懶 讀 書 |
| ② | |
| ③ | |

| 044 | 낮에는 밭 갈고 밤에는 글 읽고 여름에는 예를 봄에는 시를 읽느니라 |
| --- | --- |
| ⑥ | |

| 045 | 종이와 붓과 벼루와 먹은 글방의 네 벗이라 하고 |
| --- | --- |
| ⑤ | |

| 046 | 글 읽는 책상과 글 쓰는 벼루는 저절로 그 방향이 바르게 하느니라 |
| --- | --- |
| ④ | |

# 借人典籍이면 勿毀必完하라

**남의 책을 빌리면 헐지 말고 반드시 온전하게 하라**

【 자원풀이 上 】

### 借[빌 차]   048-1   ↑ 人 002-21 ↓ 昔 048-11 참고

人(亻)자로 인해 다른 사람[人]에게서 무언가 빈다 하여 그 뜻이 '빌다'가 되고, 昔자로 인해 借用(차용)·借款(차관)·假借(가차)·賃借(임차)·借力師(차력사)·借刀殺人(차도살인)·借名計座(차명계좌)에서처럼 그 음이 '차'가 된 글자다.

### 昔[예 석]   048-11   ↑ 日 006-51 참고

| 갑골문 | 금문 | 소전 |
|---|---|---|

홍수 때에 넘실거리는 물결과 날의 의미를 지닌 해[日]가 어우러져 기억될 만한 큰 홍수가 있던 날이 예(옛날)에 있었음을 나타내면서 그 뜻이 '예'가 된 것으로 보이고, 昔脫解(석탈해)·今昔之感(금석지감)에서 보듯 그 음이 '석'이 된 글자다.

### 人[사람 인]   048-2   ↑ 002-21 참고

### 典[법 전]   048-3   ↓ 冊 048-31 ↑ 廾 019-52 참고

| 갑골문 | 금문 | 소전 |
|---|---|---|

책[冊]을 두 손[廾]으로 받들고 있는 모습을 나타내면서 받들고 있는 책이 중요한 법식이나 법도를 담고 있다 하여 그 뜻이 '법'이 되고, 法典(법전)·辭典(사전)·恩典(은전)·祭典(제전)·典當鋪(전당포)·經國大典(경국대전)·百科事典(백과사전)에서처럼 그 음이 '전'이 된 글자다.

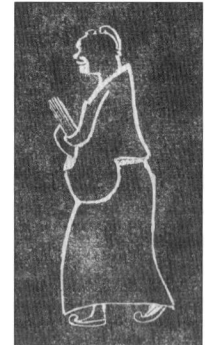

## 冊 [책 책]   048-31

| 갑골문 | 금문 | 소전 |
|---|---|---|
| 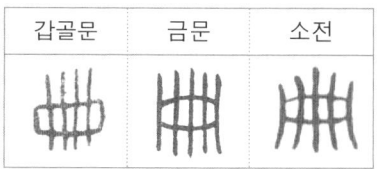 | | |

종이가 없던 시절에 대쪽이나 나무쪽을 묶어 만든 책을 나타낸 데서 그 뜻이 '책'이 되고, 冊褓(책보)·冊欌(책장)·冊張(책장)·書冊(서책)·別冊(별책)·空冊(공책)·置簿冊(치부책)에서처럼 그 음이 '책'이 된 글자다. 冊자는 동자(同字)다.

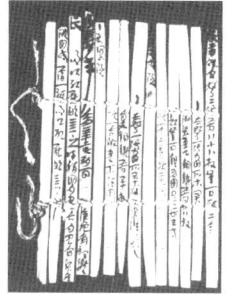

## 籍 [문서 적]   048-4

↑ 竹 033-41  ↓ 耤 048-41 참고

竹(⺮)자로 인해 종이가 없었던 시대에 대쪽[竹]을 엮어 만든 문서와 관련해 그 뜻이 '문서'가 되고, 耤자로 인해 書籍(서적)·國籍(국적)·戶籍(호적)·符籍(부적)·學籍簿(학적부)·地籍圖(지적도)에서처럼 그 음이 '적'이 된 글자다.

## 耤 [적전 적]   048-41

↑ 耒 044-21 / 昔 048-11 참고

耒자로 인해 쟁기[耒]로 임금이 직접 농사의 시범을 보였던 농토(農土)인 '적전'의 뜻을 지니면서 昔자로 인해 '적'의 음으로 읽히게 된 글자다.

---

### 【 구절풀이 上 】

- 借는 借用(차용)이나 賃借(임차)에서처럼 '빌다'를 뜻하고,
- 人은 '사람'의 뜻 외에 他人(타인)이나 外國人(외국인)에서처럼 자신이 아닌 다른 사람인 '남'을 뜻하기도 한다.
- 典은 '법'의 뜻 외에 經典(경전)이나 古典(고전)에서처럼 중요한 법도나 법식을 담고 있는 '책'을 뜻하기도 하고,
- 籍도 書籍(서적)이나 經籍(경적)에서처럼 '책'을 뜻한다.
- 借人典籍은 '남의 책을 빌리다'라는 말이다.

## 【 자원풀이 下 】

**勿**[말 물]  048-5  ↑ 008-5 참고

**毀**[헐 훼]  048-6  ↑ 038-3 참고

**必**[반드시 필]  048-7  ↑ 013-6 참고

**完**[완전할 완]  048-8  ↑ 宀 029-31 / 元 041-1 참고

宀자로 인해 사람이 살기에 불편함이 없도록 집[宀]을 완전하게 꾸민다 하여 그 뜻이 '완전하다'가 되고, 元자로 인해 完全(완전)·完璧(완벽)·未完(미완)·補完(보완)·完板本(완판본)·責任完遂(책임완수)에서처럼 그 음이 '완'이 된 글자다.

## 【 구절풀이 下 】

◦ **勿**은 금지사(禁止詞)로, **勿失好機**(물실호기)에서처럼 '~하지 말라'는 뜻으로 쓰인다.

◦ **毀**는 毀損(훼손)이나 毀傷(훼상)에서처럼 '헐다'를 뜻한다.

◦ **必**은 必讀(필독)이나 必修(필수)에서처럼 '반드시'를 뜻하며,

◦ **完**은 完結(완결)이나 完納(완납)에서처럼 '완전하다'의 뜻 외에 완전하게 지켜서 온전하게 한다 하여 '온전하게 하다'를 뜻하기도 한다.

• **勿毀必完**은 '헐지 말고 반드시 온전하게 하다'는 말이다. 예전에는 책이 귀했기 때문에 흔히 서로 빌려 보기도 했는데, 빌린 책을 잘 보고 돌려주어야 한다 함을 이른 것이다.

✎ **勿失好機**) 좋은 기회(機會)를 놓치지 않는다는 말.

## 【 쓰 기 】

| 048 | 남의 책을 빌리면 헐지 말고 반드시 온전하게 하라 |
|---|---|
| ① | 借 人 典 籍 勿 毀 必 完 |
| ② | |
| ③ | |

| 045 | 종이와 붓과 벼루와 먹은 글방의 네 벗이라 하고 |
|---|---|
| ⑥ | |

| 046 | 글 읽는 책상과 글 쓰는 벼루는 저절로 그 방향이 바르게 하느니라 |
|---|---|
| ⑤ | |

| 047 | 양식을 싸서 보내면 글 읽기를 게을리 말라 |
|---|---|
| ④ | |

## 飽食暖衣하고 逸居無敎는

배부르게 먹고 따뜻하게 입고 편안하게 살면서 가르침이 없음은

【 자원풀이 上 】

### 飽[배부를 포]  049-1    ↑食 003-6 / 包 001-63 참고

食자로 인해 밥[食]을 먹어서 배부르다 하여 그 뜻이 '배부르다'가 되고, 包자로 인해 飽食(포식)·飽滿感(포만감)·飽和狀態(포화상태)·不飽和脂肪酸(불포화지방산)에서처럼 그 음이 '포'가 된 글자다.

### 食[밥 식]  049-2    ↑ 003-6 참고

### 暖[따뜻할 난]  049-3    ↑日 006-51 ↓爰 049-31 참고

日자로 인해 햇볕[日]이 따뜻하다 하여 그 뜻이 '따뜻하다'가 되고, 爰자로 인해 溫暖(온난)·暖流(난류)·煖爐(난로)·煖房(난방)·寒暖計(한란계)·異常暖冬(이상난동)·暖衣飽食(난의포식)에서처럼 그 음이 '난'이 된 글자다. 煖자는 동자(同字)다.

### 爰[이에 원]  049-31    ↑爪 002-51 / 又 001-11 참고

| 갑골문 | 금문 | 소전 |
|---|---|---|
| | | |

위에서 손[爪(爫)]에 길게 늘어진 물건을 아래에 있는 손[又]에 연결해 당기는 모양을 나타낸 데서 본래는 '당기다'의 뜻을 지녔으나 후에 이에의 의미로 빌려 쓰이면서 그 뜻이 '이에'가 되고, 후에 자신의 뜻을 대신하게 된 援[당길 원]자처럼 그 음이 '원'이 된 글자다.

### 援[당길 원]  049-32    ↑手 015-71 / 爰 049-31 참고

爰자에 手(扌)자를 덧붙여 그 뜻 '당기다'를 더욱 분명히 하고, 援助(원조)·援軍(원군)·支援(지원)·聲援(성원)·病救援(병구원)·後援者(후원자)·孤立無援(고립무원)에서처럼 爰자의 음과 똑같게 그 음이 '원'이 된 글자다.

## 衣 [옷 의]    049-4    ↑ 002-32 참고

### 【 구절풀이 上 】

- 飽는 飽滿感(포만)이나 飽和狀態(포화상태)에서처럼 '배부르다'를 뜻하고,
- 食은 '밥'을 뜻하지만 '밥'을 먹는다 하여 過食(과식)이나 後食(후식)에서처럼 '먹다'의 뜻을 지니기도 한다.
- 暖은 暖房(난방)이나 暖流(난류)에서처럼 '따뜻하다'의 뜻을 지니고,
- 衣는 衣服(의복)이나 衣類(의류)에서처럼 '옷'을 뜻하기도 하지만 옷을 입는다 하여 '입다'의 뜻을 지니기도 한다.

• 飽食暖衣는 '배부르게 먹고 따뜻하게 입다'라는 말이다.

### 【 자원풀이 下 】

## 逸 [달아날 일]    049-5    ↑ 辵 008-61 ↓ 兎 049-51 참고

| 금문 | 소전 |

토끼[兎]가 길[辵(辶)]을 따라 천적(天敵)이 없는 편안한 곳으로 달아나는 모양을 나타낸 데서 그 뜻이 '달아나다'가 되고, 安逸(안일)·獨逸(독일)·逸話(일화)·逸品(일품)·逸脫行爲(일탈행위)에서처럼 그 음이 '일'이 된 글자다.

## 兎 [토끼 토]    049-51

긴 귀와 짧은 꼬리가 있는 토끼를 나타낸 데서 그 뜻이 '토끼'가 되고, 狡兎三窟(교토삼굴)·兎營三窟(토영삼굴)·兎死狐悲(토사호비)·兎死狗烹(토사구팽)·龜毛兎角(귀모토각)에서처럼 그 음이 '토'가 된 글자다. 兎자는 속자(俗字)다.

## 居 [살 거]    049-6    ↑ 009-63 참고

## 無 [없을 무]  049-7    ↑ 032-7 참고

## 敎 [가르칠 교]  049-8    ↓ 爻 049-81  ↑ 子 002-52 / 攵 038-21 참고

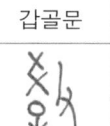
갑골문

爻자와 子자와 攵(攴)자로 인해 산가지[爻]로 아이[子]를 다그쳐[攵] 숫자를 가르친다 하여 그 뜻이 '가르치다'가 되고, 다시 爻자로 인해 敎育(교육)·敎師(교사)·敎化(교화)·敎鞭(교편)·敎唆犯(교사범)·三遷之敎(삼천지교)·敎學相長(교학상장)에서처럼 그 음이 '교'가 된 글자다.

## 爻 [점괘 효]  049-81

| 갑골문 | 금문 | 소전 |
|---|---|---|
| ✕✕ | ✕ | ✕ |

셈을 할 때 사용하는 산가지가 교차된 모양을 나타냈다. 나아가 교차된 모양이 길흉(吉凶)을 알아보기 위해 산가지로 점(占)을 칠 때에 보이는 점괘(占卦)와 비슷함을 들어 그 뜻이 '점괘'가 되고, 數爻(수효)에서처럼 그 음이 '효'가 된 글자다.

---

### 【 구절풀이 下 】

- 逸은 逸脫(일탈)에서처럼 '달아나다'의 뜻을 지니면서 편안한 곳으로 달아난다 하여 安逸(안일)에서처럼 '편안하다'의 뜻을 지니기도 하며,
- 居는 居住(거주)나 居處(거처)에서처럼 '살다'를 뜻한다.
- 無는 無識(무식)이나 無道(무도)에서처럼 '없다'를 뜻하며,
- 敎는 敎育(교육)이나 敎化(교화)에서처럼 '가르치다'를 뜻한다.

- 逸居無敎는 '편안하게 살면서 가르침이 없다'는 말이다. 사는 형편이 비교적 준수한 데도 가르침이 없다면 사람으로 당연히 해야 할 일을 하지 않음을 이른 것이다.

## 【 쓰 기 】

| 049 | 배부르게 먹고 따뜻하게 입고 편안하게 살면서 가르침이 없음은 |
|---|---|
| ① | 飽食暖衣 逸居無敎 |
| ② | |
| ③ | |

| 046 | 글 읽는 책상과 글 쓰는 벼루는 저절로 그 방향이 바르게 하느니라 |
|---|---|
| ⑥ | |

| 047 | 양식을 싸서 보내면 글 읽기를 게을리 말라 |
|---|---|
| ⑤ | |

| 048 | 남의 책을 빌리면 헐지 말고 반드시 온전하게 하라 |
|---|---|
| ④ | |

# 卽近禽獸이니 聖人憂之하시니라 050

### 곧 금수에 가까우니 성인이 이를 근심하시니라

【 자원풀이 上 】

## 卽[곧 즉]   050-1                ↑ 食 003-6 참고

| 갑골문 | 금문 | 소전 |
|---|---|---|

밥[食]이 담긴 그릇[皀] 앞으로 사람[卩의 형태]이 나아가 곧 바로 먹으려는 모습을 나타낸 데서 그 뜻이 '곧'이 되고, 卽時(즉시)·卽死(즉사)·卽席(즉석)·趁卽(진즉)·卽位式(즉위식)·卽決處分(즉결처분)·色卽是空(색즉시공)에서처럼 그 음이 '즉'이 된 글자다.

## 近[가까울 근]   050-2            ↑ 辵 008-61 / 斤 025-61 참고

辵(辶)자로 인해 발로 걸어가야 할 길[辵]이 가깝다 하여 그 뜻이 '가깝다'고, 斤자로 인해 近處(근처)·近郊(근교)·親近(친근)·遠近(원근)·近視眼(근시안)·近代化(근대화)·遠交近攻(원교근공)에서처럼 그 음이 '근'인 글자다.

## 禽[날짐승 금]   050-3            ↑ 今 019-11 참고

금문

원래 짐승을 잡기 위해 긴 손잡이 위에 그물이 달린 사냥의 도구를 나타냈던 글자다. 따라서 본래 짐승을 잡는다는 뜻을 지녔으나 나중에 짐승의 뜻을 지니게 되었다가 다시 獸[짐승 수]자와 구별해 깃이 있는 조수(鳥獸)의 총칭인 '날짐승'의 뜻을 지니게 되고, 후에 그 음에 영향을 미치는 今자가 덧붙여져 禽獸(금수)·家禽(가금)·猛禽類(맹금류)에서처럼 '금'의 음을 지니게 된 글자다.

## 獸[짐승 수]   050-4              ↑ 犬 014-11 참고

| 갑골문 | 금문 | 소전 |
|---|---|---|

원시적인 형태로 만들어진 사냥의 무기[單의 형태]와 사냥하는 개[犬]를 나타내면서 짐승을 사냥한다 하여 그 뜻이 '짐승'이 되고, 禽獸(금수)·猛獸(맹수)·百獸(백수)·鳥獸(조수)·一角獸(일각수)·人面獸心(인면수심)에서처럼 그 음이 '수'가 된 글자다.

## 【 구절풀이 上 】

- 卽은 卽刻(즉각)이나 卽時(즉시)에서처럼 '곧'의 뜻을 지닌다.
- 近은 近接(근접)이나 近傍(근방)에서처럼 '가깝다'를 뜻한다.
- 禽은 발이 두 개면서 깃(羽)이 있는 매나 독수리 같은 猛禽類(맹금류)와 관련해 '날짐승'을 뜻하고,
- 獸는 발이 네 개면서 털(毛)이 있는 범이나 멧돼지 같은 猛獸(맹수)와 관련해 '길짐승'을 뜻한다.
- 卽近禽獸는 '곧 금수(禽獸-날짐승과 길짐승)에 가깝다'는 말이다.

## 【 자원풀이 下 】

**聖**[성인 성]   050-5   ↑ 耳 011-71 / 口 001-71 / 壬 011-72 참고

耳자와 口자로 인해 남의 소리[口]를 잘 귀[耳]담아 듣는 사람이면서 나아가 남의 소리를 잘 귀담아 들어 무엇이든 사리에 능통한 사람이 성인이라 하여 그 뜻이 '성인'이 되고, 壬자로 인해 聖人(성인)·聖書(성서)·樂聖(악성)·四聖(사성)·聖誕節(성탄절)·太平聖代(태평성대)에서처럼 그 음이 '성'이 된 글자다.

**人**[사람 인]   050-6   ↑ 002-21 참고

**憂**[근심 우]   050-7   ↑ 023-5 참고

**之**[갈 지]   050-8   ↑ 007-8 참고

## 【 구절풀이 下 】

- 聖은 지식이나 덕행이 아주 뛰어나고 사리(事理)에 통하지 아니 하는 데가 없는 사람인 '성인'과 관련해 聖書(성서)나 聖戰(성전)에서처럼 '성스럽다'는 뜻을 지닌다.

- **人**은 偉人(위인)이나 名人(명인)에서처럼 '사람'을 뜻한다.
- **憂**는 憂國之心(우국지심)에서처럼 '근심하다'를 뜻한다.
- **之**는 지시대명사(指示代名詞)다. 구절에서 '이'의 뜻으로 풀이하며, 구체적으로는 앞 구절의 '近禽獸'를 가리킨다.
- **聖人憂之**는 '성인(성스러운 사람)이 이를 근심하다'라는 말이다. 가르침이 없으면 예절을 모르는 짐승과 같은 사람이 됨을 경계하여 이른 것이다.

✎ 憂國之心) 나라 일을 근심하고 염려(念慮)하는 참된 심정.

# 【 쓰 기 】

| 050 | 곧 금수에 가까우니 성인이 이를 근심하시니라 | | | | | | | |
|---|---|---|---|---|---|---|---|---|
| ① | 卽 | 近 | 禽 | 獸 | 聖 | 人 | 憂 | 之 |
| ② | | | | | | | | |
| ③ | | | | | | | | |

| 047 | 양식을 싸서 보내면 글 읽기를 게을리 말라 |
|---|---|
| ⑥ | |

| 048 | 남의 책을 빌리면 헐지 말고 반드시 온전하게 하라 |
|---|---|
| ⑤ | |

| 049 | 배부르게 먹고 따뜻하게 입고 편안하게 살면서 가르침이 없음은 |
|---|---|
| ④ | |

# 人性・道理篇

(讀本)

父爲子綱 君爲臣綱 051
夫爲婦綱 是謂三綱 052
父子有親 君臣有義 053
夫婦有別 長幼有序 054
朋友有信 是謂五倫 055
孔孟之道 程朱之學 056
正其誼而 不謀其利 057
明其道而 不計其功 058
元亨利貞 天道之常 059
仁義禮智 人性之綱 060
起居坐立 行動擧止 061
禮義廉恥 是謂四維 062
天開於子 地闢於丑 063
人生於寅 是謂太古 064

# 父爲子綱이요  君爲臣綱이요

**아버지는 자식의 벼리가 되고 임금은 신하의 벼리가 되고**

【 자원풀이 上 】

| 父[아비 부] | 051-1 | ↑ 001-1 참고 |
|---|---|---|
| 爲[할 위] | 051-2 | ↑ 005-1 참고 |
| 子[아들 자] | 051-3 | ↑ 002-52 참고 |
| 綱[벼리 강] | 051-4 | ↑ 糸 040-22 ↓ 岡 051-41 참고 |

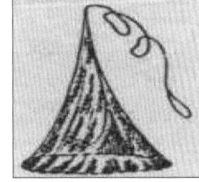
糸자로 인해 그물 위쪽 코를 꿰어 잡아당기는 굵은 줄[糸]인 벼리와 관련해 그 뜻이 '벼리'가 되고, 岡자로 인해 大綱(대강)·紀綱(기강)·要綱(요강)·綱領(강령)·夫爲婦綱(부위부강)·綱常之變(강상지변)에서 보듯 그 음이 '강'이 된 글자다.

| 岡[언덕 강] | 051-41 | ↑ 山 018-8 / 网 006-71 참고 |
|---|---|---|

소전

山자로 인해 낮은 산[山]인 '언덕'을 뜻하면서 형태가 약간 변했지만 网자로 인해 '강'의 음으로 읽히는 글자다. 다시 岡자는 그 뜻을 분명히 하기 위해 山자를 덧붙여 崗자로 쓰고, 鋼[강철 강]·剛[굳셀 강]·罡[항아리 강]자에서 음의 역할을 한다.

【 구절풀이 上 】

◦ 父는 父子(부자)에서처럼 자식과 관련해 상대가 되는 '아버지'를 뜻하고,

◦ 爲는 '하다'의 뜻 외에 爲始(위시)나 爲主(위주)에서처럼 '되다'를 뜻한다.

◦ 子는 父傳子傳(부전자전)에서처럼 그 본래의 뜻인 '아이'나 '아들'과 관련해 '자식'을 뜻하고,

- 綱은 그물의 위쪽 코를 꿰어 오므렸다 폈다 하는 줄인 '벼리'를 뜻한다. 그물에서 크고 중요한 부위이기에 大綱(대강)이나 要綱(요강)에 쓰이며, 일의 가장 중심이 되는 줄거리를 뜻하기도 한다.

- 父爲子綱은 '아버지는 자식의 벼리가 되다'라는 말이다. 흔히 "자식은 부모의 등을 보고 큰다"고 한다. 이는 아버지가 자식의 벼리가 되기 때문이다.

【 자원풀이 下 】

### 君 [임금 군]  051-5  ↑ 口 001-71  ↓ 尹 051-51 참고

口자로 인해 높은 자리에서 입[口]으로 명(命)을 내려 백성을 다스리는 임금과 관련해 그 뜻이 '임금'이 되고, 尹자로 인해 君王(군왕)·君臨(군림)·暴君(폭군)·夫君(부군)·大院君(대원군)·府院君(부원군)·不事二君(불사이군)·君君臣臣(군군신신)에서처럼 그 음이 '군'이 된 글자다.

### 尹 [다스릴 윤]  051-51  ↑ 又 001-11 참고

| 갑골문 | 금문 | 소전 |
|---|---|---|
| ⺈ | ⺈ | 尹 |

손[又]에 지휘(指揮)하는 데 사용하는 긴 막대기를 잡고 있는 모습을 나타내면서 막대기를 잡고 무리를 다스린다 하여 그 뜻이 '다스리다'가 되고, 府尹(부윤)·京兆尹(경조윤)·漢城判尹(한성판윤)에서 보듯 그 음이 '윤'이 된 글자다.

### 爲 [할 위]  051-6  ↑ 005-1 참고

### 臣 [신하 신]  051-7  ↑ 009-81 참고

### 綱 [벼리 강]  051-8  ↑ 051-4 참고

### 【 구절풀이 下 】

- 君은 君主(군주)나 君王(군왕)에서처럼 '**임금**'을 뜻하고,
- 爲는 '하다'의 뜻 외에 **轉禍爲福**(전화위복)에서처럼 '**되다**'를 뜻한다.
- 臣은 忠臣(충신)이나 奸臣(간신)에서처럼 '**신하**'를 뜻하고,
- 綱은 紀綱(기강)에서처럼 그물의 위쪽 코를 꿰어 오므렸다 폈다 하는 줄인 '**벼리**'를 뜻한다.
- **君爲臣綱**은 '임금은 신하의 벼리가 되다'라는 말이다. 君臣有義(군신유의). 임금과 신하는 의로움이 있어야 하며, 임금은 신하에게 모범이 되어야 함을 이른 것이다.

✎ 轉禍爲福) 화가 바뀌어 오히려 복이 된다는 말.

### 【 쓰 기 】

| 051 | 아버지는 자식의 벼리가 되고 임금은 신하의 벼리가 되고 |
|---|---|
| ① | 父爲子綱 君爲臣綱 |
| ② | |
| ③ | |

| 048 | 남의 책을 빌리면 헐지 말고 반드시 온전하게 하라 |
|---|---|
| ⑥ | |

| 049 | 배부르게 먹고 따뜻하게 입고 편안하게 살면서 가르침이 없음은 |
|---|---|
| ⑤ | |

| 050 | 곧 금수에 가까우니 성인이 이를 근심하시니라 |
|---|---|
| ④ | |

# 夫爲婦綱이니 是謂三綱이니라

**지아비는 지어미의 벼리가 되니 이를 삼강이라 이르니라**

【 자원풀이 上 】

## 夫[지아비 부]  052-1

| 갑골문 | 금문 | 소전 |
|---|---|---|

옛날 혼례(婚禮)를 치르고 난 뒤에 상투를 틀어 동곳을 찌른 지아비를 나타낸 데서 그 뜻이 '지아비'가 되고, 夫婦(부부)·夫君(부군)·兄夫(형부)·漁夫(어부)·望夫石(망부석)·一夫從事(일부종사)에서 보듯 그 음이 '부'인 글자다.

## 爲[할 위]  052-2

↑ 005-1 참고

## 婦[지어미 부]  052-3

↑ 女 001-51  ↓ 帚 052-31 참고

| 갑골문 | 금문 | 소전 |
|---|---|---|

비[帚]로 청소(淸掃)를 해 집 안을 정결히 하는 여자[女]인 지어미와 관련해 그 뜻이 '지어미'가 되고, 婦人(부인)·婦女(부녀)·夫婦(부부)·新婦(신부)·淸掃婦(청소부)·姙産婦(임산부)·靑孀寡婦(청상과부)에서처럼 그 음이 '부'가 된 글자다.

## 帚[비 추]  052-31

먼지나 쓰레기 따위를 쓸어내기 위해 수숫대나 싸리나무를 묶어 만든 비와 관련해 그 뜻이 '비'가 되고, 그 음이 '추'인 글자다.

## 綱[벼리 강]  052-4

↑ 051-4 참고

## 【 구절풀이 上 】

- 夫는 夫君(부군)이나 有夫女(유부녀)에서처럼 '지아비'를 뜻하고,
- 爲는 橘化爲枳(귤화위지)에서처럼 '되다'를 뜻한다.
- 婦는 婦人(부인)이나 主婦(주부)에서처럼 '지어미'를 뜻하고,
- 綱은 紀綱(기강)에서처럼 그물의 위쪽 코를 꿰어 오므렸다 폈다 하는 줄인 '벼리'를 뜻한다.

- 夫爲婦綱은 '지아비는 지어미의 벼리가 되다'라는 말이다. 지아비는 지어미의 벼리가 되어 주어 혹간 어려운 일이 있어도 믿고 살 수 있게 해 주어야 함을 이른 것이다.

✎ 橘化爲枳) 강남(江南)의 귤을 강북(江北)에 심으면 탱자가 된다는 뜻으로, 사람도 환경(環境)에 따라 기질(氣質)이 변한다는 말.

## 【 자원풀이 下 】

### 是 [옳을 시]   052-5    ↑ 041-2 참고

### 謂 [이를 위]   052-6    ↑ 042-6 참고

### 三 [석 삼]   052-7

| 갑골문 | 금문 | 소전 |
|---|---|---|
| 二 | 三 | 三 |

반듯하게 그어진 선(線)을 세 개 나타내면서 그 뜻이 '셋(석)'이 되고, 三寸(삼촌)·三軍(삼군)·三流(삼류)·三更(삼경)·三圃式(삼포식)·三不孝(삼불효)·三禁制度(삼금제도)·狡兎三窟(교토삼굴)에서처럼 그 음이 '삼'이 된 글자다. 그 뜻 '셋'은 "석 냥"·"석 달"·"석 섬"·"석 자"의 말에서 보듯, ㄴ·ㄷ·ㅅ·ㅈ 따위를 첫소리로 하는 말 앞에 쓰일 때 '석'으로 읽는다.

### 綱 [벼리 강]   052-8    ↑ 051-4 참고

### 【 구절풀이 下 】

- 是는 '옳다'의 뜻 외에 지시대명사(指示代名詞)로, '이'의 뜻을 지니고,
- 謂는 所謂(소위)나 云謂(운위)에서처럼 '이르다'를 뜻한다.
- 三은 三多島(삼다도)나 三銃士(삼총사)에서처럼 '셋'을 뜻하고,
- 綱은 綱領(강령)에서처럼 그물의 위쪽 코를 꿰어 오므렸다 폈다 하는 줄인 '벼리'를 뜻한다.
- 是謂三綱은 '이를 삼강(三綱)이라 이르다'라는 말이다. 유교 도덕의 기본이 되는 아버지와 자식, 임금과 신하, 남편과 아내 사이에 지킬 떳떳할 도리를 이른 것이다.

### 【 쓰 기 】

| 052 | 지아비는 지어미의 벼리가 되니 이를 삼강이라 이르느니라 |
|---|---|
| ① | 夫 爲 婦 綱 是 謂 三 綱 |
| ② | |
| ③ | |

| 049 | 배부르게 먹고 따뜻하게 입고 편안하게 살면서 가르침이 없음은 |
|---|---|
| ⑥ | |

| 050 | 곧 금수에 가까우니 성인이 이를 근심하시니라 |
|---|---|
| ⑤ | |

| 051 | 아버지는 자식의 벼리가 되고 임금은 신하의 벼리가 되고 |
|---|---|
| ④ | |

# 父子有親하며 君臣有義하며  053

아버지와 자식은 친함이 있어야 하며
임금과 신하는 의로움이 있어야 하며

【 자원풀이 上 】

| 父 [아비 부] | 053-1 | ↑ 001-1 참고 |

| 子 [아들 자] | 053-2 | ↑ 002-52 참고 |

| 有 [있을 유] | 053-3 | ↑ 016-7 참고 |

| 親 [친할 친] | 053-4 | ↑ 009-3 참고 |

【 구절풀이 上 】

- 父는 生父(생부)나 代父(대부)에서처럼 '아버지'를 뜻하고,
- 子는 子孫(자손)이나 妻子(처자)에서처럼 '자식'을 뜻한다.
- 有는 有益(유익)이나 有能(유능)에서처럼 '있다'를 뜻하고,
- 親은 親密(친밀)이나 親熟(친숙)에서처럼 '친하다'를 뜻한다.

- 父子有親은 '아버지와 자식은 친(親)함이 있다'는 말이다.

234 인성·도리편

## 【 자원풀이 下 】

**君**[임금 군]　053-5　　↑ 051-5 참고

**臣**[신하 신]　053-6　　↑ 009-81 참고

**有**[있을 유]　053-7　　↑ 016-7 참고

**義**[옳을 의]　053-8　　↑ 我 001-3 참고

갑골문

톱 모양의 날이 붙은 창[我]의 위쪽에 깃털[羊의 형태]이 장식(裝飾)되어 있는 모양을 나타낸 글자다. 깃털이 장식된 것은 의식(儀式)을 행할 때에 위용(威容)을 더해주기 위한 것이며 그 의식을 행하는 명분(名分)이 옳다 한 데서 그 뜻은 '옳다'고, 다시 我자로 인해 正義(정의)·不義(불의)·義人(의인)·義理(의리)·義俠心(의협심)·義兄弟(의형제)·見利思義(견리사의)·大義滅親(대의멸친)에서처럼 그 음은 '의'이다.

## 【 구절풀이 下 】

○ **君**은 聖君(성군)이나 暴君(폭군)에서처럼 '**임금**'을 뜻하며,

○ **臣**은 忠臣(충신)이나 奸臣(간신)에서처럼 '**신하**'를 뜻한다.

○ **有**는 有感(유감)이나 有望(유망)에서처럼 '**있다**'를 뜻하며,

○ **義**는 正義(정의)나 義理(의리)에서처럼 '옳다'를 뜻하면서 법도를 지킬 줄 아는 옳은 기개와 관련해 '**의롭다**'를 뜻하기도 한다.

● **君臣有義**는 '임금과 신하는 의(義)로움이 있다'는 말이다.

053 父子有親 君臣有義

## 【 쓰 기 】

**053** 아버지와 자식은 친함이 있어야 하며 임금과 신하는 의로움이 있어야 하며

① 父子有親 君臣有義

②

③

**050** 곧 금수에 가까우니 성인이 이를 근심하시니라

⑥

**051** 아버지는 자식의 벼리가 되고 임금은 신하의 벼리가 되고

⑤

**052** 지아비는 지어미의 벼리가 되니 이를 삼강이라 이르니라

④

# 夫婦有別하며 長幼有序하며

054

지아비와 지어미는 구별이 있어야 하며
어른과 어린아이는 차례가 있어야 하며

【 자원풀이 上 】

| 夫 [지아비 부] | 054-1 | ↑ 052-1 참고 |

| 婦 [며느리 부] | 054-2 | ↑ 052-3 참고 |

| 有 [있을 유] | 054-3 | ↑ 016-7 참고 |

| 別 [나눌 별] | 054-4 | ↓ 冎(另) 054-41 ↑ 刀 008-51 참고 |

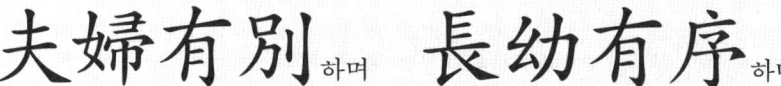

剮자가 본자(本字)다. 살을 발라낸 뼈에서 비롯된 冎[살 바를 과]자의 변화된 형태(另)와 刀자의 변화된 형태(刂)가 합쳐져 살을 발라낸 뼈[另]를 칼[刂]로 나눈다 하여 그 뜻이 '나누다'가 되고, 別世(별세)·別居(별거)·訣別(결별)·恪別(각별)·餞別金(전별금)·送別宴(송별연)·男女有別(남녀유별)·別有天地(별유천지)에서처럼 그 음이 '별'이 된 글자다.

| 冎 [살 바를 과] | 054-41 | ↑ 骨 036-81 참고 |

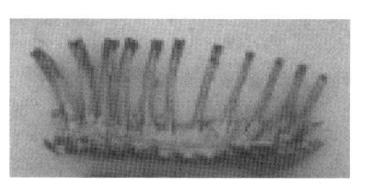

뼈[骨]에서 살[月(肉)]을 발랐다 함을 나타낸 데서 그 뜻이 '살 바르다'고, 그 음이 '과'인 글자다. 변형되어 另자로도 쓰인다.

## 【 구절풀이 上 】

- 夫는 女必從夫(여필종부)에서처럼 '지아비'를 뜻하며,
- 婦는 夫唱婦隨(부창부수)에서처럼 '지어미'를 뜻한다.
- 有는 有感(유감)이나 有望(유망)에서처럼 '있다'를 뜻하고,
- 別은 '나누다'의 뜻에서 확대되어 分別(분별)이나 識別(식별)에서처럼 '구별(區別)'의 뜻을 지니기도 한다.
- **夫婦有別**은 '지아비와 지어미는 구별(區別)이 있다'는 말이다.

✎ 女必從夫) 아내는 반드시 남편(男便)의 뜻을 좇아야 한다는 말.
✎ 夫唱婦隨) 남편(男便)이 주장(主張)하고 아내가 이에 따른다는 말.

## 【 자원풀이 下 】

### 長[긴 장]    054-5        ↑ 037-31 참고

### 幼[어릴 유]    054-6        ↓ 力 054-61    ↑ 幺 039-71 참고

力자로 인해 힘[力]이 약한 것은 나이가 어리다 하여 그 뜻이 '어리다'가 되고, 幺자로 인해 幼兒(유아)·幼弱(유약)·幼蟲(유충)·幼年(유년)·幼稚園(유치원)·長幼有序(장유유서)에서 보듯 그 음이 '유'가 된 글자다.

### 力[힘 력]    054-61

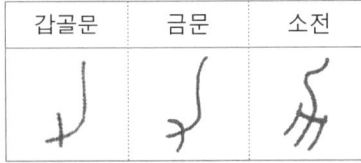

| 갑골문 | 금문 | 소전 |
|---|---|---|

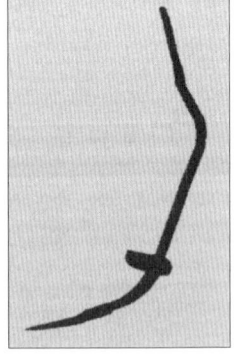

뾰족한 나무줄기 아래에 발판을 묶어 놓아 발로 눌러 흙을 파내는 데 편리하도록 만든 원시적 형태의 쟁기를 나타냈다. 쟁기질에는 많은 힘이 필요하기 때문에 그 뜻이 '힘'이 되고, 人力(인력)·國力(국력)·潮力(조력)·腕力(완력)·公權力(공권력)·萬有引力(만유인력)에서 보듯 그 음이 '력'이 된 글자다. 力道(역도)·力走(역주)에서는 그 음을 '역'으로 읽는다.

## 有 [있을 유]  054-7  ↑ 016-7 참고

## 序 [차례 서]  054-8  ↑ 广 011-52 ↓ 予 054-81 참고

广자로 인해 원래 집[广] 둘레에 동서(東西)로 뻗친 담과 관련된 뜻을 지녔으나 후대에 담이 집 둘레에 이어져 있듯 이어지는 차례와 관련되면서 그 뜻이 '차례'가 되고, 予자로 인해 順序(순서)·秩序(질서)·序曲(서곡)·序文(서문)·長幼有序(장유유서)에서처럼 그 음이 '서'가 된 글자다.

## 予 [줄 여·나 여]  054-81

소전

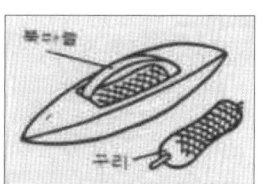

북 속의 실이 감긴 꾸리를 나타내면서 실이 감긴 꾸리가 베틀 위에서 옷감 짜는 사람의 손에 의해 오락가락 날실 사이로 주어지는 물건이라 하여 그 뜻 '주다'가 된 것으로 보이고, 자신이 덧붙여져 음의 역할을 하는 妤[여관 여]·伃[아름다울 여]자처럼 그 음이 '여'가 된 글자다.

---

### 【 구절풀이 下 】

- 長은 머리가 긴 어른의 모습을 나타낸 데서 '길다'의 뜻 외에 年長者(연장자)에서처럼 '어른'을 뜻하기도 하고,
- 幼는 '어리다'의 뜻 외에 幼兒(유아)나 幼少年(유소년)에서처럼 '어린아이'를 뜻하기도 한다.
- 有는 言中有骨(언중유골)에서처럼 '있다'를 뜻하고,
- 序는 順序(순서)나 序列(서열)에서처럼 '차례'를 뜻한다.

• 長幼有序는 '어른과 어린아이는 차례가 있다'는 말이다.

✎ 言中有骨) 말 속에 뼈가 있다는 뜻으로, 예사(例事)로운 표현(表現) 속에 만만치 않은 의미가 담겨 있다는 말.

## 【 쓰 기 】

| 054 | 지아비와 지어미는 구별이 있어야 하며 어른과 어린아이는 차례가 있어야 하며 |
|---|---|
| ① | 夫 婦 有 別 長 幼 有 序 |
| ② | |
| ③ | |

| 051 | 아버지는 자식의 벼리가 되고 임금은 신하의 벼리가 되고 |
|---|---|
| ⑥ | |

| 052 | 지아비는 지어미의 벼리가 되니 이를 삼강이라 이르니라 |
|---|---|
| ⑤ | |

| 053 | 아버지와 자식은 친함이 있어야 하며 임금과 신하는 의로움이 있어야 하며 |
|---|---|
| ④ | |

# 朋友有信하니 是謂五倫이니라 055

**벗과 벗끼리는 믿음이 있어야 하니 이를 오륜이라 이르니라**

### 【 자원풀이 上 】

**朋[벗 붕]** 055-1

갑골문 / 금문

옛날 돈으로 사용되었던 조개 몇 개를 두 가닥으로 나란히 꿴 모양을 나타냈다. 후에 두 가닥으로 조개가 나란히 어우러진 모양에서 어우러져 잘 지내는 두 사람인 벗과 관련되면서 그 뜻이 '벗'이 된 것으로 보이고, 朋黨(붕당)·朋友有信(붕우유신)에서처럼 그 음이 '붕'이 된 글자다.

**友[벗 우]** 055-2 ↑ 045-8 참고

**有[있을 유]** 055-3 ↑ 016-7 참고

**信[믿을 신]** 055-4 ↑ 言 015-81 / 人 002-21 참고

금문

言자로 인해 성실하게 전하는 말[言]을 믿는다 하여 그 뜻이 '믿다'가 되고, 人(亻)자나 千자로 인해 信用(신용)·信號(신호)·所信(소신)·花信(화신)·信憑性(신빙성)·朋友有信(붕우유신)·尾生之信(미생지신)에서 보듯 그 음이 '신'이 된 글자다.

### 【 구절풀이 上 】

◦ 朋은 朋黨(붕당)이나 朋徒(붕도)에서처럼 '벗'을 뜻하고,
◦ 友도 親友(친우)나 學友(학우)에서처럼 '벗'을 뜻한다.
◦ 有는 保有(보유)나 所有(소유)에서처럼 '있다'를 뜻하며,
◦ 信은 信用(신용)이나 信義(신의)에서처럼 '믿다'나 '믿음'을 뜻한다.
• 朋友有信은 '벗과 벗끼리는 믿음이 있다'는 말이다.

## 【 자원풀이 下 】

**是**[옳을 시]　055-5　　↑ 041-2 참고

**謂**[이를 위]　055-6　　↑ 042-6 참고

**五**[다섯 오]　055-7　　↑ 001-72 참고

**倫**[인륜 륜]　055-8　　↑ 人 002-21 ↓ 侖 055-81 참고

人(亻)자로 인해 사람[人]이라면 반드시 지켜야 할 도리인 인륜과 관련해 그 뜻이 '인륜'이 되고, 侖자로 인해 天倫(천륜)·不倫(불륜)·絶倫(절륜)·倫理(윤리)·悖倫兒(패륜아)·三綱五倫(삼강오륜)·人倫之大事(인륜지대사)에서처럼 그 음이 '륜'이 된 글자다.

**侖**[둥글 륜]　055-81　　↑ 冊 048-31 참고

| 갑골문 | 금문 | 소전 |
|---|---|---|

어떤 틀[스] 아래에 옛날 대쪽으로 만든 책[冊]을 나타내면서 그 책을 보지 않을 때 둥글게 말아 보관했기 때문에 그 뜻이 '둥글다'가 된 것으로 보이고, 자신이 덧붙여져 음의 역할을 하는 淪[물놀이 륜]·崙[산 이름 륜]·綸[낚싯줄 륜]자처럼 그 음이 '륜'이 된 글자다.

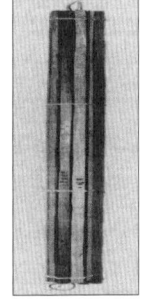

## 【 구절풀이 下 】

○ **是**는 '옳다'나 '바르다'의 뜻하고, 지시대명사(指示代名詞)로서 '이'의 뜻을 지니고,

○ **謂**는 所謂(소위)나 云謂(운위)에서처럼 '이르다'를 뜻한다.

○ **五**는 五福(오복)이나 五穀(오곡)에서처럼 '다섯'을 뜻하며,

- 倫은 天倫(천륜)이나 悖倫(패륜)에서처럼 '인륜'을 뜻한다.
- 是謂五倫은 '이를 오륜(五倫)이라 이르다'라는 말이다. 사람이 지켜야 할 떳떳한 다섯 가지의 도리를 이른 것이다.

【 쓰 기 】

| 055 | 벗과 벗끼리는 믿음이 있어야 하니 이를 오륜이라 이르니라 |
|---|---|
| ① | 朋 友 有 信 是 謂 五 倫 |
| ② | |
| ③ | |

| 052 | 지아비는 지어미의 벼리가 되니 이를 삼강이라 이르니라 |
|---|---|
| ⑥ | |

| 053 | 아버지와 자식은 친함이 있어야 하며 임금과 신하는 의로움이 있어야 하며 |
|---|---|
| ⑤ | |

| 054 | 지아비와 지어미는 구별이 있어야 하며 어른과 어린아이는 차례가 있어야 하며 |
|---|---|
| ④ | |

### 공자와 맹자의 도와 정자와 주자의 학문은

【 자원풀이 上 】

**孔**[구멍 공]　056-1

| 금문 | 소전 |
|---|---|

아이[子]가 젖[乚의 형태] 빠는 모습을 나타내면서 젖이 작은 구멍에서 나온다 하여 그 뜻이 '구멍'이 되고, 毛孔(모공)·氣孔(기공)·穿孔(천공)·瞳孔(동공)·九孔炭(구공탄)·孔方傳(공방전)·骨多孔症(골다공증)에서처럼 그 음이 '공'이 된 글자다.

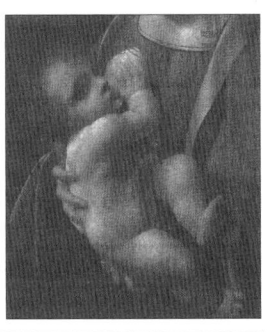

**孟**[맏 맹]　056-2　　　　　　　↑ 033-5 참고

**之**[갈 지]　056-3　　　　　　　↑ 007-8 참고

**道**[길 도]　056-4　　　　　　　↑ 039-4 참고

【 구절풀이 上 】

- 孔은 지성(至聖) '공자(孔子)'의 약칭(略稱)으로도 쓰이며,
- 孟은 아성(亞聖) '맹자(孟子)'의 약칭으로도 쓰인다.
- 之는 앞뒤 말을 연결하는 어조사(語助辭)로, '~의'의 뜻으로 풀이하며,
- 道는 '길'의 뜻 외에 도리(道理), 이치(理致), 방법(方法), 덕행(德行), 주의(主義), 사상(思想), 제도(制度) 등의 여러 뜻을 지닌다.

• 孔孟之道는 '공자와 맹자의 도(사상)'란 말이다. 사람들 사이의 도리를 바로 세우고자 한 공자의 仁(인)과 맹자의 義(의)를 바탕으로 한 사상(思想)을 이른 것이다.

## 【 자원풀이 下 】

### 程[한도 정]   056-5   ↑ 禾 025-41   ↓ 呈 056-51 참고

禾자로 인해 곡물[禾]의 품질을 일정하게 정해진 한도에 따라 분류한다 하여 그 뜻이 '한도'가 되고, 呈자로 인해 規程(규정)·科程(과정)·日程(일정)·旅程(여정)·里程標(이정표)·東北工程(동북공정)·鵬程萬里(붕정만리)에서처럼 그 음이 '정'이 된 글자다.

### 呈[드릴 정]   056-51   ↑ 口 001-71 / 壬 011-72 참고

口자로 인해 윗사람에게 말씀[口]을 드린다 하여 그 뜻이 '드리다'가 되고, 오늘날 壬이나 王의 형태로 흔히 잘못 쓰이고 있지만 壬자로 인해 贈呈(증정)·謹呈(근정)·獻呈(헌정)에서처럼 그 음이 '정'이 된 글자다.

### 朱[붉을 주]   056-6   ↑ 木 006-82 참고

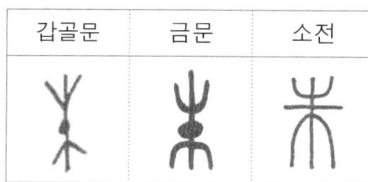

| 갑골문 | 금문 | 소전 |
|---|---|---|

줄기가 붉은 나무[木] 가운데를 점(點)으로 나타내면서 그 줄기가 붉다 하여 그 뜻이 '붉다'가 된 것으로 보이고, 朱木(주목)·朱雀(주작)·印朱(인주)·紫朱(자주)·朱紅色(주홍색)·近朱者赤(근주자적)·程朱之學(정주지학)에서 보듯 그 음이 '주'가 된 글자다.

### 之[갈 지]   056-7   ↑ 007-8 참고

### 學[배울 학]   056-8   ↑ 臼 019-51 / 爻 049-81 / 子 002-52 참고

두 손을 나타낸 臼자와 爻자와 집을 나타낸 冖의 형태와 子자가 어우러져 두 손[臼]으로 산가지[爻]를 가지고 집[冖]의 형태에서 아이[子]가 숫자를 배운다 하여 그 뜻이 '배우다'가 되고, 다시 爻자로 인해 學生(학생)·學問(학문)·志學(지학)·大學(대학)·大提學(대제학)·爲己之學(위기지학)·口耳之學(구이지학)에서처럼 그 음이 '학'이 된 글자다.

056 孔孟之道 程朱之學

### 【 구절풀이 下 】

- **程**은 '정자(程子)'를 이르며, 중국 송(宋)나라의 유학자 정호(程顥)와 정이(程頤) 형제를 높인 말이고,
- **朱**는 '주자(朱子)'를 이르며, 중국 송(宋)나라의 유학자 주희(朱熹)를 높인 말이다.
- **之**는 어조사(語助辭)로, '~의'의 뜻으로 쓰이며,
- **學**은 '배우다'의 뜻 외에 학문(學問), 학자(學者), 학통(學統), 학파(學派) 등의 여러 뜻을 지닌다.
- **程朱之學**은 '정자와 주자의 학문(學問)'이란 말이다. 중국 송나라 때의 정호, 정이 및 주희 등이 주장한 학문을 이른 것이다.

### 【 쓰기 】

**056** 공자와 맹자의 도와 정자와 주자의 학문은

① 孔 孟 之 道 程 朱 之 學

②

③

**053** 아버지와 자식은 친함이 있어야 하며 임금과 신하는 의로움이 있어야 하며

⑥

**054** 지아비와 지어미는 구별이 있어야 하며 어른과 어린아이는 차례가 있어야 하며

⑤

**055** 벗과 벗끼리는 믿음이 있어야 하니 이를 오륜이라 이르니라

④

# 正其誼而 하되 不謀其利 하며

### 그 의를 바르게 할 뿐이되 그 이를 꾀하지 아니하며

【 자원풀이 上 】

| 正[바를 정] | 057-1 | ↑ 029-32 참고 |

| 其[그 기] | 057-2 | ↑ 018-41 참고 |

| 誼[옳을 의] | 057-3 | ↑ 言 015-81 ↓ 宜 057-32 참고 |

言자로 인해 사람이 옳다고 여기는 바의 말[言]을 한다 하여 그 뜻이 '옳다'고, 友誼(우의)·情誼(정의)에서처럼 그 음이 '의'인 글자다.

## 且[또 차·도마 저]  057-31

| 갑골문 | 금문 | 소전 |
|---|---|---|

도매[俎] 위에 제사에 쓰는 고기를 많이 쌓고 또 쌓은 모양을 나타내면서 그 뜻이 반복의 의미인 '또'가 된 것으로 보이고, 且置(차치)·況且(황차)·苟且(구차)·重且大(중차대)에서처럼 그 음이 '차'가 된 글자다.

## 宜[마땅할 의]  057-32  ↑ 且 057-31 참고

갑골문

원래 俎[도마 조]자와 자형(字形)이 같았으며, 고기를 겹쳐 도마 위에 쌓아 놓은 모양을 본뜬 글자다. 후에 그 자형이 변화되어 宀의 형태가 쓰이게 되었다. 희생물인 고기를 쌓아 놓고 신(神)에게 제사를 지내는 것이 사람의 마땅한 도리임을 나타내면서 그 뜻이 '마땅하다'가 되었고, 宜當(의당)·便宜店(편의점)·時宜適切(시의적절)에서처럼 그 음이 '의'가 되었다.

| 而[말 이을 이] | 057-4 | ↑ 007-6 참고 |

## 【 구절풀이 上 】

- **正**은 正道(정도)나 正坐(정좌)에서처럼 '바르다'를 뜻하며,
- **其**는 지시대명사(指示代名詞)로, '그'의 뜻으로 쓰인다. 孔孟之道와 程朱之學을 가리킨다.
- **誼**는 "의(誼) 상하다"나 "의(誼) 좋다"란 말에서 보듯 모든 사람이 옳다고 여기는 바의 '의(誼)'를 이른다. '옳다'의 뜻을 지니며, 같은 뜻과 음을 지닌 義와 통하는 글자다.
- **而**는 구절 끝에서 한정(限定)의 느낌을 나타내는 어기사(語氣詞)로, '~뿐이다'의 뜻을 지닌다. 而已(이이)나 而已矣(이이의)로도 쓰이고, 已(이), 耳(이), 爾(이)로도 쓰인다.
- **正其誼而**는 '그 의(옳다 여기는 바)를 바르게 할 뿐이다'라는 말이다.

## 【 자원풀이 下 】

**不**[아닐 불]　057-5　　　↑ 005-6 참고

**謀**[꾀할 모]　057-6　　　↑ 023-7 참고

**其**[그 기]　057-7　　　↑ 018-41 참고

**利**[이로울 리]　057-8　　　↑ 禾 025-41 / 刀 008-51 참고

| 갑골문 | 금문 | 소전 |
| --- | --- | --- |

벼[禾]를 날카로운 칼[刂]로 베는 모양을 나타내면서 그 뜻이 '날카롭다'가 된 글자다. 후에 날카로운 도구를 이용하는 것이 농사짓는 데 이롭다 하여 다시 '이롭다'의 뜻을 지니고, 銳利(예리)·便利(편리)·利益(이익)·利害(이해)·戰利品(전리품)·漁父之利(어부지리)에서처럼 '리'의 음으로 읽힌다.

【 구절풀이 下 】

- 不은 不安(불안)이나 不便(불편)에서처럼 '~아니하다'의 뜻을 지니는 접두사(接頭辭) 역할을 하고,
- 謀는 圖謀(도모)나 謀議(모의)에서처럼 '꾀'를 뜻한다.
- 其는 지시대명사(指示代名詞)로, '그'의 뜻을 지닌다. 孔孟之道와 程朱之學을 가리키며,
- 利는 名利(명리)나 營利(영리)에서처럼 '이롭다'를 뜻한다.
- 不謀其利는 '그 이(이롭다 여기는 바)를 꾀하지 아니하다'라는 말이다. 눈앞에 이익을 보고 의리에 합당한 지를 생각하라는 것이다.

【 쓰기 】

| 057 | 그 의를 바르게 할 뿐이되 그 이를 꾀하지 아니하며 |
|---|---|
| ① | 正其誼而 不謀其利 |
| ② | |
| ③ | |

| 054 | 지아비와 지어미는 구별이 있어야 하며 어른과 어린아이는 차례가 있어야 하며 |
|---|---|
| ⑥ | |

| 055 | 벗과 벗끼리는 믿음이 있어야 하니 이를 오륜이라 이르니라 |
|---|---|
| ⑤ | |

| 056 | 공자와 맹자의 도와 정자와 주자의 학문은 |
|---|---|
| ④ | |

# 明其道而하되 不計其功이니라

## 그 도를 밝힐 뿐이되 그 공을 헤아리지 아니하니라

### 【 자원풀이 上 】

**明**[밝을 명]  058-1       ↑ 日 006-51  ↓ 月 058-11 참고

| 갑골문 | 금문 | 소전 |
|---|---|---|

달[月]이 지기 전에 해[日]가 떠올라 세상을 밝게 비추고 있는 모양을 나타낸 데서 그 뜻이 '밝다'가 되고, 明暗(명암)·明晳(명석)·黎明(여명)·闡明(천명)·明文化(명문화)·大明天地(대명천지)·明明白白(명명백백)에서처럼 그 음이 '명'이 된 글자다.

**月**[달 월]  058-11

| 갑골문 | 금문 | 소전 |
|---|---|---|

둥근 모양보다 이지러진 모양을 더 많이 볼 수 있는 달을 나타낸 데서 그 뜻이 '달'이고, 月出(월출)·月蝕(월식)·日月(일월)·正月(정월)·月桂樹(월계수)·月下老人(월하노인)·空山明月(공산명월)에서처럼 그 음이 '월'인 글자다.

**其**[그 기]  058-2       ↑ 018-41 참고

**道**[길 도]  058-3       ↑ 039-4 참고

**而**[말 이을 이]  058-4       ↑ 007-6 참고

### 【 구절풀이 上 】

- 明은 表明(표명)이나 證明(증명)에서처럼 '밝히다'를 뜻한다.
- 其는 지시대명사(指示代名詞)로, '그'의 뜻을 지닌다. 孔孟之道와 程朱之學을 가리킨다.
- 道는 '길'의 뜻 외에 도리(道理), 이치(理致), 방법(方法), 덕행(德行), 주의(主義), 사상(思想), 제도(制度) 등의 여러 뜻을 지닌다.
- 而는 어기사(語氣詞)로, '~뿐이다'의 뜻을 지닌다.
- 明其道而는 '그 도(사상이나 도리)를 밝힐 뿐이다'는 말이다.

### 【 자원풀이 下 】

**不**[아닐 불]  058-5  ↑ 005-6 참고

**計**[셀 계]  058-6  ↑ 言 015-81 / 十 058-61 참고

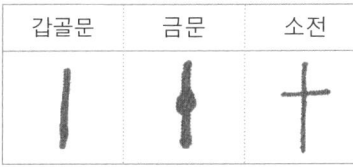

입으로 말[言]을 하면서 하나에서 열[十]까지 수(數)를 센다 하여 그 뜻이 '세다'가 되고, 計算(계산)·計劃(계획)·時計(시계)·合計(합계)·美人計(미인계)·百年大計(백년대계)·三十六計(삼십육계)에서처럼 그 음이 '계'가 된 글자다.

**十**[열 십]  058-61

원래 곧게 그어 내린 한 선(線)이다가 나중에 중간 부분이 두툼하게 되고, 다시 그 부분이 가로의 작은 한 선으로 발전된 글자다. 예부터 가로의 선으로는 一(일)·二(이)·三(삼)자를 만들어 썼으며, 세로의 선으로는 十[열 십]·卄[스물 입]·卅[서른 삽]자를 만들어 썼다. 따라서 十자는 '열'을 뜻하면서 十分(십분)·十月(→시월)·十字架(십자가)·十進法(십진법)·十中八九(십중팔구)·十方世界(→시방세계)에서처럼 '십'의 음으로 읽힌다.

## 其 [그 기]  058-7   ↑ 018-41 참고

## 功 [공 공]  058-8   ↑ 力 054-61 / 工 007-32 참고

力자로 인해 힘[力]들여 세운 공과 관련해 그 뜻이 '공'이 되고, 工자로 인해 功德(공덕)·功績(공적)·成功(성공)·武功(무공)·有功者(유공자)·論功行賞(논공행상)·功虧一簣(공휴일궤)에서처럼 그 음이 '공'이 된 글자다.

### 【 구절풀이 下 】

- 不은 접두사(接頭辭)로, 不信(불신)이나 不應(불응)에서처럼 '~아니하다'의 뜻을 지닌다.
- 計는 計量(계량)이나 計測(계측)에서처럼 '헤아리다'를 뜻한다.
- 其는 지시대명사(指示代名詞)로, '그'의 뜻을 지닌다.
- 功은 功名(공명)이나 功績(공적)에서처럼 일을 해서 세운 업적과 관련해 '공'을 뜻한다.

- 不計其功은 '그 공(공적)을 헤아리지 아니하다'라는 말이다. 功(공)을 헤아린다는 것은 단지 利(이)만을 탐하는 것이기 때문이다.

### 【 쓰 기 】

| 058 | 그 도를 밝힐 뿐이되 그 공을 헤아리지 아니하느니라 |
|---|---|
| ① | 明 其 道 而 不 計 其 功 |
| ② | |
| ③ | |

| 055 | 벗과 벗끼리는 믿음이 있어야 하니 이를 오륜이라 이르니라 | | | | | | | |
|---|---|---|---|---|---|---|---|---|
| ⑥ | | | | | | | | |
| 056 | 공자와 맹자의 도와 정자와 주자의 학문은 | | | | | | | |
| ⑤ | | | | | | | | |
| 057 | 그 의를 바르게 할 뿐이되 그 이를 꾀하지 아니하며 | | | | | | | |
| ④ | | | | | | | | |

058 明其道而 不計其功

# 元亨利貞은 天道之常이요

### 원형이정은 하늘이 부여한 도의 떳떳함이요

### 【 자원풀이 上 】

**元**[으뜸 원]  059-1  ↑ 041-1 참고

**亨**[형통할 형]  059-2  ↓ 享 059-21 참고

원래 享자와 자형(字形)이 같았으나 후에 약간 간략하게 쓰이게 된 글자다. 조상(祖上)에게 제사를 드려서 기원(祈願)하는 모든 일이 형통하길 바란다 하여 그 뜻이 '형통하다'가 되고, 萬事亨通(만사형통)에서처럼 그 음이 '형'이 된 글자다.

**享**[누릴 향]  059-21

| 갑골문 | 금문 | 소전 |
|---|---|---|

조상(祖上)에게 제사 드리기 위해 높은 토대 위에 지은 집을 나타내면서 후손이 제사를 드리면 조상이 후손이 받드는 정성을 누린다 하여 그 뜻이 '누리다'가 되고, 享有(향유)·享樂(향락)·享年(향년)·配享(배향)·祭享(제향)·臘享(납향)·春享大祭(춘향대제)에서 보듯 그 음이 '향'이 된 글자다.

**利**[이로울 리]  059-3  ↑ 057-8 참고

**貞**[곧을 정]  059-4  ↓ 卜 059-41  ↑ 鼎 027-41 참고

| 갑골문 |
|---|

원래 卜자와 鼎자가 합쳐진 鼎자가 본자(本字)다. 卜자로 인해 점[卜]과 같은 의식(儀式)을 행하는 사람은 부정을 멀리하고 마음이 곧아야 했던 데서 그 뜻이 '곧다'가 되고, 후대에 貝의 형태로 간략하게 변화되었으나 鼎자로 인해 貞淑(정숙)·貞節(정절)·貞操(정조)·不貞(부정)·童貞女(동정녀)·貞敬夫人(정경부인)에서처럼 그 음이 '정'이 된 글자다.

卜 [점 복]　　059-41

|갑골문|금문|소전|
|---|---|---|
|卜|卜|卜|

옛날 사람들이 사냥이나 전쟁처럼 앞으로 하려는 일의 길흉(吉凶)을 미리 알기 위해 점(占)을 쳤을 때에 보이는 거북껍데기의 갈라진 무늬를 나타낸 데서 그 뜻이 '점'이 되고, 卜債(복채)나 占卜(점복)에서 보듯 그 음이 '복'이 된 글자다.

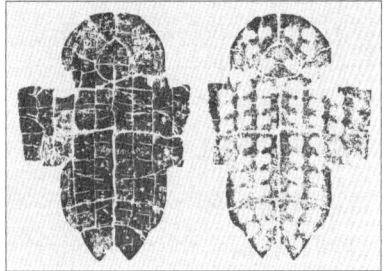

### 【 구절풀이 上 】

◦ 元은 '으뜸'에서 비롯된 '처음'과 관련해 만물이 처음 생겨나 잘 자란다 함을 이른다.

◦ 亨은 모든 일이 잘 된다는 '형통하다'에서 막힘없이 잘 자라 아름답게 됨을 이른다.

◦ 利는 '이롭다'에서 이롭게 조화를 이뤘다 함을 이른다.

◦ 貞은 '곧다'와 관련해 굳건히 하여 잘 완성되었음을 이른다.

• 元亨利貞은 '만물이 처음 생겨나서 잘 자라(元) 아름답게 되고(亨), 조화를 이뤄(利) 굳건히 완성된다(貞)'는 말이다. 여기서 元은 만물이 자라기 시작하는 봄(春)에, 亨은 만물이 크게 성장하는 여름(夏)에, 利는 만물이 이루어지는 가을(秋)에, 貞은 만물이 완성되는 겨울(冬)에 해당된다. 元亨利貞은 인의예지(仁義禮智)를 뜻하기도 한다. 《주역(周易)》의 〈건괘(乾卦)〉에서 유래되었다.

### 【 자원풀이 下 】

| 天 [하늘 천] | 059-5 | ↑ 004-4 참고 |

| 道 [길 도] | 059-6 | ↑ 039-4 참고 |

## 之 [갈 지]   059-7                ↑ 007-8 참고

## 常 [항상 상]   059-8              ↓ 巾 059-81 / 尙 059-83 참고

巾자로 인해 원래 옷감[巾]으로 만든 치마를 뜻했으나 나중에 裳[치마 상]자가 쓰이면서 자신은 그 치마를 항상 착용(着用)한다 하여 '항상'의 뜻을 지니고, 尙자로 인해 常用(상용)·常識(상식)·十常(십상)·日常(일상)·常備藥(상비약)·人生無常(인생무상)·兵家常事(병가상사)에서처럼 '상'의 음으로 읽히게 된 글자다.

## 巾 [수건 건]   059-81

아래로 늘어진 수건을 나타낸 데서 그 뜻이 '수건'이고, 手巾(수건)·頭巾(두건)·網巾(망건)·幅巾(복건)·三角巾(삼각건)·紅巾賊(홍건적)에서

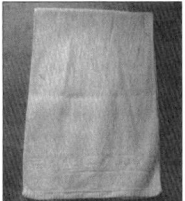

처럼 그 음이 '건'인 글자다.

## 向 [향할 향·성 상]   059-82

환기구(換氣口) 역할을 하는 창[口의 형태]이 있는 집을 나타낸 글자다. 예부터 햇빛을 많이 들이기 위해 흔히 집의 정면(正面)은 남쪽에 두면서 창문은 북쪽을 향한 데서 그 뜻이 '향하다'가 되고, 方向(방향)·指向(지향)·向後(향후)·向路(향로)·向日花(향일화)·向學熱(향학열)·實力向上(실력향상)에서 보듯 그 음이 '향'이 된 글자다. 사람의 성(姓)으로 쓰일 때는 그 음을 '상'으로 읽는다.

## 尙 [오히려 상]   059-83             ↑ 向 059-82 참고

창이 있는 집의 지붕 위에 덧지붕을 더해 원래보다 높인 모양을 나타내면서 더하거나 높이다의 뜻을 지녔는데 후에 원래보다 더하면서 오히려 달라졌다 하여 그 뜻이 '오히려'가 되고, 向자의 영향을 받아 尙饗(상향)·尙存(상존)·崇尙(숭상)·和尙(화상)·尙武臺(상무대)·口尙乳臭(구상유취)·時機尙早(시기상조)에서처럼 그 음이 '상'이 된 글자다.

【 구절풀이 下 】

- 天은 天命(천명)이나 天運(천운)에서처럼 '하늘'을 뜻한다.
- 道는 '길'의 뜻 외에 도리(道理), 이치(理致), 방법(方法), 덕행(德行), 주의(主義), 사상(思想), 제도(制度) 등의 여러 뜻을 지닌다. 天道는 하늘이 부여한 도리를 이른 것이다.
- 之는 어조사(語助辭)로, '~의' 또는 '~하는'의 뜻을 지닌다.
- 常은 사람이 항상 지켜야 할 다섯 가지의 떳떳한 도리인 五常(오상)에서처럼 '떳떳하다'의 뜻을 지닌다.
- 天道之常은 '하늘이 부여한 도(도리)의 떳떳함이다'라는 말이다.

✎ 五常) 사람이 지켜야 할 다섯 가지의 떳떳한 도리(道理)란 뜻으로, 인(仁), 의(義), 예(禮), 지(智), 신(信)을 이른다.

【 쓰 기 】

| 059 | 원형이정은 하늘이 부여한 도의 떳떳함이요 |
| --- | --- |
| ① | 元 亨 利 貞 天 道 之 常 |
| ② | |
| ③ | |

| 056 | 공자와 맹자의 도와 정자와 주자의 학문은 |
| --- | --- |
| ⑥ | |

| 057 | 그 의를 바르게 할 뿐이되 그 이를 꾀하지 아니하며 |
| --- | --- |
| ⑤ | |

| 058 | 그 도를 밝힐 뿐이되 그 공을 헤아리지 아니하니라 |
| --- | --- |
| ④ | |

059 元亨利貞 天道之常

# 仁義禮智는 人性之綱이니라  060

**인의예지는 사람이 지니는 성품의 벼리다**

【 자원풀이 上 】

| 仁[어질 인] | 060-1 | ↑ 041-6 참고 |

| 義[옳을 의] | 060-2 | ↑ 053-8 참고 |

| 禮[예도 례] | 060-3 | ↑ 044-6 참고 |

| 智[슬기 지] | 060-4 | ↑ 曰 005-51 / 知 025-8 참고 |

**금문**

曰자로 인해 말하는[曰] 것을 빨리 깨닫는 슬기가 있다 하여 그 뜻이 '슬기'가 되고, 知자로 인해 智慧(지혜)·智略(지략)·衆智(중지)·機智(기지)·叡智力(예지력)·老馬之智(노마지지)·仁義禮智(인의예지)에서 보듯 그 음이 '지'가 된 글자다.

【 구절풀이 上 】

◦ 仁은 '어질다'를 뜻하면서 殺身成仁(살신성인)에서처럼 공자의 가르침에 일관되어 있는 최고의 도덕을 이르는 '인'을 이른다.

◦ 義는 '옳다'를 뜻하면서 見利思義(견리사의)에서처럼 사람이 행해야 할 바른 도리인 '의'를 이른다.

◦ 禮는 '예도'를 뜻하면서 克己復禮(극기복례)에서처럼 사람이 마땅히 지켜야 할 의식에 대한 법도인 '예'를 이른다.

◦ 智는 '슬기'를 뜻하면서 大智如愚(대지여우)에서처럼 세상의 도리를 잘 알아 일을 바르게 처리하게 하는 능력인 '지'를 이른다.

- **仁義禮智**는 '인(어짊)·의(의로움)·예(예도)·지(슬기)'를 말한다. 사람으로서 갖추어야 할 네 가지 마음가짐을 이른 것이다.

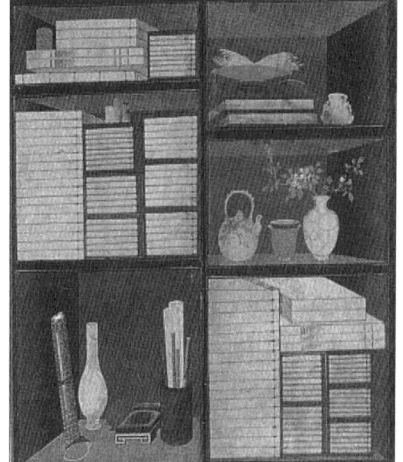

- 殺身成仁) 자신(自身)의 몸을 죽여 인(仁)을 이룬다는 말.
- 見利思義) 눈앞에 이익(利益)을 보거든 의리(義理)에 합당(合當)한 지를 생각하라는 말.
- 克己復禮) 욕망(慾望)이나 사(詐)된 마음 등을 자신의 의지력으로 억제하고 예의(禮儀)에 어그러지지 않도록 함.
- 大智如愚) 큰 지혜(智慧)를 가지고 있는 사람은 언뜻 보기에는 어리석게 보인다는 말.

## 【 자원풀이 下 】

### 人[사람 인]   060-5   ↑ 002-21 참고

### 性[성품 성]   060-6   ↑ 心 002-31 / 生 001-2 참고

心(忄)자로 인해 사람이 타고난 마음[心]의 바탕인 성품과 관련해 그 뜻이 '성품'이 되고, 生자로 인해 性格(성격)·性質(성질)·心性(심성)·個性(개성)·國民性(국민성)·人性敎育(인성교육)에서처럼 그 음이 '성'이 된 글자다.

### 之[갈 지]   060-7   ↑ 007-8 참고

### 綱[벼리 강]   060-8   ↑ 051-4 참고

### 【 구절풀이 下 】

- 人은 人氣(인기)나 人格(인격)에서처럼 '**사람**'을 뜻하며,
- 性은 性格(성격)이나 性質(성질)에서처럼 '**성품**'을 뜻한다.
- 之는 어조사(語助辭)로, '~의'의 뜻으로 풀이하며,
- 綱은 그물코를 꿴 굵은 줄인 '**벼리**'를 뜻하며, 大綱(대강)이나 要綱(요강)에서처럼 일의 줄거리인 '근본'을 뜻하기도 한다.
- 人性之綱은 '사람이 지니는 성품의 벼리(근본)다'라는 말이다. 인의예지는 사람이 마땅히 갖추어야 할 네 가지 성품임을 이른 것이다.

### 【 쓰 기 】

**060** 인의예지는 사람이 지니는 성품의 벼리이니라

① 仁 義 禮 智 人 性 之 綱

②

③

**057** 그 의를 바르게 할 뿐이되 그 이를 꾀하지 아니하며

⑥

**058** 그 도를 밝힐 뿐이되 그 공을 헤아리지 아니하니라

⑤

**059** 원형이정은 하늘이 부여한 도의 떳떳함이요

④

# 起居坐立이 行動擧止요

일어서고 머물며 앉고 섬이 행동거지요

【 자원풀이 上 】

| 起[일어날 기] | 061-1 | ↑ 013-7 참고 |
| 居[살 거] | 061-2 | ↑ 009-63 참고 |
| 坐[앉을 좌] | 061-3 | ↑ 009-2 참고 |
| 立[설 립] | 061-4 | ↑ 012-5 참고 |

【 구절풀이 上 】

○ 起는 起動(기동)이나 起床(기상)에서처럼 '일어나다'를 뜻하고,

○ 居는 '살다'의 뜻 외에 居住(거주)나 居留(거류)에서처럼 머물러 산다 하여 '머물다'를 뜻하기도 한다.

○ 坐는 坐定(좌정)이나 安坐(안좌)에서처럼 '앉다'를 뜻하고,

○ 立은 起立(기립)이나 直立(직립)에서처럼 '서다'를 뜻한다.

• 起居坐立은 '일어서고 머물며 앉고 서다'라는 말이다.

## 【 자원풀이 下 】

### 行[다닐 행]   061-5   ↑ 004-51 참고

### 動[움직일 동]   061-6   ↑ 力 054-61 ↓ 重 061-61 참고

力자로 인해 무거운 물건(物件) 등을 힘[力]들여 움직인다 하여 그 뜻이 '움직이다'가 되고, 重자로 인해 動物(동물)·動鈴(→동냥)·感動(감동)·天動(→천둥)·能動的(능동적)·煽動者(선동자)·不動姿勢(부동자세)에서처럼 그 음이 '동'이 된 글자다.

### 重[무거울 중]   061-61   ↑ 人 002-21 / 東 017-7 참고

금문

사람[人]이 무거운 자루[東]를 등에 지고 땅 위에 서 있는 모습을 나타내고자 한 데서 그 뜻이 '무겁다'가 되고, 다시 東자로 인해 輕重(경중)·肉重(육중)·鄭重(정중)·所重(소중)·重量級(중량급)·捲土重來(권토중래)·隱忍自重(은인자중)에서처럼 그 음이 '중'이 된 글자다.

### 擧[들 거]   061-7   ↑ 手 015-71 / 與 019-5 참고

手자로 인해 손[手]을 든다 하여 그 뜻이 '들다'가 되고, 與자로 인해 擧動(거동)·擧論(거론)·科擧(과거)·暴擧(폭거)·擧國的(거국적)·擧手敬禮(거수경례)·擧案齊眉(거안제미)·一擧手一投足(일거수일투족)에서처럼 그 음이 '거'가 된 글자다.

### 止[그칠 지]   061-8   ↑ 007-71 참고

**【 구절풀이 下 】**

- 行은 '다니다'의 뜻 외에 行爲(행위)나 施行(시행)에서처럼 움직여 다니며 행한다 하여 '**행하다**'의 뜻을 지니고,
- 動은 動作(동작)이나 活動(활동)에서처럼 '**움직이다**'의 뜻을 지닌다.
- 擧는 '들다'의 뜻 외에 擧動(거동)이나 擧行(거행)에서처럼 들어[擧] 일으켜 움직인다[動] 하여 '**거동하다**'의 뜻을 지니고,
- 止는 中止(중지)나 停止(정지)에서처럼 '**그치다**'의 뜻을 지닌다.
- **行動擧止**는 '행(행동하다)·동(움직이다)·거(거동하다)·지(그친다)'라는 말이다. 사람의 몸에서 일어나는 모든 동작을 이른 것이다.

**【 쓰 기 】**

| 061 | 일어서고 머물며 앉고 섬이 행동거지요 |||||||| 
|---|---|---|---|---|---|---|---|---|
| ① | 起 | 居 | 坐 | 立 | 行 | 動 | 擧 | 止 |
| ② | | | | | | | | |
| ③ | | | | | | | | |

| 058 | 그 도를 밝힐 뿐이되 그 공을 헤아리지 아니하니라 |
|---|---|
| ⑥ | |

| 059 | 원형이정은 하늘이 부여한 도의 떳떳함이요 |
|---|---|
| ⑤ | |

| 060 | 인의예지는 사람이 지니는 성품의 벼리이니라 |
|---|---|
| ④ | |

# 禮義廉恥는 是謂四維이니라

**예의·의로움·청렴함·부끄러워함, 이를 네 가지 벼리라 이르니라**

### 【 자원풀이 上 】

**禮**[예도 례]　062-1　　　　　↑ 044-6 참고

**義**[옳을 의]　062-2　　　　　↑ 053-8 참고

**廉**[청렴할 렴]　062-3　　　↑ 广 011-52 ↓ 兼 062-31 참고

广자로 인해 좁은 집[广]에서 청렴하게 산다 하여 그 뜻이 '청렴하다'가 되고, 兼자로 인해 廉恥(염치)·廉探(염탐)·淸廉(청렴)·低廉(저렴)·破廉恥漢(파렴치한)에서처럼 그 음이 '렴'이 된 글자다.

**兼**[겸할 겸]　062-31　　　↑ 又 001-11 / 禾 025-41 참고

| 금문 | 소전 |
|---|---|

손[又]에 두 포기의 벼[禾]를 겸하여 쥔 모습을 나타낸 데서 그 뜻이 '겸하다'고, 兼行(겸행)·兼用(겸용)·兼床(겸상)·兼業(겸업)·兼愛說(겸애설)·兩手兼將(양수겸장)·文武兼全(문무겸전)에서 보듯 그 음이 '겸'인 글자다.

**恥**[부끄러울 치]　062-4　　↑ 耳 011-71 / 心 002-31 참고

心자로 인해 마음[心] 속으로 떳떳하지 못해 부끄럽다 하여 그 뜻이 '부끄럽다'가 되고, 耳자로 인해 恥辱(치욕)·恥事(치사)·廉恥(염치)·羞恥(수치)·國恥日(국치일)·厚顏無恥(후안무치)에서 보듯 그 음이 '치'가 된 글자다.

## 【 구절풀이 上 】

- 禮는 禮法(예법)이나 禮節(예절)에서처럼 '예도(예의)'를 뜻한다.
- 義는 道義(도의)나 節義(절의)에서처럼 옳은 도리와 관련해 '의롭다(의로움)'의 뜻을 지닌다.
- 廉은 淸廉(청렴)이나 廉隅(염우)에서처럼 탐(貪)하는 마음이 없음과 관련해 '청렴하다(청렴함)'의 뜻을 지닌다.
- 恥는 恥辱(치욕)이나 恥事(치사)에서처럼 잘못에 대해 느끼는 마음과 관련해 '부끄럽다(부끄러워함)'의 뜻을 지닌다.

• 禮義廉恥는 '예의·의로움·청렴함·부끄러워함'이라는 말이다.

## 【 자원풀이 下 】

| 是[옳을 시] | 062-5 | ↑ 041-2 참고 |

| 謂[이를 위] | 062-6 | ↑ 042-6 참고 |

| 四[넉 사] | 062-7 | ↑ 045-7 참고 |

| 維[밧줄 유] | 062-8 | ↑ 糸 040-22 / 隹 007-51 참고 |

糸자로 인해 실[糸]로 얽은 굵은 밧줄과 관련해 그 뜻이 '밧줄'이 되고, 隹자로 인해 纖維(섬유)·維持(유지)·維新(유신)·維歲次(유세차)·進退維谷(진퇴유곡)에서처럼 그 음이 '유'가 된 글자다.

【 구절풀이 下 】

- 是는 是認(시인)이나 是正(시정)에서처럼 '옳다'나 '바르다'의 뜻 외에 지시대명사(指示代名詞)로, '이'의 뜻을 지니기도 한다.
- 謂는 所謂(소위)나 云謂(운위)에서처럼 '이르다'를 뜻한다.
- 四는 禮(예)와 義(의)와 廉(염)과 恥(치)의 '넷'을 가리킨다.
- 維는 굵은 밧줄이 벼릿줄이 된다 하여 '벼리'의 뜻을 지니며, 벼릿줄로 그물의 위쪽 코를 유지한다 하여 '유지하다'의 뜻을 지니기도 한다.
- 是謂四維는 '이를 네 가지 벼리라 이르다'라는 말이다. 선비정신의 기본을 이르고, 이것이 국가를 유지하는 데 필요한 네 가지임을 이른 것이다.

【 쓰 기 】

| 062 | 예의·의로움·청렴함·부끄러워함, 이를 네 가지 벼리라 이르니라 |
|---|---|
| ① | 禮 義 廉 恥 是 謂 四 維 |
| ② | |
| ③ | |

| 059 | 원형이정은 하늘이 부여한 도의 떳떳함이요 |
|---|---|
| ⑥ | |

| 060 | 인의예지는 사람이 지니는 성품의 벼리이니라 |
|---|---|
| ⑤ | |

| 061 | 일어서고 머물며 앉고 섬이 행동거지요 |
|---|---|
| ④ | |

# 天開於子하고 地闢於丑하고

**하늘은 자시에 열리고 땅은 축시에 열리고**

【 자원풀이 上 】

## 天[하늘 천]   063-1                            ↑ 004-4 참고

## 開[열 개]   063-2                    ↓ 門 063-21  ↑ 廾 019-52 참고

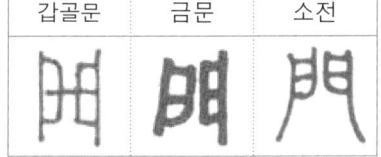

두 짝의 문[門]을 두 손[廾]으로 여는 모양을 나타낸 데서 그 뜻이 '열다'가 되고, 開閉(개폐)·開化(개화)·公開(공개)·滿開(만개)·未開人(미개인)·開拓地(개척지)·天地開闢(천지개벽)에서처럼 그 음이 '개'가 된 글자다. 후에 문의 빗장을 나타낸 一의 형태가 덧붙여졌다.

## 門[문 문]   063-21

마주 선 기둥에 한 짝씩 달려 있는 문을 나타낸 데서 그 뜻이 '문'이고, 校門(교문)·家門(가문)·門牌(문패)·門中(문중)·虹蜺門(홍예문)·紅箭門(홍전문)·杜門不出(두문불출)에서처럼 그 음이 '문'인 글자다.

## 於[어조사 어]   063-3                        ↓ 烏 063-31 참고

烏자의 이체자(異體字)로, 까마귀를 나타냈다. 후대에 어조사로 널리 빌려 쓰면서 그 뜻이 '어조사'가 되고, 於口(→어귀)·於焉(어언)·於中間(어중간)·於此彼(어차피)·止於至善(지어지선)·良藥苦於口(양약고어구)에서처럼 그 음이 '어'가 된 글자다.

烏[까마귀 오]　063-31

| 금문 | 소전 |
|---|---|

검은 몸에 검은 눈을 가져 보았을 때 눈이 겉으로 잘 드러나지 않기에 눈을 생략한 채 나타낸 새인 까마귀와 관련해 그 뜻이 '까마귀'가 되고, 烏竹(오죽)·烏賊魚(오적어)·烏骨鷄(오골계)·烏瞰圖(오감도)·三足烏(삼족오)·烏有先生(오유선생)에서 보듯 그 음이 '오'가 된 글자다.

子[아들 자]　063-4　　↑ 002-52 참고

## 【 구절풀이 上 】

○ 天은 靑天(청천)이나 九天(구천)에서처럼 '하늘'을 뜻하고,

○ 開는 開通(개통)이나 開闢(개벽)에서처럼 '열다'를 뜻한다.

○ 於는 어조사(語助辭)로, 於口(→어귀)나 於中間(어중간)에서처럼 '~에서'의 뜻으로 풀이한다.

○ 子는 천간(天干)의 첫째를 나타내는 데도 쓰이며, 천간은 다시 연월일시(年月日時)를 나타내는 데 쓰인다. 子를 年月日時(연월일시)의 時(시)와 연결하면 子時(자시)다. 子時는 십이시(十二時)의 첫째 시(時)로 보면 밤 11시부터 오전 1시까지고, 이십사시(二十四時)의 첫째 시(時)로 보면 밤 11시 30분부터 오전 0시 30분까지다.

● 天開於子는 '하늘은 자시에 열리다'는 말이다.

## 【 자원풀이 下 】

地[땅 지]　063-5　　↑ 004-8 참고

## 闢 [열 벽]  063-6   ↑ 門 063-21  ↓ 辟 063-61 참고

門자로 인해 문[門]을 연다 하여 그 뜻이 '열다'고, 開闢(개벽)에서처럼 그 음이 '벽'인 글자다.

## 辟 [허물 벽]  063-61   ↑ 辛 009-33 참고

| 갑골문 | 금문 | 소전 |
|---|---|---|

굴복(屈伏)하고 있는 사람[尸]의 형태에게 도구[辛]로 문신을 한다함을 나타내면서 문신이 새겨지는 사람은 죄인이나 포로처럼 허물이 있다 하여 그 뜻이 '허물'이 된 것으로 보이고, 辟除(벽제)·大辟(대벽)에서 보듯 그 음이 '벽'이 된 글자다. 글자 가운데 보이는 작은 원형(圓形)은 문신에 의해 도려내어진 살점으로 여겨진다.

## 於 [어조사 어]  063-7   ↑ 063-3 참고

## 丑 [소 축]  063-8   ↑ 又 001-11 참고

| 갑골문 | 금문 | 소전 |
|---|---|---|

사람이 손[又] 끝을 굽혀 무언가 잡는 모양을 나타냈으나 후에 둘째 지지를 가리키는 데 빌려 쓰면서 다시 둘째 지지가 상징하는 동물인 소와 관련되어 그 뜻이 '소'가 되고, 丑時(축시)·乙丑年(을축년)·癸丑日記(계축일기)에서처럼 그 음이 '축'이 된 글자다.

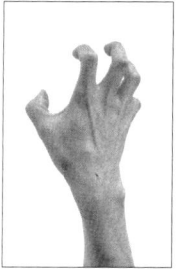

### 【 구절풀이 下 】

- 地는 土地(토지)나 土壤(토양)에서처럼 '땅'을 뜻하고,
- 闢은 開闢(개벽)에서처럼 '열다'를 뜻한다.
- 於는 어조사(語助辭)로, 靑出於藍(청출어람)에서처럼 '~에서'의 뜻으로 풀이한다.

063 天開於子 地闢於丑

- 丑은 천간(天干)의 둘째를 나타내는 데 쓰이며, 천간은 다시 연월일시(年月日時)를 나타내는 데 쓰인다. 丑을 年月日時(연월일시)의 時(시)와 연결하면 丑時(축시)다. 丑時는 십이시(十二時)의 둘째 시(時)로 보면 오전 1시부터 3시까지고, 이십사시(二十四時)의 둘째 시(時)로 보면 오전 0시 30분부터 1시 30분까지다.

- 地闢於丑은 '땅은 축시에 열리다'는 말이다. 앞 구절 '天開於子'와 어울려 天地(천지)는 하늘과 땅을 아울러 이르면서 '세상'이나 '우주'를 이르기도 한다.

【 쓰기 】

| 063 | 하늘은 자시에 열리고 땅은 축시에 열리고 |
|---|---|
| ① | 天 開 於 子 地 闢 於 丑 |
| ② | |
| ③ | |

| 060 | 인의예지는 사람이 지니는 성품의 벼리이니라 |
|---|---|
| ⑥ | |

| 061 | 일어서고 머물며 앉고 섬이 행동거지요 |
|---|---|
| ⑤ | |

| 062 | 예의·의로움·청렴함·부끄러워함, 이를 네 가지 벼리라 이르니라 |
|---|---|
| ④ | |

# 人生於寅하나니 是謂太古니라

**사람은 인시에 나니 이를 태고라 이르니라**

### 【 자원풀이 上 】

**人**[사람 인]   064-1                                        ↑ 002-21 참고

**生**[날 생]   064-2                                          ↑ 001-2 참고

**於**[어조사 어]   064-3                                      ↑ 063-3 참고

**寅**[셋째 지지 인·범 인]   064-4                             ↑ 矢 025-81 참고

| 갑골문 | 금문 | 소전 |
|--------|------|------|
| 寅 | 寅 | 寅 |

그 형태가 화살[矢]과 관련이 있으나 후대에 셋째 지지를 가리키는 데 빌려 쓰이면서 그 뜻이 '셋째 지지'가 되고, 四寅劍(사인검)·丙寅洋擾(병인양요)에서 보듯 그 음이 '인'이 된 글자다.

### 【 구절풀이 上 】

- **人**은 人間(인간)이나 人類(인류)에서처럼 '사람'을 뜻하며,
- **生**은 誕生(탄생)이나 發生(발생)에서처럼 '나다'를 뜻한다.
- **於**는 어조사(語助辭)로, '~에서'의 뜻으로 풀이한다.
- **寅**은 셋째의 천간(天干)을 나타내는 데 쓰이며, 천간은 다시 연월일시(年月日時)를 나타내는 데 쓰인다. 寅을 年月日時(연월일시)의 時(시)와 연결하면 寅時(인시)다. 寅時는 십이시(十二時)의 셋째 시(時)로 보면 오전 3시부터 5시까지고, 이십사시(二十四時)의 셋째 시(時)로 보면 오전 1시 30분부터 2시 30분까지다.
- **人生於寅**은 '사람은 인시에 나다'라는 말이다. 우주의 주체는 天·地·人이다. 天·地·人이 시간[子·丑·寅]에 따라 변하는 것을 상징적으로 표현한 것이다.

## 【 자원풀이 下 】

**是**[옳을 시]　064-5　　↑ 041-2 참고

**謂**[이를 위]　064-6　　↑ 042-6 참고

**太**[클 태]　064-7　　↓ 大 064-71 참고

| 갑골문 |
|---|
| (그림) |

예전에 여러 형태로 쓰였는데 그 중에 大자가 위아래에 나란히 쓰였던 형태로 살펴보면, 아래에 大자를 생략하고 점(點)이 대신하면서 그 뜻이 '크다'가 되고, 大자로 인해 太祖(태조)·太陽(태양)·明太(명태)·靑太(청태)·姜太公(강태공)·鼠目太(서목태)·萬事太平(만사태평)에서 보듯 그 음이 '태'가 된 글자다.

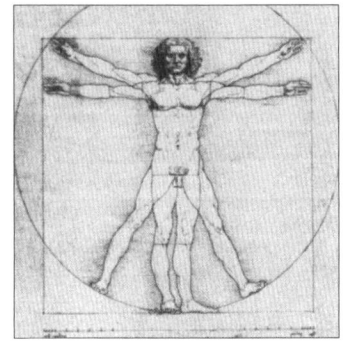

**大**[큰 대]　064-71

| 갑골문 | 금문 | 소전 |
|---|---|---|
| (그림) | (그림) | (그림) |

사람이 두 팔과 두 다리를 크게 벌리고 있는 모습에서 그 뜻이 '크다'가 되고, 大國(대국)·大成(대성)·膽大(담대)·尨大(방대)·大中小(대중소)·大學校(대학교)·大器晩成(대기만성)·事大主義(사대주의)에서 보듯 그 음이 '대'가 된 글자다.

**古**[예 고]　064-8　　↑ 009-63 참고

## 【 구절풀이 下 】

○ 是는 是認(시인)에서 '옳다'의 뜻으로 쓰이고, 是正(시정)에서 '바르다'의 뜻으로 쓰인다. 아울러 是日(시일)에서는 지시대명사(指示代名詞)로, '이'의 뜻으로 쓰이기도 한다.

- 謂는 可謂(가위)나 或謂(혹위)에서처럼 '이르다'를 뜻한다.
- 太는 太陽(태양)이나 太平洋(태평양)에서처럼 '크다' 외에 매우 크다 하여 '매우'의 뜻을 지니기도 하며,
- 古는 古代(고대)나 上古(상고)에서처럼 '예'를 뜻한다.
- 是謂太古는 '이를 태고(太古)라 이르다'라는 말이다. 태고에 세상이 만들어진 것을 이른 것이다. 실제로 물리학자들에 의하면 우주가 약 140억 년 전에 탄생했다고 한다.

【 쓰 기 】

| 064 | 사람은 인시에 나니 이를 태고라 이르니라 | | | | | |
|---|---|---|---|---|---|---|
| ① | 人 | 生 | 於 | 寅 | 是 | 謂 | 太 | 古 |
| ② | | | | | | |
| ③ | | | | | | |

| 061 | 일어서고 머물며 앉고 섬이 행동거지요 |
|---|---|
| ⑥ | |

| 062 | 예의·의로움·청렴함·부끄러워함, 이를 네 가지 벼리라 이르니라 |
|---|---|
| ⑤ | |

| 063 | 하늘은 자시에 열리고 땅은 축시에 열리고 |
|---|---|
| ④ | |

# 兄弟友愛篇

（讀本）

兄有過失　和氣以諫065
弟有過誤　怡聲以訓066
兄無衣服　弟必獻之067
弟無飲食　兄必與之068
一粒之穀　必分以食069
一縷之衣　必分以衣070
兄饑弟飽　禽獸之遂071
兄弟之情　友愛而已072
父義母慈　兄友弟恭073
愛親敬兄　良知良能074

# 兄有過失이어든 和氣以諫하고

**형이 허물이나 잘못이 있거든 화한 기운으로써 간하고**

### 【 자원풀이 上 】

#### 兄[맏 형]  065-1         ↑ 口 001-71 / 儿 004-31 참고

입[口]을 벌려 사람[儿]이 조상(祖上)에게 무언가 비는 모습을 나타내면서 비는 일을 주관(主管)하는 사람이 한 집안의 맏이라 하여 그 뜻이 '맏'이 되고, 兄弟(형제)·兄嫂(형수)·姊兄(자형)·大兄(대형)·學父兄(학부형)·王兄佛兄(왕형불형)에서 보듯 그 음이 '형'이 된 글자다.

#### 有[있을 유]  065-2         ↑ 016-7 참고

#### 過[지날 과]  065-3         ↑ 辵 008-61 ↓ 咼 065-31 참고

辵(辶)자로 인해 길[辵]을 따라 지나간다 하여 그 뜻이 '지나다'가 되고, 咼자로 인해 通過(통과)·看過(간과)·過誤(과오)·過速(과속)·過保護(과보호)·過半數(과반수)·過猶不及(과유불급)·過大評價(과대평가)에서처럼 그 음이 '과'가 된 글자다.

#### 咼[입 비뚤어질 괘]  065-31    ↑ 口 001-71 / 冎 054-41 참고

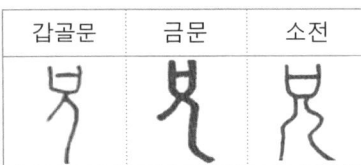

금이 간 살 바른 뼈에서 비롯된 冎자와 口자가 합쳐진 글자다. 口자로 인해 입[口]이 비뚤어졌다 하여 그 뜻이 '입 비뚤어지다'가 되고, 冎자로 인해 그 음이 '괘'가 된다.

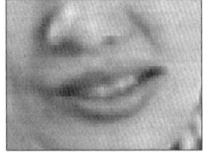

#### 失[잃을 실]  065-4         ↑ 022-6 참고

【 구절풀이 上 】

- 兄은 '맏'의 뜻 외에 親兄(친형)이나 舍兄(사형)에서처럼 나보다 나이가 많은 '형'을 뜻하기도 하며,
- 有는 有害(유해)나 有罪(유죄)에서처럼 '있다'를 뜻한다.
- 過는 過客(과객)이나 過去(과거)에서처럼 '지나가다'나 '지나다'를 뜻하면서 過誤(과오)나 前過(전과)에서처럼 너무 지나쳐서 생긴 허물과 관련해 '허물'을 뜻하기도 하며,
- 失은 '잃다'의 뜻 외에 失手(실수)나 失策(실책)에서처럼 무언가 잃은 것이 잘못이라 하여 '잘못'을 뜻하기도 한다.
- 兄有過失은 '형이 허물이나 잘못이 있다'라는 말이다.

【 자원풀이 下 】

## 和 [화할 화]  065-5   ↓ 龠 065-51 ↑ 禾 025-41 / 口 001-71 참고

금문

원래 禾자와 龠자가 합쳐져 龢자로 쓰였던 글자다. 龠자로 인해 입[口]으로 연주한 피리[龠] 소리가 서로 잘 화한다 하여 그 뜻이 '화하다'가 되고, 禾자로 인해 和音(화음)·和合(화합)·融和(융화)·平和(평화)·親和力(친화력)·壎篪相和(훈지상화)·和而不同(화이부동)·家和萬事成(가화만사성)에서 보듯 그 음이 '화'가 된 글자다. 후에 龠자는 그 자형이 복잡해 口자로 변화되었다.

## 龠 [피리 약]  065-51

| 갑골문 | 금문 | 소전 |
|---|---|---|

두 개의 관(管)에 다시 구멍을 표시한 부분과 줄로 나란히 묶인 모양을 표시한 부분이 있는 피리를 나타낸 데서 그 뜻이 '피리'고, 龢[화할 화=和]자나 龡[불 취=吹]자에서처럼 주로 뜻의 역할을 하는 그 음이 '약'인 글자다.

## 氣[기운 기]  065-6   ↑ 米 001-64 ↓ 气 065-61 참고

원래 米자로 인해 쌀[米]과 같은 곡물로 만든 음식을 대접한다는 뜻이었으나 후에 气자를 대신해 그 뜻이 '기운'이 되고, 气자처럼 氣運(기운)·氣流(기류)·空氣(공기)·放氣(→방귀)·水蒸氣(수증기)·和氣靄靄(화기애애)에서 보듯 그 음이 '기'가 된 글자다.

## 气[기운 기]  065-61

| 갑골문 | 금문 | 소전 |
|---|---|---|

하늘에 첩첩으로 펼쳐진 구름의 기운을 나타낸 데서 그 뜻이 '기운'이 되고, 자신의 뜻을 대신하는 氣[기운 기]자처럼 그 음이 '기'가 된 글자다.

## 以[써 이]  065-7   ↑ 002-2 참고

## 諫[간할 간]  065-8   ↑ 言 015-81 ↓ 柬 065-81 참고

言자로 인해 임금이나 웃어른에게 옳지 못한 것을 고치도록 간하는 말[言]을 한다 하여 그 뜻이 '간하다'고, 諫言(간언)·諫官(간관)·直諫(직간)·忠諫(충간)·司諫院(사간원)에서처럼 그 음이 '간'인 글자다.

## 柬[가릴 간]  065-81   ↑ 束 047-61 참고

| 금문 | 소전 |
|---|---|

무언가 가려 담고 양쪽을 묶은 자루[束]를 나타낸 데서 그 뜻이 '가리다'고, 나중에 그 뜻을 더욱 분명히 하기 위해 手(扌)자가 덧붙여진 分揀(분간)·揀擇(간택)의 揀[가릴 간]자처럼 그 음이 '간'인 글자다.

【 구절풀이 下 】

- 和는 和答(화답)이나 和色(화색)에서처럼 '화하다'를 뜻하며,
- 氣는 氣色(기색)이나 氣勢(기세)에서처럼 '기운'을 뜻한다.
- 以는 후치사(後置詞)로, '~으로써'의 뜻으로 풀이하고,
- 諫은 諫言(간언)이나 忠諫(충간)에서처럼 '간하다'를 뜻한다.
- 和氣以諫은 '화한 기운으로써 간하다'라는 말이다.

【 쓰 기 】

| 065 | 형이 허물이나 잘못이 있거든 화한 기운으로써 간하고 |
|---|---|
| ① | 兄有過失　和氣以諫 |
| ② | |
| ③ | |

| 062 | 예의·의로움·청렴함·부끄러워함, 이를 네 가지 벼리라 이르니라 |
|---|---|
| ⑥ | |

| 063 | 하늘은 자시에 열리고 땅은 축시에 열리고 |
|---|---|
| ⑤ | |

| 064 | 사람은 인시에 나니 이를 태고라 이르니라 |
|---|---|
| ④ | |

065 兄有過失 和氣以諫

# 弟有過誤어든 怡聲以訓하라 066

**아우가 허물이나 그릇됨이 있거든 화한 소리로써 가르쳐라**

### 【 자원풀이 上 】

**弟[아우 제]**  066-1  ↑ 戈 001-31 참고

| 갑골문 | 금문 | 소전 |
|---|---|---|

창[戈] 같은 무기의 자루를 손으로 잡을 때 미끄러지지 않도록 줄로 위에서 아래까지 차례대로 내려감은 모양을 나타내면서 원래 차례의 뜻을 지녔으나 후에 아래로 내려감은 데서 형제 가운데 아래 사람인 아우와 관련되어 그 뜻이 '아우'가 된 것으로 보이고, 兄弟(형제)·妻弟(처제)·弟婦(제부)·弟子(제자)·弟嫂氏(제수씨)·師弟之間(사제지간)·兄友弟恭(형우제공)에서 보듯 그 음이 '제'가 된 글자다.

**有[있을 유]**  066-2  ↑ 016-7 참고

**過[지날 과]**  066-3  ↑ 065-3 참고

**誤[그릇할 오]**  066-4  ↑ 言 015-81 ↓ 吳 066-41 참고

言자로 인해 말[言]이 사리(事理)에 맞지 않고 그릇하다 하여 그 뜻이 '그릇하다'가 되고, 吳자로 인해 誤謬(오류)·誤差(오차)·誤報(오보)·誤診(오진)·誤發彈(오발탄)·正誤表(정오표)·時代錯誤(시대착오)에서처럼 그 음이 '오'가 된 글자다.

**吳[나라 이름 오]**  066-41

| 갑골문 | 금문 | 소전 |
|---|---|---|

사람이 머리를 기울여 춤추고 노래하며 즐거워하는 모습을 나타냈으나 후에 나라 이름으로 빌려 쓰면서 그 뜻이 '나라 이름'이 되고, 吳越同舟(오월동주)에서처럼 그 음이 '오'가 된 글자다.

## 【 구절풀이 上 】

- 弟는 弟嫂(제수)나 妻弟(처제)에서처럼 나보다 나이가 적은 '아우'를 뜻하고,
- 有는 有利(유리)나 有益(유익)에서처럼 無와 상대가 되는 '있다'를 뜻한다.
- 過는 過客(과객)이나 過去(과거)에서처럼 '지나가다'나 '지나다'를 뜻하면서 過失(과실)이나 謝過(사과)에서처럼 너무 지나쳐서 생긴 허물과 관련해 '허물'을 뜻하기도 하며,
- 誤는 錯誤(착오)나 誤謬(오류)에서처럼 '그릇하다'를 뜻하기도 한다.
- 弟有過誤는 '아우가 허물이나 그릇됨이 있다'라는 말이다.

## 【 자원풀이 下 】

### 怡[기뻐할 이]   066-5   ↑ 台 008-81 / 心 002-31 참고

口자로 인해 입[口]을 방실거리며 기뻐한다 하여 '기뻐하다'의 뜻을 지니면서 厶자로 인해 '이'의 음을 지니게 된 台자에 그 뜻을 더욱 분명히 하기 위해 다시 心(忄)자가 덧붙여진 글자다.

### 聲[소리 성]   066-6   ↑ 021-8 참고

### 以[써 이]   066-7   ↑ 002-2 참고

### 訓[가르칠 훈]   066-8   ↑ 言 015-81 ↓ 川 066-81 참고

言자로 인해 말[言]로 알아듣게 가르친다 하여 그 뜻이 '가르치다'가 되고, 川자로 인해 訓長(훈장)·訓手(훈수)·級訓(급훈)·家訓(가훈)·訓練兵(훈련병)·訓民正音(훈민정음)·訓要十條(훈요십조)에서 보듯 그 음이 '훈'이 된 글자다.

# 巛 [개미허리]·川 [내 천]  066-81

| 갑골문 | 금문 | 소전 |
|---|---|---|
|  |  |  |

물이 흐르는 내를 나타냈으나 문자(文字)로 쓰이는 일이 없어 개미허리처럼 구부러져 있는 그 모양을 취해 '개미허리'라 불린다.

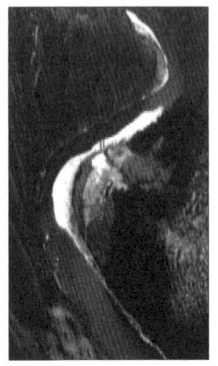

오늘날은 그 형태가 변화된 川자로 쓰고 있다. 川자는 물이 흐르는 내를 나타냈기에 그 뜻이 '내'고, 山川(산천)·開川(개천)·川獵(천렵)·川邊(천변)·天井川(천정천)·晝夜長川(주야장천)·一魚渾全川(일어혼전천)에서처럼 그 음이 '천'인 글자다.

## 【 구절풀이 下 】

- 怡는 '기뻐하다'의 뜻 외에 기뻐해 잘 어울리며 화한다 하여 和자처럼 '화하다'의 뜻을 지니기도 하며,
- 聲은 音聲(음성)이나 發聲(발성)에서처럼 '소리'를 뜻한다.
- 以는 후치사(後置詞)로, '~으로써'의 뜻을 풀이하고,
- 訓은 訓戒(훈계)나 訓示(훈시)에서처럼 '가르치다'를 뜻한다.
- 怡聲以訓은 '화한 소리로써 가르치다'라는 말이다.

## 【 쓰 기 】

**066**  아우가 허물이나 그릇됨이 있거든 화한 소리로써 가르쳐라

| | | | | | | | | |
|---|---|---|---|---|---|---|---|---|
| ① | 弟 | 有 | 過 | 誤 | 怡 | 聲 | 以 | 訓 |
| ② | | | | | | | | |
| ③ | | | | | | | | |

| 063 | 하늘은 자시에 열리고 땅은 축시에 열리고 |
| --- | --- |
| ⑥ | |

| 064 | 사람은 인시에 나니 이를 태고라 이르니라 |
| --- | --- |
| ⑤ | |

| 065 | 형이 허물이나 잘못이 있거든 화한 기운으로써 간하고 |
| --- | --- |
| ④ | |

066 弟有過誤 怡聲以訓

# 兄無衣服이어든 弟必獻之하고

### 형이 옷이 없거든 아우는 반드시 바쳐야 하고

**【 자원풀이 上 】**

| 兄[맏 형] | 067-1 | ↑ 065-1 참고 |
|---|---|---|
| 無[없을 무] | 067-2 | ↑ 032-7 참고 |
| 衣[옷 의] | 067-3 | ↑ 002-32 참고 |
| 服[옷 복] | 067-4 | ↑ 020-2 참고 |

**【 구절풀이 上 】**

- 兄은 長兄(장형)이나 仲兄(중형)에서처럼 '맏'의 뜻에서 비롯된 '형'의 뜻을 지니고,
- 無는 無賃(무임)이나 無給(무급)에서처럼 '없다'를 뜻한다.
- 衣는 衣類(의류)나 衣裳(의상)에서처럼 '옷'을 뜻하고,
- 服도 服裝(복장)이나 被服(피복)에서처럼 '옷'을 뜻한다.
- 兄無衣服은 '형이 옷이 없다'는 말이다.

## 【 자원풀이 下 】

| 弟[아우 제] | 067-5 | ↑ 066-1 참고 |
| 必[반드시 필] | 067-6 | ↑ 013-6 참고 |
| 獻[바칠 헌] | 067-7 | ↑ 014-1 참고 |
| 之[갈 지] | 067-8 | ↑ 007-8 참고 |

## 【 구절풀이 下 】

- 弟는 弟氏(제씨)나 實弟(실제)에서처럼 '아우'의 뜻을 지닌다.
- 必은 必死(필사)나 必敗(필패)에서처럼 '반드시'를 뜻하고,
- 獻은 獻呈(헌정)이나 獻納(헌납)에서처럼 '바치다'를 뜻한다.
- 之는 지시대명사(指示代名詞)로, 흔히 구절의 풀이에서는 설명하지 않으나 앞 구절의 '衣服'을 가리킨다.

- 弟必獻之는 '아우는 반드시 바치다'라는 말이다. 옷감이 귀한 옛날 혹여 형이 옷을 해 입을 형편이 안 된다면 동생이 융통해 줄 수 있도록 노력해야 한다는 것이다.

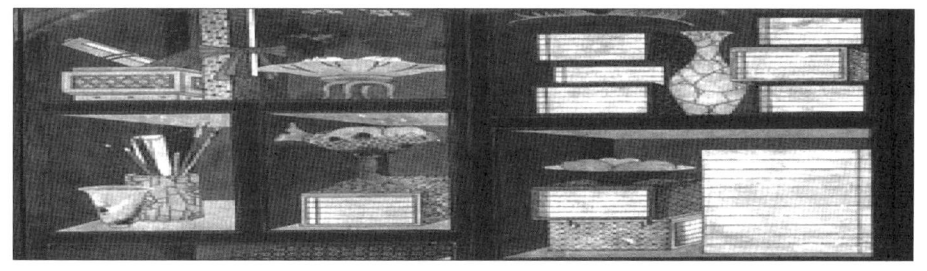

## 【 쓰 기 】

| 067 | 형이 옷이 없거든 아우는 반드시 바쳐야 하고 |
|---|---|
| ① | 兄 無 衣 服 弟 必 獻 之 |
| ② | |
| ③ | |

| 064 | 사람은 인시에 나니 이를 태고라 이르니라 |
|---|---|
| ⑥ | |

| 065 | 형이 허물이나 잘못이 있거든 화한 기운으로써 간하고 |
|---|---|
| ⑤ | |

| 066 | 아우가 허물이나 그릇됨이 있거든 화한 소리로써 가르쳐라 |
|---|---|
| ④ | |

# 弟無飮食이어든 兄必與之하라

**아우에게 마시고 먹을 것이 없거든 형이 반드시 줘라**

### 【 자원풀이 上 】

| | | |
|---|---|---|
| 弟[아우 제] | 068-1 | ↑ 066-1 참고 |
| 無[없을 무] | 068-2 | ↑ 032-7 참고 |
| 飮[마실 음] | 068-3 | ↑ 019-1 참고 |
| 食[밥 식] | 068-4 | ↑ 003-6 참고 |

### 【 구절풀이 上 】

○ 弟는 妻弟(처제)나 弟嫂(제수)에서처럼 '아우'를 뜻하며,

○ 無는 無名(무명)이나 無題(무제)에서처럼 '없다'를 뜻한다.

○ 飮은 飮料(음료)나 試飮(시음)에서처럼 '마시다'를 뜻하고,

○ 食은 韓食(한식)이나 洋食(양식)에서처럼 '밥'을 뜻하면서 다시 밥을 먹는다 하여 暴食(폭식)이나 雜食(잡식)에서처럼 '먹다'를 뜻하기도 한다.

● 弟無飮食은 '아우에게 마시고 먹을 것이 없다'는 말이다.

## 【 자원풀이 下 】

| | | |
|---|---|---|
| 兄[맏 형] | 068-5 | ↑ 065-1 참고 |
| 必[반드시 필] | 068-6 | ↑ 013-6 참고 |
| 與[줄 여] | 068-7 | ↑ 019-5 참고 |
| 之[갈 지] | 068-8 | ↑ 007-8 참고 |

## 【 구절풀이 下 】

◦ 兄은 家兄(가형)이나 舍兄(사형)에서처럼 '형'을 뜻한다.

◦ 必은 必要(필요)나 必需(필수)에서처럼 '반드시'를 뜻하고,

◦ 與는 授與(수여)나 付與(부여)에서처럼 '주다'를 뜻한다.

◦ 之는 지시대명사(指示代名詞)로, 구절의 풀이에서는 설명하지 않으나 앞 구절의 '飮食'을 가리킨다.

• 兄必與之는 '형이 반드시 주다'라는 말이다. 옛날에는 보릿고개가 있어 굶주린 사람이 적지 않았다. 만일 동생이 그런 상황이라면 형이 융통해 주라는 것이다.

# 【 쓰 기 】

| 068 | 아우에게 마시고 먹을 것이 없거든 형이 반드시 줘라 |
|---|---|
| ① | 弟 無 飮 食 兄 必 與 之 |
| ② | |
| ③ | |

| 065 | 형이 허물이나 잘못이 있거든 화한 기운으로써 간하고 |
|---|---|
| ⑥ | |

| 066 | 아우가 허물이나 그릇됨이 있거든 화한 소리로써 가르쳐라 |
|---|---|
| ⑤ | |

| 067 | 형이 옷이 없거든 아우는 반드시 바쳐야 하고 |
|---|---|
| ④ | |

# 一粒之穀이라도 必分以食하고

**한 알의 곡식이라도 반드시 나눠서 먹고**

### 【 자원풀이 上 】

**一[한 일]**　069-1　　↑ 018-3 참고

**粒[알 립]**　069-2　　↑ 米 001-64 / 立 012-5 참고

米자로 인해 벼의 껍질을 벗긴 작은 열매인 쌀[米]알과 관련해 그 뜻이 '알'이 되고, 立자로 인해 顆粒(과립)·微粒子(미립자)·乞粒牌(걸립패)에서처럼 그 음이 '립'이 된 글자다.

**之[갈 지]**　069-3　　↑ 007- 8참고

**穀[곡식 곡]**　069-4　　↑ 禾 025-41 ↓ 殼 069-41 참고

禾자로 인해 벼[禾]가 낱알이 달린 모든 곡식을 대표한 데서 그 뜻이 '곡식'이 되고, 殼자로 인해 穀物(곡물)·穀酒(곡주)·糧穀(양곡)·米穀(미곡)·脫穀機(탈곡기)·防穀令(방곡령)·秋穀收買(추곡수매)·五穀百果(오곡백과)에서처럼 그 음이 '곡'이 된 글자다.

**殼[껍질 각]**　069-41　　↑ 殳 021-81 참고

| 갑골문 | 소전 |
|---|---|
| 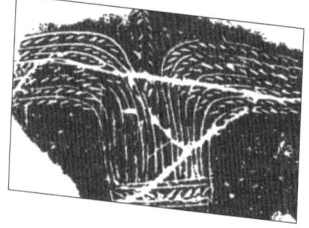 | |

위쪽 끝이 갈라져 있는 기구에 곡물을 친대[殳]함을 나타내면서 다시 곡물을 쳐서 벗겨낸 껍질과 관련해 그 뜻이 '껍질'이 되고, 나중에 자신을 대신한 貝殼(패각)·甲殼類(갑각류)·地殼運動(지각운동)의 殼[껍질 각]자처럼 그 음이 '각'이 된 글자다.

【 구절풀이 上 】

- 一은 一杯(일배)나 一筆(일필)에서처럼 '하나'를 뜻하고,
- 粒은 顆粒(과립)이나 微粒(미립)에서처럼 쌀과 같은 곡물의 알갱이와 관련해 '알'을 뜻한다.
- 之는 어조사(語助辭)로, '~의'의 뜻으로 풀이하고,
- 穀은 穀物(곡물)이나 糧穀(양곡)에서처럼 '곡식'을 가리킨다.
- 一粒之穀은 '한 알의 곡식'이라는 말이다. 적은 음식을 이른 것이다.

【 자원풀이 下 】

必[반드시 필]　069-5　　↑ 013-6 참고

分[나눌 분]　069-6　　↑ 刀 008-51　↓ 八 069-61 참고

| 갑골문 | 금문 | 소전 |
|---|---|---|

칼[刀]로 무언가 나눈다[八] 하여 그 뜻이 '나누다'가 되고, 分割(분할)·分數(분수)·半分(반분)·微分(미분)·無一分(→무일푼)·大義名分(대의명분)에서 보듯 그 음이 '분'이 된 글자다.

八[여덟 팔]　069-61

| 갑골문 | 금문 | 소전 |
|---|---|---|

원래 좌우로 나눠지는 모양을 나타냈으나 옛날 사람들이 그 뜻을 '여덟'을 나타내는 데 빌어다 쓰고, 八字(팔자)·八寸(팔촌)·八等身(팔등신)·八不出(팔불출)·初八日(→초파일)·八道江山(팔도강산)·八方美人(팔방미인)에서 보듯 그 음이 '팔'인 글자다.

以[써 이]　069-7　　↑ 002-2 참고

食[밥 식]　069-8　　↑ 003-6 참고

【 구절풀이 下 】

- 必은 必然(필연)이나 必是(필시)에서처럼 '반드시'를 뜻하며,
- 分은 分離(분리)나 分解(분해)에서처럼 '나누다'를 뜻한다.
- 以는 후치사(後置詞)로, '~으로써'의 뜻으로 풀이하며,
- 食은 '밥'의 뜻 외에 밥을 먹는다 하여 暴食(폭식)이나 雜食(잡식)에서처럼 '먹다'를 뜻한다.
- 必分以食은 '반드시 나눠서 먹다'라는 말이다. 콩 한쪽이라도 나누어 먹는다란 말처럼 형제간에 서로 나누면서 살아야 한다는 것이다.

【 쓰 기 】

| 069 | 한 알의 곡식이라도 반드시 나눠서 먹고 | | | | | | |
|---|---|---|---|---|---|---|---|
| ① | 一 | 粒 | 之 | 穀 | 必 | 分 | 以 | 食 |
| ② | | | | | | | |
| ③ | | | | | | | |

| 066 | 아우가 허물이나 그릇됨이 있거든 화한 소리로써 가르쳐라 |
|---|---|
| ⑥ | |

| 067 | 형이 옷이 없거든 아우는 반드시 바쳐야 하고 |
|---|---|
| ⑤ | |

| 068 | 아우에게 마시고 먹을 것이 없거든 형이 반드시 줘라 |
|---|---|
| ④ | |

# 一縷之衣라도 必分以衣하라 070

## 한 누더기의 옷이라도 반드시 나눠서 입어라

### 【 자원풀이 上 】

**一**[한 일]　070-1　　　↑ 018-3 참고

**縷**[실 루]　070-2　　　↑ 糸 040-22 ↓ 婁 070-21 참고

糸자로 인해 가늘고 긴 실[糸]과 관련해 그 뜻이 '실'이고, 婁자로 인해 一縷(일루)에서처럼 그 음이 '루'인 글자다.

**婁**[끌 루]　070-21

| 갑골문 | 금문 | 소전 |
|---|---|---|
| 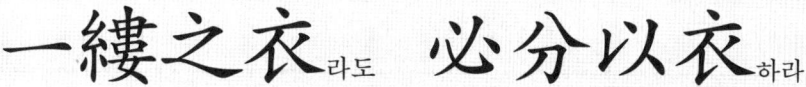 | | |

두 손으로 여자[女]를 잡아서 끌고 있는 모습을 나타낸 데서 그 뜻이 '끌다'가 되고, 자신이 덧붙여져 음의 역할을 하는 縷[실 루]·褸[남루할 루]자처럼 그 음이 '루'가 된 글자다.

**之**[갈 지]　070-3　　　↑ 007-8 참고

**衣**[옷 의]　070-4　　　↑ 002-32 참고

### 【 구절풀이 上 】

- **一**은 一髮(일발)이나 一角(일각)에서처럼 '하나'를 뜻하며,
- **縷**는 一縷(일루)에서처럼 '실'의 뜻 외에 襤褸(남루)의 褸[누더기 루]자와 그 음(音)이 같은 데서 서로 통용되어 '**누더기**'를 뜻하기도 한다.
- **之**는 어조사(語助辭)로, '~의'의 뜻으로 풀이하고,
- **衣**는 脫衣(탈의)나 着衣(착의)에서처럼 '옷'을 뜻한다.
- **一縷之衣**는 '한 누더기의 옷'이라는 말이다.

### 【 자원풀이 下 】

必 [반드시 필]　070-5　　　　　　↑ 013-6 참고

分 [나눌 분]　070-6　　　　　　↑ 069-6 참고

以 [써 이]　070-7　　　　　　↑ 002-2 참고

衣 [옷 의]　070-8　　　　　　↑ 002-32 참고

### 【 구절풀이 下 】

○ 必은 必然(필연)이나 必是(필시)에서처럼 '반드시'를 뜻하고,

○ 分은 分離(분리)나 分解(분해)에서처럼 '나누다'를 뜻한다.

○ 以는 후치사(後置詞)로, '~으로써'의 뜻으로 풀이하고,

○ 衣는 白衣(백의)나 壽衣(수의)에서처럼 '옷'을 뜻하지만 옷을 입는다 하여 '입다'의 뜻을 지니기도 한다.

● 必分以衣는 '반드시 나눠서 입다'라는 말이다. 옛날에는 흔히 옷을 물려 있었다. 형이 입은 옷을 동생이 물려 입도록 헐지 않고 깨끗하게 입어야 함을 이른 것이다.

**【 쓰 기 】**

| 070 | 한 누더기의 옷이라도 반드시 나눠서 입어라 |
|---|---|
| ① | 一 縷 之 衣 必 分 以 衣 |
| ② | |
| ③ | |

| 067 | 형이 옷이 없거든 아우는 반드시 바쳐야 하고 |
|---|---|
| ⑥ | |

| 068 | 아우에게 마시고 먹을 것이 없거든 형이 반드시 줘라 |
|---|---|
| ⑤ | |

| 069 | 한 알의 곡식이라도 반드시 나눠서 먹고 |
|---|---|
| ④ | |

# 兄饑弟飽하면 禽獸之遂라

### 형이 주리고 아우가 배부르면 금수를 따르는 것이라

【 자원풀이 上 】

**兄**[맏 형]　071-1　↑ 065-1 참고

**饑**[주릴 기]　071-2　↑ 食 003-6 ↓ 幾 071-21 참고

食자로 인해 밥[食]을 오랫동안 먹지 못하고 배를 주린다 하여 그 뜻이 '주리다'가 되고, 幾자로 인해 饑餓(기아)·饑渴(기갈)·饑困(기곤)·饑饉(기근)·療饑(요기)·虛饑(허기)에서처럼 그 음이 '기'가 된 글자다. 飢자는 동자(同字)다.

**幾**[몇 기]　071-21

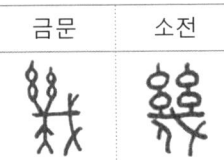

사람이 옷감을 짜는 베틀을 나타냈으나 후에 機[틀 기]자가 그 뜻을 대신하면서 자신은 '몇'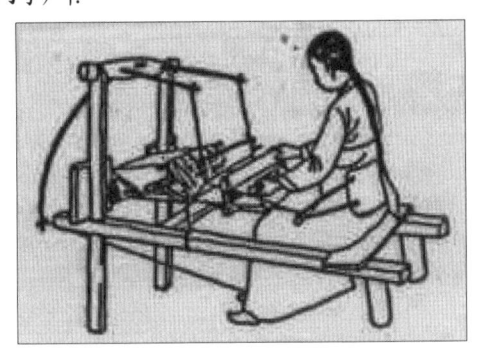의 뜻으로 빌려 사용되고, 幾百(기백)·幾微(기미)·幾十萬(기십만)·景幾體歌(경기체가)·沃度丁幾(옥도정기)·幾何級數的(기하급수적)에서 보듯 '기'의 음으로 읽히게 된 글자다.

**弟**[아우 제]　071-3　↑ 066-1 참고

**飽**[배부를 포]　071-4　↑ 049-1 참고

【 구절풀이 上 】

○ **兄**은 學父兄(학부형)에서처럼 '맏'이 되는 사람을 뜻하면서 家兄(가형)이나 舍兄(사형)에서처럼 자신보다 나이 많은 '형'을 뜻하기도 하며,

○ **饑**는 饑餓(기아)나 饑饉(기근)에서처럼 '주리다'를 뜻한다.

○ **弟**는 妹弟(매제)나 妻弟(처제)에서처럼 '아우'를 뜻하며,

- 飽는 飽食(포식)이나 飽滿(포만)에서처럼 '배부르다'를 뜻한다.
- 兄饑弟飽는 '형이 주리고 아우가 배부르다'라는 말이다.

【 자원풀이 下 】

禽[날짐승 금]  071-5          ↑ 050-3 참고

獸[짐승 수]  071-6          ↑ 050-4 참고

之[갈 지]  071-7          ↑ 007-8 참고

遂[이룰 수]  071-8    ↑ 辵 008-61  ↓ 㒸 071-82 참고

辵(辶)자로 인해 목적지까지 길[辵]을 따라 다 가서 드디어 뜻한 바를 이루었다 하여 그 뜻이 '이루다'가 되고, 㒸자로 인해 完遂(완수)·遂行(수행)·未遂犯(미수범)에서처럼 그 음이 '수'가 된 글자다.

豕[돼지 시]  071-81

| 갑골문 | 금문 | 소전 |
|---|---|---|

살이 찐 몸집과 짧은 다리와 꼬리가 아래로 늘어진 형상의 돼지를 나타낸 데서 그 뜻이 '돼지'고, 豕心(시심)·遼東豕(요동시)에서처럼 그 음이 '시'인 글자다.

㒸[뜻을 따를 수]  071-82          ↑ 豕 071-81 참고

| 갑골문 | 금문 | 소전 |
|---|---|---|

나뉘지는 모양에서 비롯된 八자와 돼지를 나타낸 豕자가 합쳐진 글자다. 돼지[豕]를 나눠[八] 신에게 제사 지내는 희생물로 삼는다는 것은 신의 뜻을 따르는 일이라 하여 그 뜻이 '뜻을 따르다'가 된 것으로 보이고, 자신이 덧붙여져 음의 역할을 하는 遂[이룰 수]자처럼 그 음이 '수'가 된 글자다.

## 【 구절풀이 下 】

- 禽은 발이 두 개면서 깃(羽)이 있는 매나 독수리 같은 猛禽類(맹금류)와 관련해 '날짐승'을 뜻하고,
- 獸는 발이 네 개면서 털(毛)이 있는 범이나 멧돼지 같은 猛獸(맹수)와 관련해 '길짐승'을 뜻한다.
- 之는 어조사(語助辭)로, '~의'의 뜻으로 풀이하고,
- 遂는 遂行(수행)이나 完遂(완수)에서처럼 '이루다'의 뜻 외에 '따르다'를 뜻하기도 한다.
- 禽獸之遂는 '금수를 따르다'라는 말이다. 형제간에 우애(友愛)가 없다면 금수(禽獸)와 같다고 이른 것이다.

## 【 쓰 기 】

| 071 | 형이 주리고 아우가 배부르면 금수를 따르는 것이라 |
| --- | --- |
| ① | 兄 饑 弟 飽 禽 獸 之 遂 |
| ② | |
| ③ | |

| 068 | 아우에게 마시고 먹을 것이 없거든 형이 반드시 줘라 |
| --- | --- |
| ⑥ | |

| 069 | 한 알의 곡식이라도 반드시 나눠서 먹고 |
| --- | --- |
| ⑤ | |

| 070 | 한 누더기의 옷이라도 반드시 나눠서 입어라 |
| --- | --- |
| ④ | |

# 兄弟之情은 友愛而已니라

**형과 아우의 정은 사랑뿐이니라**

### 【 자원풀이 上 】

| 兄[맏 형] | 072-1 | ↑ 065-1 참고 |
|---|---|---|

| 弟[아우 제] | 072-2 | ↑ 066-1 참고 |
|---|---|---|

| 之[갈 지] | 072-3 | ↑ 007-8 참고 |
|---|---|---|

| 情[뜻 정] | 072-4 | ↑ 心 002-31 ↓ 靑 072-41 참고 |
|---|---|---|

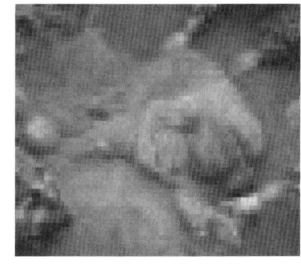

心(忄)자로 인해 타고난 성질 그대로 마음[心]에 담고 있는 순수한 뜻과 관련해 그 뜻이 '뜻'이 되고, 靑자로 인해 心情(심정)·母情(모정)·情談(정담)·情熱(정열)·憾情的(감정적)·雲雨之情(운우지정)·望雲之情(망운지정)에서처럼 그 음이 '정'이 된 글자다.

### 靑[푸를 청]   072-41   ↑ 土 001-22 / 屮 001-21 / 井 044-22 참고

| 갑골문 | 금문 | 소전 |
|---|---|---|

흙[土]에서 움트는 싹[屮]과 우물[井/丼]이 서로 어우러진 모양을 나타내면서 다시 물기가 많은 우물 주위에 싹의 색깔이 푸르다 하여 그 뜻이 '푸르다'가 된 것으로 보이고, 丹靑(단청)·靑龍(청룡)·靑丘(청구)·靑瓷(청자)·靑一點(청일점)·靑出於藍(청출어람)에서처럼 그 음이 '청'이 된 글자다.

## 【 구절풀이 上 】

- 兄은 難兄難弟(난형난제)에서처럼 弟와 상대가 되는 '형'을 뜻하고,
- 弟는 呼兄呼弟(호형호제)에서처럼 兄과 상대가 되는 '아우'를 뜻한다.
- 之는 어조사(語助辭)로, 居之半(거지반)에서처럼 '~의'의 뜻으로 풀이하고,
- 情은 '뜻' 외에 사람의 마음에 담긴 뜻과 관련해 人情(인정)이나 友情(우정)에서처럼 사람이 갖고 있는 '정'의 뜻을 지니기도 한다.

- 兄弟之情은 '형과 아우의 정'이라는 말이다.

✎ 難兄難弟) 누구를 형이라 아우라 하기 어렵다는 뜻으로, 서로 비슷하다는 말.
✎ 呼兄呼弟) 썩 가까운 벗의 사이에 형이니 아우니 하고 서로 부름.

## 【 자원풀이 下 】

| 友[벗 우] | 072-5 | ↑ 045-8 참고 |
| 愛[사랑 애] | 072-6 | ↑ 031-3 참고 |
| 而[말이을 이] | 072-7 | ↑ 007-6 참고 |

已[이미 이]  072-8

소전

땅을 갈아서 흙덩이를 일으키는 데에 쓰는 농기구인 보습을 나타냈다 여겨지나 후대로 내려오면서 '이미'의 뜻으로 빌려 쓰면서 결국 그 뜻이 '이미'가 되고, 不得已(부득이)・已往之事(이왕지사)에서처럼 그 음이 '이'가 된 글자다.

【 구절풀이 下 】

- 友는 友好(우호)나 友誼(우의)에서처럼 '벗'을 뜻하면서 벗 사이의 정분(情分)처럼 형제간에 우애하며 사랑한다 하여 '우애하다'나 '사랑하다'의 뜻을 지니기도 하며,
- 愛는 親愛(친애)나 慈愛(자애)에서처럼 '사랑'을 뜻한다.
- 而는 말의 느낌을 나타내는 어기사로, '~뿐이다'의 뜻으로 풀이하면서
- 已와 더불어 而已로 써도 '~뿐이다'를 뜻한다. 而已矣(이이의)나 已(이), 耳(이), 爾(이)로 써도 같은 뜻을 지닌다.
- **友愛而已**는 '사랑뿐이다'라는 말이다. 형제는 나무에 비유하면 뿌리가 같은 것이니 서로 반목(反目)하지 말고 사랑하라는 것이다.

【 쓰 기 】

| 072 | 형과 아우의 정은 사랑뿐이니라 |
| --- | --- |
| ① | 兄 弟 之 情 友 愛 而 已 |
| ② | |
| ③ | |

| 069 | 한 알의 곡식이라도 반드시 나눠서 먹고 |
| --- | --- |
| ⑥ | |

| 070 | 한 누더기의 옷이라도 반드시 나눠서 입어라 |
| --- | --- |
| ⑤ | |

| 071 | 형이 주리고 아우가 배부르면 금수를 따르는 것이라 |
| --- | --- |
| ④ | |

072 兄弟之情 友愛而已

# 父義母慈하고 兄友弟恭하라

아버지는 의롭고 어머니는 자애롭고 형은 사랑하고 아우는 공손하라

【 자원풀이 上 】

**父**[아비 부]　073-1　　↑ 001-1 참고

**義**[옳을 의]　073-2　　↑ 053-8 참고

**母**[어미 모]　073-3　　↑ 001-5 참고

**慈**[사랑 자]　073-4　　↑ 心 002-31　↓ 茲 073-41 참고

心자로 인해 마음[心] 속으로 남을 애틋이 대하며 사랑한다 하여 그 뜻이 '사랑'이 되고, 茲자로 인해 慈愛(자애)·慈堂(자당)·慈親(자친)·慈惠(자혜)·慈悲心(자비심)·慈善家(자선가)·父慈子孝(부자자효)·大慈大悲(대자대비)에서처럼 그 음이 '자'가 된 글자다.

**茲**[이 자]　073-41　　↑ 艸 020-81 / 幺 039-71 참고

| 갑골문 | 금문 | 소전 |
|---|---|---|
| 88 | 88 | 茲 |

艸(艹)자와 幺자를 겹친 絲자가 합쳐진 글자로, 원래 艸(艹)자로 인해 풀[艸]이 무성하다는 뜻을 지니나 후에 '이'의 뜻으로 빌려 쓰이고, 그 음은 글자의 형태가 비슷해 서로 혼용하고 있는 茲山魚譜(자산어보)의 茲[검을 자·이 자]자처럼 '자'인 글자다.

【 구절풀이 上 】

◦ 父는 父生我身(부생아신)에서처럼 '**아버지**'를 뜻하고,
◦ 義는 道義(도의)나 信義(신의)에서처럼 '옳다'의 뜻을 지니면서 옳은 모습과 관련해 '**의롭다**'의 뜻을 지니기도 한다.
◦ 母는 母鞠吾身(모국오신)에서처럼 '**어머니**'를 뜻하고,
◦ 慈는 慈悲(자비)나 仁慈(인자)에서처럼 '사랑하다'의 뜻을 지니면서 사랑하는 모습과 관련해 '**자애롭다**'의 뜻을 지니기도 한다.
• 父義母慈는 '아버지는 의롭고 어머니는 자애롭다'는 말이다.

【 자원풀이 下 】

| 兄[맏 형] | 073-5 | ↑ 065-1 참고 |

| 友[벗 우] | 073-6 | ↑ 045-8 참고 |

| 弟[아우 제] | 073-7 | ↑ 066-1 참고 |

| 恭[공손할 공] | 073-8 | ↓ 027-8 참고 |

【 구절풀이 下 】

◦ 兄은 長兄(장형)이나 仲兄(중형)에서처럼 '**형**'을 뜻하고,
◦ 友는 '벗'을 뜻하면서 벗 사이에 정분(情分)을 나누는 것처럼 형제간에 우애하며 사랑한다 하여 '**우애하다**'나 '**사랑하다**'의 뜻을 지닌다.

- 弟는 實弟(실제)나 義弟(의제)에서처럼 '아우'를 뜻하고,
- 恭은 恭敬(공경)이나 恭順(공순)에서처럼 '공손하다'를 뜻한다.
- 兄友弟恭은 '형은 사랑하고 아우는 공손하다'라는 말이다. 집안의 구성원 모두가 서로 사랑하며 화목하게 지내라는 것이다. 가화만사성(家和萬事成)이라고 했다.

【 쓰 기 】

| 073 | 아버지는 의롭고 어머니는 자애롭고 형은 사랑하고 아우는 공손하라 |
| --- | --- |
| ① | 父 義 母 慈 兄 友 弟 恭 |
| ② | |
| ③ | |

| 070 | 한 누더기의 옷이라도 반드시 나눠서 입어라 |
| --- | --- |
| ⑥ | |

| 071 | 형이 주리고 아우가 배부르면 금수를 따르는 것이라 |
| --- | --- |
| ⑤ | |

| 072 | 형과 아우의 정은 사랑뿐이니라 |
| --- | --- |
| ④ | |

# 愛親敬兄은 良知良能이니라

### 어버이를 사랑하고 형을 공경함은
### 타고 나면서 알고 타고 나면서 능하니라

### 【 자원풀이 上 】

**愛**[사랑 애]  074-1  ↑ 031-3 참고

**親**[친할 친]  074-2  ↑ 009-3 참고

**敬**[공경할 경]  074-3  ↑ 口 001-71 / 攴(攵) 038-21 참고

| 갑골문 | 금문 | 소전 |
|---|---|---|

원래 머리를 깃털로 장식한 제사장이 공손히 앉아 제사 지내는 모습의 苟[경계할 극]자로 나타내다가 후에 공손함을 다그쳐[攵] 행한다 하는 형태가 덧붙여진 글자다. 신을 공경하는 모습을 나타냈기에 그 뜻이 '공경하다'고, 恭敬(공경)·尊敬(존경)·敬遠(경원)·敬虔(경건)·敬老堂(경로당)·敬天愛人(경천애인)에서 보듯 그 음이 '경'이다.

**兄**[맏 형]  074-4  ↑ 065-1 참고

### 【 구절풀이 上 】

○ 愛는 親愛(친애)나 愛慕(애모)에서처럼 '사랑하다'를 뜻하며,
○ 親은 親庭(친정)이나 親家(친가)에서처럼 자신에게 가장 친한 '어버이'를 뜻한다.
○ 敬은 尊敬(존경)이나 敬拜(경배)에서처럼 '공경하다'를 뜻하며,
○ 兄은 親兄(친형)이나 義兄(의형)에서처럼 '형'을 뜻한다.
● 愛親敬兄은 '어버이를 사랑하고 형을 공경하다'라는 말이다.

## 【 자원풀이 下 】

**良**[어질 량]　074-5　　　　　　　　　↑ 035-7 참고

**知**[알 지]　074-6　　　　　　　　　↑ 025-8 참고

**良**[어질 량]　074-7　　　　　　　　　↑ 035-7 참고

**能**[능할 능]　074-8

| 금문 | 소전 |
|---|---|

큰 머리와 입과 몸체에 이어진 발이 있는 곰을 나타냈으나 곰이 힘이 세기 때문에 힘이 세면 모든 일에 능하다 하여 결국 그 뜻이 '능하다'가 되고, 能力(능력)·能通(능통)·知能(지능)·本能(본능)·放射能(방사능)·能小能大(능소능대)·黃金萬能(황금만능)에서 보듯 그 음이 '능'이 된 글자다. 곰을 뜻하는 데는 다시 熊[곰 웅]자를 만들어 썼다.

## 【 구절풀이 下 】

- 良은 改良(개량)에서처럼 '좋다'를 뜻하면서 좋은 것은 어질다 하여 善良(선량)에서처럼 '어질다'를 뜻하는데, 어진 것은 타고나면서 지니는 것이라 하여 良心(양심)에서처럼 '타고남'의 뜻을 지니기도 한다.
- 知는 無知(무지)나 未知(미지)에서처럼 '알다'를 뜻한다.
- 良은 良知(양지)의 良처럼 '타고남'을 뜻하고,
- 能은 本能(본능)이나 有能(유능)에서처럼 '능하다'를 뜻한다.
- **良知良能**은 '타고 나면서 알고 타고 나면서 능하다'라는 말이다. 깊은 생각을 하지 않고도 알고, 배우지 않고도 행할 수 있는 능력이라는 뜻으로, 경험이나 교육에 의하지 않고 선천적으로 사물을 알고 행할 수 있는 마음의 작용을 이른 것이다.

# 【 쓰 기 】

**074** 어버이를 사랑하고 형을 공경함은 타고 나면서 알고 타고 나면서 능하니라

① 愛 親 敬 兄 良 知 良 能

②

③

**071** 형이 주리고 아우가 배부르면 금수를 따르는 것이라

⑥

**072** 형과 아우의 정은 사랑뿐이니라

⑤

**073** 아버지는 의롭고 어머니는 자애롭고 형은 사랑하고 아우는 공손하라

④

# 婦道篇

(讀本)

男女有別　夫婦有恩 075
夫道剛直　婦德柔順 076
在家從父　適人從夫 077
夫死從子　是謂三從 078
男有四德　身言書判 079
女有四譽　德容言工 080

**사내와 계집은 구분이 있어야 하고
지아비와 지어미는 사랑함이 있어야 하니라**

### 【 자원풀이 上 】

**男**[사내 남]   075-1   ↑ 田 002-71 / 力 054-61 참고

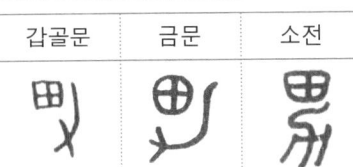

곡물을 기르는 밭[田]과 쟁기[力]가 합쳐져 밭에서 쟁기질을 해 농사지은 곡물로 가족을 부양해야 할 사내와 관련해 그 뜻이 '사내'가 되고, 男子(남자)・男女(남녀)・美男(미남)・得男(득남)・有婦男(유부남)・男負女戴(남부여대)・男兒選好(남아선호)에서처럼 그 음이 '남'이 된 글자다.

**女**[계집 녀]   075-2   ↑ 001-51 참고

**有**[있을 유]   075-3   ↑ 016-7 참고

**別**[나눌 별]   075-4   ↑ 054-4 참고

### 【 구절풀이 上 】

◦ 男은 男兒(남아)나 男性(남성)에서처럼 '사내'를 뜻하며,
◦ 女는 少女(소녀)나 處女(처녀)에서처럼 '계집'을 뜻한다.
◦ 有는 有口無言(유구무언)에서처럼 '있다'를 뜻하고,
◦ 別은 '나누다'의 뜻에서 나아가 差別(차별)이나 判別(판별)에서처럼 '구분하다'의 뜻을 지니기도 한다.

• 男女有別은 '사내와 계집은 구분함이 있다'라는 말이다. 유교(儒敎)에서는 男女七歲不同席(남녀칠세부동석)이라 하여 일곱 살이 되면 자리를 따로 할 만큼 남녀의 구별을 엄격하게 하였다.

✎ 有口無言) 입은 있으나 말이 없다는 뜻으로, 변명(辨明)할 말이 없음을 이름.
✎ 男女七歲不同席) 유교(儒敎)의 도덕(道德)에서, 일곱 살이 되면 자리를 따로 할 만큼 남녀의 구별(區別)을 엄격(嚴格)하게 한 일을 말함.

【 자원풀이 下 】

| 夫 [지아비 부] | 075-5 | ↑ 052-1 참고 |

| 婦 [며느리 부] | 075-6 | ↑ 052-3 참고 |

| 有 [있을 유] | 075-7 | ↑ 016-7 참고 |

| 恩 [은혜 은] | 075-8 | ↑ 004-1 참고 |

【 구절풀이 下 】

◦ 夫는 兄夫(형부)나 姨母夫(이모부)에서처럼 '지아비'를 뜻하고,
◦ 婦는 孫婦(손부)나 家庭婦(가정부)에서처럼 夫의 뜻과 상대가 되는 '지어미'를 뜻한다.
◦ 有는 有無相通(유무상통)에서처럼 '없다'의 뜻을 지닌 無자와 반대가 되는 '있다'를 뜻하며,

- 恩은 恩德(은덕)이나 恩寵(은총)에서처럼 '은혜'를 뜻하면서 다시 은혜를 입어 '감사하게 여긴다'는 의미를 지니기도 하고, 감사히 여기며 '사랑하다'라는 뜻을 지니기도 한다.
- 夫婦有恩은 '지아비와 지어미는 사랑함이 있다'는 말이다. 서로 친밀히 하면서 정신적 유대를 갖고 정겹게 지내야 함을 이른 것이다.

✎ 有無相通) 있는 것과 없는 것은 서로 통(通)함을 이르는 말.

【 쓰 기 】

| 075 | 사내와 계집은 구분이 있어야 하고 지아비와 지어미는 사랑함이 있어야 하느니라 |
|---|---|
| ① | 男女有別 夫婦有恩 |
| ② | |
| ③ | |

| 072 | 형과 아우의 정은 사랑뿐이니라 |
|---|---|
| ⑥ | |

| 073 | 아버지는 의롭고 어머니는 자애롭고 형은 사랑하고 아우는 공손하라 |
|---|---|
| ⑤ | |

| 074 | 어버이를 사랑하고 형을 공경함은 타고 나면서 알고 타고 나면서 능하느니라 |
|---|---|
| ④ | |

# 夫道剛直이요 婦德柔順이니라 076

지아비의 도는 굳세고 곧음이요 지어미의 덕은 부드럽고 순함이니라

### 【 자원풀이 上 】

| 夫[지아비 부] | 076-1 | ↑ 052-1 참고 |

| 道[길 도] | 076-2 | ↑ 039-4 참고 |

| 剛[굳셀 강] | 076-3 | ↑ 刀 008-51 / 岡 051-41 참고 |

刀(刂)자로 인해 칼[刀]이 쉽게 부러지지 않고 굳세다 하여 그 뜻이 '굳세다'가 되고, 岡자로 인해 剛直(강직)·剛健(강건)·剛斷(강단)·剛愎(강퍅)·金剛石(금강석)·花崗巖(화강암)·外柔內剛(외유내강)·柔能制剛(유능제강)에서 보듯 그 음이 '강'이 된 글자다.

| 直[곧을 직] | 076-4 | ↑ 004-55 참고 |

### 【 구절풀이 上 】

◦ 夫는 凡夫(범부)나 匹夫(필부)에서 보듯 '지아비'를 뜻하고,

◦ 道는 '길'의 뜻 외에 사람이 세상을 살아가면서 반드시 지켜야할 道理(도리)나 道德(도덕), 法道(법도)나 正道(정도) 등의 '도'를 뜻하기도 한다.

◦ 剛은 剛健(강건)이나 剛直(강직)에서처럼 '굳세다'를 뜻한다.

◦ 直은 愚直(우직)이나 忠直(충직)에서처럼 '곧다'를 뜻한다.

• 夫道剛直은 '지아비의 도(도리)는 굳세고 곧다'는 말이다. 남편은 아내의 벼리가 되어야 하니, 굳세고 곧아서 흔들림이 없어야 한다는 것이다.

## 【 자원풀이 下 】

**婦**[며느리 부] 076-5 ↑ 052-3 참고

**德**[덕 덕] 076-6 ↑ 004-5 참고

**柔**[부드러울 유] 076-7 ↑ 木 006-82 ↓ 矛 076-71 참고

木자로 인해 나무[木]가 폈다 굽혔다 할 수 있을 정도로 부드럽다 하여 그 뜻이 '부드럽다'가 되고, 矛자로 인해 柔弱(유약)·柔軟(유연)·溫柔(온유)·懷柔(회유)·優柔體(우유체)·柔能制剛(유능제강)에서 보듯 그 음이 '유'가 된 글자다.

**矛**[창 모] 076-71

| 금문 | 소전 |
|---|---|

긴 자루 위에 뾰족한 날이 달려 있는 창을 나타낸 데서 그 뜻이 '창'이고, 矛盾(모순)에서 보듯 그 음이 '모'인 글자다.

**順**[순할 순] 076-8 ↑ 頁 040-21 / 川 066-81 참고

頁자로 인해 머리[頁]를 조아리며 공손하게 행동하는 모양이 순하다 하여 그 뜻이 '순하다'가 되고, 川자로 인해 順風(순풍)·順從(순종)·柔順(유순)·耳順(이순)·先着順(선착순)·順機能(순기능)·順且無事(순차무사)에서 보듯 그 음이 '순'이 된 글자다.

## 【 구절풀이 下 】

○ **婦**는 婦人(부인)이나 主婦(주부)에서처럼 '지어미'를 뜻하고,

○ **德**은 德行(덕행)이나 德性(덕성)에서처럼 '덕'을 뜻하는데, 덕(德)은 옳고, 착하고, 따스하고, 부드러운 마음씨나 행실을 이른다.

○ **柔**는 溫柔(온유)나 柔軟(유연)에서처럼 '부드럽다'를 뜻한다.

- 順은 溫順(온순)이나 恭順(공순)에서처럼 '순하다'를 뜻한다.
- 婦德柔順은 '지어미의 덕(덕성)은 부드럽고 순하다'는 말이다. 된장 신 것은 일년(一年) 원수지만 아내 나쁜 것은 백년(百年) 원수라 했다. 성품이 나쁜 아내를 맞으면 평생 고생하니 그 덕성이 유순해야 한다고 한 것이다.

【 쓰 기 】

| 076 | 지아비의 도는 굳세고 곧음이요 지어미의 덕은 부드럽고 순함이니라 |
|---|---|
| ① | 夫 道 剛 直 婦 德 柔 順 |
| ② | |
| ③ | |

| 073 | 아버지는 의롭고 어머니는 자애롭고 형은 사랑하고 아우는 공손하라 |
|---|---|
| ⑥ | |

| 074 | 어버이를 사랑하고 형을 공경함은 타고 나면서 알고 타고 나면서 능하니라 |
|---|---|
| ⑤ | |

| 075 | 사내와 계집은 구분이 있어야 하고 지아비와 지어미는 사랑함이 있어야 하니라 |
|---|---|
| ④ | |

# 在家從父하고 適人從夫하며

### 집에 있으면 아버지를 좇고 남에게 시집가면 지아비를 좇으며

【 자원풀이 上 】

**在**[있을 재]   077-1   ↑ 土 001-22 ↓ 才 077-12 참고

　원래 才자와 土자가 어우러진 글자다. 土자로 인해 흙[土]으로 막아 물을 멈추어 있게 한다 하여 그 뜻이 '있다'가 되고, 자형이 약간 변했지만 才자로 인해 存在(존재)·現在(현재)·在學(재학)·在職(재직)·在來種(재래종)·人命在天(인명재천)·螳螂在後(당랑재후)에서처럼 그 음이 '재'가 된 글자다.

**災**[재앙 재]   077-11   ↑ 巛 066-81 / 火 023-81 참고

| 금문 | 소전 |

　넘쳐흐르는 물[巛]을 둑으로 막은 모양[巜]을 나타내면서 원래 수재(水災)를 뜻했으나 나중에 화재(火災)를 염두에 두어 火자를 덧붙이면서 모든 재앙과 관련해 그 뜻이 '재앙'이 되고, 災殃(재앙)·災厄(재액)·人災(인재)·三災(삼재)·罹災民(이재민)·天災地變(천재지변)·産災患者(산재환자)에서 보듯 그 음이 '재'가 된 글자다. 원래 巛자로 쓰다가 후에 오늘날처럼 쓰였다.

**才**[재주 재]   077-12   ↑ 災 077-11 참고

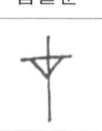

갑골문

　넘쳐흐르는 물을 둑으로 막은 모양을 나타낸 災자의 고문자에서 보듯 둑을 표현한 글자다. 둑이 물의 흐름을 막는 바탕이 된다는 데서 그 의미가 확대되어 훌륭한 사람의 바탕을 이르는 재주와 관련해 그 뜻이 '재주'가 되고, 災자와 똑같게 才能(재능)·才媛(재원)·天才(천재)·英才(영재)·才勝德(재승덕)·蓋世之才(개세지재)·才子佳人(재자가인)에서처럼 그 음이 '재'가 된 글자다.

316　부도편

## 家 [집 가]  077-2

↑ 宀 029-31 / 豕 071-81 참고

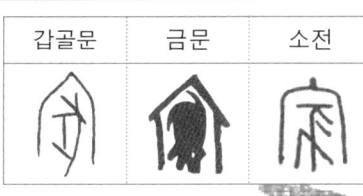

가축인 돼지[豕]와 더불어 사는 집[宀]을 나타내면서 그 뜻이 '집'이 되고, 家庭(가정)·家宅(가택)·出家(출가)·大家(대가)·家家禮(가가례)·家政經濟(가정경제)·諸子百家(제자백가)·東家食西家宿(동가식서가숙)에서처럼 그 음이 '가'가 된 글자다. 집에 돼지가 표현된 것은 옛날 집이 가축과 더불어 살아야 할 정도로 열악했기 때문이며, 소나 양은 풀을 먹어 방목(放牧)하는 데 비해 돼지는 사람이 먹고 남은 음식이나 분뇨(糞尿)까지 처리해주기 때문이다. 宂자는 동자(同字)다.

## 從 [좇을 종]  077-3

↑ 人 002-21 / 彳 004-52 / 止 007-71 참고

앞에 사람[人]을 뒤에 사람[人]이 좇는 모습을 나타낸 데서 그 뜻이 '좇다'가 되고, 追從(추종)·盲從(맹종)·從心(종심)·從容(→조용)·從兄弟(종형제)·三從之道(삼종지도)에서처럼 그 음이 '종'이 된 글자다. 후에 그 뜻을 더욱 분명히 하기 위해 彳자와 止자가 덧붙여졌다.

## 父 [아비 부]  077-4

↑ 001-1 참고

---

**【 구절풀이 上 】**

○ 在는 在學(재학)이나 在野(재야)에서처럼 '있다'를 뜻하고,

○ 家는 生家(생가)나 親家(친가)에서처럼 '집'을 뜻한다.

○ 從은 順從(순종)이나 服從(복종)에서처럼 '좇다'를 뜻하고,

○ 父는 父女之間(부녀지간)에서처럼 '아버지'를 뜻한다.

● 在家從父는 '집에 있으면 아버지를 좇다'라는 말이다. 태어나 시집가기 전까지의 집에서는 아버지의 뜻을 좇아 일을 행한다는 것이다.

## 【 자원풀이 下 】

| 適[갈 적] | 077-5 | ↑ 017-4 참고 |
| --- | --- | --- |
| 人[사람 인] | 077-6 | ↑ 002-21 참고 |
| 從[좇을 종] | 077-7 | ↑ 077-3 참고 |
| 夫[지아비 부] | 077-8 | ↑ 052-1 참고 |

## 【 구절풀이 下 】

○ 適은 悠悠自適(유유자적)에서처럼 '가다'의 뜻 외에 適人(적인)에서처럼 '시집가다'의 뜻을 지니기도 한다.

○ 人은 '사람'의 뜻 외에 他人(타인)이나 特定人(특정인)이란 말에서 헤아려 볼 수 있듯 '남'을 뜻하기도 한다.

○ 從은 女必從夫(여필종부)에서처럼 '좇다'를 뜻하고,

○ 夫는 夫君(부군)이나 有夫女(유부녀)에서처럼 '지아비'를 뜻한다.

● 適人從夫는 '남에게 시집가면 지아비를 좇다'는 말이다.

✎ 悠悠自適) 여유가 있어 한가롭고 걱정이 없는 모양이라는 뜻으로, 속세(俗世)에 속박(束縛)됨이 없이 자기가 하고 싶은 대로 마음 편히 지냄을 이르는 말.

✎ 女必從夫) 아내는 반드시 지아비의 뜻을 좇아야 한다는 말.

## 【 쓰 기 】

| 077 | 집에 있으면 아버지를 좇고 남에게 시집가면 지아비를 좇으며 |
|---|---|
| ① | 在 家 從 父 適 人 從 夫 |
| ② | |
| ③ | |

| 074 | 어버이를 사랑하고 형을 공경함은 타고 나면서 알고 타고 나면서 능하니라 |
|---|---|
| ⑥ | |

| 075 | 사내와 계집은 구분이 있어야 하고 지아비와 지어미는 사랑함이 있어야 하니라 |
|---|---|
| ⑤ | |

| 076 | 지아비의 도는 굳세고 곧음이요 지어미의 덕은 부드럽고 순함이니라 |
|---|---|
| ④ | |

# 夫死從子하니 是謂三從이라 078

### 지아비가 죽으면 아들을 좇으니 이를 삼종이라 이르니라

【 자원풀이 上 】

**夫**[지아비 부]　078-1　　　↑ 052-1 참고

**死**[죽을 사]　078-2　　　↑ 歹 022-81 참고

| 갑골문 | 금문 | 소전 |
|---|---|---|

죽은 사람의 뼈[歹] 옆에 조의(弔意) 표하는 사람[匕의 형태]을 나타내면서 죽은 사람과 관련해 그 뜻이 '죽다'가 되고, 死亡(사망)·死活(사활)·溺死(익사)·瀕死(빈사)·突然死(돌연사)·尊嚴死(존엄사)·鯨戰蝦死(경전하사)에서처럼 그 음이 '사'가 된 글자다.

**從**[좇을 종]　078-3　　　↑ 077-3 참고

**子**[아들 자]　078-4　　　↑ 002-52 참고

【 구절풀이 上 】

◦ **夫**는 夫君(부군)이나 凡夫(범부)에서처럼 '지아비'를 뜻하고,
◦ **死**는 死亡(사망)이나 死別(사별)에서처럼 '죽다'를 뜻한다.
◦ **從**은 舍己從人(사기종인)에서처럼 '좇다'를 뜻하고,
◦ **子**는 子女(자녀)나 母子(모자)에서처럼 '아들'을 뜻한다.
• **夫死從子**는 '지아비가 죽으면 아들을 좇다'는 말이다.

✎ 舍己從人) 자기의 이전(以前) 행위를 버리고 남의 선행(善行)을 본떠 행한다는 말.

## 【 자원풀이 下 】

**是**[옳을 시]　078-5　　　↑ 041-2 참고

**謂**[이를 위]　078-6　　　↑ 042-6 참고

**三**[석 삼]　078-7　　　↑ 052-7 참고

**從**[좇을 종]　078-8　　　↑ 077-3 참고

## 【 구절풀이 下 】

- 是는 是非(시비)나 是認(시인)에서는 '옳다'를 뜻하나, 지시대명사(指示代名詞)로 是日(시일)이나 亦是(역시)에서처럼 '이'의 뜻을 지니기도 한다.
- 謂는 所謂(소위)나 可謂(가위)에서처럼 '이르다'를 뜻한다.
- 三은 三多島(삼다도)나 三國志(삼국지)에서처럼 '셋(석)'을 뜻한다.
- 從은 追從(추종)이나 盲從(맹종)에서처럼 '좇다'를 뜻한다.
- **是謂三從**은 '이를 삼종(三從)이라 이르다'라는 말이다. 삼종은 여자가 일생을 보내는 데 있어서의 도리를 말한 것이다. 이는 봉건사회에서 여성을 남성에 종속된 존재로 본 '호랑이 담배 피우던 시절'의 이야기라 하겠다.

## 【 쓰 기 】

**078** 지아비가 죽으면 아들을 좇으니 이를 삼종이라 이르니라

① 夫 死 從 子 是 謂 三 從

②

③

**075** 사내와 계집은 구분이 있어야 하고 지아비와 지어미는 사랑함이 있어야 하니라

⑥

**076** 지아비의 도는 굳세고 곧음이요 지어미의 덕은 부드럽고 순함이니라

⑤

**077** 집에 있으면 아버지를 좇고 남에게 시집가면 지아비를 좇으며

④

# 男有四德하니 身言書判이요

**사내에게는 네 가지 덕이 있나니 몸과 말씀과 글과 판단이요**

## 【 자원풀이 上 】

| 男 [사내 남] | 079-1 | ↑ 075-1 참고 |
| --- | --- | --- |
| 有 [있을 유] | 079-2 | ↑ 016-7 참고 |
| 四 [넉 사] | 079-3 | ↑ 045-7 참고 |
| 德 [덕 덕] | 079-4 | ↑ 004-5 참고 |

## 【 구절풀이 上 】

- 男은 男子(남자)나 男兒(남아)에서처럼 '사내'를 뜻하고,
- 有는 所有(소유)나 保有(보유)에서처럼 無자의 상대가 되는 '있다'를 뜻한다.
- 四는 四字小學(사자소학)에서처럼 '넷(넉)'을 뜻하고,
- 德은 충(忠)·효(孝)·인(仁)·의(義) 등의 덕을 분류(分類)하는 명목(名目)인 덕목(德目)과 관련된 '덕'을 뜻한다.

• 男有四德은 '사내에게는 네 가지 덕(德)이 있다'는 말이다. 四德은 남자가 세상을 사는 데 갖춰야 할 네 가지 덕목을 이른 것이다.

### 【 자원풀이 下 】

**身**[몸 신]　079-5　　　↑ 001-4 참고

**言**[말씀 언]　079-6　　　↑ 015-81 참고

**書**[글 서]　079-7　　　↑ 046-1 참고

**判**[가를 판]　079-8　　　↑ 刀 008-51　↓ 半 079-81 참고

刀(刂)자로 인해 칼[刀]로 물건을 반으로 가른다 하여 그 뜻이 '가르다'가 되고, 半자로 인해 判斷(판단)·判決(판결)·談判(담판)·裁判(재판)·判檢事(판검사)·理判事判(이판사판)에서처럼 그 음이 '판'이 된 글자다.

**半**[반 반]　079-81　　　↑ 牛 014-21 / 八 069-61 참고

| 금문 | 소전 |
|---|---|
| 半 | 半 |

예부터 사람들이 길렀던 가축 가운데 가장 몸집이 큰 소[牛]를 반으로 나눈다[八] 하여 그 뜻이 '반'이 되고, 折半(절반)·太半(태반)·半熟(반숙)·半偏(반편)·韓半島(한반도)·半萬年(반만년)·夜半逃走(야반도주)·半信半疑(반신반의)에서처럼 그 음이 '반'이 된 글자다.

### 【 구절풀이 下 】

◦ 身은 身體(신체)나 身長(신장)에서처럼 '몸'을 뜻하고,'
◦ 言은 言辯(언변)이나 言辭(언사)에서처럼 '말씀'을 뜻하며,
◦ 書는 書藝(서예)나 書道(서도)에서처럼 '글'을 뜻하고,
◦ 判은 '가르다'의 뜻 외에 判斷(판단)에서처럼 갈라서 판단한다 하여 判別(판별)이나 判定(판정)에서처럼 '판단하다'의 뜻을 지니기도 한다.

- 身言書判은 '몸과 말씀과 글과 판단이다'란 말이다. 중국 당나라 때에 관리 등용의 네 가지 기준이다. 身은 몸이 굳건한 것, 言은 말을 잘 할 줄 아는 것, 書는 글을 잘 쓰는 것, 判은 판단이 좋은 것을 이른 것이다.

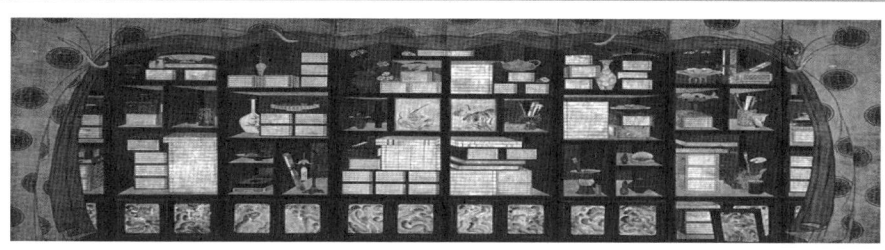

【 쓰 기 】

| 079 | 사내에게는 네 가지 덕이 있나니 몸과 말씀과 글과 판단이요 |
|---|---|
| ① | 男 有 四 德 身 言 書 判 |
| ② | |
| ③ | |

| 076 | 지아비의 도는 굳세고 곧음이요 지어미의 덕은 부드럽고 순함이니라 |
|---|---|
| ⑥ | |

| 077 | 집에 있으면 아버지를 좇고 남에게 시집가면 지아비를 좇으며 |
|---|---|
| ⑤ | |

| 078 | 지아비가 죽으면 아들을 좇으니 이를 삼종이라 이르니라 |
|---|---|
| ④ | |

# 女有四譽하니 德容言工이니라 080

계집에게는 네 가지 기림이 있나니 덕과 얼굴과 말씀과 솜씨니라

## 【 자원풀이 上 】

| 女[계집 녀] | 080-1 | ↑ 001-51 참고 |

| 有[있을 유] | 080-2 | ↑ 016-7 참고 |

| 四[넉 사] | 080-3 | ↑ 045-7 참고 |

| 譽[기릴 예]] | 080-4 | ↑ 言 015-81 / 與 019-5 참고 |

言자로 인해 남이 한 일을 추어서 말[言]을 하면서 기린다 하여 그 뜻이 '기리다'가 되고, 與자로 인해 名譽(명예)·榮譽(영예)에서처럼 그 음이 '예'가 된 글자다.

## 【 구절풀이 上 】

◦ **女**는 女子(여자)나 女人(여인)에서처럼 '계집'을 뜻한다. 계집은 '계시다'의 '계'와 사람이 기거하는 '집'을 합친 말로, 옛날 안 일과 바깥 일이 구분되던 시절에 집 안의 일을 하는 어른인 여자를 이른 것이다.
◦ **有**는 所有(소유)나 保有(보유)에서처럼 '있다'를 뜻한다.
◦ **四**는 四君子(사군자)나 文房四友(문방사우)에서처럼 '넷(넉)'을 뜻한다.
◦ **譽**는 名譽(명예)나 榮譽(영예)에서처럼 칭찬(稱讚)의 말을 해 기린다 하여 '기리다'의 뜻을 지닌다.

• **女有四譽**는 '계집에게는 네 가지 기림이 있다'는 말이다. 四譽는 여자가 세상을 사는 데 갖춰야 할 네 가지 것을 이른다.

✎ 四君子) 우리나라·중국·일본의 회화(繪畫)에서, 그 소재(素材)가 되는 매화(梅花)·난초(蘭草)·국화(菊花)·대(대나무)의 고결(高潔)한 아름다움이 군자(君子)와 같다는 뜻으로 일컫는 말.
✎ 文房四友) 서재(書齋)에 꼭 있어야 할 네 벗, 즉 종이, 붓, 벼루, 먹을 말함.

## 【 자원풀이 下 】

**德**[덕 덕]　080-5　　↑ 004-5 참고

**容**[담을 용]　080-6　　↓ 公 080-61 참고

금문

宕자가 고자(古字)로, 원래 집의 형태와 公자가 어우러진 글자였다. 집의 형태로 인해 집 안에 여러 물건을 담아 들인다 하여 그 뜻이 '담다'가 되고, 公자로 인해 容納(용납)·容恕(용서)·包容(포용)·內容(내용)·美容室(미용실)·花容月態(화용월태)에서처럼 그 음은 '용'이 된다. 후에 집의 형태는 宀자로, 公자는 아래에 厶의 형태가 口의 형태로 바뀌었다.

**公**[공변될 공]　080-61　　↑ 八 069-61 참고

갑골문　금문　소전

무언가 나누는 모양[八]과 나눠지는 물건[口]의 형태를 나타내면서 물건[口]의 형태을 공평하게 나눠[八] 가진다 하여 그 뜻이 공평하게 된다의 의미인 '공변되다'가 되고, 公人(공인)·公金(공금)·公主(공주)·公僕(공복)·公務員(공무원)·公休日(공휴일)·公衆道德(공중도덕)에서 보듯 그 음이 '공'이 된 글자다.

**言**[말씀 언]　080-7　　↑ 015-81 참고

**工**[장인 공]　080-8　　↑ 007-32 참고

## 【 구절풀이 下 】

◦ **德**의 뜻 '덕'은 옳고, 착하고, 따스하고, 부드러운 마음씨를 이르며, **德性**(덕성)은 바로 그런 마음씨를 이른 것이다.

◦ **容**은 包容(포용)이나 受容(수용)에서처럼 '담다'의 뜻을 지니면서 **容貌**(용모)나 **容態**(용태)에서처럼 남의 시선을 담는 '얼굴'을 뜻하기도 한다. 여자의 **容貌**나 **容態**는 맵시를 이른 것이다.

- 言은 言辯(언변)이나 言辭(언사)에서처럼 '말씀'을 뜻하며, 나아가 말(말씀)하는 태도나 버릇인 말씨와 관련이 있다.
- 工은 石工(석공)이나 陶工(도공)에서처럼 물건을 만드는 사람과 관련해 '장인'을 뜻하며, 다시 장인이 만든 물건의 '공교로움'과 관련되어 精巧(정교)나 工巧(공교)에서처럼 '솜씨'를 뜻하기도 한다.
- 德容言工은 '덕(덕행)과 얼굴과 말씀과 솜씨'를 말한다. 덕(덕행)은 마음씨, 얼굴은 맵시, 말씀은 말씨, 그리고 장인의 공교로움은 솜씨를 이르는데, 이는 여자가 세상을 사는 데 갖춰야 할 네 가지를 말한 것이다.

【 쓰 기 】

**080** 계집에게는 네 가지 기림이 있나니 덕과 얼굴과 말씀과 솜씨니라

① 女 有 四 譽 德 容 言 工

②

③

**077** 집에 있으면 아버지를 좇고 남에게 시집가면 지아비를 좇으며

⑥

**078** 지아비가 죽으면 아들을 좇으니 이를 삼종이라 이르니라

⑤

**079** 사내에게는 네 가지 덕이 있나니 몸과 말씀과 글과 판단이요

④

# 修身·處世篇

(讀本)

勿立門中　勿坐房中 081　行勿慢步　坐勿倚身 082
寢則連衾　食則同案 083　居處靖靜　步履安詳 084
寒不敢襲　暑勿褰裳 085　衣冠肅整　容貌端莊 086
常德固持　然諾重應 087　飲食慎節　居處必恭 088
言必忠信　行必正直 089　出言顧行　作事謀始 090
口勿雜談　手勿雜戲 091　出入門戶　開閉必恭 092
非禮勿視　非禮勿聽 093　非禮勿言　非禮勿動 094
視思必明　聽思必聰 095　色思必溫　貌思必恭 096
言思必忠　事思必敬 097　疑思必問　忿思必難 098
見得思義　是謂九思 099　足容必重　手容必恭 100
目容必端　口容必止 101　聲容必靜　頭容必直 102
氣容必肅　立容必德 103　色容必莊　是謂九容 104
言行相違　辱及于先 105　不履言約　辱及于身 106
鷄鳴而起　必盥必漱 107　居必擇隣　就必有德 108
德業相勸　過失相規 109　禮俗相交　患難相恤 110
貧窮患難　親戚相救 111　婚姻死喪　隣保相助 112
終身讓畔　不失一段 113　終身讓路　不枉百步 114
積善之家　必有餘慶 115　積惡之家　必有餘殃 116

# 勿立門中하고 勿坐房中하라

### 문 가운데 서지 말고 방 가운데 앉지 말라

【 자원풀이 上 】

| 勿[말 물] | 081-1 | ↑ 008-5 참고 |

| 立[설 립] | 081-2 | ↑ 012-5 참고 |

| 門[문 문] | 081-3 | ↑ 063-21 참고 |

| 中[가운데 중] | 081-4 |

| 갑골문 | 금문 | 소전 |

깃발을 나타내면서 깃발을 사람들이 쉽게 알아보고 행동하는 데 중심이 되도록 사람들이 모이는 가운데에 세운다 하여 그 뜻

이 '가운데'가 되고, 中央(중앙)・中心(중심)・人中(인중)・渦中(와중)・食中毒(식중독)・中樞的(중추적)・囊中之錐(낭중지추)에서 보듯 그 음이 '중'이 된 글자다.

【 구절풀이 上 】

∘ 勿은 금지사(禁止詞)로, 勿驚(물경)이나 勿忘草(물망초)에서처럼 '~하지 말라'는 뜻으로 풀이하고,

∘ 立은 起立(기립)이나 直立(직립)에서처럼 '서다'를 뜻한다.

∘ 門은 房門(방문)이나 出入門(출입문)에서처럼 '문'을 뜻하고,

∘ 中은 中央(중앙)이나 中心(중심)에서처럼 '가운데'를 뜻한다.

- 勿立門中은 '문 가운데 서지 말라'라는 말이다.

### 【 자원풀이 下 】

| 勿 [말 물] | 081-5 | ↑ 008-5 참고 |
| 坐 [앉을 좌] | 081-6 | ↑ 009-2 참고 |
| 房 [방 방] | 081-7 | ↑ 045-6 참고 |
| 中 [가운데 중] | 081-8 | ↑ 081-4 참고 |

### 【 구절풀이 下 】

○ 勿은 금지사(禁止詞)로, 勿驚(물경)이나 勿忘草(물망초)에서처럼 '~하지 말라'는 뜻으로 풀이하고,

○ 坐는 坐定(좌정)이나 正坐(정좌)에서처럼 '앉다'를 뜻한다.

○ 房은 閨房(규방)이나 舍廊房(사랑방)에서처럼 '방'을 뜻하고,

○ 中은 中央(중앙)이나 中心(중심)에서처럼 '가운데'를 뜻한다.

- 勿坐房中은 '방 가운데 앉지 말라'라는 말이다. 문이나 방의 한 가운데는 활동을 하는 데 쓰임이 많은 공간이므로 방해가 되지 않도록 서있거나 앉지 말라는 것이다.

## 【 쓰 기 】

**081** 문 가운데 서지 말고 방 가운데 앉지 말라

① 勿 立 門 中 勿 坐 房 中

②

③

**078** 지아비가 죽으면 아들을 좇으니 이를 삼종이라 이르니라

⑥

**079** 사내에게는 네 가지 덕이 있나니 몸과 말씀과 글과 판단이요

⑤

**080** 계집에게는 네 가지 기림이 있나니 덕과 얼굴과 말씀과 솜씨니라

④

# 行勿慢步하고 坐勿倚身하라

**082**

## 다니면 걸음을 게을리 하지 말고 앉으면 몸을 의지하지 말라

【 자원풀이 上 】

| 行[다닐 행] | 082-1 | ↑ 004-51 참고 |

| 勿[말 물] | 082-2 | ↑ 008-5 참고 |

| 慢[게으를 만] | 082-3 | ↑ 心 002-31 ↓ 曼 082-31 참고 |

心(忄)자로 인해 움직이기 싫어하는 마음[心]으로 인해 행동이 게으르다 하여 그 뜻이 '게으르다'가 되고, 曼자로 인해 怠慢(태만)·倨慢(거만)·驕慢(교만)·緩慢(완만)·自慢心(자만심)·慢性疲勞(만성피로)에서처럼 그 음이 '만'이 된 글자다.

| 曼[끌 만] | 082-31 | ↑ 又 001-11 참고 |

| 갑골문 | 금문 | 소전 |
|---|---|---|
| 甲 | 覃 | 鳳 |

두 손[又]으로 눈언저리를 끌어당기는 모습을 나타낸 데서 그 뜻이 '끌다'고, 曼陀羅(만다라)란 말에서 보듯 그 음이 '만'인 글자다.

| 步[걸음 보] | 082-4 | ↑ 止 007-71 참고 |

| 갑골문 | 금문 | 소전 |
|---|---|---|
| ㄓㄓ | ㄓㄓ | 步 |

좌우의 두 발[止]을 나타내면서 두 발로 걸음을 걷는다 하여 그 뜻이 '걸음'이 되고, 步行(보행)·步哨(보초)·闊步(활보)·散步(산보)·萬步器(만보기)·徒步旅行(도보여행)에서처럼 그 음이 '보'가 된 글자다.

082 行勿慢步 坐勿倚身　333

## 【 구절풀이 上 】

- 行은 走行(주행)이나 逆行(역행)에서처럼 '다니다'를 뜻한다.
- 勿은 금지사(禁止詞)로, '~하지 말라'는 뜻으로 풀이한다.
- 慢은 怠慢(태만)이나 緩慢(완만)에서처럼 '게으르다'를 뜻하고,
- 步는 初步(초보)나 進一步(진일보)에서처럼 '걸음'을 뜻한다.

• 行勿慢步는 '다니면 걸음을 게을리 하지 말라'라는 말이다.

## 【 자원풀이 下 】

坐[앉을 좌]　082-5　　↑ 009-2 참고

勿[말 물]　082-6　　↑ 008-5 참고

倚[의지할 의]　082-7　　↑ 人 002-21 ↓ 奇 082-71 참고

人(亻)자로 인해 사람[人]이 무언가에 몸을 의지한다 하여 그 뜻이 '의지하다'가 되고, 奇자로 인해 椅[걸상 의]·犄[거세한소 의]·猗[아름다울 의]자처럼 그 음이 '의'가 된 글자다.

奇[기이할 기]　082-71　　↑ 大 064-71 / 可 025-6 참고

大자로 인해 일반적인 형태보다 기이하게 크[大] 하여 그 뜻이 '기이하다'가 되고, 可자로 인해 奇行(기행)·奇人(기인)·新奇(신기)·怪奇(괴기)·好奇心(호기심)·獵奇的(엽기적)·奇想天外(기상천외)에서처럼 그 음이 '기'가 된 글자다.

身[몸 신]　082-8　　↑ 001-4 참고

【 구절풀이 下 】

- 坐는 坐視(좌시)나 坐禪(좌선)에서처럼 '앉다'를 뜻한다.
- 勿은 금지사(禁止詞)로, '~하지 말라'는 뜻으로 쓰인다.
- 倚는 倚門之望(의문지망)에서처럼 '의지하다'를 뜻하고,
- 身은 身體(신체)나 肉身(육신)에서처럼 '몸'을 뜻한다.
- 坐勿倚身은 '앉으면 몸을 의지하지 말라'라는 말이다.

✎ 倚門之望) 어머니가 아들이 돌아오기를 문에 의지하고서 기다린다는 말.

【 쓰 기 】

| 082 | 다니면 걸음을 게을리 하지 말고 앉으면 몸을 의지하지 말라 |
|---|---|
| ① | 行勿慢步 坐勿倚身 |
| ② | |
| ③ | |

| 079 | 사내에게는 네 가지 덕이 있나니 몸과 말씀과 글과 판단이요 |
|---|---|
| ⑥ | |

| 080 | 계집에게는 네 가지 기림이 있나니 덕과 얼굴과 말씀과 솜씨니라 |
|---|---|
| ⑤ | |

| 081 | 문 가운데 서지 말고 방 가운데 앉지 말라 |
|---|---|
| ④ | |

# 寢則連衾하고 食則同案하라

**잘 때에는 이불을 잇닿게 하고 먹을 때에는 밥상을 함께 하라**

【 자원풀이 上 】

### 寢[잘 침]   083-1   ↑ 宀 029-31 ↓ 㣺 083-11 참고

宀자와 침상을 나타낸 爿의 형태로 인해 집[宀] 안의 침상[爿의 형태]을 청소(淸掃)하고 잠을 잔다 하여 그 뜻이 '자다'가 되고, 㣺자로 인해 寢牀(침상)·寢臺(침대)·寢囊(침낭)·同寢(동침)·就寢(취침)·午寢(오침)·不寢番(불침번)에서처럼 그 음이 '침'이 된 글자다.

### 㣺[조금씩 할 침]   083-11   ↑ 又 001-11 / 帚 052-31 참고

| 갑골문 | 소전 |
|---|---|
|  | |

원래 비(빗자루)를 나타낸 帚[비 추]자와 손을 나타낸 又자가 합쳐져 비[帚]를 손[又]에 들고 어지럽혀진 땅 위에 쓸기를 조금씩 한다 하여 그 뜻이 '조금씩 하다'가 된 것으로 보이고, 후에 巾의 형태가 생략되어 㣺자로 쓰였지만 자신이 덧붙여져 음의 역할을 하는 侵[침노할 침]·寢[잘 침]·浸[잠길 침]자처럼 그 음이 '침'이 된 글자다.

### 則[곧 즉]   083-2   ↑ 027-41 참고

### 連[잇닿을 련]   083-3   ↑ 止 007-71 / 彳 004-52 ↓ 車 083-31 참고

| 금문 | 소전 |
|---|---|
| | |

발[止]이 걸어 다니는 길[彳]에 수레[車]가 잇닿아 움직이고 있음을 나타 낸 데서 그 뜻이 '잇닿다'가 되고, 連絡(연락)·連續(연속)·連休(연휴)·連霸(연패)·連年生(연년생)·一連番號(일련번호)에서 보듯 그 음이 '련'이 된 글자다.

336 수신 · 처세편

# 車 [수레 거(차)]  083-31

| 갑골문 | 금문 | 소전 |
|---|---|---|
|  |  |  |

옛날에 주로 전차(戰車)로 사용되었던 수레를 나타낸 데서 그 뜻이 '수레'고, 兵車(병거)·車馬(거마)·自轉車(자전거)·人力車(인력거)·停車場(정거장)·車載斗量(거재두량)에서처럼 그 음이 '거'이면서 汽車(기차)·風車(풍차)·車輛(차량)·車戰(차전)·自動車(자동차)·乘合車(승합차)·駐車場(주차장)에서처럼 '차'이기도 한 글자다.

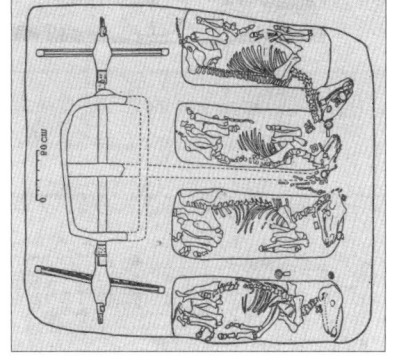

# 衾 [이불 금]  083-4

↑ 衣 002-32 / 今 019-11 참고

衣자로 인해 옷감[衣]으로 만든 이불과 관련해 그 뜻이 '이불'이 되고, 今자로 인해 衾枕(금침)이나 鴛鴦衾(원앙금)에서 보듯 그 음이 '금'이 된 글자다.

## 【 구절풀이 上 】

◦ 寢은 就寢(취침)이나 起寢(기침)에서처럼 '자다'를 뜻한다.

◦ 則은 앞과 뒤의 글을 이어주는 일종의 접속사(接續詞)로, 窮則通(궁즉통)에서처럼 '~하면'이나 '~할 때에는'의 뜻으로 풀이한다.

◦ 連은 連結(연결)이나 連累(연루)에서처럼 '잇닿다'를 뜻하며,

◦ 衾은 鴛鴦衾枕(원앙금침)에서처럼 '이불'을 뜻한다.

• 寢則連衾은 '잘 때에는 이불을 잇닿게 하다'라는 말이다.

## 【 자원풀이 下 】

**食**[밥 식]  083-5  ↑ 003-6 참고

**則**[곧 즉]  083-6  ↑ 027-41 참고

**同**[한 가지 동]  083-7  ↓ 凡 083-71 ↑ 口 001-71 참고

크게 본다는 의미를 지닌 凡[무릇 범]자와 말한다는 의미와 관련이 있는 口자가 합쳐져 크게 보면[凡] 말한[口] 것이 한가지다 하여 그 뜻이 '한 가지'가 된 것으로 보이고, 同行(동행)·同生(동생)·大同(대동)·共同(공동)·同夫人(동부인)·同苦同樂(동고동락)에서 보듯 그 음이 '동'이 된 글자다.

**凡**[무릇 범]  083-71

돛을 나타냈으나 후에 무릇의 뜻으로 빌려 쓰면서 그 뜻이 '무릇'이 되고, 平凡(평범)·非凡(비범)·凡事(범사)·凡常(범상)·三者凡退(삼자범퇴)·禮儀凡節(예의범절)에서 보듯 그 음이 '범'이 된 글자다. 후에 돛은 흔히 옷감으로 만들기 때문에 巾자를 덧붙여 帆[돛 범]자로 대신했다.

**案**[책상 안]  083-8  ↑ 035-2 참고

## 【 구절풀이 下 】

- **食**은 '밥'의 뜻 외에 肉食(육식)이나 菜食(채식)에서처럼 밥을 먹는다 하여 '먹다'를 뜻한다.
- **則**은 앞과 뒤의 글을 이어주는 일종의 접속사(接續詞)로, '~하면'이나 '~할 때에는'의 뜻으로 풀이한다.
- **同**은 '한 가지'의 뜻 외에 同參(동참)이나 同伴(동반)에서처럼 서로 한 가지가 되어 함께 한다 하여 '함께'를 뜻하고,

- 案은 '책상'을 뜻하며, 옛날에는 책상을 밥상으로 사용하기도 했기에 擧案齊眉(거안제미)에서처럼 '밥상'을 뜻하기도 한다.
- 食則同案은 '먹을 때에는 밥상을 함께 하다'라는 말이다. 형제자매는 한 몸이나 다름없는 동기일신(同氣一身)이니, 한 이불에서 함께 자고 한 밥상에서 함께 먹는 일은 당연한 것이다.

✎ 擧案齊眉) 밥상을 눈썹 높이로 들어 공손(恭遜)히 남편(男便) 앞에 가지고 간다는 뜻으로, 남편을 깍듯이 공경(恭敬)함을 일컫는 말.

✎ 同氣一身) 한 부모로부터 같은 기운을 받고 태어난 형제(兄弟), 자매(姉妹)는 한 몸이나 다름없음을 이른 말.

【 쓰 기 】

**083** 잘 때에는 이불을 잇닿게 하고 먹을 때에는 밥상을 함께 하라

① 寢則連衾 食則同案

②

③

**080** 계집에게는 네 가지 기림이 있나니 덕과 얼굴과 말씀과 솜씨니라

⑥

**081** 문 가운데 서지 말고 방 가운데 앉지 말라

⑤

**082** 다니면 걸음을 게을리 하지 말고 앉으면 몸을 의지하지 말라

④

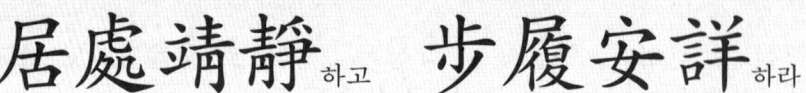

居處靖靜하고 步履安詳하라

**머물러 처할 때는 편안하고 고요히 하고
걸어 다니면 편안하고 골고루 마음을 쓰라**

【 자원풀이 上 】

居[살 거]   084-1                        ↑ 009-64 참고

處[곳 처]   084-2        ↓ 夂 084-21 ↑ 几 046-21 / 虍 014-12 참고

夂자와 几자로 인해 사람이 발[夂]을 멈추고 안석[几]에 기대어 머무른다하면서 다시 일정하게 머무르는 곳과 관련해 그 뜻이 '곳'이 되고, 虍자로 인해 處身(처신)·處女(처녀)·居處(거처)·近處(근처)·處世術(처세술)·隱身處(은신처)·九重深處(구중심처)·應急措處(응급조처)에서처럼 그 음이 '처'가 된 글자다.

夂[뒤져 올 치]   084-21                ↑ 止 007-71 참고

| 갑골문 | 금문 | 소전 |
|---|---|---|

뒤를 향하고 있는 발[止] 모습을 나타낸 데서 앞을 향한 발보다 뒤져 온다 하여 그 뜻이 '뒤져 오다'고, 夅[내릴 강(降)]자나 夆[끌 봉]자에서처럼 글자의 윗부분에 쓰면서 부수 역할을 하는 그 음이 '치'인 글자다.

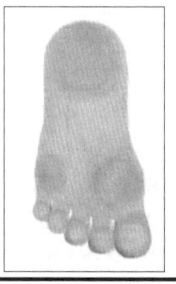

靖[편안할 정]   084-3          ↑ 立 012-5 / 靑 072-41 참고

立자로 인해 편안하게 설 수 있도록 세운대[立] 하여 그 뜻이 '편안하다'고, 靑자로 인해 精(정)·情(정)·靜(정)·睛(정)자처럼 그 음이 '정'인 글자다.

靜[고요할 정]　084-4　　　↓ 爭 084-41 ↑ 靑 072-41 참고

| 금문 |
|---|
|  |

　　　양쪽에서 손이 농기구인 쟁기[力]를 서로 당기며 다투는 모습에서 비롯된 爭[다툴 쟁]자로 인해 다투고[爭] 난 후에 고요하다 하여 그 뜻이 '고요하다'가 되고, 靑자로 인해 靜肅(정숙)·靜寂(정적)·動靜(동정)·安靜(안정)·靜中動(정중동)·靜電氣(정전기)에서처럼 그 음이 '정'이 된 글자다.

爭[다툴 쟁]　084-41　　　↑ 爪 002-51 / 又 001-11 참고

| 금문 |
|---|
|  |

　　　양쪽에서 손[爪와 又]이 농기구인 쟁기[力]를 서로 당기며 다투는 모습을 나타내면서 그 뜻이 '다투다'가 되고, 競爭(경쟁)·諫爭(간쟁)·黨爭(당쟁)·挺爭(정쟁)·爭奪戰(쟁탈전)·蚌鷸之爭(방휼지쟁)·犬兔之爭(견토지쟁)에서 보듯 그 음이 '쟁'이 된 글자다.

【 구절풀이 上 】

◦ 居는 '살다'의 뜻 외에 居住(거주)나 居留(거류)에서처럼 머물러 산다 하여 '머물다'의 뜻을 지니기도 하고,
◦ 處는 '곳'의 뜻 외에 處斷(처단)이나 處理(처리)에서처럼 일정한 곳에 처한다 하여 '처하다'의 뜻을 지니기도 한다.
◦ 靖은 靖難(정난)이나 靖國(정국)에서처럼 '편안하다'를 뜻하고,
◦ 靜은 靜寂(정적)이나 靜肅(정숙)에서처럼 '고요하다'를 뜻한다.
• 居處靖靜은 '머물러 처할 때는 편안하고 고요히 하다'라는 말이다.

【 자원풀이 下 】

步[걸음 보]　084-5　　　↑ 082-4 참고

084 居處靖靜 步履安詳

## 履 [신 리]  084-6    ↑ 彳 004-52 / 夊 002-12 참고

소전

옛날 신분이 높은 사람[尸의 형태]만 길[彳]을 다닐 때 발[夊]에 신었던 신[舟의 형태]을 나타내면서 그 뜻이 '신'이 되고, 履修(이수)·履行(이행)·履歷書(이력서)·履霜曲(이상곡)·如履薄氷(여리박빙)에서처럼 그 음이 '리'가 된 글자다.

## 安 [편안할 안]  084-7    ↑ 035-21 참고

## 詳 [자세할 상]  084-8    ↑ 言 015-81 / 羊 034-61 참고

言자로 인해 말[言]을 자세하게 한다 하여 그 뜻이 '자세하다'가 되고, 羊자로 인해 詳細(상세)·詳述(상술)·仔詳(자상)·昭詳(소상)·作者未詳(작자미상)에서처럼 그 음이 '상'이 된 글자다.

### 【 구절풀이 下 】

◦ 步는 '걸음'의 뜻 외에 速步(속보)나 闊步(활보)에서처럼 걸음을 걷는다 하여 '걷다'를 뜻하기도 하고,

◦ 履는 '신'의 뜻 외에 如履薄氷(여리박빙)에서처럼 신을 신고 땅을 밟고 다닌다 하여 '밟다'나 '다니다'를 뜻하기도 한다.

◦ 安은 安靜(안정)이나 平安(평안)에서처럼 '편안하다'를 뜻하고,

◦ 詳은 '자세하다'의 뜻 외에 仔詳(자상)에서처럼 자세하게[詳] 골고루 마음을 쓴다 하여 '골고루 마음을 쓰다'의 뜻을 지니기도 한다.

• 步履安詳은 '걸어 다니면 편안하고 골고루 마음을 쓰다'라는 말이다. "삼정승 부러워 말고 내 한 몸 튼튼히 가지라"고 했다. 집에 있을 때나 돌아다닐 때나 내 한 몸을 조심히 해 행동하라는 것이다.

✎ 如履薄氷) 얇은 얼음을 밟듯 몹시 위험(危險)함을 가리키는 말.

**【 쓰기 】**

| 084 | 머물러 처할 때는 편안하고 고요히 하고 걸어 다니면 편안하고 골고루 마음을 쓰라 |
|---|---|
| ① | 居 處 靖 靜 步 履 安 詳 |
| ② | |
| ③ | |

| 081 | 문 가운데 서지 말고 방 가운데 앉지 말라 |
|---|---|
| ⑥ | |

| 082 | 다니면 걸음을 게을리 하지 말고 앉으면 몸을 의지하지 말라 |
|---|---|
| ⑤ | |

| 083 | 잘 때에는 이불을 잇닿게 하고 먹을 때에는 밥상을 함께 하라 |
|---|---|
| ④ | |

# 寒不敢襲하고 暑勿褰裳하라  085

### 차다고 감히 껴입지 아니하고 덥다고 치마를 걷어 올리지 말라

【 자원풀이 上 】

**寒[찰 한]**  085-1  ↑ 宀 029-31 / 人 002-21 / 冫 030-51 참고

| 금문 | 소전 |

집[宀] 안의 사방에 풀[茻]이 있고 그 가운데 사람[人]이 있는데, 발밑에는 얼음[冫]이 얼어 있음을 나타냈다. 얼음이 얼 만큼 집 안이 차다 하여 그 뜻이 '차다'가 되고, 寒食(한식)·寒流(한류)·酷寒(혹한)·貧寒(빈한)·防寒帽(방한모)·寒暖計(한란계)·寒帶植物(한대식물)·歲寒松柏(세한송백)에서처럼 그 음이 '한'이 된 글자다.

**不[아닐 불]**  085-2   ↑ 005-6 참고

**敢[감히 감]**  085-3   ↑ 038-2 참고

**襲[엄습할 습]**  085-4   ↑ 衣 002-32 ↓ 龖 085-42 참고

금문

원래 龖으로 쓰던 글자다. 衣자로 인해 옷[衣]을 입혀 몸을 덮어 싸듯 불의에 덮어 싸 엄습한다 하여 그 뜻이 '엄습하다'가 되고, 오늘날 龍자 하나로 쓰지만 龖자로 인해 掩襲(엄습)·殮襲(염습)·被襲(피습)·夜襲(야습)·襲擊機(습격기)·世襲的(세습적)·奇襲作戰(기습작전)·空襲警報(공습경보)에서처럼 그 음이 '습'이 된 글자다.

## 龍[용 룡] 085-41

| 갑골문 | 금문 | 소전 |
|---|---|---|

머리 위에 뿔과 벌리고 있는 입과 세워진 긴 몸의 용을 나타낸 데서 그 뜻이 '용'이 되고, 土龍(토룡)·青龍(청룡)·海龍(해룡)·潛龍(잠룡)·袞龍袍(곤룡포)·畫龍點睛(화룡점정)에서 보듯 그 음이 '룡'이 된 글자다. 龍沼(용소)·龍床(용상)·龍顔(용안)·龍鬚鐵(용수철)·龍頭蛇尾(용두사미)에서처럼 '용'의 음으로도 읽힌다.

↑ 龍 085-41 참고

## 龖[나는 용 답] 085-42

龍자가 나란히 쓰인 글자다. 용(龍)과 관련해 그 뜻이 '나는 용'이고, 자신이 덧붙여져 음의 역할을 하는 䜪[자꾸 지껄일 답]자처럼 그 음이 '답'이다.

---

### 【 구절풀이 上 】

- 寒은 寒氣(한기)나 惡寒(오한)에서처럼 '차다'를 뜻한다.
- 不은 어떤 한자나 한자어 앞에 쓰여 '~않다', '~아니하다'의 뜻을 나타내는 접두사(接頭辭) 역할을 한다.
- 敢은 果敢(과감)이나 敢行(감행)에서처럼 '감히'의 뜻을 지니며,
- 襲은 '엄습하다'의 뜻 외에 殮襲(염습)에서처럼 '껴입다'를 뜻한다.
- 寒不敢襲은 '차다고 감히 껴입지 아니하다'라는 말이다.

## 【 자원풀이 下 】

### 暑[더울 서]　085-5　　↑ 日 006-51 / 者 005-4 참고

日자로 인해 햇볕[日] 때문에 날씨가 덥다 하여 그 뜻이 '덥다'가 되고, 者자로 인해 小暑(소서)·大暑(대서)·避暑(피서)·處暑(처서)·酷暑期(혹서기)에서처럼 그 음이 '서'가 된 글자다.

### 勿[말 물]　085-6　　↑ 008-5 참고

### 褰[걷을 건]　085-7　　↑ 衣 002-32 / 寒 085-1 참고

衣자로 인해 옷[衣]을 추어 올려 걷는다 하여 그 뜻이 '걷다'가 되고, 일부가 생략되었지만 寒자로 인해 蹇[절뚝발이 건]·搴[빼낼 건]·謇[떠듬거릴 건]·鶱[훨훨 날 건]자처럼 그 음이 '건'이 된 글자다.

### 裳[치마 상]　085-8　　↑ 衣 002-32 / 尙 059-83 참고

衣자로 인해 아래에 입는 옷[衣]인 치마와 관련해 그 뜻이 '치마'가 되고, 尙자로 인해 衣裳(의상)·靑裳(청상)·綠衣紅裳(녹의홍상)·縞衣玄裳(호의현상)·同價紅裳(동가홍상)에서처럼 그 음이 '상'이 된 글자다.

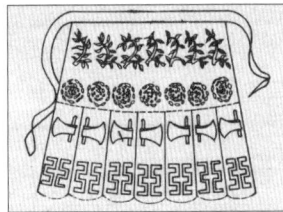

## 【 구절풀이 下 】

- 暑는 酷暑(혹서)나 暴暑(폭서)에서처럼 '덥다'를 뜻한다.
- 勿은 금지사(禁止詞)로, '~하지 말라'는 뜻으로 풀이한다.
- 褰은 그 자형(字形)에 보이는 衣자로 인해 옷[衣]을 '걷어 올리다'라는 뜻을 지닌다.
- 裳은 綠衣紅裳(녹의홍상)에서처럼 '치마'를 뜻하는데, 위에 입는 옷과 관련된 衣자와 상대가 되는 아래에 입는 옷인 '아래옷'을 이른 것이다.

- 暑勿褰裳은 '덥다고 치마(아래옷)를 걷어 올리지 말라'는 말이다. 춥다고 덥다고 기온에 쉽게 반응하여 행동하면 참을성 없는 사람이 되기 쉬운 데다 남이 보기에도 좋지 않다. 몸의 저항력을 기르기 위해서도 어느 정도의 추위와 더위를 견디라는 것이다.

✎ 綠衣紅裳) 연두저고리에 다홍치마라는 뜻으로, 곱게 차려 입은 혼인(婚姻) 전후의 젊은 아가씨의 옷차림.

【 쓰기 】

| 085 | 차다고 감히 껴입지 아니하고 덥다고 치마를 걷어 올리지 말라 |
|---|---|
| ① | 寒 不 敢 襲 暑 勿 褰 裳 |
| ② | |
| ③ | |

| 082 | 다니면 걸음을 게을리 하지 말고 앉으면 몸을 의지하지 말라 |
|---|---|
| ⑥ | |

| 083 | 잘 때에는 이불을 잇닿게 하고 먹을 때에는 밥상을 함께 하라 |
|---|---|
| ⑤ | |

| 084 | 머물러 처할 때는 편안하고 고요히 하고 걸어 다니면 편안하고 골고루 마음을 쓰라 |
|---|---|
| ④ | |

# 衣冠肅整하고 容貌端莊하라

## 옷과 갓을 가지런하게 하고 얼굴을 바르게 하라

### 【 자원풀이 上 】

**衣**[옷 의]　086-1　　↑ 002-32 참고

**冠**[갓 관]　086-2　　↓ ㄇ 086-21 / 冠 086-22 참고

ㄇ자로 인해 머리에 덮어[ㄇ] 쓰는 갓과 관련해 그 뜻이 '갓'이 되고, 冠자로 인해 衣冠(의관)·弱冠(약관)·冠禮(관례)·冠詞(관사)·冕旒冠(면류관)·翼蟬冠(익선관)·冠婚喪祭(관혼상제)·紗帽冠帶(사모관대)에서처럼 그 음이 '관'이 된 글자다.

**ㄇ**[덮을 멱]　086-21

| 갑골문 | 금문 | 소전 |
|---|---|---|
|  | | |

천과 같은 것을 늘어뜨려 무언가 덮은 모양을 나타낸 데서 그 뜻이 '덮다'고, 자신의 형태에 음의 역할을 하는 幕(막)자를 덧붙인 冪[덮을 멱]자처럼 그 음이 '멱'인 글자다.

**冠**[깎을 완]　086-22　　↑ 寸 009-11 / 元 041-1 참고

손에서 비롯된 寸자로 인해 손[寸]으로 무언가 깎는다 하여 그 뜻이 '깎다'가 되고, 元자로 인해 그 음이 '완'이 된 글자다.

**肅**[엄숙할 숙]　086-3　　↑ 又 001-11 참고

| 금문 | 소전 |
|---|---|
|  | |

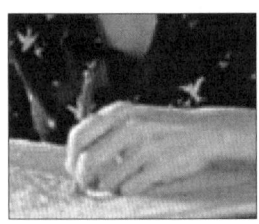

손[又]에 붓을 잡고 무언가 그리는 모습을 나타내면서 다시 그리는 모습이 엄숙하다 하여 그 뜻이 '엄숙하다'가 되고, 肅然(숙연)·肅淸(숙청)·嚴肅(엄숙)·自肅(자숙)·肅靖門(숙정문)·謝恩肅拜(사은숙배)·軍紀肅正(군기숙정)에서처럼 그 음이 '숙'이 된 글자다.

## 整[가지런할 정]   086-4   ↑ 束 047-61 / 攵 038-21 / 正 029-32 참고

束자와 攵(攴)자로 인해 흩어진 것을 묶고[束] 앞뒤를 쳐서[攵] 가지런히 한다 하여 그 뜻이 '가지런하다'가 되고, 正자로 인해 整理(정리)·整列(정렬)·整然(정연)·整數(정수)·不整脈(부정맥)·整形手術(정형수술)에서처럼 그 음이 '정'이 된 글자다.

### 【 구절풀이 上 】

- 衣는 衣服(의복)이나 衣類(의류)에서처럼 '옷'을 뜻하고,
- 冠은 冠帽(관모)나 冠帶(관대)에서처럼 '갓'을 뜻한다. 衣冠은 예전에 행세를 하던 이들이 바깥 일로 거동을 하기 전에 차리던 행색을 이른 것이다.
- 肅은 嚴肅(엄숙)에서처럼 '엄숙하다'의 뜻도 있지만 肅正(숙정)이나 肅軍(숙군)에서처럼 엄숙히 하면서 가지런히 한다 하여 '가지런하다'라는 뜻을 지니기도 하고,
- 整은 整理(정리)나 整頓(정돈)에서처럼 '가지런하다'를 뜻한다.
- 衣冠肅整은 '옷과 갓을 가지런하게 하다'라는 말이다. 행색을 단정하게 갖추라고 이른 것이다.

### 【 자원풀이 下 】

## 容[담을 용]   086-5   ↑ 080-6 참고

## 貌[얼굴 모]   086-6   ↑ 儿 004-31 ↓ 豸 086-61 참고

소전

원래 짐승 얼굴 모양의 탈[白의 형태]을 머리에 쓴 사람[儿]을 나타내면서 皃[얼굴 모]자로 썼으나 후에 사람이 짐승[豸] 얼굴 모양의 탈을 쓴 데서 다시 豸자가 덧붙여져 그 뜻이 '얼굴'이 되고, 貌襲(모습)·美貌(미모)·外貌(외모)·風貌(풍모)·眞面貌(진면모)·容貌疤記(용모파기)에서처럼 그 음이 '모'가 된 글자다.

086 衣冠肅整 容貌端莊

## 豸 [발 없는 벌레 치]  086-61

|갑골문|금문|소전|
|---|---|---|

먹이를 잡기 위해 사나운 짐승이 몸을 낮춰 덮치려는 모양을 나타냈으나 후인들이 그 형태를 잘못 분석하여 그 뜻이 '발 없는 벌레'가 되고, 獬豸(해치→해태)란 말에서 보듯 그 음이 '치'가 된 글자다.

## 端 [바를 단]  086-7

↑ 立 012-5  ↓ 耑 086-71 참고

立자로 인해 서[立]있는 모습이 바르다 하여 그 뜻이 '바르다'가 되고, 耑자로 인해 端正(단정)·端役(단역)·極端(극단)·尖端(첨단)·異端者(이단자)·端末機(단말기)·首鼠兩端(수서양단)·惹端法席(야단법석)에서처럼 그 음이 '단'이 된 글자다.

## 耑 [끝 단·구멍 천]  086-71

소전

땅 위에 싹이 돋은 모양과 땅 아래에 뿌리가 내린 모양을 나타내면서 싹과 뿌리가 양 끝으로 자란다는 데서 그 뜻이 '끝'이 된 것으로 보이고, 자신이 덧붙여져 음의 역할을 하는 端[바를 단]·湍[여울 단]자처럼 그 음이 '단'이 된 글자다.

## 莊 [장엄할 장]  086-8

↑ 艸 020-81  ↓ 壯 086-84 참고

艸(⺿)자로 인해 풀[艸]이 성한 모양이 장엄하다 하여 그 뜻이 '장엄하다'가 되고, 壯자로 인해 莊重(장중)·莊園(장원)·山莊(산장)·別莊(별장)·京橋莊(경교장)·老莊思想(노장사상)·莊周之夢(장주지몽)에서처럼 그 음이 '장'이 된 글자다.

## 士 [선비 사]   086-81

| 금문 | 소전 |
|---|---|

예전에 도끼는 죄인이나 포로에게 벌을 줄 때에 사용된 도구로, 신분이 높은 사람의 권위를 상징하는 물건이었다. 따라서 도끼를 나타내면서 신분이 높은 사람과 관련해 그 뜻이 '선비'가 되고, 兵士(병사)·勇士(용사)·義士(의사)·紳士(신사)·三學士(삼학사)·士官學校(사관학교)·慷慨之士(강개지사)에서 보듯 그 음이 '사'가 된 글자다.

## 片 [조각 편]   086-82

↑ 木 006-82 참고

| 갑골문 | 금문 | 소전 |
|---|---|---|

나무[木]를 세로로 중간을 잘라 그 오른쪽 조각을 나타 낸 데서 그 뜻이 '조각'이고, 破片(파편)·阿片(아편)·片肉(편육)·片鱗(편린)·片麻巖(편마암)·一片丹心(일편단심)에서 보듯 그 음이 '편'인 글자다.

## 爿 [조각 장]   086-83

↑ 木 006-82 참고

| 갑골문 | 금문 | 소전 |
|---|---|---|

나무[木]를 세로로 중간을 잘라 그 왼쪽 조각을 나타 낸 데서 그 뜻이 '조각'이고, 자신이 덧붙여져 음의 역할을 하는 壯[씩씩할 장]·將[장수 장]·牆[담 장]자처럼 그 음이 '장'인 글자다.

## 壯 [씩씩할 장]   086-84

↑ 士 086-81 / 爿 086-83 참고

士자로 인해 활을 쏘거나 말을 타는 무예에도 능했던 옛날 선비[士]들의 씩씩한 기상과 관련해 그 뜻이 '씩씩하다'가 되고, 爿자로 인해 壯士(장사)·壯丁(장정)·健壯(건장)·雄壯(웅장)·強壯劑(강장제)·壯元及第(장원급제)에서처럼 그 음이 '장'이 된 글자다.

---

### 【 구절풀이 下 】

◦ 容은 容納(용납)이나 受容(수용)에서처럼 '담다'의 뜻을 지니기도 하면서 남의 시선을 담는 부분인 얼굴과 관련해 美容(미용)이나 容疑者(용의자)에서처럼 '얼굴'의 뜻을 지니기도 하고,

086 衣冠肅整 容貌端莊

- 貌도 美貌(미모)나 外貌(외모)에서처럼 '얼굴'을 뜻한다.
- 端은 端正(단정)이나 端雅(단아)에서처럼 '바르다'를 뜻하며,
- 莊도 莊嚴(장엄)에서처럼 '장엄하다'의 뜻이 있지만 장엄하게[莊] 하면서 바르게 한다 하여 '바르다'의 뜻을 지니기도 한다.
- 容貌端莊은 '얼굴을 바르게 하다'라는 말이다. 의젓한 모습을 보이라고 이른 것이다.

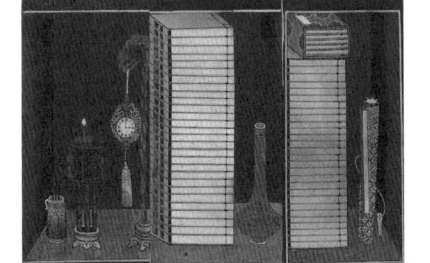

【 쓰 기 】

| 086 | 옷과 갓을 가지런하게 하고 얼굴을 바르게 하라 |
|---|---|
| ① | 衣 冠 肅 整 容 貌 端 莊 |
| ② | |
| ③ | |

| 083 | 잘 때에는 이불을 잇닿게 하고 먹을 때에는 밥상을 함께 하라 |
|---|---|
| ⑥ | |

| 084 | 머물러 처할 때는 편안하고 고요히 하고 걸어 다니면 편안하고 골고루 마음을 쓰라 |
|---|---|
| ⑤ | |

| 085 | 차다고 감히 껴입지 아니하고 덥다고 치마를 걷어 올리지 말라 |
|---|---|
| ④ | |

# 常德固持하며 然諾重應하라

**떳떳한 덕을 굳게 가지며 그러하다 대답할 때는 조심해 응하라**

### 【 자원풀이 上 】

**常**[항상 상]　087-1　↑ 059-8 참고

**德**[덕 덕]　087-2　↑ 004-5 참고

**固**[굳을 고]　087-3　↑ 囗 003-32 / 古 009-62 참고

囗자로 인해 일정하게 경계를 두른 지역[囗]을 방비하는 기틀이 굳다 하여 그 뜻이 '굳다'가 되고, 古자로 인해 堅固(견고)·凝固(응고)·鞏固(공고)·固體(고체)·固辭(고사)·固執(고집)에서처럼 그 음이 '고'가 된 글자다.

**持**[가질 지]　087-4　↑ 手 015-71 / 寺 009-12 참고

手(扌)자로 인해 손[手]에 가진다 하여 그 뜻이 '가지다'가 되고, 寺자로 인해 所持(소지)·矜持(긍지)·持病(지병)·持論(지론)·持參金(지참금)·現狀維持(현상유지)·持斧上疏(지부상소)에서처럼 그 음이 '지'가 된 글자다.

### 【 구절풀이 上 】

◦ 常은 '항상'의 뜻 외에 사람이 항상 지켜야 할 떳떳한 도리와 관련해 '떳떳하다'의 뜻을 지니고,
◦ 德은 道德(도덕)이나 德性(덕성)의 '덕'을 뜻한다. 덕(德)은 옳고, 착하고, 따스하고, 부드러운 마음씨나 행실을 이른다.
◦ 固는 堅固(견고)나 確固(확고)에서처럼 '굳다'의 뜻을 지니고,
◦ 持는 維持(유지)나 堅持(견지)에서처럼 '가지다'의 뜻을 지닌다.
● 常德固持는 '떳떳한 덕을 굳게 가지다'라는 말이다.

# 【 자원풀이 下 】

## 然[그럴 연]  087-5  ↑ 火 023-81 ↓ 肰 087-51 참고

火(灬)자로 인해 불[火]을 사른다 하여 본래 '사르다'의 뜻을 지녔으나 후에 '그러다'의 뜻으로 빌려 사용되고, 肰자로 인해 自然(자연)·苶然(날연)·毅然(의연)·廓然(확연)·公然(공공연)·必然的(필연적)·其然未然(기연미연)·渾然一體(혼연일체)에서처럼 '연'의 음으로 읽히게 된 글자다.

## 肰[개고기 연]  087-51  ↑ 肉 002-11 / 犬 014-11 참고

肉(月)자로 인해 고기[肉]와 관련해 그 뜻이 '개고기'가 되면서 犬자로 인해 그 음이 '연'이 된 글자다.

## 諾[대답할 낙]  087-6  ↑ 言 015-81 / 若 017-1 참고

言자로 인해 남의 말[言]에 응하여 대답한다 하여 그 뜻이 '대답하다'가 되고, 若자로 인해 承諾(승낙)·應諾(응낙)·唯唯諾諾(유유낙낙)에서처럼 그 음이 '낙'이 된 글자다. 許諾(허락)·受諾(수락)·快諾(쾌락)·唯諾(유락)에서처럼 그 음을 '락'으로 읽기도 한다.

## 重[무거울 중]  087-7  ↑ 061-61 참고

## 應[응할 응]  087-8  ↑ 心 002-31 ↓ 雁 087-81 참고

心자로 인해 마음[心] 속으로 믿고 상대의 뜻에 응한다 하여 그 뜻이 '응하다'가 되고, 雁자로 인해 應答(응답)·應分(응분)·相應(상응)·呼應(호응)·應接室(응접실)·應援團(응원단)·臨機應變(임기응변)에서처럼 그 음이 '응'이 된 글자다.

## 雁[매 응]  087-81  ↑ 隹 007-51 참고

| 금문 | 소전 |
| --- | --- |

모서리 진 언덕의 파인 곳에 둥지를 튼 새[隹]를 나타내면서 흔히 그런 곳에 둥지를 트는 새인 매와 관련해 그 뜻이 '매'가 된 것으로 보이고, 나중에 자신의 뜻을 대신한 鷹[매 응]자나 자신이 음의 역할을 하는 應[응할 응]·膺[가슴 응]자처럼 그 음이 '응'이 된 글자다. 후에 언덕과 파인 곳은 厂의 형태와 亻의 형태로 바뀌었다.

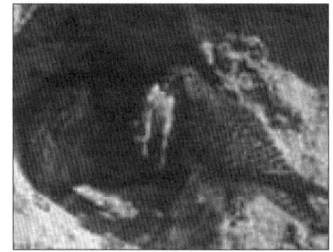

**【 구절풀이 下 】**

- 然은 自然(자연)이나 天然(천연)에서처럼 '그러다'나 '그러하다'의 뜻을 지니며,
- 諾은 唯唯諾諾(유유낙낙)에서처럼 '대답하다'를 뜻한다.
- 重은 '무겁다'의 뜻 외에 무겁게 행동한다는 데서 愼重(신중)이나 鄭重(정중)에서처럼 '삼가다'나 '조심하다'의 뜻을 지니기도 하고,
- 應은 應待(응대)나 副應(부응)에서처럼 '응하다'를 뜻한다.
- 然諾重應은 '그러하다 대답할 때는 조심해 응하다'라는 말이다. 자기중심을 갖고 행동하고, 상대와 뜻을 같이 할 때는 신중히 응하라는 것이다.
- 唯唯諾諾) "예", "예"하며 대답한다는 뜻으로, 일의 선악(善惡)이나 시비(是非)에 상관없이 남의 의견에 조금도 거스르지 않고 따른다는 말.

**【 쓰기 】**

| 087 | 떳떳한 덕을 굳게 가지며 그러하다 대답할 때는 조심해 응하라 |
|---|---|
| ① | 常 德 固 持 然 諾 重 應 |
| ② | |
| ③ | |

| 084 | 머물러 처할 때는 편안하고 고요히 하고 걸어 다니면 편안하고 골고루 마음을 쓰라 |
|---|---|
| ⑥ | |

| 085 | 차다고 감히 껴입지 아니하고 덥다고 치마를 걷어 올리지 말라 |
|---|---|
| ⑤ | |

| 086 | 옷과 갓을 가지런하게 하고 얼굴을 바르게 하라 |
|---|---|
| ④ | |

087 常德固持 然諾重應

# 飮食愼節하며 居處必恭하라

마시거나 먹는 데는 삼가고 절제하며 사는 곳에서는 반드시 공손하라

【 자원풀이 上 】

## 飮[마실 음]   088-1                    ↑ 019-1 참고

## 食[밥 식]    088-2                    ↑ 003-6 참고

## 愼[삼갈 신]  088-3        ↑ 心 002-31  ↓ 眞 088-32 참고

心(忄)자로 인해 마음[心] 속으로 조심하며 삼간다 하여 그 뜻이 '삼가다'가 되고, 眞자로 인해 謹愼(근신)·愼重(신중)·愼獨(신독)에서처럼 그 음이 '신'이 된 글자다.

## 匕[비수 비·숟가락 비]  088-31

| 갑골문 | 금문 | 소전 |
|--------|------|------|
|   |   |   |

숟가락처럼 생긴 원시적인 형태의 비수를 나타냈다고 본 데서 그 뜻이 '비수'가 되고, 匕首(비수)란 말에서처럼 그 음이 '비'인 글자다.

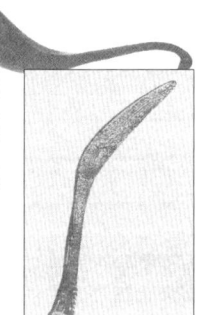

## 眞[참 진]  088-32    ↑ 匕 088-31 / 鼎 027-41 참고

| 갑골문 | 금문 | 소전 |
|--------|------|------|
|   |   |   |

제사를 지낼 때 사용하는 숟가락을 나타낸 匕자와 솥을 나타낸 鼎자가 합쳐진 글자로 보인다. 제사를 지내는 사람은 반드시 목욕재계하고 참되게 일을 행한다 하여 그 뜻이 '참'이고, 眞理(진리)·眞實(진실)·眞僞(진위)·眞摯(진지)·眞善美(진선미)·天眞無垢(천진무구)에서처럼 그 음이 '진'이다.

## 節[마디 절]  088-4    ↑ 竹 033-41 / 卩 008-41 참고

卩자가 병부의 뜻으로 사용되다가 후에 그 뜻을 더욱 분명히 하기 위해 竹(艹)자가 덧붙여지면서 대[竹]로 만든 패를 뜻하게 되었고, 다시 글자의 틀을 갖추기 위해 나중에 생긴 卽[곧 즉]자가 덧붙여진 글자다. 대로 만든 패는 대의 한 마디를 잘라 만들기 때문에 결국 그 뜻이 '마디'가 되고, 卩자로 인해 符節(부절)·關節(관절)·節氣(절기)·節約(절약)·換節期(환절기)·歲寒孤節(세한고절)에서처럼 그 음이 '절'이 된 글자다.

### 【 구절풀이 上 】

- 飮은 飮酒(음주)나 米飮(미음)에서처럼 주로 물로 이뤄졌거나 물기가 많은 음식(국이나 장)을 먹는 일과 관련해 '마시다'의 뜻을 지니고,
- 食은 食器(식기)나 食費(식비)에서처럼 '밥'을 뜻하고, 食客(식객)이나 食慾(식욕)에서처럼 밥을 먹는다 하여 '먹다'의 뜻을 지니기도 한다.
- 愼은 愼重(신중)이나 謹愼(근신)에서처럼 '삼가다'의 뜻을 지니고,
- 節은 '마디'의 뜻 외에 무언가 계속하고 싶은 것을 끊는 마디 있는 행동과 관련해 節約(절약)이나 節度(절도)에서처럼 '절제하다'의 뜻을 지니기도 한다.
- 飮食愼節은 '마시거나 먹는 데는 삼가고 절제하다'라는 말이다.

### 【 자원풀이 下 】

## 居[살 거]  088-5    ↑ 009-64 참고

## 處[곳 처]  088-6    ↑ 084-2 참고

## 必[반드시 필]  088-7    ↑ 013-6 참고

## 恭[공손할 공]  088-8    ↑ 027-8 참고

### 【 구절풀이 下 】

- 居는 居住(거주)나 居留(거류)에서처럼 '살다'의 뜻을 지니며,
- 處는 處所(처소)나 處地(처지)에서처럼 '곳'을 뜻한다.
- 必은 必需品(필수품)이나 必讀書(필독서)에서처럼 '반드시'를 뜻하고,
- 恭은 恭待(공대)나 恭敬(공경)에서처럼 '공손하다'를 뜻한다.

• 居處必恭은 '사는 곳에서는 반드시 공손하다'라는 말이다. 먹고 사는 것은 인간에게 가장 기본이 되는 일이다. 그런 일에도 따르는 규범이 있느니 반드시 이를 지키라는 것이다.

### 【 쓰 기 】

| 088 | 마시거나 먹는 데는 삼가고 절제하며 사는 곳에서는 반드시 공손하라 |
|---|---|
| ① | 飮 食 愼 節 居 處 必 恭 |
| ② | |
| ③ | |

| 085 | 차다고 감히 껴입지 아니하고 덥다고 치마를 걷어 올리지 말라 |
|---|---|
| ⑥ | |

| 086 | 옷과 갓을 가지런하게 하고 얼굴을 바르게 하라 |
|---|---|
| ⑤ | |

| 087 | 떳떳한 덕을 굳게 가지며 그러하다 대답할 때는 조심해 응하라 |
|---|---|
| ④ | |

# 言必忠信하며 行必正直하라

**말은 반드시 공평하고 성실하게 하며 일은 반드시 바르고 곧게 하라**

【 자원풀이 上 】

| 言[말씀 언] | 089-1 | ↑ 015-81 참고 |

| 必[반드시 필] | 089-2 | ↑ 013-6 참고 |

| 忠[충성 충] | 089-3 | ↑ 心 002-31 / 中 081-4 참고 |

心자로 인해 마음[心] 속으로 한 곳에 정성(精誠)을 다해 충성한다 하여 그 뜻이 '충성'이 되고, 中자로 인해 忠誠(충성)・忠臣(충신)・忠僕(충복)・忠犬(충견)・顯忠日(현충일)・事君以忠(사군이충)・孝悌忠信(효제충신)에서처럼 그 음이 '충'이 된 글자다.

| 信[믿을 신] | 089-4 | ↑ 055-4 참고 |

【 구절풀이 上 】

◦ 言은 言行(언행)이나 言及(언급)에서처럼 '말씀'을 뜻한다.
◦ 必은 必然(필연)이나 必是(필시)에서처럼 '반드시'를 뜻한다.
◦ 忠은 마음속에서 우러나오는 참된 생각과 관련해 '충성'의 뜻을 지니면서 忠直(충직)이나 忠實(충실)에서처럼 '공평하다'나 '정성스럽다'의 뜻을 지니기도 하며,
◦ 信은 信實(신실)이나 信賴(신뢰)에서처럼 '믿다'를 뜻하면서 믿기 위해서는 그 말하는 바가 성실하고 확실해야 하기에 '성실하다'나 '확실하다'의 뜻을 지니기도 한다.

- 言必忠信은 '말(말씀)은 반드시 공평하고(정성스럽고) 성실하다(확실하다)'라는 말이다.

【 자원풀이 下 】

| 行[다닐 행] | 089-5 | ↑ 004-51 참고 |
| 必[반드시 필] | 089-6 | ↑ 013-6 참고 |
| 正[바를 정] | 089-7 | ↑ 029-32 참고 |
| 直[곧을 직] | 089-8 | ↑ 004-55 참고 |

【 구절풀이 下 】

- 行은 步行(보행)에서처럼 '다니다'의 뜻으로 쓰이고, 行爲(행위)에서처럼 다니는 일을 행한다 하여 '일'이나 '행하다'의 뜻으로도 쓰인다.
- 必은 必勝(필승)이나 必死(필사)에서처럼 '반드시'를 뜻한다.
- 正은 正當(정당)이나 公正(공정)에서처럼 '바르다'를 뜻하고,
- 直은 直線(직선)이나 直流(직류)에서처럼 '곧다'를 뜻한다.

- 行必正直은 '일은 반드시 바르고 곧다'라는 말이다. "말은 할 탓이요, 길은 갈 탓이다"라고 한 것처럼 같은 말이나 행동도 하기에 따라 상대방에게 주는 영향이 다르니, 충직하게 말하고 정직하게 행해야 함을 이른 것이다.

## 【 쓰 기 】

**089** 말은 반드시 공평하고 성실하게 하며 일은 반드시 바르고 곧게 하라

① 言 必 忠 信 行 必 正 直

②

③

**086** 옷과 갓을 가지런하게 하고 얼굴을 바르게 하라

⑥

**087** 떳떳한 덕을 굳게 가지며 그러하다 대답할 때는 조심해 응하라

⑤

**088** 마시거나 먹는 데는 삼가고 절제하며 사는 곳에서는 반드시 공손하라

④

# 出言顧行하며 作事謀始하라   090

**말을 내놓으면 행함을 돌아보며 일을 행하면 처음을 살펴라**

【 자원풀이 上 】

| 出[날 출] | 090-1 | ↑ 013-3 참고 |

| 言[말씀 언] | 090-2 | ↑ 015-81 참고 |

| 顧[돌아볼 고] | 090-3 | ↑ 頁 040-21 ↓ 雇 090-31 참고 |

頁자로 인해 머리[頁]을 움직여 뒤를 돌아본다 하여 그 뜻이 '돌아보다'가 되고, 雇자로 인해 回顧(회고)・不顧(불고)・顧客(고객)・顧慮(고려)・顧問官(고문관)・三顧草廬(삼고초려)・四顧無親(사고무친)에서 보듯 그 음이 '고'가 된 글자다.

| 雇[새 이름 호] | 090-31 | ↑ 隹 007-51 / 戶 030-31 참고 |

隹자로 인해 새[隹]와 관련되어 '새 이름'을 뜻하면서 戶자로 인해 '호'의 음으로 읽히게 된 글자다. 후에 雇用(고용)・解雇(해고)에서처럼 '품사다'의 뜻으로 쓰일 때는 그 음을 '고'로 읽는다.

| 行[다닐 행] | 090-4 | ↑ 004-51 참고 |

【 구절풀이 上 】

○ 出은 出口(출구)나 出生(출생)에서처럼 '나가다'나 '나다'의 뜻을 지니면서 表出(표출)이나 出刊(출간)에서처럼 '내다'나 '내놓다'의 뜻을 지니기도 하며,

○ 言은 發言(발언)이나 證言(증언)에서처럼 '말씀'을 뜻한다.

○ 顧는 三顧草廬(삼고초려)에서처럼 '돌아보다'를 뜻하고,

- 行은 步行(보행)이나 走行(주행)에서처럼 '다니다'의 뜻 외에 行動(행동)이나 行爲(행위)에서처럼 '행하다'의 뜻을 지니기도 한다.
- 出言顧行은 '말(말씀)을 내놓으면 행함을 돌아보다'라는 말이다. 어리석은 사람은 말로 행위를 변명하지만 지혜로운 사람은 행동으로 말을 증명한다고 한다. 말을 행동으로 옮기는 언행일치(言行一致)의 모습을 보여야 한다는 것이다.

✎ 三顧草廬) 유비(劉備)가 제갈공명(諸葛孔明)의 집을 세 번이나 찾아갔다는 뜻으로, 인재(人材)를 맞기 위해 참을성 있게 힘쓴다는 말.

### 【 자원풀이 下 】

**作**[지을 작]  090-5  ↑人 002-21  ↓乍 090-51 참고

人(亻)자로 인해 사람[人]이 옷 등을 지어 입는다 하여 그 뜻이 '짓다'가 되고, 乍자로 인해 作業(작업)·作名(작명)·作亂(작란)·作破(작파)·會心作(회심작)·作爲的(작위적)·作心三日(작심삼일)에서처럼 그 음이 '작'이 된 글자다.

**乍**[잠깐 사]  090-51

| 갑골문 | 금문 | 소전 |
|---|---|---|

위에 입는 옷을 짓기 위해 옷섶을 따라 자르는 모양을 나타내면서 다시 옷섶을 따라 자르는 일이 옷감을 만드는 일에 비해 잠깐 사이에 이뤄진다 하여 그 뜻이 '잠깐'이 된 것으로 보이고, 猝乍間(졸사간)에서처럼 그 음이 '사'가 된 글자다.

**事**[일 사]  090-6  ↑036-1 참고

**謀**[꾀할 모]  090-7  ↑023-7 참고

**始**[처음 시]  090-8  ↑038-7 참고

【 구절풀이 下 】

- 作은 作文(작문)이나 作曲(작곡)에서처럼 '짓다'의 뜻으로 쓰이고, 作成(작성)이나 作戰(작전)에서처럼 '만들다'나 '행하다'의 뜻으로도 쓰인다.
- 事는 人事(인사)나 行事(행사)에서처럼 '일'을 뜻한다.
- 謀는 共謀(공모)나 參謀(참모)에서처럼 '꾀하다'를 뜻하면서 잘 살펴 꾀한다 하여 '살피다'의 뜻을 지니기도 한다.
- 始는 始作(시작)이나 開始(개시)에서처럼 '처음'을 뜻한다.
- 作事謀始는 '일을 행하면 처음을 (잘) 살피다'라는 말이다. 시작이 반이라고 했다. 처음이 중요하니 잘 살펴보라고 한 것이다.

【 쓰 기 】

| 090 | 말을 내놓으면 행함을 돌아보며 일을 행하면 처음을 살펴라 |
|---|---|
| ① | 出 言 顧 行 作 事 謀 始 |
| ② | |
| ③ | |

| 087 | 떳떳한 덕을 굳게 가지며 그러하다 대답할 때는 조심해 응하라 |
|---|---|
| ⑥ | |

| 088 | 마시거나 먹는 데는 삼가고 절제하며 사는 곳에서는 반드시 공손하라 |
|---|---|
| ⑤ | |

| 089 | 말은 반드시 공평하고 성실하게 하며 일은 반드시 바르고 곧게 하라 |
|---|---|
| ④ | |

# 口勿雜談하고　手勿雜戲하라　[091]

**입으로 잡된 말을 하지 말고 손으로 잡된 놀이를 하지 말라**

### 【 자원풀이 上 】

| 口 [입 구] | 091-1 | ↑ 001-71 참고 |

| 勿 [말 물] | 091-2 | ↑ 008-5 참고 |

| 雜 [섞일 잡] | 091-3 | ↑ 衣 002-32 ↓ 集 091-31 참고 |

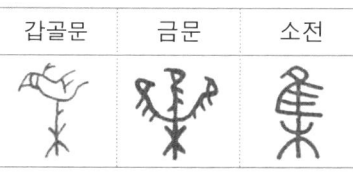
소전

襍자의 속자(俗字)로, 衣자의 변화된 형태와 集자가 합쳐진 글자다. 衣자의 변화된 형태(亠)로 인해 여러 조각의 천이 섞이어 만들어진 옷[衣]과 관련해 그 뜻이 '섞이다'가 되고, 集자로 인해 混雜(혼잡)·粗雜(조잡)·雜菜(잡채)·雜念(잡념)·雜貨店(잡화점)·雜同散異(잡동산이)·雜種競技(잡종경기)에서처럼 그 음이 '잡'이 된 글자다.

| 集 [모일 집] | 091-31 | ↑ 隹 007-51 / 木 006-82 참고 |

| 갑골문 | 금문 | 소전 |
|---|---|---|

많은 새[雧→隹]가 나무[木]에 모여 있는 모양[雧]을 나타내면서 그 뜻이 '모이다'가 되고, 集會(집회)·集散(집산)·詩集(시집)·蒐集(수집)·集大成(집대성)·經史子集(경사자집)에서 보듯 그 음이 '집'이 된 글자다. 雧자는 본자(本字)다.

| 談 [말씀 담] | 091-4 | ↑ 言 015-81 / 炎 024-41 참고 |

言자로 인해 사람이 생각을 담아 하는 말[言]과 관련해 그 뜻이 '말씀'이 되고, 炎자로 인해 談話(담화)·談判(담판)·德談(덕담)·手談(수담)·武勇談(무용담)·高談峻論(고담준론)에서처럼 그 음이 '담'이 된 글자다.

## 【 구절풀이 上 】

- 口는 耳目口鼻(이목구비)나 一口二言(일구이언)에서처럼 '입'을 뜻한다.
- 勿은 금지사(禁止詞)로, 勿驚(물경)이나 勿忘草(물망초)에서처럼 '말다'의 뜻으로 풀이한다.
- 雜은 雜穀(잡곡)이나 雜種(잡종)에서처럼 '섞이다'의 뜻을 지니면서 섞인 것은 어수선하면서 천하다 하여 雜技(잡기)나 雜役(잡역)에서처럼 '**천하다**'의 뜻을 지니기도 하고,
- 談은 對談(대담)이나 座談(좌담)에서처럼 서로 나누는 '**말씀**'을 뜻한다.

• 口勿雜談은 '입으로 천한 말을 하지 말라'는 말이다.

✎ 耳目口鼻) 얼굴의 귀, 눈, 입, 코를 아울러 이르는 말.
✎ 一口二言) 한 입으로 두 말을 한다는 뜻으로, 말을 이랬다저랬다 함을 이르는 말.

## 【 자원풀이 下 】

**手**[손 수]   091-5   ↑ 015-71 참고

**勿**[말 물]   091-6   ↑ 008-5 참고

**雜**[섞일 잡]   091-7   ↑ 091-3 참고

**戱**[놀 희]   091-8   ↑ 戈 001-31 ↓ 虍 091-81 참고

戈자로 인해 용맹을 드러내기 위해 창[戈]과 같은 무기를 들고 춤추며 논다 하여 그 뜻이 '놀다'가 되고, 虛자로 인해 戱弄(희롱)·戱劇(희극)·戱曲(희곡)·遊戱(유희)·戱畫的(희화적)·斑衣之戱(반의지희)에서처럼 그 음이 '희'가 된 글자다. 戯자는 속자(俗字)다.

**虛**[그릇 희]   091-81   ↑ 豆 036-82 / 虍 014-12 참고

그릇에서 비롯된 豆자로 인해 '그릇'을 뜻하면서 虍자로 인해 '희'의 음을 지니게 된 글자다.

【 구절풀이 下 】

- 手는 雙手(쌍수)나 白手(백수)에서처럼 '손'을 뜻한다.
- 勿은 금지사(禁止詞)로, 勿失好機(물실호기)에서처럼 '말다'의 뜻을 지닌다.
- 雜은 雜菜(잡채)나 雜湯(잡탕)에서처럼 '섞이다'의 뜻을 지니면서 섞인 것은 천하다 하여 雜技(잡기)나 雜役(잡역)에서처럼 '천하다'의 뜻을 지니기도 하고,
- 戲는 遊戲(유희)나 戲弄(희롱)에서처럼 '놀다'나 '놀이'를 뜻한다.
- **手勿雜戲**는 '손으로 천한 놀이를 하지 말라'는 말이다. 입과 손이 가벼운 사람은 경망스러워 보일 수밖에 없다. 가볍게 행동하지 말고 의연하게 행동해야 함을 이른 것이다.

✎ 勿失好機) 좋은 기회(機會)를 놓치지 않는다는 말.

【 쓰 기 】

| 091 | 입으로 천한 말을 하지 말고 손으로 천한 놀이를 하지 말라 |
|---|---|
| ① | 口 勿 雜 談　手 勿 雜 戲 |
| ② | |
| ③ | |

| 088 | 마시거나 먹는 데는 삼가고 절제하며 사는 곳에서는 반드시 공손하라 |
|---|---|
| ⑥ | |

| 089 | 말은 반드시 공평하고 성실하게 하며 일은 반드시 바르고 곧게 하라 |
|---|---|
| ⑤ | |

| 090 | 말을 내놓으면 행함을 돌아보며 일을 행하면 처음을 살펴라 |
|---|---|
| ④ | |

## 出入門戶 어든  開閉必恭 하라    092

**문과 지게문을 나가거나 들거든 열고 닫음은 반드시 공손하라**

【 자원풀이 上 】

| 出 [날 출] | 092-1 | ↑ 013-3 참고 |
| 入 [들 입] | 092-2 | ↑ 013-4 참고 |
| 門 [문 문] | 092-3 | ↑ 063-21 참고 |
| 戶 [지게 호] | 092-4 | ↑ 030-31 참고 |

【 구절풀이 上 】

- 出은 進出(진출)이나 脫出(탈출)에서처럼 '나가다'를 뜻하고,
- 入은 入學(입학)이나 入國(입국)에서처럼 '들다'의 뜻을 지닌다.
- 門은 城門(성문)이나 校門(교문)에서처럼 두짝문과 관련해 '문'을 뜻하고,
- 戶는 窓戶紙(창호지)에서처럼 마루에서 방으로 드나드는 외짝문인 지게문과 관련해 '**지게**(지게문)'를 뜻한다.
- **出入門戶**는 '문(두짝문)과 지게문(외짝문)을 나가거나 들다'라는 말이다.

## 【 자원풀이 下 】

**開**[열 개]　092-5　↑ 063-2 참고

**閉**[닫을 폐]　092-6　↑ 門 063-21 참고

문[門]에 가로지른 빗장을 세로막대에 걸어 닫는 모양을 나타낸 데서 그 뜻이 '닫다'가 되고, 閉門(폐문)·閉幕(폐막)·開閉(개폐)·密閉(밀폐)·自閉症(자폐증)·閉會式(폐회식)·閉所恐怖(폐소공포)에서처럼 그 음이 '폐'가 된 글자다. 후에 빗장과 세로막대가 才의 형태로 바뀌어 쓰였다.

**必**[반드시 필]　092-7　↑ 013-6 참고

**恭**[공손할 공]　092-8　↑ 027-8 참고

## 【 구절풀이 下 】

◦ 開는 開放(개방)이나 開通(개통)에서처럼 '열다'를 뜻하고,
◦ 閉는 閉鎖(폐쇄)나 密閉(밀폐)에서처럼 '닫다'를 뜻한다.
◦ 必은 必要(필요)나 必修(필수)에서처럼 '반드시'를 뜻하며,
◦ 恭은 恭敬(공경)이나 恭待(공대)에서처럼 '공손하다'를 뜻한다.

• 開閉必恭은 '열고 닫음은 반드시 공손하다'라는 말이다. 서양 사람들이 우리나라에 와서 당황하는 일 가운데 하나가 바로 뒤를 따르는 데 문을 잡고 있지 않아 갑자기 문이 닫히는 것이라 한다. 하나를 보면 열을 안다고 했다. 뒷사람을 배려하지 않는 사람은 이 세상 어디에서도 성공할 수 없을 것이다.

**【 쓰기 】**

| 092 | 문과 지게문을 나가거나 들거든 열고 닫음은 반드시 공손하라 ||||||||
|---|---|---|---|---|---|---|---|---|
| ① | 出 | 入 | 門 | 戶 | 開 | 閉 | 必 | 恭 |
| ② | | | | | | | | |
| ③ | | | | | | | | |

| 089 | 말은 반드시 공평하고 성실하게 하며 일은 반드시 바르고 곧게 하라 ||||||||
|---|---|---|---|---|---|---|---|---|
| ⑥ | | | | | | | | |

| 090 | 말을 내놓으면 행함을 돌아보며 일을 행하면 처음을 살펴라 ||||||||
|---|---|---|---|---|---|---|---|---|
| ⑤ | | | | | | | | |

| 091 | 입으로 천한 말을 하지 말고 손으로 천한 놀이를 하지 말라 ||||||||
|---|---|---|---|---|---|---|---|---|
| ④ | | | | | | | | |

# 非禮勿視하며 非禮勿聽하며

예가 아니면 보지 말며 예가 아니면 듣지 말며

【 자원풀이 上 】

| 非[아닐 비] | 093-1 | ↑ 018-61 참고 |
| 禮[예도 례] | 093-2 | ↑ 044-6 참고 |
| 勿[말 물] | 093-3 | ↑ 008-5 참고 |
| 視[볼 시] | 093-4 | ↑ 028-3 참고 |

【 구절풀이 上 】

- 非는 非常口(비상구)나 非賣品(비매품)에서처럼 '아니다'를 뜻하고,
- 禮는 禮儀(예의)나 禮節(예절)에서처럼 '예도'를 뜻한다.
- 勿은 금지사(禁止詞)로, 勿驚(물경)이나 勿忘草(물망초)에서처럼 '말라'는 뜻으로 풀이하고,
- 視는 視覺(시각)이나 視力(시력)에서처럼 '보다'를 뜻한다.

• 非禮勿視는 '예(예도)가 아니면 보지 말라'는 말이다.

## 【 자원풀이 下 】

| 非[아닐 비] | 093-5 | ↑ 018-61 참고 |
| --- | --- | --- |
| 禮[예도 례] | 093-6 | ↑ 044-6 참고 |
| 勿[말 물] | 093-7 | ↑ 008-5 참고 |
| 聽[들을 청] | 093-8 | ↑ 011-7 참고 |

## 【 구절풀이 下 】

◦ 非는 非公開(비공개)나 非正常(비정상)에서처럼 '아니다'를 뜻하고,
◦ 禮는 缺禮(결례)나 無禮(무례)에서처럼 '예도'를 뜻한다.
◦ 勿은 금지사(禁止詞)로, 勿驚(물경)이나 勿忘草(물망초)에서처럼 '말라'는 뜻으로 풀이하고,
◦ 聽은 聽覺(청각)이나 聽力(청력)에서처럼 '듣다'를 뜻한다.

• 非禮勿聽은 '예(예도)가 아니면 듣지 말라'는 말이다. 예는 사람이 마땅히 지켜야 할 법도를 이른다. 따라서 공자도 자신의 아들에게 "예를 배우지 않으면 설 수가 없다"고 하면서, 인격적인 실천의 자율적 독립성을 예에서 확인하였다.

## 【 쓰 기 】

**093** 예가 아니면 보지 말며 예가 아니면 듣지 말며

① 非禮勿視 非禮勿聽

②

③

**090** 말을 내놓으면 행함을 돌아보며 일을 행하면 처음을 살펴라

⑥

**091** 입으로 천한 말을 하지 말고 손으로 천한 놀이를 하지 말라

⑤

**092** 문과 지게문을 나가거나 들거든 열고 닫음은 반드시 공손하라

④

# 非禮勿言하며 非禮勿動하라 　094

### 예가 아니면 말하지 말며 예가 아니면 움직이지 말라

【 자원풀이 上 】

| 非[아닐 비] | 094-1 | ↑ 018-61 참고 |
| 禮[예도 례] | 094-2 | ↑ 044-6 참고 |
| 勿[말 물] | 094-3 | ↑ 008-5 참고 |
| 言[말씀 언] | 094-4 | ↑ 015-81 참고 |

【 구절풀이 上 】

- 非는 非公式(비공식)이나 非暴力(비폭력)에서처럼 '아니다'를 뜻하고,
- 禮는 婚禮(혼례)나 葬禮(장례)에서처럼 '예도'를 뜻한다.
- 勿은 금지사(禁止詞)로, 勿驚(물경)이나 勿忘草(물망초)에서처럼 '말라'는 뜻으로 풀이하고,
- 言은 言語(언어)나 言辭(언사)에서처럼 '말씀'을 뜻하면서 言衆(언중)이나 言路(언로)에서처럼 '말하다'의 뜻을 지닌다.

• 非禮勿言은 '예(예도)가 아니면 말하지 말라'는 말이다.

## 【 자원풀이 下 】

**非**[아닐 비]　094-5　　↑ 018-61 참고

**禮**[예도 례]　094-6　　↑ 044-6 참고

**勿**[말 물]　094-7　　↑ 008-5 참고

**動**[움직일 동]　094-8　　↑ 061-6 참고

## 【 구절풀이 下 】

- 非는 非常金(비상금)이나 非常燈(비상등)에서처럼 '아니다'를 뜻하고,
- 禮는 相見禮(상견례)나 回婚禮(회혼례)에서처럼 '예도'를 뜻한다.
- 勿은 금지사(禁止詞)로, 勿驚(물경)이나 勿忘草(물망초)에서처럼 '말라'는 뜻으로 풀이하고,
- 動은 動作(동작)이나 行動(행동)에서처럼 '움직이다'를 뜻한다.

• 非禮勿動은 '예(예도)가 아니면 움직이지 말라'는 말이다. 예의에 벗어난 것을 보고, 듣고, 말하고, 움직여 행하는 것과 가까이 하면 자신도 모르게 올바른 성정(性情)을 잃기 마련이다. 예가 아닌 것을 삼가는 일이 바른 이가 된다 함을 이른 것이다.

【 쓰 기 】

| 094 | 예가 아니면 말하지 말며 예가 아니면 움직이지 말라 |
| --- | --- |
| ① | 非禮勿言 非禮勿動 |
| ② | |
| ③ | |

| 091 | 입으로 천한 말을 하지 말고 손으로 천한 놀이를 하지 말라 |
| --- | --- |
| ⑥ | |

| 092 | 문과 지게문을 나가거나 들거든 열고 닫음은 반드시 공손하라 |
| --- | --- |
| ⑤ | |

| 093 | 예가 아니면 보지 말며 예가 아니면 듣지 말며 |
| --- | --- |
| ④ | |

# 視思必明하며 聽思必聰하며

보면 반드시 명료함을 생각하며 들으면 반드시 밝게 들음을 생각하며

### 【 자원풀이 上 】

| 視[볼 시] | 095-1 | ↑ 028-3 참고 |
| 思[생각 사] | 095-2 | ↑ 035-5 참고 |
| 必[반드시 필] | 095-3 | ↑ 013-6 참고 |
| 明[밝을 명] | 095-4 | ↑ 058-1 참고 |

### 【 구절풀이 上 】

- 視는 直視(직시)나 注視(주시)에서처럼 '보다'를 뜻한다.
- 思는 思考(사고)나 思惟(사유)에서처럼 '생각'을 뜻한다.
- 必은 生必品(생필품)이나 言必稱(언필칭)에서처럼 '반드시'를 뜻한다.
- 明은 明暗(명암)에서처럼 '밝다'의 뜻으로 쓰이면서 밝으면 분명(分明)하게 드러나 확실하고 명료하다 하여 '확실하다'나 '**명료하다**'의 뜻을 지니기도 한다.

- 視思必明은 '보면 반드시 명료함을 생각하다'라는 말이다. 보아도 보이지 않는 것[視而不見]은 분명하게 드러나도록 보지 않았기 때문이니 마음을 쏟아 확실하게 보라는 것이다.

## 【 자원풀이 下 】

**聽**[들을 청]　095-5　　　↑ 011-7 참고

**思**[생각 사]　095-6　　　↑ 035-5 참고

**必**[반드시 필]　095-7　　　↑ 013-6 참고

**聰**[귀 밝을 총]　095-8　　　↑ 耳 011-71　↓ 悤 095-82 참고

耳자로 인해 남이 하는 말의 의미를 잘 분간(分揀)할 정도로 귀[耳]가 밝다 하여 그 뜻이 '귀 밝다'가 되고, 悤자로 인해 聰明(총명)·聰氣(총기)·聰敏(총민)에서처럼 그 음이 '총'이 된 글자다.

**囪**[천창 창·굴뚝 총]　095-81

소전

주거 시설이 발달되지 않았던 옛날에 실내를 밝게 하거나 실내에 찬 연기가 나가도록 한 천장(天障)에 나 있는 천창(天窓)을 나타낸 데서 그 뜻이 '천창'이 되고, 자신이 덧붙여져 음의 역할을 하는 窓[창 창]자처럼 그 음이 '창'이 된 글자다.

**悤**[바쁠 총]　095-82　　　↑ 心 002-31 / 囪 095-81 참고

心자로 인해 마음[心]이 바쁘다 하여 그 뜻이 '바쁘다'가 되고, 囪자로 인해 悤悤(총총)·悤急(총급)·悤忙之間(총망지간)에서처럼 그 음이 '총'이 된 글자다.

## 【 구절풀이 下 】

◦ 聽은 聽取(청취)나 傾聽(경청)에서처럼 '듣다'를 뜻한다.
◦ 思는 思春期(사춘기)나 相思病(상사병)에서처럼 '생각'을 뜻한다.
◦ 必은 事必歸正(사필귀정)에서처럼 '반드시'를 뜻한다.

- 聰은 '귀 밝다'의 뜻 외에 귀 밝게 듣는다 하여 다시 '밝다'나 '듣다'를 뜻을 지니기도 한다.
- 聽思必聰은 '들으면 반드시 밝게 들음을 생각하다'라는 말이다. 들어도 들리지 않는 것[聽而不聞]은 분명하게 드러나도록 듣지 않았기 때문이니 마음을 쏟아 확실하게 들으라는 것이다.
- 事必歸正) 처음에는 시비(是非) 곡직(曲直)을 가리지 못하여 그릇되더라도 모든 일은 결국에 가서는 반드시 정리(正理)로 돌아감.

【 쓰기 】

| 095 | 보면 반드시 명료함을 생각하며 들으면 반드시 밝게 들음을 생각하며 |
|---|---|
| ① | 視 思 必 明 聽 思 必 聰 |
| ② | |
| ③ | |

| 092 | 문과 지게문을 나가거나 들거든 열고 닫음은 반드시 공손하라 |
|---|---|
| ⑥ | |

| 093 | 예가 아니면 보지 말며 예가 아니면 듣지 말며 |
|---|---|
| ⑤ | |

| 094 | 예가 아니면 말하지 말며 예가 아니면 움직이지 말라 |
|---|---|
| ④ | |

# 色思必溫하며 貌思必恭하며

얼굴빛은 반드시 부드러움을 생각하며

자태는 반드시 공손함을 생각하며

### 【 자원풀이 上 】

**色**[빛 색]   096-1

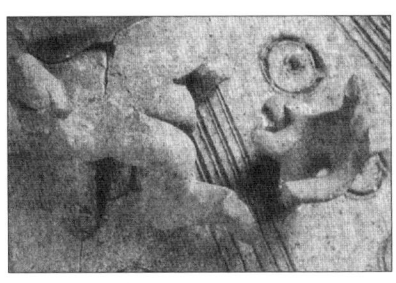

앞에 사람을 뒤에 사람이 어르는 모습을 나타냈다. 어르는 과정에서 그 희비가 흔히 얼굴빛으로 드러난다 하여 그 뜻이 '빛'이 된 것으로 보이고, 色素(색소)·色盲(색맹)·紺色(감색)·女色(여색)·三原色(삼원색)·傾國之色(경국지색)에서처럼 그 음이 '색'이 된 글자다.

**思**[생각 사]   096-2   ↑ 035-5 참고

**必**[반드시 필]   096-3   ↑ 013-6 참고

**溫**[따뜻할 온]   096-4   ↑ 003-3 참고

### 【 구절풀이 上 】

- 色은 얼굴빛과 관련된 말인 和色(화색)이나 死色(사색)에서처럼 원래 '얼굴빛'의 뜻을 지닌다.
- 思는 思想(사상)이나 思慮(사려)에서처럼 '생각'을 뜻한다.
- 必은 信賞必罰(신상필벌)에서처럼 '반드시'를 뜻한다.

- 溫은 溫氣(온기)나 溫暖(온난)에서처럼 '따뜻하다'의 뜻 외에 溫和(온화)나 溫順(온순)에서처럼 따뜻한 마음과 관련해 '**부드럽다**'의 뜻을 지니기도 한다.

• 色思必溫은 '얼굴빛은 반드시 부드러움을 생각하다'라는 말이다. 부드러운 얼굴빛은 상대를 편하게 할뿐만 아니라 자신을 자신감 있어 보이게 하기 때문이다.

✎ 信賞必罰) 상(賞)을 줄 만한 사람에게는 상을 주고, 벌(罰)을 줄만한 사람에게는 반드시 벌을 준다는 뜻으로, 상벌(賞罰)을 공정(公正)·엄중(嚴重)히 한다는 말.

【 자원풀이 下 】

貌[얼굴 모]   096-5        ↑ 086-6 참고

思[생각 사]   096-6        ↑ 035-5 참고

必[반드시 필] 096-7        ↑ 013-6 참고

恭[공손할 공] 096-8        ↑ 027-8 참고

【 구절풀이 下 】

- 貌는 容貌(용모)나 外貌(외모)에서처럼 '얼굴'을 뜻하면서 얼굴 모양과 관련해 다시 '모양'을 뜻하면서 그 전체적인 모양과 관련해 '**자태**'의 뜻을 지니기도 한다.
- 思는 意思(의사)나 心思(심사)에서처럼 '**생각**'을 뜻한다.

- 必은 德必有隣(덕필유린)에서처럼 '반드시'를 뜻한다.
- 恭은 不恭(불공)이나 過恭(과공)에서처럼 '공손하다'를 뜻한다.
- 貌思必恭은 '자태는 반드시 공손함을 생각하다'라는 말이다. 어떤 날카로운 무기라도 공손한 태도만큼 이익이 되는 것은 없다고 한다. 공손하지 못하면 결국 다른 사람과 마찰이 생기게 되고, 고통과 상처를 주게 되기 때문이다.

✎ 德必有隣) 덕이 있으면 따르는 사람이 있어 외롭지 않음을 이르는 말.

【 쓰 기 】

| 096 | 얼굴빛은 반드시 부드러움을 생각하며 자태는 반드시 공손함을 생각하며 |
|---|---|
| ① | 色 思 必 溫 貌 思 必 恭 |
| ② | |
| ③ | |

| 093 | 예가 아니면 보지 말며 예가 아니면 듣지 말며 |
|---|---|
| ⑥ | |

| 094 | 예가 아니면 말하지 말며 예가 아니면 움직이지 말라 |
|---|---|
| ⑤ | |

| 095 | 보면 반드시 명료함을 생각하며 들으면 반드시 밝게 들음을 생각하며 |
|---|---|
| ④ | |

# 言思必忠하며 事思必敬하며

말은 반드시 정성스러움을 생각하며 일하면 반드시 삼감을 생각하며

### 【 자원풀이 上 】

| 言[말씀 언] | 097-1 | ↑ 015-81 참고 |
| 思[생각 사] | 097-2 | ↑ 035-5 참고 |
| 必[반드시 필] | 097-3 | ↑ 013-6 참고 |
| 忠[충성 충] | 097-4 | ↑ 089-3 참고 |

### 【 구절풀이 上 】

◦ 言은 言行(언행)이나 言動(언동)에서처럼 '말씀'을 뜻한다.
◦ 思는 思慕(사모)나 思索(사색)에서처럼 '생각'을 뜻한다.
◦ 必은 期必(기필)이나 何必(하필)에서처럼 '반드시'를 뜻한다.
◦ 忠은 忠義(충의)나 忠孝(충효)에서처럼 '충성'을 뜻하면서 충성을 다하는 정성스런 마음과 관련해 '정성스럽다'의 뜻을 지니기도 한다.

• 言思必忠은 '말(말씀)은 반드시 정성스러움을 생각하다'라는 말이다. "말은 넌지시 하는 말이 비싸다"고 했다. 한 마디를 해도 신경을 써서 하는 말이 더 의미가 있다는 것이다.

## 【 자원풀이 下 】

| 事[일 사] | 097-5 | ↑ 036-1 참고 |
| 思[생각 사] | 097-6 | ↑ 035-5 참고 |
| 必[반드시 필] | 097-7 | ↑ 013-6 참고 |
| 敬[공경할 경] | 097-8 | ↑ 074-3 참고 |

## 【 구절풀이 下 】

○ 事는 萬事(만사)나 過去事(과거사)에서처럼 '일'을 뜻한다.

○ 思는 深思熟考(심사숙고)에서처럼 '생각'을 뜻한다.

○ 必은 必勝(필승)이나 必死(필사)에서처럼 '반드시'를 뜻한다.

○ 敬은 敬禮(경례)나 敬意(경의)에서처럼 '공경'을 뜻하면서 공경하면서 삼간다 하여 '삼가다'의 뜻을 지니기도 한다.

● 事思必敬은 '일하면 반드시 삼감을 생각하다'라는 말이다. "개처럼 벌어서 정승처럼 산다"고 하지만 개처럼 닥치는 대로 일해 벌었다면 개처럼 쓰게 되는 것이다. "고운 일을 해야 고운 밥을 먹는다"고 했으니 아무 일이나 할 것이 아니라 가려서 삼가야 함을 이른 것이다.

✎ 深思熟考) 깊이 생각하고 깊이 고찰(考察)함. 신중(愼重)을 기하여 곰곰이 생각함.

**【 쓰 기 】**

| 097 | 말은 반드시 정성스러움을 생각하며 일하면 반드시 삼감을 생각하며 |
|---|---|
| ① | 言 思 必 忠 事 思 必 敬 |
| ② | |
| ③ | |

| 094 | 예가 아니면 말하지 말며 예가 아니면 움직이지 말라 |
|---|---|
| ⑥ | |

| 095 | 보면 반드시 명료함을 생각하며 들으면 반드시 밝게 들음을 생각하며 |
|---|---|
| ⑤ | |

| 096 | 얼굴빛은 반드시 부드러움을 생각하며 자태는 반드시 공손함을 생각하며 |
|---|---|
| ④ | |

# 疑思必問하며 忿思必難하며

의심하면 반드시 물음을 생각하며 성내면 반드시 어려워짐을 생각하며

【 자원풀이 上 】

疑[의심할 의]  098-1

원래 사람이 지팡이를 짚고 길에서 고개를 돌려 두리번거리는 모습을 나타냈다. 그 모습이 잘 모르겠다며 의심하는 상태라 하여 그 뜻이 '의심하다'가 되고, 疑問(의문)·疑訝(의아)·疑心(의심)·疑惑(의혹)·疑妻症(의처증)·受賂嫌疑(수뢰혐의)에서처럼 그 음이 '의'가 된 글자다. 후에 발[疋]의 형태가 덧붙여지면서 자형에 많은 변화가 이뤄졌다.

思[생각 사]  098-2          ↑ 035-5 참고

必[반드시 필]  098-3         ↑ 013-6 참고

問[물을 문]  098-4           ↑ 口 001-71 / 門 063-21 참고

【 구절풀이 上 】

◦ 疑는 疑問(의문)이나 疑惑(의혹)에서처럼 '의심하다'를 뜻한다.
◦ 思는 易地思之(역지사지)에서처럼 '생각'을 뜻한다.
◦ 必은 遊必有方(유필유방)에서처럼 '반드시'를 뜻한다.
◦ 問은 問議(문의)나 質問(질문)에서처럼 '묻다'를 뜻한다.
• 疑思必問은 '의심하면 반드시 물음을 생각하다'라는 말이다. 의심나는 것을 묻지 못한다면 평생 모를 수도 있는 것이다. 때문에 배움을 이르는 '學問(학문)'이란 말에도 묻는다는 뜻의 '問'이 쓰인 것이다.

◈ 易地思之) 처지(處地)를 서로 바꾸어 생각한다는 말.
◈ 遊必有方) 노니면 반드시 방향을 알게 한다는 말.

### 【 자원풀이 下 】

**忿**[성낼 분]  098-5  ↑ 心 002-31 / 分 069-6 참고

心자로 인해 마음[心]에 원망을 품고 성낸다 하여 그 뜻이 '성내다'가 되고, 分자로 인해 忿怒(분노)·忿然(분연)·痛忿(통분)·激忿(격분)에서처럼 그 음이 '분'이 된 글자다.

**思**[생각 사]  098-6  ↑ 035-5 참고

**必**[반드시 필]  098-7  ↑ 013-6 참고

**難**[어려울 난]  098-8  ↑ 隹 007-51 ↓ 堇 098-81 참고

隹자로 인해 본래 새[隹]와 관련된 뜻을 지녔으나 후에 艱[어려울 간]자의 의미로 차용(借用)되면서 그 뜻이 '어렵다'가 되고, 변화된 堇자의 형태로 인해 艱難(간난)·困難(→곤란)·難易(난이)·難澁(난삽)·住宅難(주택난)·難兄難弟(난형난제)·進退兩難(진퇴양난)에서처럼 그 음이 '난'이 된 글자다.

**堇**[진흙 근]  098-81

| 갑골문 | 금문 | 소전 |
|---|---|---|

기근에 희생물인 사람을 묶어 불에 태우는 모양을 나타냈으나 설문(說文)에서 黃자와 土자가 합쳐져 누런[黃] 흙[土]인 '진흙'을 뜻한다고 봤으며, 자신이 덧붙여져 음의 역할을 하는 饉[흉년들 근]·槿[무궁화나무 근]·覲[뵐 근]자처럼 '근'의 음을 지닌 글자다.

### 【 구절풀이 下 】

◦ 忿은 忿怒(분노)나 激忿(격분)에서처럼 '성내다'를 뜻한다.

- 思는 見利思義(견리사의)에서처럼 '생각'을 뜻한다.
- 必은 必死(필사)나 必敗(필패)에서처럼 '반드시'를 뜻한다.
- 難은 苦難(고난)이나 險難(험난)에서처럼 '어렵다'를 뜻한다.
- 忿思必難은 '성내면 반드시 어려워짐을 생각하다'라는 말이다. 참을 수 없는 분노는 결국 자신의 소중한 것을 잃어버리는 어려움을 초래하기도 하니 그런 후에 후회하는 일들이 없도록 하라는 것이다.

✎ 見利思義) 눈앞에 이익(利益)을 보거든 먼저 그것을 취함이 의리(義理)에 합당(合當)한 지 생각하라는 말.

【 쓰 기 】

| 098 | 의심하면 반드시 물음을 생각하며 성내면 반드시 어려워짐을 생각하며 |
| --- | --- |
| ① | 疑 思 必 問 忿 思 必 難 |
| ② | |
| ③ | |

| 095 | 보면 반드시 명료함을 생각하며 들으면 반드시 밝게 들음을 생각하며 |
| --- | --- |
| ⑥ | |

| 096 | 얼굴빛은 반드시 부드러움을 생각하며 자태는 반드시 공손함을 생각하며 |
| --- | --- |
| ⑤ | |

| 097 | 말은 반드시 정성스러움을 생각하며 일하면 반드시 삼감을 생각하며 |
| --- | --- |
| ④ | |

# 見得思義니 是謂九思니라

이익을 보고 의로움을 생각하니 이를 구사(아홉 생각)라 이르니라

【 자원풀이 上 】

| 見[볼 견] | 099-1 | ↑ 009-32 참고 |
| --- | --- | --- |
| 得[얻을 득] | 099-2 | ↑ 034-3 참고 |
| 思[생각 사] | 099-3 | ↑ 035-5 참고 |
| 義[옳을 의] | 099-4 | ↑ 053-8 참고 |

【 구절풀이 上 】

◦ 見은 見學(견학)이나 見聞(견문)에서처럼 '보다'를 뜻한다.
◦ 得은 獲得(획득)이나 拾得(습득)에서처럼 '얻다'의 뜻을 지니면서 다시 얻은 이익과 관련해 利得(이득)에서처럼 '이익'의 뜻을 지니기도 한다.
◦ 思는 思想(사상)이나 思念(사념)에서처럼 '생각'을 뜻한다.
◦ 義는 義氣(의기)나 義擧(의거)에서처럼 '옳다'의 뜻을 지니면서 다시 옳은 행위와 관련해 '의롭다'의 뜻을 지니기도 한다.

• 見得思義는 '이익을 보고 의로움을 생각하다'라는 말이다. 눈앞에 이익을 보거든 먼저 그것을 취함이 의리에 합당(合當)한 지를 생각하라는 것이다.

## 【 자원풀이 下 】

**是**[옳을 시]  099-5    ↑ 041-2 참고

**謂**[이를 위]  099-6    ↑ 042-6 참고

**九**[아홉 구]  099-7    ↑ 又 001-11 참고

| 금문 | 소전 |
|------|------|

손[又]에서 이어진 구부러진 팔꿈치를 나타냈으나 후에 숫자 아홉을 가리키는 데 빌려 쓰면서 그 뜻이 '아홉'이 되고, 九泉(구천)·九天(구천)·九齋(구재)·望九(망구)·九折草(구절초)·九重宮闕(구중궁궐)·九曲肝腸(구곡간장)에서처럼 그 음이 '구'가 된 글자다.

**思**[생각 사]  099-8    ↑ 035-5 참고

## 【 구절풀이 下 】

- **是**는 '옳다'나 '바르다'의 뜻 외에 지시대명사(指示代名詞)로서 '이'의 뜻을 지닌다.
- **謂**는 稱謂(칭위)나 或謂(혹위)에서처럼 '**이르다**'를 뜻한다.
- **九**는 九尾狐(구미호)나 九孔炭(구공탄)에서처럼 '**아홉**'의 뜻을 지닌다.
- **思**는 不可思議(불가사의)나 勞心焦思(노심초사)에서처럼 '**생각**'을 뜻한다.

- **是謂九思**는 '이를 구사(九思-아홉 생각)라 이르다'라는 말이다. 九思는 군자가 늘 지녀야 할 아홉 가지 생각에 관한 것이다.

  ✎ 不可思議) 사람의 생각으로는 미루어 헤아릴 수도 없다는 뜻으로, 사람의 힘이 미치지 못하고 상상(想像)조차 할 수 없는 오묘(奧妙)한 것을 이름.

  ✎ 勞心焦思) 마음을 수고롭게 하고 생각을 너무 깊게 한다는 말.

## 【 쓰 기 】

**099** 이익을 보고 의로움을 생각하니 이를 구사(아홉 생각)라 이르니라

① 見 得 思 義 是 謂 九 思

②

③

**096** 얼굴빛은 반드시 부드러움을 생각하며 자태는 반드시 공손함을 생각하며

⑥

**097** 말은 반드시 정성스러움을 생각하며 일하면 반드시 삼감을 생각하며

⑤

**098** 의심하면 반드시 물음을 생각하며 성내면 반드시 어려워짐을 생각하며

④

## 足容必重하며 手容必恭하며

발의 모습은 반드시 신중하게 하며 손의 모습은 반드시 공손하게 하며

### 【 자원풀이 上 】

| 足[발 족] | 100-1 | ↑ 009-61 참고 |
| 容[담을 용] | 100-2 | ↑ 080-6 참고 |
| 必[반드시 필] | 100-3 | ↑ 013-6 참고 |
| 重[무거울 중] | 100-4 | ↑ 061-61 참고 |

### 【 구절풀이 上 】

◦ 足은 四足(사족)이나 義足(의족)에서처럼 '발'을 뜻한다.

◦ 容은 包容(포용)이나 受容(수용)에서처럼 '담다'의 뜻을 지니면서 容貌(용모)나 容態(용태)에서처럼 남의 시선을 담는 얼굴의 모습과 관련해 '모습'의 뜻을 지니기도 한다.

◦ 必은 必須的(필수적)이나 必然的(필연적)에서처럼 '반드시'를 뜻한다.

◦ 重은 愼重(신중)이나 鄭重(정중)에 쓰이는 것처럼 삼가며 무겁게 행동한다 하여 '무겁다'의 뜻 외에 '신중하다'나 '정중하다'와 관련된 뜻을 지니기도 한다.

• 足容必重은 '발의 모습은 반드시 신중하게 하다'라는 말이다. 경거망동(輕擧妄動)하지 않아야 함을 이른 것이다.

✎ 輕擧妄動) 가볍고 망령(妄靈)되게 행동한다는 뜻으로, 도리(道理)나 사정(事情)을 생각하지 아니하고 경솔(輕率)하게 행동함을 이름.

## 【 자원풀이 下 】

**手**[손 수]　100-5　↑ 015-71 참고

**容**[담을 용]　100-6　↑ 080-6 참고

**必**[반드시 필]　100-7　↑ 013-6 참고

**恭**[공손할 공]　100-8　↑ 027-8 참고

## 【 구절풀이 下 】

○ 手는 白手(백수)나 空手(공수)에서처럼 '손'을 뜻한다.
○ 容은 '담다'나 '얼굴'의 뜻을 지니면서 容姿(용자)나 容態(용태)에서처럼 남의 시선을 담는 얼굴의 모습과 관련해 '모습'의 뜻을 지니기도 한다.
○ 必은 生者必滅(생자필멸)에서처럼 '반드시'의 뜻을 지닌다.
○ 恭은 恭順(공순)이나 恭待(공대)에서처럼 '공손하다'를 뜻한다.

● 手容必恭은 '손의 모습은 반드시 공손하게 하다'라는 말이다. 손을 가만히 두지 못함은 정서가 불안하다는 것이다. 손으로 쓸데없는 동작을 취하지 말고 의연히 행동해야 함을 이른 것이다.

✎ 生者必滅) 생명이 있는 것은 반드시 죽게 마련이라는 뜻으로, 불교(佛敎)에서 세상만사(世上萬事)가 덧없음을 이르는 말.

## 【 쓰 기 】

**100** 발의 모습은 반드시 신중하게 하며 손의 모습은 반드시 공손하게 하며

① 足容必重 手容必恭

②

③

**097** 말은 반드시 성실스러움을 생각하며 일하면 반드시 삼감을 생각하며

⑥

**098** 의심하면 반드시 물음을 생각하며 성내면 반드시 어려워짐을 생각하며

⑤

**099** 이익을 보고 의로움을 생각하니 이를 구사(아홉 생각)라 이르니라

④

# 目容必端하며 口容必止하며 101

눈의 모습은 반드시 바르게 하며 입의 모습은 반드시 억제하게 하며

### 【 자원풀이 上 】

| 目[눈 목] | 101-1 | ↑ 004-53 참고 |
| 容[담을 용] | 101-2 | ↑ 080-6 참고 |
| 必[반드시 필] | 101-3 | ↑ 013-6 참고 |
| 端[바를 단] | 101-4 | ↑ 086-7 참고 |

### 【 구절풀이 上 】

○ 目은 目前(목전)이나 目下(목하)에서처럼 '눈'을 뜻한다.

○ 容은 包容(포용)이나 受容(수용)에서처럼 '담다'의 뜻을 지니면서 容貌(용모)나 容態(용태)에서처럼 남의 시선을 담는 얼굴의 모습과 관련해 '모습'의 뜻을 지니기도 한다.

○ 必은 言必忠信(언필충신)이나 行必正直(행필정직)에서처럼 '반드시'의 뜻을 지닌다.

○ 端은 端正(단정)이나 端雅(단아)에서처럼 '바르다'를 뜻한다.

● 目容必端은 '눈의 모습은 반드시 바르게 하다'는 말이다. 정면(正面)을 바로 보고 곁눈질을 하지 않아야 함을 이른 것이다.

✎ 言必忠信) 말을 할 때는 반드시 공평하고 성실해야 한다는 말이다.
✎ 行必正直) 행할 때는 반드시 바르고 곧아야 한다는 말이다.

## 【 자원풀이 下 】

| 口 [입 구] | 101-5 | ↑ 001-71 참고 |

| 容 [담을 용] | 101-6 | ↑ 080-6 참고 |

| 必 [반드시 필] | 101-7 | ↑ 013-6 참고 |

| 止 [그칠 지] | 101-8 | ↑ 007-71 참고 |

## 【 구절풀이 下 】

- 口는 口號(구호)나 口味(구미)에서처럼 '입'을 뜻한다.
- 容은 '담다'나 '얼굴'의 뜻을 지니면서 容態(용태)나 容姿(용자)에서처럼 남의 시선을 담는 얼굴의 모습과 관련해 '모습'의 뜻을 지니기도 한다.
- 必은 去者必返(거자필반)에서처럼 '반드시'의 뜻을 지닌다.
- 止는 中止(중지)나 停止(정지)에서 '그치다'를 뜻하면서 그쳐서 하지 못하도록 억제한다 하여 '억제하다'의 뜻을 지니기도 한다.
- 口容必止는 '입의 모습은 반드시 억제하게 하다'라는 말이다. "성인도 하루에 죽을 말을 세 번 한다"하니 필요하지 않을 때는 입을 다물어야 함을 이른 것이다.

✎ 去者必返) 헤어진 사람은 언젠가 반드시 돌아오게 된다는 말.

## 【 쓰 기 】

**101** 눈의 모습은 반드시 바르게 하며 입의 모습은 반드시 억제하게 하며

① 目 容 必 端 口 容 必 止

②

③

**098** 의심하면 반드시 물음을 생각하며 성내면 반드시 어려워짐을 생각하며

⑥

**099** 이익을 보고 의로움을 생각하니 이를 구사(아홉 생각)라 이르니라

⑤

**100** 발의 모습은 반드시 신중하게 하며 손의 모습은 반드시 공손하게 하며

④

101 目容必端 口容必止

# 聲容必靜하며 頭容必直하며

소리의 모습은 반드시 조용하게 하며 머리의 모습은 반드시 곧게 하며

【 자원풀이 上 】

| 聲[소리 성] | 102-1 | ↑ 021-8 참고 |
| 容[담을 용] | 102-2 | ↑ 080-6 참고 |
| 必[반드시 필] | 102-3 | ↑ 013-6 참고 |
| 靜[고요할 정] | 102-4 | ↑ 084-4 참고 |

【 구절풀이 上 】

- 聲은 音聲(음성)이나 發聲(발성)에서처럼 '소리'를 뜻한다.
- 容은 '담다'나 '얼굴'의 뜻을 지니면서 形容(형용)이나 外容(외용)에서처럼 남의 시선을 담는 얼굴의 모습과 관련해 '모습'의 뜻을 지니기도 한다.
- 必은 必死則生(필사즉생)에서처럼 '반드시'의 뜻을 지닌다.
- 靜은 靜寂(정적)이나 靜肅(정숙)에서처럼 '고요하다'의 뜻을 지니면서 고요해 조용하다 하여 '조용하다'의 뜻을 지니기도 한다.
- **聲容必靜**은 '소리의 모습은 반드시 조용하게 하다'라는 말이다. 목소리를 가다듬어 말하고, 기침이나 재채기 등의 잡소리를 내지 않아야 함을 이른 것이다.

✎ 必死則生) 죽기를 각오(覺悟)하고 싸우면 살 것이라는 말.

## 【 자원풀이 下 】

### 頭[머리 두]　102-5　　↑ 頁 040-21 / 豆 036-82 참고

頁자로 인해 신체의 맨 위에 있으면서 사지(四肢)를 관할하는 머리[頁]와 관련해 그 뜻이 '머리'가 되고, 豆자로 인해 頭腦(두뇌)·頭痛(두통)·饅頭(만두)·擡頭(대두)·斷頭臺(단두대)·魚頭肉尾(어두육미)에서 보듯 그 음이 '두'가 된 글자다.

### 容[담을 용]　102-6　　↑ 080-6 참고

### 必[반드시 필]　102-7　　↑ 013-6 참고

### 直[곧을 직]　102-8　　↑ 004-55 참고

## 【 구절풀이 下 】

◦ 頭는 頭腦(두뇌)나 頭髮(두발)에서처럼 '머리'를 뜻한다.

◦ 容은 '담다'나 '얼굴'의 뜻을 지니면서 外容(외용)이나 偉容(위용)에서처럼 남의 시선을 담는 얼굴의 모습과 관련해 '모습'의 뜻을 지니기도 한다.

◦ 必은 必勝(필승)이나 必滅(필멸)에서처럼 '반드시'의 뜻을 지닌다.

◦ 直은 直立(직립)이나 垂直(수직)에서처럼 '곧다'를 뜻한다.

• 頭容必直은 '머리의 모습은 반드시 곧게 하다'라는 말이다. 고개를 똑바로 하여 한편으로 기울지 않아야 함을 이른 것이다.

【 쓰 기 】

| 102 | 소리의 모습은 반드시 조용하게 하며 머리의 모습은 반드시 곧게 하며 |
| --- | --- |
| ① | 聲 容 必 靜 頭 容 必 直 |
| ② | |
| ③ | |

| 099 | 이익을 보고 의로움을 생각하니 이를 구사(아홉 생각)라 이르니라 |
| --- | --- |
| ⑥ | |

| 100 | 발의 모습은 반드시 신중하게 하며 손의 모습은 반드시 공손하게 하며 |
| --- | --- |
| ⑤ | |

| 101 | 눈의 모습은 반드시 바르게 하며 입의 모습은 반드시 억제하게 하며 |
| --- | --- |
| ④ | |

# 氣容必肅하며　立容必德하며

숨 쉬는 모습은 반드시 엄숙하게 하며
서 있는 모습은 반드시 덕스럽게 하며

### 【 자원풀이 上 】

| 氣[기운 기] | 103-1 | ↑ 065-6 참고 |
| --- | --- | --- |
| 容[담을 용] | 103-2 | ↑ 080-6 참고 |
| 必[반드시 필] | 103-3 | ↑ 013-6 참고 |
| 肅[엄숙할 숙] | 103-4 | ↑ 086-3 참고 |

### 【 구절풀이 上 】

- 氣는 氣勢(기세)나 氣骨(기골)에서처럼 '기운'을 뜻하면서 氣孔(기공)이나 氣管支(기관지)에서처럼 숨을 쉴 때에 나오는 기운과 관련해 '숨'의 뜻을 지니기도 한다.
- 容은 '담다'나 '얼굴'의 뜻을 지니면서 偉容(위용)이나 陣容(진용)에서처럼 남의 시선을 담는 얼굴의 모습과 관련해 '모습'의 뜻을 지니기도 한다.
- 必은 居必擇隣(거필택린)이나 就必有德(취필유덕)에서처럼 '반드시'를 뜻한다.
- 肅은 靜肅(정숙)이나 肅然(숙연)에서처럼 '엄숙하다'를 뜻한다.

- 氣容必肅은 '숨 쉬는 모습은 반드시 엄숙하게 하다'라는 말이다. 기운을 바르게 하여 고르게 숨 쉬어야 함을 이른 것이다.

✎ 居必擇隣) '사는 데서는 반드시 이웃을 가린다'는 말이다.
✎ 就必有德) '나아간 데서는 반드시 어진 이와 있는다'는 말이다.

## 【 자원풀이 下 】

**立**[설 립]　103-5　　↑ 012-5 참고

**容**[담을 용]　103-6　　↑ 080-6 참고

**必**[반드시 필]　103-7　　↑ 013-6 참고

**德**[덕 덕]　103-8　　↑ 004-5 참고

## 【 구절풀이 下 】

○ **立**은 起立(기립)이나 自立(자립)에서처럼 '서다'를 뜻한다.

○ **容**은 '담다'나 '얼굴'의 뜻을 지니면서 陣容(진용)이나 形容(형용)에서처럼 남의 시선을 담는 얼굴의 모습과 관련해 '모습'의 뜻을 지니기도 한다.

○ **必**은 事必歸正(사필귀정)에서처럼 '반드시'를 뜻한다.

○ **德**은 德行(덕행)이나 德望(덕망)에서처럼 '덕'을 뜻한다. 덕(德)은 옳고, 착하고, 따스하고, 부드러운 마음씨나 행실을 이른다.

● **立容必德**은 '서 있는 모습은 반드시 덕스럽게 하다'라는 말이다. 덕스럽다는 것은 어질고 너그러워 덕이 있어 보임을 이른 것이다.

✎ 事必歸正) 처음에는 시비(是非) 곡직(曲直)을 가리지 못하여 그릇되더라도 모든 일은 결국에 가서는 반드시 정리(正理)로 돌아간다는 말.

## 【 쓰 기 】

| 103 | 숨 쉬는 모습은 반드시 엄숙하게 하며 서 있는 모습은 반드시 덕스럽게 하며 |
|---|---|
| ① | 氣　容　必　肅　　立　容　必　德 |
| ② | |
| ③ | |

| 100 | 발의 모습은 반드시 신중하게 하며 손의 모습은 반드시 공손하게 하며 |
|---|---|
| ⑥ | |

| 101 | 눈의 모습은 반드시 바르게 하며 입의 모습은 반드시 억제하게 하며 |
|---|---|
| ⑤ | |

| 102 | 소리의 모습은 반드시 조용하게 하며 머리의 모습은 반드시 곧게 하며 |
|---|---|
| ④ | |

## 色容必莊이니 是謂九容이니라

얼굴빛의 모습은 반드시 씩씩하게 하니

이를 구용(아홉 모습)이라 이르니라

【 자원풀이 上 】

| 色[빛 색] | 104-1 | ↑ 096-1 참고 |
|---|---|---|
| 容[담을 용] | 104-2 | ↑ 080-6 참고 |
| 必[반드시 필] | 104-3 | ↑ 013-6 참고 |
| 莊[장엄할 장] | 104-4 | ↑ 086-8 참고 |

【 구절풀이 上 】

○ 色은 難色(난색)이나 喜色(희색)에서처럼 안색(顔色)과 관련해 '얼굴빛'의 뜻을 지니기도 한다.

○ 容은 容納(용납)이나 美容(미용)에서처럼 '담다'나 '얼굴'의 뜻을 지니면서 容姿(용자)나 容態(용태)에서처럼 남의 시선을 담는 얼굴의 모습과 관련해 '모습'의 뜻을 지니기도 한다.

○ 必은 遊必有方(유필유방)에서처럼 '반드시'를 뜻한다.

○ 莊은 풀이 성한 모양을 나타낸 데서 '장엄하다'의 뜻을 지니면서 장엄한 모습이 씩씩하다 하여 '씩씩하다'의 뜻을 지니기도 한다.

• 色容必莊은 '얼굴빛의 모습은 반드시 씩씩하게 하다'라는 말이다. 안색을 바르게 하고, 태만한 기색을 나타내지 않아야 함을 이른 것이다.

## 【 자원풀이 下 】

| 是[옳을 시] | 104-5 | ↑ 041-2 참고 |

| 謂[이를 위] | 104-6 | ↑ 042-6 참고 |

| 九[아홉 구] | 104-7 | ↑ 099-7 참고 |

| 容[담을 용] | 104-8 | ↑ 080-6 참고 |

## 【 구절풀이 下 】

◦ 是는 '옳다'나 '바르다'의 뜻 외에 지시대명사(指示代名詞)로서 '이'의 뜻을 지닌다.
◦ 謂는 稱謂(칭위)나 或謂(혹위)에서처럼 '이르다'를 뜻한다.
◦ 九는 九天(구천)이나 九族(구족)에서처럼 '아홉'의 뜻을 지닌다.
◦ 容은 '담다'나 '얼굴'의 뜻 외에 남의 시선을 담는 얼굴의 모습과 관련해 容貌(용모)에서처럼 '모습'의 뜻을 지니기도 한다.
• 是謂九容은 '이를 구용(九容-아홉 모습)이라 이르다'라는 말이다. 九容은 군자가 그 몸가짐을 단정히 함에 있어 취해야 할 아홉 가지 모습에 관한 것이다.

## 【 쓰 기 】

**104** 얼굴빛의 모습은 반드시 씩씩하게 하니 이를 구용(아홉 모습)이라 이르니라

① 色 容 必 莊 是 謂 九 容

②

③

**101** 눈의 모습은 반드시 바르게 하며 입의 모습은 반드시 억제하게 하며

⑥

**102** 소리의 모습은 반드시 조용하게 하며 머리의 모습은 반드시 곧게 하며

⑤

**103** 숨 쉬는 모습은 반드시 엄숙하게 하며 서 있는 모습은 반드시 덕스럽게 하며

④

# 言行相違하면 辱及于先이요 105

## 말과 행하는 것이 서로 어긋나면 욕되게 함이 조상에게 미치고

【 자원풀이 上 】

| 言[말씀 언] | 105-1 | ↑ 015-81 참고 |

| 行[다닐 행] | 105-2 | ↑ 004-51 참고 |

| 相[서로 상] | 105-3 | ↑ 木 006-82 / 目 004-53 참고 |

| 갑골문 | 금문 | 소전 |

무언가 만들기 위해 사용될 나무[木]를 눈[目]으로 보는 모습을 나타낸 데서 원래 '보다'라는 뜻을 지녔으나 나중에 보는 대상이 사람에게까지 확대되어 사람이 서로 본다 하면서 그 뜻이 '서로'가 되고, 觀相(관상)·人相(인상)·相互(상호)·相剋(상극)·五萬相(오만상)·心心相印(심심상인)·患難相恤(환난상휼)에서 보듯 그 음이 '상'이 된 글자다.

| 違[어길 위] | 105-4 | ↑ 辵 008-61 ↓ 韋 105-41 참고 |

辵(辶)자로 인해 가야 할 쪽으로 가지 않아 서로 길[辵]을 어긴다 하여 그 뜻이 '어기다'가 되고, 韋자로 인해 違反(위반)·違背(위배)·違憲(위헌)·非違(비위)·違約金(위약금)·違法者(위법자)·違和感(위화감)에서처럼 그 음이 '위'가 된 글자다.

| 韋[다룬 가죽 위] | 105-41 | ↑ 止 007-71 참고 |

| 갑골문 | 금문 | 소전 |

발[止]로 가운데 놓인 가죽을 밟아 기름을 제거하는 모양을 나타내면서, 기름을 제거하여 가죽이 부드러워지도록 다루었다 하여 결국 그 뜻이 '다룬 가죽'이 되고, 韋編三絕(위편삼절)에서 보듯 그 음이 '위'가 된 글자다.

## 【 구절풀이 上 】

◦ 言은 發言(발언)이나 宣言(선언)에서처럼 '말씀'을 뜻한다.
◦ 行은 行動(행동)이나 行實(행실)에서처럼 사람의 행위(行爲)와 관련해 '행하다'의 뜻을 지닌다.
◦ 相은 相對(상대)나 相互(상호)에서처럼 '서로'를 뜻한다.
◦ 違는 違反(위반)이나 違背(위배)에서처럼 '어기다'의 뜻을 지니면서 어겨서 어긋난다 하여 '어긋나다'의 뜻을 지니기도 한다.
• 言行相違는 '말(말씀)과 행하는 것이 서로 어긋나다'라는 말이다.

## 【 자원풀이 下 】

### 辱[욕되게 할 욕]　105-5

↑ 029-42 참고

### 及[미칠 급]　105-6

| 갑골문 | 금문 | 소전 |
|---|---|---|

↑ 又 001-11 참고

사람 뒤에 손[又]이 미치는 모습을 나타낸 데서 그 뜻이 '미치다'고, 言及(언급)·波及(파급)·遡及(소급)·普及(보급)·及其也(급기야)·後悔莫及(후회막급)에서처럼 그 음이 '급'인 글자다.

### 于[어조사 우]　105-7

| 갑골문 | 금문 | 소전 |
|---|---|---|

활[弓]을 만드는 데 사용되는 틀을 나타낸 것으로 보이나 후대에 어조사로 빌려 쓰이게 되면서 결국 그 뜻이 '어조사'가 되고, 于先(우선)·于山國(우산국)·鮮于氏(선우씨)에서처럼 그 음이 '우'가 된 글자다.

## 先 [먼저 선]  105-8

↑ 止 007-71 / 儿 004-31 참고

| 갑골문 | 금문 | 소전 |
|---|---|---|

사람[儿] 앞에 발[止]을 두어 발이 먼저 나아감을 나타낸 데서 그 뜻이 '먼저'가 되고, 先頭(선두)·先生(선생)·機先(기선)·率先(솔선)·先考丈(선고장)·先入見(선입견)·先公後私(선공후사)·先秦時代(선진시대)에서처럼 그 음이 '선'이 된 글자다. 후에 발은 生의 형태로 바뀌었다.

## 【 구절풀이 下 】

- 辱은 恥辱(치욕)이나 侮辱(모욕)에서처럼 '욕되게 하다'를 뜻한다.
- 及은 波及(파급)이나 普及(보급)에서처럼 '미치다'의 뜻을 지니기도 한다.
- 于는 '어조사(語助辭)'로, 뒤에 쓰이는 사물이나 사람과 관련하여 '~에'나 '~에게'의 뜻을 나타낸다.
- 先은 先行(선행)이나 率先(솔선)에서처럼 '먼저'를 뜻하면서 다시 먼저 나신 분이나 먼저 가신 분들과 관련해 '조상'의 뜻을 지니기도 한다.
- 辱及于先은 '욕되게 함이 조상에게 미치다'라는 말이다. 사람은 누구나 명분을 세우면 분명히 말하고, 말하면 반드시 행하여 자신의 말에 구차함이 없게 해야 한다. 만일 구차한 지경에 이르면 그 치욕이 자신에게 뿐만 아니라 조상에게까지 미치기 때문이다.

## 【 쓰 기 】

| 105 | 말과 행하는 것이 서로 어긋나면 욕되게 함이 조상에게 미치고 |
| --- | --- |
| ① | 言 行 相 違 辱 及 于 先 |
| ② | |
| ③ | |

| 102 | 소리의 모습은 반드시 조용하게 하며 머리의 모습은 반드시 곧게 하며 |
| --- | --- |
| ⑥ | |

| 103 | 숨 쉬는 모습은 반드시 엄숙하게 하며 서 있는 모습은 반드시 덕스럽게 하며 |
| --- | --- |
| ⑤ | |

| 104 | 얼굴빛의 모습은 반드시 씩씩하게 하니 이를 구용(아홉 모습)이라 이르니라 |
| --- | --- |
| ④ | |

# 不履言約이면 辱及于身이니라 106

**말한 약속을 행하지 아니하면 욕되게 함이 자신에게 미치니라**

### 【 자원풀이 上 】

| 不[아닐 불] | 106-1 | ↑ 005-6 참고 |
|---|---|---|
| 履[신 리] | 106-2 | ↑ 084-6 참고 |
| 言[말씀 언] | 106-3 | ↑ 015-81 참고 |
| 約[묶을 약] | 106-4 | ↑ 糸 040-22 ↓ 勺 106-41 참고 |

糸자로 인해 실[糸]로 단단히 묶는다 하여 그 뜻이 '묶다'가 되고, 勺자로 인해 約束(약속)·約條(약조)·鄕約(향약)·豫約(예약)·違約金(위약금)·括約筋(괄약근)·百年佳約(백년가약)·約定俗成(약정속성)에서처럼 그 음이 '약'이 된 글자다.

### 勺[구기 작]   106-41

| 갑골문 | 금문 | 소전 |
|---|---|---|
| | | |

국자와 비슷한 기구(器具)인 구기 안에 무언가 들어 있는 모양을 나타내면서 그 뜻이 '구기'가 되고, 자신이 덧붙여져 음의 역할을 하는 灼[사를 작]·芍[함박꽃 작]자처럼 그 음이 '작'이 된 글자다. 구기는 흔히 술과 같은 음료를 뜰 때에 사용된다.

## 【 구절풀이 上 】

- **不**은 어떤 한자나 한자어 앞에 쓰여 '~않다', '~아니하다'의 뜻을 나타내는 접두사(接頭辭) 역할을 한다.
- **履**는 瓜田不納履(과전불납리)에서처럼 '신'을 뜻하면서 신을 신고 움직여 행한다 하여 '**행하다**'의 뜻을 지니기도 한다.
- **言**은 言及(언급)이나 言動(언동)에서처럼 '**말씀(말)**'을 뜻한다.
- **約**은 制約(제약)에서처럼 '묶다'의 뜻을 지니면서 言約(언약)에서처럼 묶어서 함께 하기로 한 행동과 관련해 '**약속**'의 뜻을 지니기도 한다.
- **不履言約**은 '말한 약속을 행하지 아니하다'라는 말이다.

✎ 瓜田不納履) 오이 밭에서는 신을 고쳐 신지 않는다는 뜻으로, 의심(疑心)받을 짓은 처음부터 하지 말라는 말.

## 【 자원풀이 下 】

| 辱[욕되게 할 욕] | 106-5 | ↑ 029-42 참고 |
| --- | --- | --- |
| 及[미칠 급] | 106-6 | ↑ 105-6 참고 |
| 于[어조사 우] | 106-7 | ↑ 105-7 참고 |
| 身[몸 신] | 106-8 | ↑ 001-4 참고 |

## 【 구절풀이 下 】

- **辱**은 屈辱(굴욕)이나 凌辱(능욕)에서처럼 '**욕되게 하다**'를 뜻한다.
- **及**은 足脫不及(족탈불급)에서처럼 '**미치다**'의 뜻을 지니기도 한다.

- 于는 '어조사(語助辭)'로, 뒤에 쓰이는 사물이나 사람과 관련하여 '~에'나 '~에게'의 뜻을 나타낸다.
- 身은 肉身(육신)이나 心身(심신)에서 '몸'을 뜻하면서 그 몸이 스스로[自]의 몸[身]이라 하여 '자신(自身)'의 뜻을 지니기도 한다.
- 辱及于身은 '욕되게 함이 자신에게 미치다'라는 말이다. 예부터 "말이 앞서지 일이 앞서는 사람을 본 적이 없다"한 것처럼 말은 쉽고 행동은 어려운 법이다. 말을 앞세워 이행하지 못하면 결국 화가 미친다는 것이다.

✎ 足脫不及) 맨발로 뛰어도 따라가지 못한다는 뜻으로, 능력(能力)이나 역량(力量) 따위가 뚜렷한 차이(差異)가 있음을 이르는 말.

【 쓰 기 】

| 106 | 말한 약속을 행하지 아니하면 욕되게 함이 자신에게 미치니라 |
|---|---|
| ① | 不 履 言 約 辱 及 于 身 |
| ② | |
| ③ | |

| 103 | 숨 쉬는 모습은 반드시 엄숙하게 하며 서 있는 모습은 반드시 덕스럽게 하며 |
|---|---|
| ⑥ | |

| 104 | 얼굴빛의 모습은 반드시 씩씩하게 하니 이를 구용(아홉 모습)이라 이르니라 |
|---|---|
| ⑤ | |

| 105 | 말과 행하는 것이 서로 어긋나면 욕되게 함이 조상에게 미치고 |
|---|---|
| ④ | |

# 鷄鳴而起하여 必盥必漱하라

**닭이 울면 일어나서 반드시 씻고 반드시 양치질 하라**

### 【 자원풀이 上 】

**鷄**[닭 계]   107-1   ↓ 鳥 107-11 / 奚 107-12 참고

鳥자로 인해 꿩과에 속하는 새[鳥]로서 사람이 가축(家畜)으로 기르는 닭과 관련해 그 뜻이 '닭'이 되고, 奚자로 인해 鬪鷄(투계)·軟鷄(연계)·鷄肋(계륵)·鷄蛋(계단/지단)·蔘鷄湯(삼계탕)·乾烹鷄(건팽계)·鷄鳴山川(계명산천)에서처럼 그 음이 '계'가 된 글자다. 雞자는 속자(俗字)다.

**鳥**[새 조]   107-11

| 갑골문 | 금문 | 소전 |
|---|---|---|

비교적 깃이 풍부한 새를 나타낸 데서 그 뜻이 '새'고, 白鳥(백조)·駝鳥(타조)·鳥人(조인)·鳥葬(조장)·寒苦鳥(한고조)·九官鳥(구관조)·不死鳥(불사조)·一石二鳥(일석이조)에서처럼 그 음이 '조'인 글자다.

**奚**[어찌 해]   107-12   ↑ 爪 002-51 참고

| 갑골문 | 금문 | 소전 |
|---|---|---|

손[爪]에 땋은 머리털[幺]의 형태이 붙잡힌 채 끌려가는 사람 [大의 형태]인 종을 나타냈으나 후에 어찌를 가리키는 데 빌려 쓰면서 결국 그 뜻이 '어찌'가 되고, 奚琴(해금)에서처럼 그 음이 '해'가 된 글자다.

## 鳴[울 명]  107-2

↑ 口 001-71 / 鳥 107-11 참고

| 갑골문 | 금문 | 소전 |
|---|---|---|

입[口]으로 소리를 내어 새[鳥]가 운다 하여 그 뜻이 '울다'가 되고, 共鳴(공명)·悲鳴(비명)·鳴鏑(명적)·自鳴鼓(자명고)·百家爭鳴(백가쟁명)에서처럼 그 음이 '명'이 된 글자다.

## 而[말 이을 이]  107-3

↑ 007-6 참고

## 起[일어날 기]  107-4

↑ 013-7 참고

### 【 구절풀이 上 】

- 鷄는 軟鷄(연계)나 烏骨鷄(오골계)에서처럼 '닭'을 뜻한다.
- 鳴은 自鳴鐘(자명종)이나 自鳴鼓(자명고)에서처럼 '울다'를 뜻한다.
- 而는 '접속사(接續詞)'로, 앞의 말과 뒤의 말을 이어 준다 하여 '말 잇다'의 뜻을 지닌다. 말 이을 때는 순접일 경우 '~하고'나 '그리고'로 풀이하고, 역접일 경우 '~하나'나 '그러나'로 풀이한다.
- 起는 起床(기상)이나 起立(기립)에서처럼 '일어나다'를 뜻한다.
- 鷄鳴而起는 '닭이 울면 일어나다'라는 말이다.

### 【 자원풀이 下 】

## 必[반드시 필]  107-5

↑ 013-6 참고

107 鷄鳴而起 必盥必漱

盥[대야 관]   107-6   ↑ 臼 019-51 / 水 003-31 / 皿 003-34 참고

두 손[臼]을 씻는 물[水]이 담긴 그릇[皿]인 대야를 나타낸 데서 그 뜻이 '대야'가 되고, 그 음이 '관'이 된 글자다.

必[반드시 필]   107-7   ↑ 013-6 참고

漱[양치질 할 수]   107-8   ↑ 水 003-31 ↓ 欶 107-81 참고

水(氵)자로 인해 물[水]로 양치질한다 하여 그 뜻이 '양치질 한다'가 되고, 欶자로 인해 漱石枕流(수석침류)에서처럼 그 음이 '수'가 된 글자다.

欶[빨아들일 삭]   107-81   ↑ 束 047-61 / 欠 006-11 참고

欠자로 인해 하품을 하듯 입을 크게 벌려 빨아들인다 하여 그 뜻이 '빨아들이다'가 되고, 束자로 인해 그 음이 '삭'이 된 글자다.

## 【 구절풀이 下 】

○ 必은 必要(필요)이나 必修(필수)에서처럼 '반드시'의 뜻을 지닌다.
○ 盥은 '대야'를 뜻하면서 대야를 이용해 손이나 얼굴 등을 씻는다 하여 '씻다'의 뜻을 지니기도 한다.
○ 必은 必然(필연)이나 必是(필시)에서처럼 '반드시'의 뜻을 지닌다.
○ 漱는 漱石枕流(수석침류)에서처럼 '양치질 하다'를 뜻한다.

- **必盥必漱**는 '반드시 씻고 반드시 양치질 하다'라는 말이다. "첫새벽에 문을 열면 오복(五福)이 들어온다"고 한다. 아침 일찍 일어나 행동하면 온갖 복이 들어오니, 일찍 일어나 씻고 부지런히 활동하라는 것이다.

✎ 漱石枕流) 돌로 양치질하고 흐르는 물을 베개 삼는다는 뜻으로, 말을 잘못해 놓고 그럴 듯하게 꾸며대는 것을 이름.

## 【 쓰 기 】

**107** 닭이 울면 일어나서 반드시 씻고 반드시 양치질 하라

① 鷄鳴而起 必盥必漱

②

③

**104** 얼굴빛의 모습은 반드시 씩씩하게 하니 이를 구용(아홉 모습)이라 이르느니라

⑥

**105** 말과 행하는 것이 서로 어긋나면 욕되게 함이 조상에게 미치고

⑤

**106** 말한 약속을 행하지 아니하면 욕되게 함이 자신에게 미치니라

④

# 居必擇隣하며 就必有德하라

머물면 반드시 이웃을 가리며 나아가면 반드시 어진 이와 있어라

【 자원풀이 上 】

**居**[살 거]　108-1　　↑ 009-64 참고

**必**[반드시 필]　108-2　　↑ 013-6 참고

**擇**[가릴 택]　108-3　　↑ 手 015-71　↓ 睪 108-31 참고

手(扌)자로 인해 손[手]으로 가려 뽑는다 하여 그 뜻이 '가리다'가 되고, 睪자로 인해 選擇(선택)·揀擇(간택)·擇日(택일)·擇地(택지)·擇里志(택리지)·兩者擇一(양자택일)·殺生有擇(살생유택)에서처럼 그 음이 '택'이 된 글자다.

**睪**[엿볼 역]　108-31　　↑ 目 004-53 / 幸 006-21 참고

소전

눈[目의 형태]과 죄인(罪人)에게 채우는 수갑[幸]이 어우러져 눈으로 수갑이 채워진 죄인을 감시(監視)하기 위해 엿보는 상황에서 그 뜻이 '엿보다'가 되고, 자신이 덧붙여져 음의 역할을 하는 繹[풀어낼 역]·驛[역참 역]·譯[번역할 역]자처럼 그 음이 '역'이 된 글자다.

**隣**[이웃 린]　108-4　　↓ 阜(阝) 108-41 / 邑 121-4 / 粦 108-43 참고

원래 邑(阝)자가 덧붙여진 鄰자가 정자(正字)며, 阜(阝)자가 덧붙여진 隣자는 속자(俗字)다. 邑(阝)자나 阜(阝)자로 인해 언덕[阜]을 사이에 둔 이웃 고을[邑]을 나타낸 데서 그 뜻이 '이웃'이 되고, 粦자로 인해 善隣(선린)·交隣(교린)·隣近(인근)·隣家(인가)·隣接國(입접국)·近隣施設(근린시설)에서처럼 그 음이 '린'이 된 글자다.

## 阜[언덕 부]·阝[좌부방] 108-41

| 갑골문 | 금문 | 소전 |
|---|---|---|

층층이 진 언덕을 나타낸 데서 그 뜻이 '언덕'이고, 공자(孔子)·동학(東學)과 관련된 곳인 曲阜(곡부)·古阜(고부)에서처럼 그 음이 '부'인 글자다.

陵[언덕 릉]·陸[뭍 륙]·陣[진칠 진]자에서처럼 다른 자형과 합쳐질 때는 阝의 형태로 쓰이는데, 이는 '좌부방'이라 한다.

## 舛[어그러질 천] 108-42

↑ 夂 084-21 참고

| 금문 | 소전 |
|---|---|

두 발[夂과 㐄]이 아래를 향해 어그러진 모습을 나타낸 데서 그 뜻이 '어그러지다'고, 舛駁(천박)·舛逆(천역)에서처럼 그 음이 '천'인 글자다.

## 㷠[도깨비불 린] 108-43

↑ 舛 108-42 참고

| 금문 | 소전 |
|---|---|

죽은 사람의 몸에서 인(燐)의 작용으로 발산되는 일종의 푸른빛인 도깨비불을 사방(四方)의 작은 점(點)으로 나타낸 데서 그 뜻이 '도깨비불'이 되고, 자신이 덧붙여져 음의 역할을 하는 麟[기린 린]·鱗[비늘 린]자처럼 그 음이 '린'이 된 글자다. 후에 그 뜻을 더욱 분명히 하기 위해 火자를 덧붙인 燐자가 문자(文字)로 사용되고 있다.

108 居必擇隣 就必有德

【 구절풀이 上 】

◦ 居는 '살다'의 뜻 외에 居住(거주)나 居留(거류)에서처럼 머물러 산다 하여 '머물다'를 뜻하기도 한다.
◦ 必은 返必拜謁(반필배알)에서처럼 '반드시'의 뜻을 지닌다.
◦ 擇은 選擇(선택)이나 採擇(채택)에서처럼 '가리다'의 뜻을 지닌다.
◦ 隣은 事大交隣(사대교린)이나 善隣政策(선린정책)에서처럼 '이웃'을 뜻한다.

• 居必擇隣은 '머물면 반드시 이웃을 가리다'라는 말이다.

✎ 事大交隣) 큰 나라는 섬기고 이웃 나라와는 사귄다는 말.
✎ 善隣政策) 이웃나라와 친선(親善)을 도모(圖謀)하려는 정책(政策).

【 자원풀이 下 】

就 [나아갈 취]  108-5        ↓ 京 108-51 / 尤 108-52 참고

소전

京자로 인해 높은 토대 위에 지은 집[京]을 향해 나아간다 하여 그 뜻이 '나아가다'가 되고, 尤자로 인해 就業(취업)·就職(취직)·去就(거취)·成就(성취)·進就的(진취적)·就勞事業(취로사업)에서처럼 그 음이 '취'가 된 글자다.

京 [서울 경]  108-51

| 갑골문 | 금문 | 소전 |
|---|---|---|

궁궐처럼 높은 토대(土臺) 위에 지어진 건물을 나타내면서 다시 높은 건물은 임금이 사는 서울에서 볼 수 있다 하여 그 뜻이 '서울'이 되고, 京城(경성)·京劇(경극)·上京(상경)·東京(동경)·京釜線(경부선)·京邸吏(경저리)·京鄕各地(경향각지)에서 보듯 그 음이 '경'이 된 글자다.

## 尤 [허물 우]   108-52

↑ 又 001-11 참고

| 갑골문 | 금문 | 소전 |
|---|---|---|

손[又]의 끝부분에 상처가 있음을 짧은 획으로 나타내면서 일을 하다가 손에 허물이 생겼다 하여 그 뜻이 '허물'이 되고, 蚩尤(치우)·誰怨孰尤(수원숙우)에서 보듯 그 음이 '우'가 된 글자다.

## 必 [반드시 필]   108-6

↑ 013-6 참고

## 有 [있을 유]   108-7

↑ 016-7 참고

## 德 [덕 덕]   108-8

↑ 004-5 참고

---

### 【 구절풀이 下 】

- 就는 去就(거취)나 進取的(진취적)에서처럼 '나아가다'를 뜻한다.
- 必은 昏必定褥(혼필정욕)이나 晨必省候(신필성후)에서처럼 '반드시'를 뜻한다.
- 有는 有識(유식)이나 有罪(유죄)에서처럼 '있다'를 뜻한다.
- 德은 德行(덕행)이나 德性(덕성)에서처럼 '덕'을 뜻하면서 덕이 있는 어진 이와 관련해 '어진 이'의 뜻을 지니기도 한다.

- 就必有德은 '나아가면 반드시 어진 이와 있다'라는 말이다. 먹을 가까이 하면 검게 된다고 한다. 좋은 이웃과 덕이 있는 이를 가까이 두고 살아야 지혜를 얻을 수 있음을 이른 것이다.

## 【 쓰 기 】

**108** 머물면 반드시 이웃을 가리며 나아가면 반드시 어진 이와 있어라

① 居 必 擇 隣 就 必 有 德

②

③

**105** 말과 행하는 것이 서로 어긋나면 욕되게 함이 조상에게 미치고

⑥

**106** 말한 약속을 행하지 아니하면 욕되게 함이 자신에게 미치니라

⑤

**107** 닭이 울면 일어나서 반드시 씻고 반드시 양치질 하라

④

# 德業相勸하고 過失相規하며

### 덕을 베푸는 일은 서로 권하고 허물과 잘못은 서로 바로 잡으며

**【 자원풀이 上 】**

| 德[덕 덕] | 109-1 | ↑ 004-5 참고 |

| 業[업 업] | 109-2 |

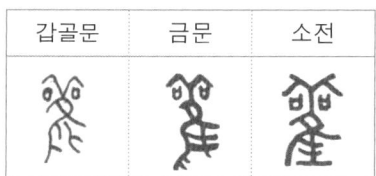

윗부분을 톱날처럼 만들어서 종(鐘)과 같은 악기를 여러 개 매다는 틀을 나타내면서 종과 같은 악기를 다루어 생계를 잇는 일이 업으로 자손에게 이어졌던 데서 그 뜻이 '업'이 된 것으로 보이고, 家業(가업)·同業(동업)·學業(학업)·窯業(요업)·失業者(실업자)·酪農業(낙농업)·産業革命(산업혁명)·高利貸金業(고리대금업)에서처럼 그 음이 '업'이 된 글자다.

| 相[서로 상] | 109-3 | ↑ 105-3 참고 |

| 勸[권할 권] | 109-4 | ↑ 力 054-61 ↓ 雚 109-41 참고 |

力자로 인해 무언가 하도록 힘껏[力] 권한다 하여 그 뜻이 '권하다'가 되고, 雚자로 인해 勸誘(권유)·勸告(권고)·勸奬(권장)·勸勉(권면)·勸酒歌(권주가)·德業相勸(덕업상권)에서처럼 그 음이 '권'이 된 글자다.

| 雚[황새 관] | 109-41 | ↑ 隹 007-51 참고 |

머리 위에 깃털[艹의 형태]과 두 눈[吅의 형태]을 나타낸 큰 새[隹]와 관련해 그 뜻이 큰 새를 의미하는 '황새'가 되고, 자신이 덧붙여져 음의 역할을 하는 觀[볼 관]·罐[두레박 관]·灌[물댈 관]자처럼 그 음이 '관'이 된 글자다.

【 구절풀이 上 】

- 德은 德行(덕행)이나 德性(덕성)에서처럼 '덕'을 뜻하면서 덕을 베푼다 하여 '(덕을) 베풀다'의 뜻을 지니기도 하며,
- 業은 作業(작업)이나 業務(업무)에서처럼 '일'을 뜻한다.
- 相은 相逢(상봉)이나 相談(상담)에서처럼 '서로'를 뜻하고,
- 勸은 勸誘(권유)나 勸獎(권장)에서처럼 '권하다'를 뜻한다.
- 德業相勸은 '덕을 베푸는 일은 서로 권하다'라는 말이다.

【 자원풀이 下 】

過[지날 과]   109-5   ↑ 065-3 참고

失[잃을 실]   109-6   ↑ 022-6 참고

相[서로 상]   109-7   ↑ 105-3 참고

規[법 규]   109-8   ↑ 夫 052-1 / 見 009-32 참고

소전

한 길이 되는 사람[夫]의 키를 표준으로 삼아 길이를 살펴본다[見] 하면서 다시 길이를 살펴볼 때는 법도에 따른다 하여 그 뜻이 '법'이 된 것으로 보이고, 規範(규범)·規格(규격)·法規(법규)·子規(자규)·正規軍(정규군)·過失相規(과실상규)에서처럼 그 음이 '규'가 된 글자다.

【 구절풀이 下 】

- 過는 過客(과객)이나 過去(과거)에서처럼 '지나가다'나 '지나다'를 뜻하면서 過誤(과오)나 前過(전과)에서처럼 너무 지나쳐서 생긴 허물과 관련해 '허물'을 뜻하기도 하며,

- 失은 紛失(분실)이나 損失(손실)에서처럼 '잃다'를 뜻하면서 失手(실수)나 失敗(실패)에서처럼 잃은 것은 잘못이라 하여 '잘못'의 뜻을 지니기도 한다.
- 相은 同病相憐(동병상련)에서처럼 '서로'의 뜻을 지니며,
- 規는 法規(법규)나 規範(규범)에서처럼 '법'을 뜻하면서 법으로 잘못을 바로 잡는다 하여 '바로 잡다'의 뜻을 지니기도 한다.
- 過失相規는 '허물과 잘못은 서로 바로 잡다'라는 말이다. 중국 송(宋)나라 때에 여씨(呂大鈞)가 자신의 향리(鄕里)에서 실시한 자치규약(自治規約)의 네 강령(綱領) 가운데 두 강령을 이른 것으로, 이는 조선 후기에 실시된 향약(鄕約)의 모체(母體)가 되었다.

✎ 同病相憐) 같은 병자(病者)끼리 가엾게 여긴다는 뜻으로, 어려운 처지(處地)에 있는 사람끼리 서로 불쌍히 여겨 동정(同情)하고 서로 돕는다는 말.

【 쓰 기 】

| 109 | 덕을 베푸는 일은 서로 권하고 허물과 잘못은 서로 바로 잡으며 |
|---|---|
| ① | 德業相勸 過失相規 |
| ② | |
| ③ | |

| 106 | 말한 약속을 행하지 아니하면 욕되게 함이 자신에게 미치니라 |
|---|---|
| ⑥ | |

| 107 | 닭이 울면 일어나서 반드시 씻고 반드시 양치질 하라 |
|---|---|
| ⑤ | |

| 108 | 머물면 반드시 이웃을 가리며 나아가면 반드시 어진 이와 있어라 |
|---|---|
| ④ | |

# 禮俗相交하고 患難相恤하니라 110

## 예도의 풍습은 서로 주고받고 재앙에는 서로 구휼하니라

【 자원풀이 上 】

**禮**[예도 례(예)]　110-1　　↑ 044-6 참고

**俗**[풍습 속]　110-2　　↑ 人 002-21 / 谷 006-12 참고

人(亻)자로 인해 사람[人]들의 오랜 습관으로 인해 이뤄진 풍습과 관련해 그 뜻이 '풍습'이 되고, 谷자로 인해 俗談(속담)·俗字(속자)·民俗(민속)·風俗(풍속)·土俗的(토속적)·美風良俗(미풍양속)·世俗五戒(세속오계)에서처럼 그 음이 '속'이 된 글자다.

**相**[서로 상]　110-3　　↑ 105-3 참고

**交**[사귈 교]　110-4

| 갑골문 | 금문 | 소전 |
|---|---|---|
| (그림) | (그림) | (그림) |

서로 엇걸린 모습을 나타낸 데서 원래 '엇걸다'의 뜻을 지녔으나 다시 사람이 서로 엇걸려 사귄다 하면서 그 뜻이 '사귀다'가 되고, 交叉(교차)·交友(교우)·絶交(절교)·國交(국교)·交集合(교집합)·水魚之交(수어지교)·刎頸之交(문경지교)에서 보듯 그 음이 '교'가 된 글자다.

【 구절풀이 上 】

- 禮는 禮儀(예의)나 禮法(예법)에서처럼 '예도(禮度)'를 뜻하고,
- 俗은 風俗(풍속)이나 世俗(세속)에서처럼 '풍습(風習)'을 뜻한다.
- 相은 相對方(상대방)이나 相互間(상호간)에서처럼 '서로'의 뜻을 지닌다.
- 交는 交叉(교차)에서처럼 '엇걸리다'의 뜻을 지니면서 다시 서로 엇걸려 주고받는다 하여 交換(교환)에서처럼 '주고받다'의 뜻을 지니기도 한다.
- 禮俗相交는 '예도(禮度)의 풍습은 서로 주고받다'라는 말이다.

【 자원풀이 下 】

患[근심 환]   110-5   ↑ 心 002-31   ↓ 串 110-52 참고

丨[뚫을 곤]   110-51

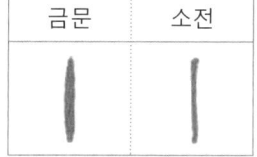

위에서 아래로 통하도록 뚫는 모양을 나타낸 데서 그 뜻이 '뚫다'고, 주로 다른 글자 구성에 필획(筆劃)으로 도움 주는 역할을 하는 그 음이 '곤'인 글자다.

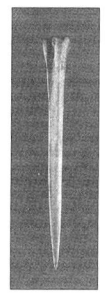

串[꿸 관]   110-52   ↑ 110-51 참고

옛날 돈으로 쓰인 조개나 구슬 등을 줄로 꿴 모양에서 '꿰다'의 뜻을 지니면서 丨자에 의해 串柿(관시)에서처럼 '관'의 음으로 읽히는 글자다. 長山串(장산곶)·虎尾串(호미곶)에서처럼 그 뜻이 '땅이름'과 관련된 접미사로 쓰일 때는 '곶'으로도 읽는다.

難[어려울 난]   110-6   ↑ 098-8 참고

相[서로 상]   110-7   ↑ 105-3 참고

## 恤 [구휼할 휼] 110-8　　　↑ 心 002-31　↓ 血 110-81 참고

心(忄)자로 인해 마음[心] 속을 가엾게 여겨 어려운 처지에 있는 사람을 구휼한다 하여 그 뜻이 '구휼하다'가 되고, 血자로 인해 救恤(구휼)·矜恤(긍휼)·恤養田(휼양전)·患難相恤(환난상휼)에서처럼 그 음이 '휼'이 된 글자다.

## 血 [피 혈] 110-81　　↑ 皿 003-34 참고

| 갑골문 | 금문 | 소전 |
|---|---|---|

그릇[皿]에 담긴 희생의 피를 나타낸 데서 그 뜻이 '피'고, 獻血(헌혈)·咯血(각혈)·血肉(혈육)·血盟(혈맹)·血液型(혈액형)·血友病(혈우병)·鳥足之血(조족지혈)에서 보듯 그 음이 '혈'인 글자다.

---

### 【 구절풀이 下 】

- 患은 憂患(우환)에서처럼 '근심'을 뜻하면서 재앙을 만나 근심한다 하여 患亂(환란)에서처럼 '재앙(災殃)'을 뜻하기도 하며,

- 難은 受難(수난)에서처럼 '어렵다'를 뜻하면서 어려워서 애를 쓰는 마음과 관련해 '근심'의 뜻을 지니기도 하고, 재앙을 만나 어렵다 하여 災難(재난)에서처럼 '재앙'의 뜻을 지니기도 한다.

- 相은 相扶相助(상부상조)에서처럼 '서로'를 뜻하고,

- 恤은 矜恤(긍휼)에서처럼 가엾게 여기며 물건 따위를 주어 구제한다는 의미인 '구휼(救恤)하다'를 뜻한다.

- 患難相恤은 '재앙에는 서로 구휼하다'라는 말이다. 중국 송(宋)나라 때에 여씨(呂大鈞)가 자신의 향리(鄕里)에서 실시한 자치규약(自治規約)의 네 강령(綱領) 가운데 두 강령을 이른 것으로, 이는 조선 후기에 실시된 향약(鄕約)의 모체(母體)가 되었다.

✎ 相扶相助) 서로 서로 돕는다는 말.

**【 쓰 기 】**

| 110 | 예도의 풍습은 서로 주고받고 재앙에는 서로 구휼하니라 |
|---|---|
| ① | 禮俗相交 患難相恤 |
| ② | |
| ③ | |

| 107 | 닭이 울면 일어나서 반드시 씻고 반드시 양치질 하라 |
|---|---|
| ⑥ | |

| 108 | 머물면 반드시 이웃을 가리며 나아가면 반드시 어진 이와 있어라 |
|---|---|
| ⑤ | |

| 109 | 덕을 베푸는 일은 서로 권하고 허물과 잘못은 서로 바로 잡으며 |
|---|---|
| ④ | |

# 貧窮患難에 親戚相救하며

### 가난과 재앙에 친한 일가가 서로 구원하며

【 자원풀이 上 】

## 貧 [가난할 빈]   111-1          ↑ 貝 034-31 / 分 069-6 참고

貝자로 인해 화폐[貝]처럼 귀한 재물이 나눠져 적어지면서 가난하게 되었다 하여 그 뜻이 '가난하다'가 되고, 分자로 인해 貧富(빈부)·貧困(빈곤)·淸貧(청빈)·極貧(극빈)·貧民窟(빈민굴)·安貧樂道(안빈낙도)·家貧思良妻(가빈사양처)에서처럼 그 음이 '빈'이 된 글자다.

## 窮 [다할 궁]   111-2          ↑ 穴 006-31 ↓ 躬 111-22 참고

穴자로 인해 몸을 구부리고 들어가는 좁은 구멍[穴]의 끝과 관련해 끝이 다한다 하여 그 뜻이 '다하다'가 되고, 躬자로 인해 窮極(궁극)·窮塞(궁색)·窮乏(궁핍)·窮究(궁구)·窮則通(궁즉통)·窮生員(궁생원)·窮餘之策(궁여지책)에서 보듯 그 음이 '궁'이 된 글자다.

## 弓 [활 궁]   111-21

| 갑골문 | 금문 | 소전 |
|---|---|---|
|  | | |

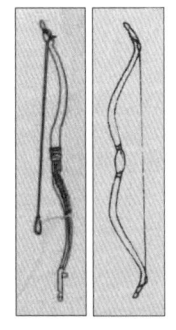

처음에 시위가 매어 있거나 없는 활 모양으로 쓰이다가 나중에 시위가 매어 있지 않은 활을 나타낸 데서 그 뜻이 '활'이고, 洋弓(양궁)·國弓(국궁)·名弓(명궁)·神弓(신궁)·弓手(궁수)·弓術(궁술)·傷弓之鳥(상궁지조)에서 보듯 그 음이 '궁'인 글자다.

## 躬 [몸 궁]   111-22          ↑ 身 001-4 / 弓 111-21 참고

身자로 인해 '몸'의 뜻을 지니고, 弓자로 인해 實踐躬行(실천궁행)에서처럼 '궁'의 음을 지니게 된 글자다.

430 수신·처세편

| 患[근심 환] | 111-3 | ↑ 110-5 참고 |

| 難[어려울 난] | 111-4 | ↑ 098-8 참고 |

【 구절풀이 上 】

- 貧은 貧困(빈곤)이나 貧寒(빈한)에서처럼 '가난하다'나 '가난(→艱難)'을 뜻하고,
- 窮은 窮極(궁극)이나 無窮(무궁)에서처럼 '다하다'를 뜻하면서 재물 등이 다하여 가난하다 하여 困窮(곤궁)이나 窮乏(궁핍)에서처럼 '가난하다'나 '가난'을 뜻하기도 한다.
- 患은 憂患(우환)에서처럼 '근심'을 뜻하면서 재앙을 만나 근심한다 하여 患亂(환란)에서처럼 '재앙(災殃)'을 뜻하기도 하며,
- 難은 受難(수난)에서처럼 '어렵다'를 뜻하면서 어려워서 애를 쓰는 마음과 관련해 '근심'의 뜻을 지니기도 하고, 재앙을 만나 어렵다 하여 災難(재난)에서처럼 '재앙'의 뜻을 지니기도 한다.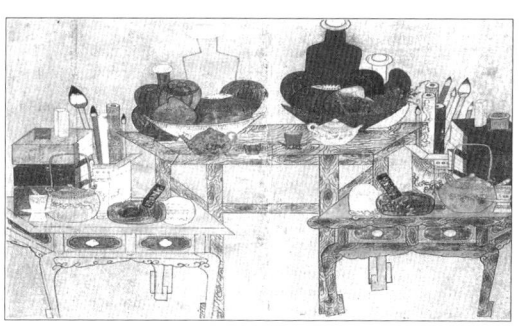

• 貧窮患難은 '가난과 재앙'이라는 말이다.

【 자원풀이 下 】

| 親[친할 친] | 111-5 | ↑ 009-3 참고 |

## 戚 [겨레 척]   111-6   ↑ 戈 001-31  ↓ 戌 111-61 / 尗 111-62 참고

소전

戌의 형태로 바뀌었지만 戌자로 인해 원래 한 무리의 집단이 의식(儀式) 등을 행할 때에 사용하는 창[戈]에 달린 도끼[戌]를 뜻했으나 나중에 의식을 행하는 한 무리의 살붙이인 겨레와 관련해 그 뜻이 '겨레'가 되고, 尗자로 인해 親戚(친척)·外戚(외척)·戚姪(척질)·戚族(척족)·親姻戚(친인척)에서처럼 그 음이 '척'이 된 글자다.

## 戌 [도끼 월]   111-61   ↑ 戈 001-31 참고

| 갑골문 | 금문 | 소전 |
|---|---|---|
| 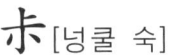 | | |

창[戈]에 달린 큰 도끼를 나타낸 데서 그 뜻이 '도끼'가 되고, 후에 자신의 뜻을 대신한 鉞[도끼 월]자처럼 그 음이 '월'이 된 글자다.

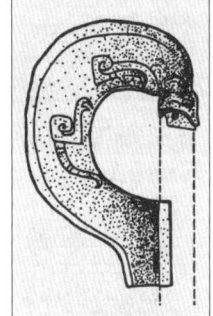

## 尗 [넝쿨 숙]   111-62

| 금문 | 소전 |
|---|---|
| 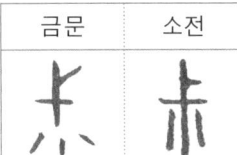 | |

아래에 꼬투리가 있는 콩 넝쿨을 나타낸 데서 그 뜻이 '넝쿨'이고, 자신이 덧붙여져 음의 역할을 하는 叔[아재비 숙]·鯍[작은 다랑어 숙]자처럼 그 음이 '숙'인 글자다.

## 相 [서로 상]   111-7   ↑ 105-3 참고

## 救 [구원할 구]   111-8   ↑ 攴(攵) 038-21 / 求 033-3 참고

攴(攵)자로 인해 다그쳐[攴] 도와 구원한다 하여 그 뜻이 '구원하다'가 되고, 求자로 인해 救援(구원)·救助(구조)·救濟(구제)·救出(구출)·救世主(구세주)·救急藥(구급약)·患難相救(환난상구)·救國干城(구국간성)에서처럼 그 음이 '구'가 된 글자다.

## 【 구절풀이 下 】

- 親은 親族(친족)이나 親知(친지)에서처럼 '친하다'를 뜻하고,
- 戚은 外戚(외척)이나 姻戚(인척)에서처럼 '겨레'를 뜻하는데, 겨레는 한 살 붙이인 한 집안을 이르기도 하기에 '일가(一家)'의 뜻을 지니기도 한다.
- 相은 相逢(상봉)이나 相談(상담)에서처럼 '서로'를 뜻하고,
- 救는 救恤(구휼)이나 救濟(구제)에서처럼 '구원하다'를 뜻한다.
- 親戚相救는 '친한 일가가 서로 구원하다'라는 말이다. "궂은일에는 일가만 한 이가 없다"라는 말처럼 어려운 일에 찾을 수 있는 이는 친척이니 친척을 돕는 일은 당연한 것이다.

## 【 쓰 기 】

| 111 | 가난과 재앙에 친한 일가가 서로 구원하며 | | | | | | |
|---|---|---|---|---|---|---|---|
| ① | 貧 | 窮 | 患 | 難 | 親 | 戚 | 相 | 救 |
| ② | | | | | | | | |
| ③ | | | | | | | | |

| 108 | 머물면 반드시 이웃을 가리며 나아가면 반드시 어진 이와 있어라 |
|---|---|
| ⑥ | |

| 109 | 덕을 베푸는 일은 서로 권하고 허물과 잘못은 서로 바로 잡으며 |
|---|---|
| ⑤ | |

| 110 | 예도의 풍습은 서로 주고받고 재앙에는 서로 구휼하니라 |
|---|---|
| ④ | |

# 婚姻死喪에 隣保相助하라

혼인하거나 죽어 장사지냄에 이웃끼리 만든 모임으로 서로 도와라

【 자원풀이 上 】

### 婚[혼인할 혼]   112-1

↑ 女 001-51 / 昏 029-1 참고

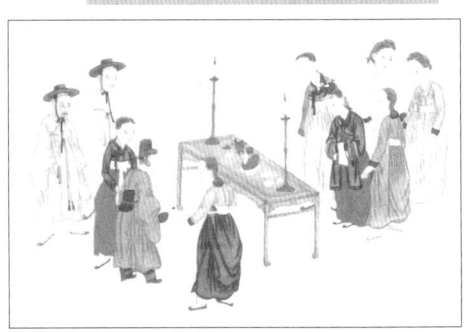

女자로 인해 옛날 풍습(風習)으로 신부(新婦)인 여자[女] 집에서 혼인한다 하여 그 뜻이 '혼인하다'가 되고, 昏자로 인해 婚姻(혼인)·婚期(혼기)·結婚(결혼)·離婚(이혼)·法律婚(법률혼)·未婚女性(미혼여성)·新婚旅行(신혼여행)에서처럼 그 음이 '혼'이 된 글자다.

### 姻[혼인할 인]   112-2

↑ 女 001-51 / 因 004-11 참고

女자로 인해 여자[女]가 혼인을 한다 하여 그 뜻이 '혼인하다'가 되고, 因자로 인해 婚姻(혼인)·姻親(인친)·親姻戚(친인척)에서처럼 그 음이 '인'이 된 글자다.

### 死[죽을 사]   112-3

↑ 078-2 참고

### 喪[잃을 상]   112-4

↓ 桑 112-41 참고

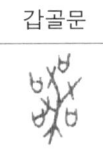
갑골문

원래 뽕나무와 뽕잎을 담는 바구니[叩]의 형태를 나타내면서 뽕잎을 따 바구니에 담다 보면 결국 뽕나무가 그 잎을 다 잃게 된다 하여 그 뜻이 '잃다'가 되고, 桑자와 똑같게 喪失(상실)·喪心(상심)·問喪(문상)·初喪(초상)·三年喪(삼년상)·冠婚喪祭(관혼상제)에서처럼 그 음이 '상'이 된 글자다.

桑 [뽕나무 상]   112-41

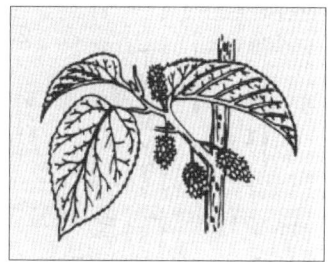

잎이 무성한 뽕나무를 나타낸 데서 그 뜻이 '뽕나무'가 되고, 桑葉(상엽)·桑年(상년)·桑壽(상수)·桑港(상항)·扶桑國(부상국)·桑實酒(상실주)·桑田碧海(상전벽해)·滄桑之變(창상지변)에서처럼 그 음이 '상'이 된 글자다.

## 【 구절풀이 上 】

- 婚은 婚禮(혼례)나 結婚(결혼)에서처럼 '혼인하다'의 뜻으로, 사내가 아내를 맞아 장가가는 일을 이른다.
- 姻은 姻戚(인척)이나 姻親(인친)에서처럼 '혼인하다'의 뜻으로, 여자가 남의 아내가 되어 시집가는 일을 이른다.
- 死는 死亡(사망)이나 死別(사별)에서처럼 '죽다'의 뜻을 지닌다.
- 喪은 喪失(상실)이나 喪心(상심)에서 '잃다'를 뜻하면서 다시 목숨을 잃어 죽는다 하여 '죽다'의 뜻을 지니기도 하고, 죽어서 장사지낸다 하여 喪服(상복)이나 脫喪(탈상)에서처럼 '장사지내다'의 뜻을 지니기도 한다.
- 婚姻死喪은 '혼인(婚姻)하거나 죽어 장사지내다'라는 말이다.

## 【 자원풀이 下 】

隣 [이웃 린]   112-5        ↑ 108-4 참고

## 保[지킬 보] 112-6

↑ 人 002-21 참고

| 갑골문 | 금문 | 소전 |
|---|---|---|

사람[亻]이 손을 돌려 등에 업은 아이[呆]의 형태를 잘 보살펴 지키는 모습을 나타내면서 그 뜻이 '지키다'가 되고, 保姆(보모)·保佑(보우)·保全(보전)·保障(보장)·保證人(보증인)·保守的(보수적)·自然保護(자연보호)에서처럼 그 음이 '보'가 된 글자다.

## 相[서로 상] 112-7

↑ 105-3 참고

## 助[도울 조] 112-8

↑ 力 054-61 / 且 057-31 참고

---

### 【 구절풀이 下 】

○ **隣**은 隣家(인가)나 隣接國(인접국)에서처럼 '이웃'을 뜻한다.

○ **保**는 保安(보안)이나 保育(보육)에서처럼 '지키다'나 '보호하다'의 뜻을 지니면서 다시 좋은 일이거나 어려운 일이거나 큰일에 처한 사람을 도와 지키거나 보호하기 위해 모인 주변의 가까운 이웃끼리 만든 **모임**(단체, 조합)과 관련된 뜻을 지니기도 한다.

○ **相**은 類類相從(유유상종)에서처럼 '서로'의 뜻을 지닌다.

○ **助**는 扶助(부조)나 協助(협조)에서처럼 '돕다'의 뜻을 지닌다.

● **隣保相助**는 '이웃끼리 만든 모임으로 서로 돕다'라는 말이다. 이웃이 어려운 일에 처했을 때 돕는 일은 우리의 미풍양속(美風良俗)이다. 옛날에는 그런 일이 생기면 모임을 만들어 조직적으로 도운 것이다. 그래서 멀리 사는 친척보다 가까운 이웃이 낫다고 했다.

✎ 類類相從) 사물(事物)은 같은 무리끼리 따르고, 같은 사람은 서로 찾아 모인다는 말.

### 【 쓰 기 】

**112** 혼인하거나 죽어 장사지냄에 이웃끼리 만든 모임으로 서로 도와라

① 婚 姻 死 喪 隣 保 相 助

②

③

**109** 덕을 베푸는 일은 서로 권하고 허물과 잘못은 서로 바로 잡으며

⑥

**110** 예도의 풍습은 서로 주고받고 재앙에는 서로 구휼하니라

⑤

**111** 가난과 재앙에 친한 일가가 서로 구원하며

④

# 終身讓畔이라도 不失一段이요

**몸이 죽을 때까지 밭두둑을 사양하더라도 일 단보를 잃지 아니하고**

【 자원풀이 上 】

## 終[마칠 종]

113-1 ⬆ 040-7 참고

## 身[몸 신]

113-2 ⬆ 001-4 참고

## 讓[사양할 양]

113-3 ⬆ 言 015-81 ⬇ 襄 113-32 참고

言자로 인해 남의 말[言]을 좇아 자신의 뜻을 굽히고 사양한다 하여 그 뜻이 '사양하다'가 되고, 襄자로 인해 讓步(양보)·讓渡(양도)·讓退(양퇴)·分讓(분양)·禪讓(선양)·移讓(이양)·辭讓之心(사양지심)에서처럼 그 음이 '양'이 된 글자다.

### 㐮[다스릴 양(녕)]

113-31

| 금문 | 소전 |
|---|---|
|  |  |

사람이 농사의 도구를 가지고 농토를 다스려 일군다 하여 그 뜻이 '다스리다'가 된 것으로 보이고, 자신이 덧붙여져 음의 역할을 하는 蘘[풀 이름 양]자나 㚂[도울 양=襄]자처럼 그 음이 '양'이 된 글자다.

### 襄[도울 양]

113-32 ⬆ 衣 002-32 / 㐮 113-31 참고

| 금문 |
|---|
|  |

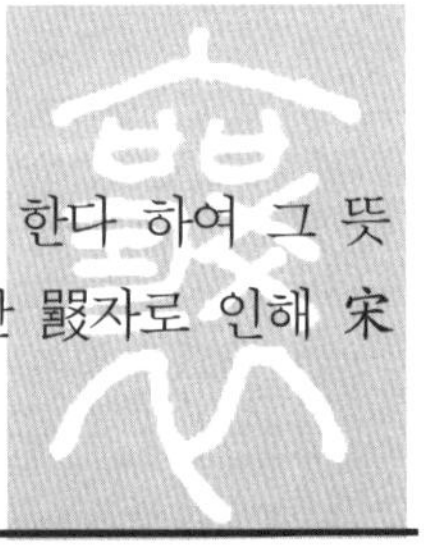

衣자로 인해 옷[衣]이 추위 등으로부터 몸을 돕는 역할을 한다 하여 그 뜻이 '돕다'가 된 것으로 보이고, 후대에 그 모양이 변했지만 㐮자로 인해 宋襄之仁(송양지인)에서 보듯 그 음이 '양'이 된 글자다.

## 畔[두둑 반]

113-4 ⬆ 田 002-71 / 半 079-81 참고

田자로 인해 밭[田]의 경계인 두둑과 관련해 그 뜻이 '두둑'이 되고, 半자로 인해 湖畔(호반)에서처럼 그 음이 '반'이 된 글자다.

## 【 구절풀이 上 】

- 終은 終結(종결)이나 終了(종료)에서처럼 '마치다'를 뜻하면서 사람이 삶을 마치는 것은 죽은 것이라 하여 臨終(임종)에서처럼 '**죽다**'의 뜻을 지니기도 한다.
- 身은 肉身(육신)이나 身體(신체)에서처럼 '**몸**'을 뜻한다.
- 讓은 讓步(양보)나 讓退(양퇴)에서처럼 '**사양하다**'를 뜻한다.
- 畔은 밭가에 두두룩하게 솟아 경계가 되는 부분을 이르는 '**밭두둑**'을 뜻한다.
- 終身讓畔은 '몸이 죽을 때까지 밭두둑을 사양하다'라는 말이다.

## 【 자원풀이 下 】

| 不[아닐 불] | 113-5 | ↑ 005-6 참고 |

| 失[잃을 실] | 113-6 | ↑ 022-6 참고 |

| 一[한 일] | 113-7 | ↑ 018-3 참고 |

| 段[조각 단] | 113-8 | ↑ 厂 004-6 / 殳 021-81 참고 |

언덕[厂]에서 도구를 손에 들고 쳐서[殳] 광석(鑛石)의 조각[=의 형태]을 쪼아내는 모습을 나타내면서 그 뜻이 '조각'이 되고, 段階(단계)·段落(단락)·分段(분단)·手段(수단)·有段者(유단자)·河岸段丘(하안단구)에서처럼 그 음이 '단'이 된 글자다.

【 구절풀이 下 】

◦ 不은 不良(불량)이나 不信(불신)에서처럼 다른 한자 앞에 쓰여 '아니다'의 뜻을 나타내는 접두사(接頭辭)의 역할을 한다.
◦ 失은 紛失(분실)이나 損失(손실)에서처럼 '잃다'를 뜻한다.
◦ 一은 一針(일침)이나 一葉(일엽)에서처럼 '하나'를 뜻한다.
◦ 段은 큰 것에서 떼어 낸 작은 부분을 이르는 '조각'을 뜻하면서 다시 큰 땅에서 한 조각이 될 만한 작은 땅과 관련해 1정보(町步)의 10분의 1인 '단보(段步)'와 관련된 뜻을 지니기도 한다. 1단보는 300평의 땅을 이른다.
• 不失一段은 '일 단보(一段步)를 잃지 아니하다'라는 말이다. 농경시대에 중요하게 여겼던 농토의 허물어진 경계를 양보하더라도 대단한 것이 아니라고 하면서, 겸양(謙讓)의 미덕(美德)을 장려(獎勵)한 것이다.

【 쓰기 】

| 113 | 몸이 죽을 때까지 밭두둑을 사양하더라도 일 단보를 잃지 아니하고 |
|---|---|
| ① | 終身讓畔不失一段 |
| ② | |
| ③ | |

| 110 | 예도의 풍습은 서로 주고받고 재앙에는 서로 구휼하니라 |
|---|---|
| ⑥ | |

| 111 | 가난과 재앙에 친한 일가가 서로 구원하며 |
|---|---|
| ⑤ | |

| 112 | 혼인하거나 죽어 장사지냄에 이웃끼리 만든 모임으로 서로 도와라 |
|---|---|
| ④ | |

# 終身讓路라도 不枉百步이니라

**몸이 죽을 때까지 길을 사양하더라도 일백 걸음을 굽히지 아니하니라**

【 자원풀이 上 】

| 終[마칠 종] | 114-1 | ↑ 040-7 참고 |
| 身[몸 신] | 114-2 | ↑ 001-4 참고 |
| 讓[사양할 양] | 114-3 | ↑ 113-3 참고 |
| 路[길 로] | 114-4 | ↑ 足 009-61 ↓ 各 114-41 참고 |

足(趾)자로 인해 발[足]이 편안히 걸어 다닐 수 있도록 한 길과 관련해 그 뜻이 '길'이 되고, 各자로 인해 道路(도로)·隘路(애로)·岐路(기로)·言路(언로)·新作路(신작로)·迂廻路(우회로)·一路邁進(일로매진)·坦坦大路(탄탄대로)에서처럼 그 음이 '로'가 된 글자다.

各[각각 각]   114-41    ↑ 夊 084-21 참고

| 갑골문 | 금문 | 소전 |

아래쪽을 향해 발[夊]이 움집 입구[口의 형태]로 들어가는 모습을 나타낸 글자다. 옛날 움집의 입구는 비좁아 한 사람 정도만 제각각 드나들 수 있었으므로 그 뜻이 '각각'이 되고, 各自(각자)·各國(각국)·各房(각방)·各論(각론)·各方面(각방면)·各樣各色(각양각색)·各界各層(각계각층)에서 보듯 그 음이 '각'인 글자다.

## 【 구절풀이 上 】

- 終은 終末(종말)이나 終局(종국)에서처럼 '마치다'를 뜻하면서 사람이 삶을 마치는 것은 죽은 것이라 하여 終焉(종언)이나 善終(선종)에서처럼 '죽다'의 뜻을 지니기도 한다.
- 身은 全身(전신)이나 分身(분신)에서처럼 '몸'을 뜻한다.
- 讓은 讓渡(양도)나 讓與(양여)에서처럼 '사양하다'를 뜻한다.
- 路는 通路(통로)나 進路(진로)에서처럼 '길'을 뜻한다.

• 終身讓路는 '몸이 죽을 때까지 길을 사양하다'라는 말이다.

## 【 자원풀이 下 】

**不**[아닐 불]　114-5　　↑ 005-6 참고

**枉**[굽을 왕]　114-6　　↑ 木 006-82 / 王 017-81 참고

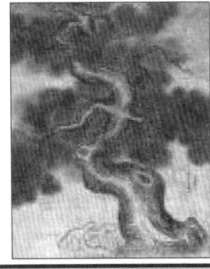

木자로 인해 나무[木]가 굽었다 하여 그 뜻이 '굽다'가 되고, 王자로 인해 枉臨(왕림)·矯枉過直(교왕과직)에서처럼 그 음이 '왕'이 된 글자다.

**百**[일백 백]　114-7　　↑ ― 018-3 ↓ 白 114-71 참고

一자로 인해 백(百) 단위(單位) 가운데 하나[一]의 숫자와 관련해 그 뜻이 '일백'이 되고, 白자로 인해 百藥(백약)·百合(백합)·百點(백점)·百中(백중)·百日咳(백일해)·百害無益(백해무익)·百戰百勝(백전백승)에서 보듯 그 음이 '백'이 된 글자다.

# 白 [흰 백]   114-71     ↑ 日 006-51 참고

빛의 기운이 하늘로 솟구쳐 막 떠오르려는 때의 해[日]를 나타내면서 해가 막 떠오를 때의 빛은 희

다 하여 그 뜻이 '희다'가 된 것으로 보이고, 黑白(흑백)·自白(자백)·白壽(백수)·白手(백수)·白日夢(백일몽)·白雪糕(→백설기)·三白食品(삼백식품)·和白會議(화백회의)에서 보듯 그 음이 '백'이 된 글자다.

# 步 [걸음 보]   114-8     ↑ 082-4 참고

## 【 구절풀이 下 】

○ **不**은 不順(불순)이나 不應(불응)에서처럼 다른 한자 앞에 쓰여 '아니다'의 뜻을 나타내는 접두사(接頭辭)의 역할을 한다.

○ **枉**은 枉臨(왕림)이나 矯枉過直(교왕과직)에서처럼 '굽다'나 '굽히다'를 뜻한다.

○ **百**은 百拜(백배)나 百年(백년)에서처럼 '일백'을 뜻한다.

○ **步**는 讓步(양보)나 闊步(활보)에서처럼 '걸음'을 뜻한다.

● **不枉百步**는 '일백 걸음을 굽히지 아니하다'라는 말이다. 평생 좁은 길에서 남에게 양보를 해 더디 가더라도 그 걸음은 다 해야 백 걸음이 채 안 되니, 백 걸음을 먼저 가느니 보다 양보하는 함이 더 낫다는 것이다.

✎ 矯枉過直) 구부러진 것을 바로 잡으려다 너무 곧게 한다는 뜻으로, 잘못을 바로 잡으려다 지나쳐 오히려 일을 그르침을 이름.

114 終身讓路 不枉百步

**【 쓰 기 】**

| 114 | 몸이 죽을 때까지 길을 사양하더라도 일백 걸음을 굽히지 아니하니라 |
|---|---|
| ① | 終 身 讓 路 不 枉 百 步 |
| ② | |
| ③ | |

| 111 | 가난과 재앙에 친한 일가가 서로 구원하며 |
|---|---|
| ⑥ | |

| 112 | 혼인하거나 죽어 장사지냄에 이웃끼리 만든 모임으로 서로 도와라 |
|---|---|
| ⑤ | |

| 113 | 몸이 죽을 때까지 밭두둑을 사양하더라도 일 단보를 잃지 아니하고 |
|---|---|
| ④ | |

# 積善之家는 必有餘慶이요

**착함을 쌓는 집은 반드시 남는 경사가 있고**

【 자원풀이 上 】

## 積 [쌓을 적]   115-1

↑ 禾 025-41  ↓ 責 115-12 참고

### 朿 [가시 자]   115-11

| 갑골문 | 금문 | 소전 |
|---|---|---|

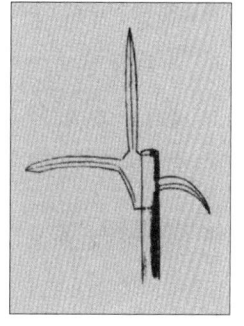

무기에 뾰족한 날이 가시처럼 붙은 모양에서 그 뜻이 '가시'가 되고, 자선이 덧붙여져 음의 역할을 하는 刺씨를 재자처럼 그 음이 '자'가 된 글자다.

### 責 [꾸짖을 책]   115-12

↑ 貝 034-31 / 朿 115-11 참고

| 갑골문 |
|---|

원래 朿자와 貝자가 어우러진 責자가 고자(古字)다. 貝자로 인해 돈[貝]을 빌리면서 생긴 빚을 갚지 않은 데 대해 꾸짖는다 하여 그 뜻이 '꾸짖다'가 되고, 朿자로 인해 詰責(힐책)·叱責(질책)·責任(책임)·責望(책망)·罪責感(죄책감)·歸責事由(귀책사유)에서처럼 그 음이 '책'이 된 글자다.

## 善 [착할 선]   115-2

↑ 羊 034-61 / 言 015-81 참고

| 금문 | 소전 |
|---|---|

원래 羊자와 誩[다투어 말할 경]자가 어우러져 양[羊]처럼 순하게 다투어 말한다[誩] 하면서 다시 그 모습이 보기에 좋고 착하다 하여 그 뜻이 '착하다'가 된 것으로 보이고, 善惡(선악)·善終(선종)·最善(최선)·改善(개선)·性善說(성선설)·獨善的(독선적)·善男善女(선남선녀)에서처럼 그 음이 '선'이 된 글자다.

115 積善之家 必有餘慶   445

| 之[갈 지] | 115-3 | ↑ 007-8 참고 |

| 家[집 가] | 115-4 | ↑ 077-2 참고 |

### 【 구절풀이 上 】

○ 積은 蓄積(축적)이나 累積(누적)에서처럼 '쌓다'를 뜻한다.
○ 善은 善行(선행)이나 善心(선심)에서처럼 '착하다'를 뜻한다.
○ 之는 명사 뒤에 놓여 앞뒤의 말을 연결하는 관형격 어조사로, '~의' 또는 '~하는'의 뜻으로 풀이한다.
○ 家는 家庭(가정)이나 家門(가문)에서처럼 '집'을 뜻한다.
● 積善之家는 '착함을 쌓는 집'이라는 말이다.

### 【 자원풀이 下 】

| 必[반드시 필] | 115-5 | ↑ 013-6 참고 |

| 有[있을 유] | 115-6 | ↑ 016-7 참고 |

| 餘[남을 여] | 115-7 | ↑ 食 003-6 ↓ 余 115-71 참고 |

食자로 인해 밥[食]이 배부르게 먹고도 남는다 하여 그 뜻이 '남다'가 되고, 余자로 인해 殘餘(잔여)·剩餘(잉여)·餘白(여백)·餘生(여생)·餘集合(여집합)·讀書三餘(독서삼여)에서처럼 그 음이 '여'가 된 글자다.

## 余 [나 여]   115-71

| 갑골문 | 금문 | 소전 |
|---|---|---|

기둥이 있는 간단한 형태의 집을 나타냈으나 후에 舍[집 사]자가 그 뜻을 대신하고 나를 가리키는 데 빌려 쓰면서 '나'의 뜻을 지니게 되고, 자신이 덧붙여져 음의 역할을 하는 餘[남을 여]자처럼 '여'의 음을 지니게 된 글자다.

## 慶 [경사 경]   115-8

↓ 鹿 115-81   ↑ 心 002-31 참고

| 갑골문 | 금문 | 소전 |
|---|---|---|

원래 상서로운 동물인 사슴[鹿]과 사슴을 선물로 건네는 사람[文의 형태]이 합쳐져 사슴을 축하의 예물로 줄 경사가 있다 하여 그 뜻이 '경사'가 되고, 慶事(경사)·慶筵(경연)·慶祝(경축)·慶賀(경하)·國慶日(국경일)·慶弔金(경조금)·建陽多慶(건양다경)에서처럼 그 음이 '경'이 된 글자다. 후에 간략하게 변화된 鹿자에 진실로 축하하는 마음[心]을 갖고 있다 하여 心자가 덧붙여지고 文의 형태가 夂의 형태로 바뀌었다.

## 鹿 [사슴 록]   115-81

| 갑골문 | 금문 | 소전 |
|---|---|---|

머리에 뿔이 있는 사슴을 나타낸 데서 그 뜻이 '사슴'이고, 馴鹿(순록)·白鹿潭(백록담)·小鹿島(소록도)·指鹿爲馬(지록위마)·中原逐鹿(중원축록)에서 보듯 그 음이 '록'인 글자다. 鹿茸(녹용)·鹿角(녹각)·鹿皮(녹피→녹비)에서처럼 '녹'의 음으로도 읽힌다.

115 積善之家 必有餘慶   447

### 【 구절풀이 下 】

- 必은 進退必恭(진퇴필공)에서처럼 '반드시'를 뜻한다.
- 有는 保有(보유)나 占有(점유)에서처럼 '있다'를 뜻한다.
- 餘는 餘生(여생)이나 餘年(여년)에서처럼 '남다'를 뜻한다.
- 慶은 慶祝(경축)이나 慶賀(경하)에서처럼 '경사'를 뜻한다.

- 必有餘慶은 '반드시 남는 경사가 있다'는 말이다. 적선(積善)을 한다는 것은 크거나 어렵다 여길 일이 아니다. 마치 배고픈 사람에게 밥 한 숟갈을 주는 일이며, 이를 행하면 후손(後孫)에게까지 반드시 경사가 있다는 것이다.

### 【 쓰기 】

**115** 착함을 쌓는 집은 반드시 남는 경사가 있고

① 積善之家 必有餘慶

②

③

**112** 혼인하거나 죽어 장사지냄에 이웃끼리 만든 모임으로 서로 도와라

⑥

**113** 몸이 죽을 때까지 밭두둑을 사양하더라도 일 단보를 잃지 아니하고

⑤

**114** 몸이 죽을 때까지 길을 사양하더라도 일백 걸음을 굽히지 아니하니라

④

# 積惡之家는 必有餘殃이니라

**악함을 쌓는 집은 반드시 남는 재앙이 있으니라**

【 자원풀이 上 】

| 積[쌓을 적] | 116-1 | ↑ 115-1 참고 |
| 惡[악할 악] | 116-2 | ↑ 019-4 참고 |
| 之[갈 지] | 116-3 | ↑ 007-8 참고 |
| 家[집 가] | 116-4 | ↑ 077-2 참고 |

【 구절풀이 上 】

- 積은 山積(산적)이나 堆積(퇴적)에서처럼 '쌓다'를 뜻한다.
- 惡은 惡行(악행)이나 惡德(악덕)에서처럼 '악하다'를 뜻한다.
- 之는 명사 뒤에 놓여 앞뒤의 말을 연결하는 관형격 어조사로, '~의' 또는 '~하는'의 뜻으로 풀이한다.
- 家는 家族(가족)이나 家口(가구)에서처럼 '집'을 뜻한다.
- 積惡之家는 '악함을 쌓는 집'이라는 말이다.

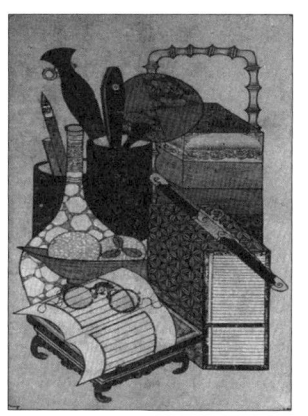

## 【 자원풀이 下 】

**必**[반드시 필]　116-5　　　↑ 013-6 참고

**有**[있을 유]　116-6　　　↑ 016-7 참고

**餘**[남을 여]　116-7　　　↑ 115-7 참고

**殃**[재앙 앙]　116-8　　　↑ 歹 022-81　↓ 央 116-81 참고

歹자로 인해 죽음[歹]이 큰 재앙이 되므로 그 뜻이 '재앙'이 되고, 央자로 인해 災殃(재앙)·殃禍(앙화)·天殃(천앙)·餘殃(여앙)·殃及池魚(앙급지어)·池魚之殃(지어지앙)에서처럼 그 음이 '앙'이 된 글자다.

**央**[가운데 앙]　116-81

| 갑골문 | 금문 | 소전 |
|---|---|---|
| 夨 | 夨 | 央 |

형틀 같은 것이 머리 가운데에 놓여 있는 모습을 나타내면서 그 뜻이 '가운데'가 된 것으로 보이고, 中央(중앙)·震央地(진앙지)에서처럼 그 음이 '앙'이 된 글자다.

## 【 구절풀이 下 】

◦ **必**은 開閉必恭(개폐필공)에서처럼 '반드시'를 뜻한다.
◦ **有**는 有能(유능)이나 有識(유식)에서처럼 '있다'를 뜻한다.

- 餘는 餘分(여분)이나 餘力(여력)에서처럼 '남다'를 뜻한다.
- 殃은 災殃(재앙)이나 天殃(천앙)에서처럼 '재앙'을 뜻한다.
- 必有餘殃은 '반드시 남는 재앙이 있다'는 말이다. 주는 만큼 받는 것이 세상의 이치(理致)다. 악(惡)을 쌓으면 후손(後孫)에 까지 재앙이 미친다는 것이다. 착한 끝은 있어도 악한 끝은 없다.

【 쓰 기 】

| 116 | 악함을 쌓는 집은 반드시 남는 재앙이 있으니라 |
|---|---|
| ① | 積惡之家 必有餘殃 |
| ② | |
| ③ | |

| 113 | 몸이 죽을 때까지 밭두둑을 사양하더라도 일 단보를 잃지 아니하고 |
|---|---|
| ⑥ | |

| 114 | 몸이 죽을 때까지 길을 사양하더라도 일백 걸음을 굽히지 아니하니라 |
|---|---|
| ⑤ | |

| 115 | 착함을 쌓는 집은 반드시 남는 경사가 있고 |
|---|---|
| ④ | |

# 治國・爲民篇

(讀本)

修身齊家　治國之本 117
士農工商　是謂四民 118
鰥寡孤獨　謂之四窮 119
發政施仁　先施四者 120
十室之邑　必有忠信 121
人不忠信　何謂人乎 122
非我言耄　惟聖之謨 123
嗟嗟後學　敬受此書 124

# 修身齊家는 治國之本이요

**몸을 닦고 집을 가지런히 함은 나라를 다스리는 근본이요**

【 자원풀이 上 】

### 修 [닦을 수]　117-1　　↑ 彡 037-32　↓ 攸 117-11 참고

彡자로 인해 무언가 예쁘게 장식[彡]하기 위해 닦는다 하여 그 뜻이 '닦다'가 되고, 攸자로 인해 修繕(수선)·修行(수행)·硏修(연수)·再修(재수)·修辭法(수사법)·修己治人(수기치인)·瑕疵補修(하자보수)에서처럼 그 음이 '수'가 된 글자다.

### 攸 [바 유]　117-11　　↑ 人 002-21 / 攴(攵) 038-21 참고

| 갑골문 | 금문 | 소전 |
|---|---|---|

사람[人(亻)]과 그 뒤에서 손에 채찍[攴(攵)]을 들고 다그치는 모습을 나타내면서 사람을 채찍으로 다그쳐 무언가 하는 바가 있게 한다 하여 그 뜻이 '바'가 되고, 攸好德(유호덕)이란 말에서 보듯 그 음이 '유'가 된 글자다.

### 身 [몸 신]　117-2　　↑ 001-4 참고

### 齊 [가지런할 제]　117-3

| 갑골문 | 금문 | 소전 |
|---|---|---|

인공적으로 재배되어 곡물의 이삭이 가지런히 자란 모양을 나타낸 데서 그 뜻이 '가지런하다'고, 一齊(일제)·齊唱(제창)·齊物論(제물론)·百花齊放(백화제방)·衣冠整齊(의관정제)·修身齊家治國平天下(수신제가치국평천하)에서 보듯 그 음이 '제'인 글자다.

## 家 [집 가]   117-4    ↑ 077-2 참고

### 【 구절풀이 上 】

- 修는 修養(수양)이나 修行(수행)에서처럼 '닦다'를 뜻한다.
- 身은 身體(신체)나 肉身(육신)에서처럼 '몸'을 뜻한다.
- 齊는 整齊(정제)나 齊唱(제창)에서처럼 '가지런하다'를 뜻한다.
- 家는 親家(친가)나 外家(외가)에서처럼 '집'을 뜻한다.
- 修身齊家는 '몸을 닦고 집을 가지런히 하다'라는 말이다. 몸을 닦는다는 것은 자신의 몸을 잘 다스려 닦아 좋은 품행을 기른다는 것이다.

### 【 자원풀이 下 】

## 治 [다스릴 치]   117-5    ↑ 水 003-31 / 台 008-81 참고

水(氵)자로 인해 옛날에는 통치자의 주요 임무가 물[水]을 잘 다스리는 것이라 하여 그 뜻이 '다스리다'가 되고, 台자로 인해 政治(정치)·統治(통치)·治世(치세)·治安(치안)·不治病(불치병)·治盜棍(치도곤)·治山治水(치산치수)·法治國家(법치국가)에서처럼 그 음이 '치'가 된 글자다.

## 國 [나라 국]  117-6     ↑ 囗 003-32  ↓ 或 117-61 참고

囗자로 인해 많은 사람이 사는 경계를 두른 지역[囗]인 나라와 관련해 그 뜻이 '나라'가 되고, 다시 或자로 인해 國家(국가)·國璽(국새)·東國(동국)·天國(천국)·耽羅國(탐라국)·海東盛國(해동성국)·東方禮儀之國(동방예의지국)에서처럼 그 음이 '국'이 된 글자다.

## 或 [혹시 혹·나라 역]  117-61     ↑ 戈 001-31 참고

| 갑골문 | 금문 | 소전 |
| --- | --- | --- |

창[戈]을 들고 일정하게 경계 지은 지역[囗의 형태]을 지키고 있는 모양을 나타내면서 일정한 지역과 관련되어 원래 지경(地境)이나 나라의 뜻을 지녔으나 후에 域[지경 역]자나 國[나라 국]자가 그 뜻을 대신하고, 자신은 '혹시'의 뜻으로 빌려 쓰이게 된 글자다. 間或(간혹)·設或(설혹)·或者(혹자)·或說(혹설)·或如間(혹여간)·容或無怪(용혹무괴)에서 보듯 '혹'의 음으로 읽힌다.

## 之 [갈 지]  117-7     ↑ 007-8 참고

## 本 [근본 본]  117-8     ↑ 041-8 참고

---

### 【 구절풀이 下 】

- 治는 政治(정치)나 統治(통치)에서처럼 '다스리다'를 뜻한다.
- 國은 國家(국가)나 國民(국민)에서처럼 '나라'를 뜻한다.
- 之는 말을 연결하는 관형격 어조사로, '~하는'의 뜻으로 풀이한다.
- 本은 本質(본질)이나 本性(본성)에서처럼 '근본'을 뜻한다.

- 治國之本은 '나라를 다스리는 근본이다' 라는 말이다. 나라를 잘 다스리기 위해서는 먼저 자신에게 본래부터 있는 착한 본성을 닦아 드러내고 나아가 집안을 보살펴 화목하게 하는 데에서부터라는 것이다.

【 쓰 기 】

| 117 | 몸을 닦고 집을 가지런히 함은 나라를 다스리는 근본이요 |
|---|---|
| ① | 修身齊家治國之本 |
| ② | |
| ③ | |

| 114 | 몸이 죽을 때까지 길을 사양하더라도 일백 걸음을 굽히지 아니하니라 |
|---|---|
| ⑥ | |

| 115 | 착함을 쌓는 집은 반드시 남는 경사가 있고 |
|---|---|
| ⑤ | |

| 116 | 악함을 쌓는 집은 반드시 남는 재앙이 있으니라 |
|---|---|
| ④ | |

# 士農工商은 是謂四民이라

**선비와 농부와 장인과 상인(은) 이를 네 가지 백성이라 이르니라**

## 【 자원풀이 上 】

### 士[선비 사]  118-1    ↑ 086-81 참고

### 農[농사 농]  118-2   ↓ 林 118-21  ↑ 田 002-71 / 辰 029-41 참고

| 갑골문 | 금문 | 소전 |
|---|---|---|

농사 도구로 사용되었던 조개껍데기[辰]를 나타내면서 수풀이 우거진 곳에서 조개껍데기로 이삭을 수확하는 농사를 짓는다 하여 그 뜻이 '농사'가 되고, 農業(농업)·農藥(농약)·歸農(귀농)·富農(부농)·小作農(소작농)·神農氏(신농씨)·有機農法(유기농법)에서 보듯 그 음이 '농'이 된 글자다. 후에 두 손[臼]과, 수풀이 경작지(耕作地)로 변한 상태인 田자를 더해 농사의 방법이 좀 더 진보되었음을 보여주는 형태로 변화되었다.

### 林[수풀 림]  118-21   ↑ 木 006-82 참고

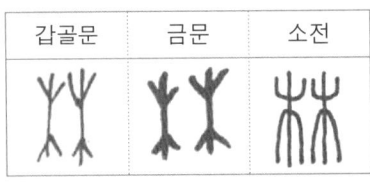

| 갑골문 | 금문 | 소전 |
|---|---|---|

나무[木] 두 그루를 나란히 쓰면서 그 수량(數量)이 많은 수풀을 나타낸 데서 그 뜻이 '수풀'이 되고, 森林(삼림)·密林(밀림)·杏林(행림)·儒林(유림)·處女林(처녀림)·東伯林(동백림)·山林綠化(산림녹화)에서 보듯 그 음이 '림'이 된 글자다.

## 工 [장인 공]   118-3                    ↑ 007-32 참고

## 商 [장사 상]   118-4

| 갑골문 | 금문 | 소전 |

많은 물건을 갈무리 할 수 있도록 높게 지어진 장식된 건물을 나타내면서 건물 속의 많은 물건으로 장사를 한다 하여 그 뜻이 '장사'가 되고, 商道(상도)·商號(상호)·巨商(거상)·行商(행상)·褓負商(보부상)·多商量(다상량)·爛商討論(난상토론)·重商主義(중상주의)에서처럼 그 음이 '상'이 된 글자다.

### 【 구절풀이 上 】

- 士는 隱士(은사)나 士大夫(사대부)에서처럼 '선비'를 뜻한다.
- 農은 農村(농촌)이나 農家(농가)에서처럼 '농사'를 뜻하면서 다시 농사짓는 사람과 관련해 貧農(빈농)이나 小作農(소작농)에서처럼 '농부'의 뜻을 지니기도 한다.
- 工은 木工(목공)이나 陶工(도공)에서처럼 '장인'을 뜻한다.
- 商은 商品(상품)이나 商店(상점)에서처럼 '장사'를 뜻하면서 다시 장사하는 사람과 관련해 褓負商(보부상)이나 露店商(노점상)에서처럼 '장수(상인)'의 뜻을 지니기도 한다.
- 士農工商은 '선비와 농부와 장인과 상인'이라는 말이다.

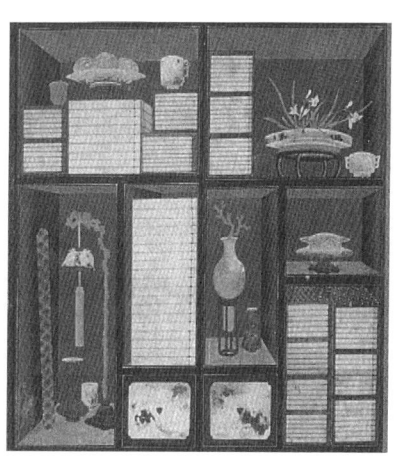

118 士農工商 是謂四民

## 【 자원풀이 下 】

**是**[옳을 시]  118-5  ↑ 041-2 참고

**謂**[할 위]  118-6  ↑ 042-6 참고

**四**[넉 사]  118-7  ↑ 045-7 참고

**民**[백성 민]  118-8  ↑ 目 004-53 참고

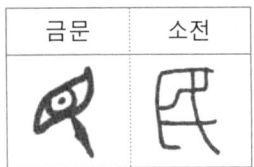

반항 능력을 감소시키고 주인에게 순종하도록 하기 위해 사람의 눈[目]을 뾰족한 도구로 찌르는 모습을 나타내면서 결국 일부 특권층에게 순종하는 백성과 관련해 그 뜻이 '백성'이 되고, 人民(인민)·國民(국민)·民族(민족)·民衆(민중)·失鄕民(실향민)·主權在民(주권재민)에서 보듯 그 음이 '민'이 된 글자다.

## 【 구절풀이 下 】

◦ **是**는 是認(시인)이나 是正(시정)에서처럼 '옳다'를 뜻하면서 是日(시일)에서처럼 '이'의 뜻을 지니기도 한다.

◦ **謂**는 可謂(가위)나 稱謂(칭위)에서처럼 '이르다'를 뜻한다.

◦ **四**는 四方(사방)이나 四角(사각)에서처럼 '넉(넷)'을 뜻한다.

◦ **民**은 國民(국민)이나 民族(민족)에서처럼 '백성'을 뜻한다.

• **是爲四民**은 '이를 네 가지(부류) 백성이라 이르다'라는 말이다. 봉건적(封建的) 신분제도(身分制度) 시대에 네 부류의 백성을 이른 것이다.

【 쓰 기 】

| 118 | 선비와 농부와 장인과 상인(은) 이를 네 가지 백성이라 이르니라 |
|---|---|
| ① | 士 農 工 商 是 爲 四 民 |
| ② | |
| ③ | |

| 115 | 착함을 쌓는 집은 반드시 남는 경사가 있고 |
|---|---|
| ⑥ | |

| 116 | 악함을 쌓는 집은 반드시 남는 재앙이 있으니라 |
|---|---|
| ⑤ | |

| 117 | 몸을 닦고 집을 가지런히 함은 나라를 다스리는 근본이요 |
|---|---|
| ④ | |

118 士農工商 是謂四民

# 鰥寡孤獨은 謂之四窮이라

홀아비와 과부와 고아와 외로운 사람(은)
이를 일러 네 가지 궁한 사람이라

【 자원풀이 上 】

### 鰥[환어 환]  119-1  ↑ 魚 034-41 참고

물고기를 나타낸 魚자와 근심 때문에 눈에서 흐르는 눈물을 나타낸 眾의 형태가 합쳐진 글자다. 근심으로 늘 눈을 감지 못하며 홀로 있기를 좋아 한다는 전설상의 민물고기[魚]인 '환어'를 뜻하며, 다시 아내가 없는 남자인 '홀아비'를 뜻하기도 한다. 鰥寡孤獨(환과고독)에서처럼 그 음은 '환'으로 읽힌다.

### 寡[적을 과]  119-2  ↑ 宀 029-31 / 頁 040-21 / 刀 008-51 참고

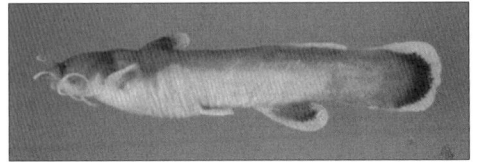

| 금문 | 소전 |

원래 집[宀]에 머리가 강조된 사람[頁]이 홀로 있는 모습을 나타내면서 다른 사람이 없이 홀로 있기 때문에 사람이 적다고 하여 그 뜻이 '적다'가 되고, 寡人(과인)·寡默(과묵)·寡婦(과부)·寡作(과작)·寡守宅(과수댁)·寡頭政治(과두정치)·衆寡不敵(중과부적)에서처럼 그 음이 '과'가 된 글자다. 후에 그 뜻을 좀 더 분명히 하기 위해 分자가 덧붙여졌다.

### 孤[외로울 고]  119-3  ↑ 子 002-52 ↓ 瓜 119-31 참고

子자로 인해 부모를 여의고 의지할 곳이 없는 아이[子]가 외롭다 하여 그 뜻이 '외롭다'고, 瓜자로 인해 孤兒(고아)·孤獨(고독)·孤城(고성)·孤寂(고적)·孤立語(고립어)·無人孤島(무인고도)·孤掌難鳴(고장난명)에서처럼 그 음이 '고'인 글자다.

瓜 [오이 과]    119-31

| 금문 | 소전 |

덩굴에 매달려 있는 오이를 나타낸 데서 그 뜻이 '오이'고, 木瓜(→모과)·瓜年(과년)·種瓜得瓜(종과득과)·瓜田李下(과전이하)·瓜田不納履(과전불납리)에서 보듯 그 음이 '과'인 글자다.

獨 [홀로 독]   119-4   ↑ 犬 014-11 ↓ 蜀 119-41 참고

犬(犭)자로 인해 개[犬]과에 속하는 짐승이 대개 무리 짓지 않고 홀로 행동(行動)한다 하여 그 뜻이 '홀로'가 되고, 蜀자로 인해 獨立(독립)·獨身(독신)·孤獨(고독)·單獨(단독)·獨步的(독보적)·獨不將軍(독불장군)·獨也靑靑(독야청청)에서처럼 그 음이 '독'이 된 글자다.

蜀 [나라 이름 촉·벌레 촉]   119-41   ↑ 虫 019-31 참고

| 갑골문 | 금문 | 소전 |

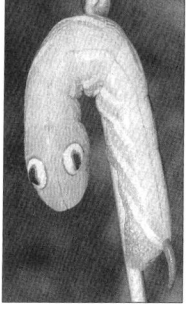

천적(天敵)으로부터 자신을 보호하기 위해 머리에 눈 모양의 큰 무늬가 있는 벌레를 나타낸 데서 그 뜻이 '벌레'가 되고, 巴蜀(파촉)·蜀漢(촉한)·歸蜀道(귀촉도)·蜀犬吠日(촉견폐일)·得隴望蜀(득롱망촉)에서 보듯 그 음이 '촉'이 된 글자다. 중국의 삼국 시대에 유비(劉備)가 세운 나라 이름으로 주로 사용된 데서 그 뜻을 '나라 이름'이라 하기도 한다. 후에 자신의 뜻을 더욱 분명히 하기 위해 虫자가 덧붙여졌다.

## 【 구절풀이 上 】

◦ 鰥은 근심으로 늘 눈을 감지 못하며 홀로 있기를 좋아 한다는 전설상의 민물고기인 '환어'를 뜻하면서 다시 아내가 없이 홀로 사는 남자인 '홀아비'를 뜻하기도 한다.

◦ 寡는 寡聞(과문)이나 寡默(과묵)에서처럼 '적다'를 뜻하면서 적어서 작고 약하다의 뜻을 지니기도 하고, 작고 약해서 돌봐야 할 사람인 과부와 관련되어 寡守宅(과수댁)에서처럼 '과부'의 뜻을 지니기도 한다.

- 孤는 孤獨(고독)이나 孤單(고단)에서처럼 '외롭다'의 뜻을 지니면서 다시 부모가 없어 외로운 사람과 관련되면서 '고아'의 뜻을 지니기도 한다.
- 獨은 獨食(독식)이나 獨唱(독창)에서처럼 '홀로'의 뜻을 지니면서 다시 홀로 사는 사람과 관련해 자식이 없는 '외로운 사람'을 뜻하기도 한다.
- 鰥寡孤獨은 '홀아비와 과부와 고아와 (자식이 없는) 외로운 사람'이란 말이다.

【 자원풀이 下 】

| 謂[이를 위] | 119-5 | ↑ 042-6 참고 |
|---|---|---|
| 之[갈 지] | 119-6 | ↑ 007-8 참고 |
| 四[넉 사] | 119-7 | ↑ 045-7 참고 |
| 窮[다할 궁] | 119-8 | ↑ 111-2 참고 |

【 구절풀이 下 】

- 謂는 云謂(운위)나 所謂(소위)에서처럼 '이르다'를 뜻한다.
- 之는 동사의 역할을 하는 한자 뒤에 붙어 쓰이는 지시대명사(指示代名詞)로, 문장에서 '이'의 뜻을 나타내는 是자처럼 쓰인다. 구체적으로는 鰥寡孤獨을 가리킨다.

- 四는 四季節(사계절)이나 四君子(사군자)에서처럼 '넉(넷)'을 뜻한다.
- 窮은 窮極(궁극)에서처럼 '다하다'의 뜻을 지니면서 다하여 궁해졌다 하여 困窮(곤궁)에서처럼 '궁하다'의 뜻을 지니기도 하고, 다시 사람이 궁하다 하여 '궁한 사람'을 뜻하기도 한다.
- 謂之四窮은 '이를 일러 네 가지(부류) 궁한 사람이다'라는 말이다. 한 세상을 살면서 의지할 곳이 없는 쓸쓸한 사람들을 네 부류로 나눠서 이른 것이다.

【 쓰 기 】

**119** 홀아비와 과부와 고아와 외로운 사람(은) 이를 일러 네 가지 궁한 사람이라

① 鰥寡孤獨 謂之四窮

②

③

**116** 악함을 쌓는 집은 반드시 남는 재앙이 있으니라

⑥

**117** 몸을 닦고 집을 가지런히 함은 나라를 다스리는 근본이요

⑤

**118** 선비와 농부와 장인과 상인(은) 이를 네 가지 백성이라 이르니라

④

# 發政施仁커든 先施四者하라

**정사를 펴서 인을 베풀거든 먼저 네 가지 사람에게 베풀라**

### 【 자원풀이 上 】

**發[쏠 발]**   120-1   ↑ 弓 111-21 ↓ 癶 120-12 참고

弓자로 인해 활[弓]을 쏜다 하여 그 뜻이 '쏘다'가 되고, 癶자로 인해 發射(발사)·發展(발전)·開發(개발)·啓發(계발)·不發彈(불발탄)·多發銃(다발총)·百發百中(백발백중)·發憤忘食(발분망식)에서 보듯 그 음이 '발'이 된 글자다.

**癶[걸을 발]**   120-11   ↑ 止 007-71 참고

| 금문 | 소전 |
|---|---|

앞이나 위를 향한 두 발[止]을 나타내면서 앞이나 위를 향해 걷는다 하여 그 뜻이 '걷다'가 되고, 자신이 음의 역할을 하는 發[필발]자처럼 그 음이 '발'이 된 글자다.

**癹[짓밟을 발]**   120-12   ↑ 殳 021-81 / 癶 120-11 참고

殳자로 인해 쳐서[殳] 마구 짓밟는다 하여 '짓밟다'의 뜻을 지니면서 癶자로 인해 '발'의 음으로 읽히는 글자다.

**政[정사 정]**   120-2   ↑ 攴(攵) 038-21 / 正 029-32 참고

攴(攵)자로 인해 옳지 않은 점을 다그쳐[攴] 바르게 하는 일이 정사(政事)라 하여 그 뜻이 '정사'가 되고, 正자로 인해 政治(정치)·政權(정권)·民政(민정)·軍政(군정)·家政婦(가정부)·政經癒着(정경유착)에서처럼 그 음이 '정'이 된 글자다.

**施[베풀 시]**   120-3   ↑ 㫃 016-51 / 也 004-82 참고

| 소전 |
|---|

깃발에서 비롯된 㫃자로 인해 본래 진영(陣營)에 설치된 깃발[㫃]이 펄럭인다는 뜻이었으나 깃발을 설치하듯 차려서 베풀어 놓는다 하여 그 뜻이 '베풀다'가 되고, 也자로 인해 施行(시행)·施術(시술)·實施(실시)·布施(보시)·施賞式(시상식)·葉面施肥(엽면시비)에서처럼 그 음이 '시'가 된 글자다.

## 仁 [어질 인] 120-4 ↑ 041-6 참고

### 【 구절풀이 上 】

- 發은 發射(발사)나 發砲(발포)에서처럼 '쏘다'를 뜻하면서 쏘아서 앞으로 화살 등이 펼쳐진다 하여 發表(발표)나 發行(발행)에서처럼 '펴다'의 뜻을 지니기도 한다.
- 政은 暴政(폭정)이나 善政(선정)에서처럼 '정사'를 뜻한다.
- 施는 施行(시행)이나 實施(실시)에서처럼 '베풀다'를 뜻한다.
- 仁은 仁情(인정)이나 仁心(인심)에서처럼 '어질다'를 뜻하면서 자기에게는 엄하게 하지만 남에게는 어질게 대하는 마음을 이르는 '인(仁)'을 뜻하기도 한다.

- 發政施仁은 '정사를 펴서 인(仁)을 베풀다'라는 말이다.

### 【 자원풀이 下 】

## 先 [먼저 선] 120-5 ↑ 105-8 참고

## 施 [베풀 시] 120-6 ↑ 120-3 참고

## 四 [넉 사] 120-7 ↑ 045-7 참고

## 者 [놈 자] 120-8 ↑ 005-4 참고

### 【 구절풀이 下 】

- 先은 先行(선행)이나 先發(선발)에서처럼 '먼저'를 뜻한다.
- 施는 施工(시공)이나 施術(시술)에서처럼 '베풀다'를 뜻한다.
- 四는 四字小學(사자소학)에서처럼 '넉(넷)'을 뜻한다.
- 者는 學者(학자)나 記者(기자)에서처럼 '놈'이나 놈을 달리 이르는 '사람'을 뜻한다.

● 先施四者는 '먼저 네 가지(부류) 사람에게 베풀다'라는 말이다. 정사(政事)를 펼칠 때는 의지할 곳이 없는 쓸쓸한 사람들[四窮]을 위해서부터 행해야 함을 이른 것이다.

### 【 쓰 기 】

| 120 | 정사를 펴서 인을 베풀거든 먼저 네 가지 사람에게 베풀라 |
| --- | --- |
| ① | 發 政 施 仁 先 施 四 者 |
| ② | |
| ③ | |

| 117 | 몸을 닦고 집을 가지런히 함은 나라를 다스리는 근본이요 |
| --- | --- |
| ⑥ | |

| 118 | 선비와 농부와 장인과 상인(은) 이를 네 가지 백성이라 이르니라 |
| --- | --- |
| ⑤ | |

| 119 | 홀아비와 과부와 고아와 외로운 사람(은) 이를 일러 네 가지 궁한 사람이라 |
| --- | --- |
| ④ | |

# 十室之邑이라도 必有忠信이니라 　121

**열 집의 고을이라도 반드시 충직하고 진실한 이 있으니라**

【 자원풀이 上 】

## 十[열 십]　121-1　↑ 058-61 참고

## 室[집 실]　121-2　↑ 宀 029-31 / 至 086-3 참고

宀자로 인해 사람이 자거나 일할 수 있도록 방이 꾸며진 집[宀]과 관련해 그 뜻이 '집'이 되고, 至자로 인해 寢室(침실)·居室(거실)·敎室(교실)·正室(정실)·地下室(지하실)·休憩室(휴게실)·化粧室(화장실)·分娩室(분만실)에서 보듯 그 음이 '실'이 된 글자다.

## 之[갈 지]　121-3　↑ 007-8 참고

## 邑[고을 읍]·阝[우부방]　121-4

| 갑골문 | 금문 | 소전 |
|---|---|---|

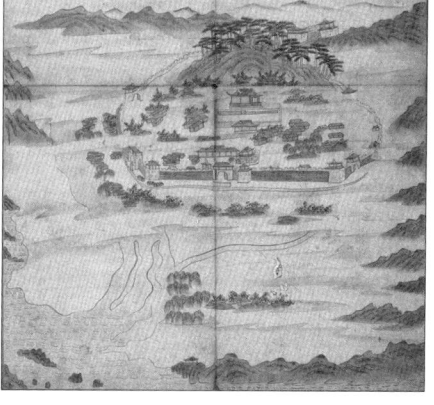

주위를 방비하기 위해 경계 지은 지역 [口의 형태]과 그 안에서 생활하는 사람[巴의 형태]이 어우러져 일정한 경계 안에 사람이 사는 고을을 나타낸 데서 그 뜻이 '고을'이고, 邑長(읍장)·邑內(읍내)·都邑地(도읍지)·邑事務所(읍사무소)에서처럼 그 음이 '읍'인 글자다.

郡[고을 군]·都[도읍 도]·邦[나라 방]자에서처럼 다른 자형과 합쳐질 때는 阝의 형태로 쓰이는데, 이는 阜자에서 변화된 阝[좌부방]과 달리 '우부방'이라 한다.

## 【 구절풀이 上 】

- 十은 十長生(십장생)이나 十誡命(십계명)에서처럼 '열'을 뜻한다.
- 室은 讀書室(독서실)이나 休憩室(휴게실)에서처럼 '집'을 뜻한다.
- 之는 명사 뒤에 놓여 앞뒤의 말을 연결하는 어조사(語助辭)로, '~의' 또는 '~하는'의 뜻으로 풀이한다.
- 邑은 邑長(읍장)이나 邑事務所(읍사무소)에서처럼 '고을'을 뜻한다.
- 十室之邑은 '열 집의 고을'이라는 말이다.

## 【 자원풀이 下 】

| 必[반드시 필] | 121-5 | ↑ 013-6 참고 |
| 有[있을 유] | 121-6 | ↑ 016-7 참고 |
| 忠[충성 충] | 121-7 | ↑ 089-3 참고 |
| 信[믿을 신] | 121-8 | ↑ 055-4 참고 |

## 【 구절풀이 下 】

- 必은 居處必恭(거처필공)에서처럼 '반드시'를 뜻한다.
- 有는 夫婦有別(부부유별)이나 君臣有義(군신유의)에서처럼 '있다'를 뜻한다.

- 忠은 忠心(충심)이나 忠情(충정)에서처럼 '충성'을 뜻하면서 충성하는 마음처럼 한쪽으로 치우치지 않는 성정(性情)과 관련해 '**충직**'의 뜻을 지니기도 한다.
- 信은 信用(신용)이나 信任(신임)에서처럼 '믿다'를 뜻하면서 믿을 수 있는 사람은 진실하고 성실하다 하여 '**진실**'이나 '**성실**'의 뜻을 지니기도 한다.
- 必有忠信은 '반드시 충직하고 진실(성실)한 이 있다'는 말이다. 세상에는 충직하고 진실한 인재가 많음을 이른 것이다.

【 쓰 기 】

| 121 | 열 집의 고을이라도 반드시 충직하고 진실한 이 있으니라 | | | | | | |
|---|---|---|---|---|---|---|---|
| ① | 十 | 室 | 之 | 邑 | 必 | 有 | 忠 | 信 |
| ② | | | | | | | | |
| ③ | | | | | | | | |

| 118 | 선비와 농부와 장인과 상인(은) 이를 네 가지 백성이라 이르니라 |
|---|---|
| ⑥ | |

| 119 | 홀아비와 과부와 고아와 외로운 사람(은) 이를 일러 네 가지 궁한 사람이라 |
|---|---|
| ⑤ | |

| 120 | 정사를 펴서 인을 베풀거든 먼저 네 가지 사람에게 베풀라 |
|---|---|
| ④ | |

# 人不忠信이면 何謂人乎릿까

**사람이 충직하고 진실하지 않으면 어찌 사람이라 이르겠는가**

【 자원풀이 上 】

| 人[사람 인] | 122-1 | ↑ 002-21 참고 |
|---|---|---|
| 不[아닐 불] | 122-2 | ↑ 005-6 참고 |
| 忠[충성 충] | 122-3 | ↑ 089-3 참고 |
| 信[믿을 신] | 122-4 | ↑ 055-4 참고 |

【 구절풀이 上 】

∘ 人은 人物(인물)이나 人類(인류)에서처럼 '사람'을 뜻한다.

∘ 不은 不義(불의)나 不恭(불공)에서처럼 '~않다', '~아니하다'의 뜻을 지닌다.

∘ 忠은 忠臣(충신)이나 忠犬(충견)에서처럼 '충성'을 뜻하면서 충성하는 마음처럼 한쪽으로 치우치지 않는 성정(性情)과 관련해 '충직'의 뜻을 지니기도 한다.

∘ 信은 不信(불신)이나 確信(확신)에서처럼 '믿다'를 뜻하면서 믿을 수 있는 사람은 진실하고 성실하다 하여 '진실'이나 '성실'의 뜻을 지니기도 한다.

• 人不忠信은 '사람이 충직하고 진실(성실)하지 않다'는 말이다.

## 【 자원풀이 下 】

### 何[어찌 하]  122-5  ↑ 人 002-21 / 可 025-6 참고

갑골문: 원래 사람이 도끼가 달린 무기의 자루를 짊어진 모습을 나타냈으나 후에 사람[人]의 동작과 관련이 있는 그 뜻 '어찌'에 영향을 미치는 人(亻)자와 그 음 '하'에 영향을 미치는 可자가 합쳐진 형태로 바뀌어 쓰이게 된 글자다. 誰何(수하)·何必(하필)·何如歌(하여가)·如何間(여하간)·抑何心情(억하심정)·六何原則(육하원칙)의 말에 쓰인다.

### 謂[이를 위]  122-6  ↑ 042-6 참고

### 人[사람 인]  122-7  ↑ 002-21 참고

### 乎[어조사 호]  122-8  ↑ 007-34 참고

## 【 구절풀이 下 】

○ 何는 何必(하필)이나 何如歌(하여가)에서처럼 '어찌'를 뜻한다.

○ 謂는 可謂(가위)나 或謂(혹위)에서처럼 '이르다'를 뜻한다.

○ 人은 人間(인간)이나 人體(인체)에서처럼 '사람'을 뜻한다.

○ 乎는 어조사(語助辭)로, 글귀 끝에 쓰여 의문을 나타내면서 '~인가'나 '~한가'의 뜻으로 풀이한다.

● 何謂人乎는 '어찌 사람이라 이르겠는가'라는 말이다. 사람다운 사람이 되려면 충직하고 진실하지 않으면 안 됨을 이른 것이다.

**【 쓰 기 】**

| 122 | 사람이 충직하고 진실하지 않으면 어찌 사람이라 이르겠는가 |
|---|---|
| ① | 人 不 忠 信 何 謂 人 乎 |
| ② | |
| ③ | |

| 119 | 홀아비와 과부와 고아와 외로운 사람(은) 이를 일러 네 가지 궁한 사람이라 |
|---|---|
| ⑥ | |

| 120 | 정사를 펴서 인을 베풀거든 먼저 네 가지 사람에게 베풀라 |
|---|---|
| ⑤ | |

| 121 | 열 집의 고을이라도 반드시 충직하고 진실한 이 있으니라 |
|---|---|
| ④ | |

# 非我言耄는 惟聖之謨이니라 123

### 나의 말은 늙은이가 한 것이 아니라 오직 성인이 꾀한 것이니라

## 【 자원풀이 上 】

| 非[아닐 비] | 123-1 | ↑ 018-61 참고 |
| 我[나 아] | 123-2 | ↑ 001-3 참고 |
| 言[말씀 언] | 123-3 | ↑ 015-81 참고 |
| 耄[늙은이 모] | 123-4 | ↑ 老 005-81 ↓ 毛 123-41 참고 |

老자로 인해 칠팔십 세가 넘은 나이 많으신 늙은이[老]와 관련해 그 뜻이 '늙은이'고, 毛자로 인해 耗[줄 모]·芼[우거질 모]·旄[깃대 장식 모]자처럼 그 음이 '모'인 글자다.

### 毛[터럭 모]  123-41

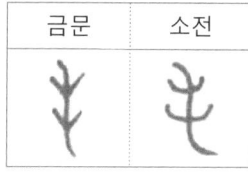

| 금문 | 소전 |

몇 가닥의 짧은 터럭과 하나의 긴 터럭을 나타낸 데서 그 뜻이 '터럭'이고, 毛髮(모발)·毛皮(모피)·脫毛(탈모)·根毛(근모)·不毛地(불모지)·靑鼠毛(→청설모)·九牛一毛(구우일모)에서처럼 그 음이 '모'인 글자다.

## 【 구절풀이 上 】

- 非는 非禮勿視(비례물시)에서처럼 '아니다'를 뜻한다.
- 我는 無我之境(무아지경)에서처럼 '나'를 뜻한다.
- 言은 發言(발언)이나 言及(언급)에서처럼 '말씀'을 뜻한다.

- 耄는 세상 경험이 많은 80~90세 되는 '늙은이'를 뜻한다.
- 非我言耄는 '나의 말은 늙은이가 한 것이 아니다'라는 말이다.
- 無我之境) 정신(精神)이 한 곳에 흠뻑 빠져서 스스로를 잊어버리고 있는 지경(地境).

## 【 자원풀이 下 】

**惟**[생각할 유]  123-5  ↑ 心 002-31 / 隹 007-51 참고

心(忄)자로 인해 마음[心] 속으로 무언가 생각한다 하여 그 뜻이 '생각하다'가 되고, 隹자로 인해 惟獨(유독)·思惟(사유)에서처럼 그 음이 '유'가 된 글자다.

**聖**[성인 성]  123-6  ↑ 050-5 참고

**之**[갈 지]  123-7  ↑ 007-8 참고

**謨**[꾀 모]  123-8  ↑ 言 015-81 ↓ 莫 123-81 참고

言자로 인해 광범위한 계략과 관련된 꾀를 말[言]한다는 데서 그 뜻이 '꾀'가 되고, 莫자로 인해 模(모)·募(모)·慕(모)·暮(모)자처럼 그 음이 '모'가 된 글자다.

**莫**[없을 막·저물 모]  123-81  ↑ 日 006-51 참고

| 갑골문 | 금문 | 소전 |
|---|---|---|
| 茻 | 莫 | 莫 |

수풀[茻] 사이로 해[日]가 저무는 모양을 나타냈으나 나중에 '없다'의 뜻으로 빌려 쓰이고, 莫大(막대)·莫甚(막심)·莫強(막강)·莫重(막중)·莫無可奈(막무가내)·無知莫知(무지막지)·莫上莫下(막상막하)에서 보듯 그 음이 '막'이 된 글자다. 자신의 본래 뜻은 日자를 더한 暮[저물 모]자가 대신했다.

## 【 구절풀이 下 】

- 惟는 사유(思惟)에서처럼 '생각하다'의 뜻을 지니지만 같은 음(音)으로 읽히는 唯[오직 유]자와 통용되면서 '**오직**'의 뜻을 지니기도 한다.
- 聖은 聖域(성역)이나 聖地(성지)에서처럼 '**성인**'을 뜻한다.
- 之는 명사 뒤에 놓여 앞뒤의 말을 연결하는 주격 어조사로, '**~이**' 또는 '**~가**'의 뜻으로 풀이한다.
- 謨는 많은 꾀를 부리는 사람인 **多謨客**(다모객)이란 말에서 보듯 '**꾀**'나 '**꾀하다**'의 뜻을 지닌다.

- **惟聖之謨**는 '오직 성인이 꾀한 것이다'라는 말이다. 오늘은 어제가 있었기에 존재하는 것이다. 어제의 모든 것이 오늘을 만든 데 도움을 준 것이기에 지난날의 훌륭한 사람들의 가르침을 잊지 말고 마음에 새겨 두어야 하겠다.

## 【 쓰 기 】

| 123 | 나의 말은 늙은이가 한 것이 아니라 오직 성인이 꾀한 것이니라 |
|---|---|
| ① | 非 我 言 耄 惟 聖 之 謨 |
| ② | |
| ③ | |

| 120 | 정사를 펴서 인을 베풀거든 먼저 네 가지 사람에게 베풀라 |
| --- | --- |
| ⑥ | |

| 121 | 열 집의 고을이라도 반드시 충직하고 진실한 이 있으니라 |
| --- | --- |
| ⑤ | |

| 122 | 사람이 충직하고 진실하지 않으면 어찌 사람이라 이르겠는가 |
| --- | --- |
| ④ | |

# 嗟嗟後學아 敬受此書하라

**아! 아! 뒤에 배우는 이들아 정중하게 이 글을 받아라**

【 자원풀이 上 】

### 嗟[탄식할 차]   124-1
↑ 口 001-71  ↓ 差 124-13 참고

### 屮[왼 손 좌]   124-11

| 갑골문 | 금문 | 소전 |
|---|---|---|

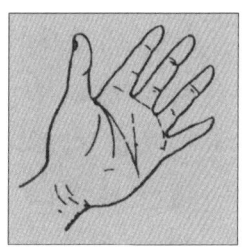

다섯 손가락을 셋으로 줄였지만 왼 손을 나타낸 데서 그 뜻이 '왼 손'이고, 자신이 덧붙여져 음의 역할을 하는 左[왼 좌]자처럼 그 음이 '좌'인 글자다.

### 左[왼 좌]   124-12
↑ 工 007-32 / 屮 124-11 참고

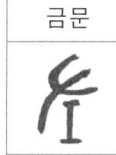 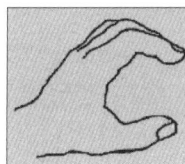

屮자가 변화된 형태와 工자가 합쳐진 글자다. 물건 만드는 도구[工]을 들고 일을 돕는다 하여 원래 돕다의 뜻을 지녔으나 후에 佐[도울 좌]자가 그 뜻을 대신하면서 다시 '왼(왼쪽)'의 뜻을 지니게 되고, 그 형태가 변화되었지만 屮자로 인해 左右(좌우)·左派(좌파)·左海(좌해)·左閤(좌합)·左議政(좌의정)·左顧右眄(좌고우면)에서처럼 '좌'의 음으로 읽히게 된 글자다.

### 差[어긋날 차]   124-13
↑ 左 124-12 참고

축 늘어져 있는 곡물의 이삭이 어긋나 있는 모양을 표현한 형태와 左자가 합쳐진 글자다. 글자 윗부분에 곡물의 이삭이 어긋나 있는 모양에서 그 뜻이 '어긋나다'가 되고, 左자로 인해 差異(차이)·差別(차별)·偏差(편차)·時差(시차)·性格差(성격차)·世代差(세대차)·毫釐之差(호리지차)에서 보듯 그 음이 '차'가 된 글자다.

| 嗟[탄식할 차] | 124-2 | ↑ 124-1 참고 |
| 後[뒤 후] | 124-3 | ↑ 039-7 참고 |
| 學[배울 학] | 124-4 | ↑ 056-8 참고 |

【 구절풀이 上 】

○ 嗟는 嗟歎(차탄=嗟嘆)에서처럼 '탄식하다'의 뜻을 지니고, 발어사(發語辭)로서 슬퍼서 탄식을 할 때 하는 말인 '아'의 뜻으로도 풀이한다.

○ 嗟는 앞에 같은 한자인 嗟와 결합[嗟嗟]해 첩어(疊語)로 쓰였으며, 이는 뜻을 강조하고 동작의 연속을 나타내는 역할을 한다.

○ 後는 後輩(후배)나 後陣(후진)에서처럼 '뒤'를 뜻한다.

○ 學은 獨學(독학)이나 苦學(고학)에서처럼 '배우다'를 뜻하면서 다시 學父母(학부모)에서처럼 '배우는 이'와 관련된 뜻을 지니기도 한다.

● 嗟嗟後學은 '아! 아! 뒤에 배우는 이들아'라는 말이다.

【 자원풀이 下 】

| 敬[공경할 경] | 124-5 | ↑ 074-3 참고 |
| 受[받을 수] | 124-6 | ↑ 037-5 참고 |
| 此[이 차] | 124-7 | ↑ 042-4 참고 |
| 書[글 서] | 124-8 | ↑ 046-1 참고 |

480  치국 · 위민편

## 【 구절풀이 下 】

- 敬은 敬虔(경건)이나 敬意(경의)에서처럼 '공경하다'의 뜻을 지니면서 남을 공경하는 모습이 정중하다 하여 '정중하다'의 뜻을 지니기도 한다.
- 受는 受業(수업)이나 受講(수강)에서처럼 '받다'를 뜻한다.
- 此는 此際(차제)나 此後(차후)에서처럼 '이'를 뜻한다.
- 書는 遺書(유서)나 葉書(엽서)에서처럼 '글'을 뜻한다.
- 敬受此書는 '정중하게 이 글을 받다'라는 말이다. 사자소학은 어린 후학의 문자 교육이나 인성교육에 도움이 되는 글을 담고 있다. 특히 올바른 마음가짐을 갖기 위한 기본적인 행동철학이 담겨져 있어 21세기를 살아가고 있는 오늘날에도 도움이 되는 책이라 하겠다.

## 【 쓰 기 】

| 124 | 아! 아! 뒤에 배우는 이들아 정중하게 이 글을 받아라 |
|---|---|
| ① | 嗟嗟後學 敬受此書 |
| ② | |
| ③ | |

| 121 | 열 집의 고을이라도 반드시 충직하고 진실한 이 있으니라 | | | | | | | | |
|---|---|---|---|---|---|---|---|---|---|
| ⑥ | | | | | | | | | |
| 122 | 사람이 충직하고 진실하지 않으면 어찌 사람이라 이르겠는가 | | | | | | | | |
| ⑤ | | | | | | | | | |
| ⑥ | | | | | | | | | |
| 123 | 나의 말은 늙은이가 한 것이 아니라 오직 성인이 꾀한 것이니라 | | | | | | | | |
| ④ | | | | | | | | | |
| ⑤ | | | | | | | | | |
| ⑥ | | | | | | | | | |